China's
New Town and New District
Development Report

中国新城新区
发展报告：2017

主　编　冯　奎
副主编　闫学东　郑明媚

企业管理出版社
ENTERPRISE MANAGEMENT PUBLISHING HOUSE

图书在版编目（CIP）数据

中国新城新区发展报告：2017 / 冯奎主编，闫学东，郑明媚副主编．北京：企业管理出版社，2017.9

ISBN 978-7-5164-1586-3

Ⅰ．①中… Ⅱ．①冯… ②闫… ③郑… Ⅲ．①城市—发展—研究报告—中国—2017　Ⅳ．①F299.21

中国版本图书馆 CIP 数据核字（2017）第 222378 号

书　　名	中国新城新区发展报告：2017
作　　者	冯奎　等
责任编辑	尚元经　李　坚
书　　号	ISBN 978-7-5164-1586-3
出版发行	企业管理出版社
地　　址	北京市海淀区紫竹院南路 17 号　邮编：100048
网　　址	http://www.emph.cn
电　　话	总编室（010）68701719　发行部（010）68701816　编辑部（010）68414643
电子信箱	qiguan1961@163.com
印　　刷	北京精乐翔印刷有限公司
经　　销	新华书店
规　　格	185 毫米×240 毫米　16 开本　28.75 印张　590 千字
版　　次	2017 年 9 月第 1 版　2017 年 9 月第 1 次印刷
定　　价	148.00 元

版权所有　翻印必究·印装错误　负责调换

编辑委员会

主　　编　冯　奎

副 主 编　闫学东　郑明媚

主要作者　冯　奎　宋冬林　范　欣　姚常成　王天东　刘宪梅
　　　　　　周继洋　盛　毅　王玉林　盛祖添　郭英之　张　秦
　　　　　　熊敬锘　董　坤　李凌岚　雷海丽　吴成龙　常　江
　　　　　　李　鑫　李明超　陶　杰　沈　山　郭立冬　徐思洋
　　　　　　胡　杰　谷芸芸　沈　杰　王　磊　李成丽　魏　成
　　　　　　邓海萍　张　俊　黄　铎　陈能军　于　涛　陆天华
　　　　　　张　伟　车　伍　郑明媚　易　鑫　李伊格　李　芬
　　　　　　彭　锐　张　晗　刘涟涟　高　莹　陆　伟　曹　康
　　　　　　郑　莉　孟璠磊　谢鹏飞　贝尔特·达勒曼　陈　炼
　　　　　　郭　巍　孙景丽

支持机构

中国城市和小城镇改革发展中心
四川省眉山市人民政府
湖北省随州市人民政府
北京市交通委员会
上海自由贸易区
合肥经济技术开发区
天津北辰经济技术开发区
北京市丰台区产城融合发展指导中心
西安渭北工业区临潼现代工业组团
临沂兰山经济开发区
北京交通大学
上海交通大学
安徽经济与生态发展研究中心
吉林财经大学
软通动力信息技术（集团）有限公司
瀚华金控股份有限公司
港中旅（中国）投资有限公司
招商局蛇口工业区控股股份有限公司

前 言

2015年，第一本《中国新城新区发展报告》出版发行，今年这是第三本年度报告。作为主编，我从中体会到坚持的力量，体会到协作的快乐，也体会到来自领导、同行、同事所给予的鼓励。

2017年中国新城新区的发展，是极不平凡的一年，注定要载入史册。4月1日，中共中央、国务院发布通知，宣布要建立雄安新区，称之为"国家大事""千年大计"。从深圳经济特区到上海浦东新区，再到新时期的雄安新区，新城新区都深深嵌入中国改革开放的进程，成为中国进步与发展的引擎。作为一名学习者，我在中央党校《学习时报》头版以及国务院发展研究中心《中国发展观察》连续发表了三篇学习中共中央国务院关于建立雄安新区的文章，并不揣浅陋，收录在本报告中，充任"前沿观察"，目的仅是想记录下在这一段时刻关于新城新区的所思所想。2017年4月以后，在接连的几个月中，每周几乎都有关于雄安新区的会议。我有机会聆听到各方面专家讨论雄安新区或在广泛意义上对新城新区的讨论。这其中，有对新城新区价值的重估；有对新城新区发展历史的反思、新景的展望；有对国际新城新区先进经验的借鉴等等，当然也有对雄安新区的建言献策。每次听后，都收获巨大。可以说，雄安新区极大提升了各方面研究者、规划工作者对新城新区的研究兴趣。未来，雄安新区也必然成为《中国新城新区发展报告》的年度主题。

《中国新城新区发展报告》每年都有"年度聚焦"。2016年的《中国新城新区发展报告》，其年度聚焦话题是"京津冀新城新区"发展。令人欣慰之处是，关于京津冀新城新区的一些重要研究观点，已见诸政策与行动。2017年的《中国新城新区发展报告》，其年度聚焦话题是"新城新区与东北振兴"。我们在2016年的9月，于沈阳举办过"新城新区院长论坛"，当时社会科学院、规划设计院、经济管理学院多位院长对于新城新区在东北的规划与布局、影响与效果，意见并不一致。为了较为完整地呈现东北振兴背景下新城新区的全景，我们约请了本书编委、吉林财经大学校长宋冬林教授牵头，组织团队开展"新城新区建设与东北振兴"这一专题。我们惯常称"东北"为老工业基地，在这个地方，新城新区能否以创新的力量为老工业基地带来新的活力？我们都不应放弃期待。

国家级新区、国家级经济技术开发区、国家级高新技术开发区等等，构成了国家新城新区的龙头与骨架，是我们研究的重点。截至2017年7月，已有19个国家级新区、7个经济特区、219个经济技术开发区、145个高新技术开发区、11个自贸区。除了这些新区，近年来，各类题材的新城，如科教新城、生态低碳新城、智慧创意新城、绿色海绵新城等不断涌现，它们都承担一定功能，成为新城新区家族中重要的组成部分。新城新区虽然名字不同，但共享一个"姓氏"，这就是"新"字。创新发展是所有新城新区的共性问题，是发展主线。2017年《中国新城新区发展报告》以国家级新区、高新区、经开区、各类新城为"经"，以创新为"纬"，如此地经纬交织，讨论了新区新城的创新内容、创新路径、创新模式、创新成果等等方面。全书既成，我所担心的就是创新的意味还不够强烈！

加强国际借鉴，学习欧美发达经济体以及其他发展中经济体的经验，是《中国新城新区发展报告》编选的追求之一。为此，我们约请了资深作者，围绕欧洲当代新城、亚洲新城新区、美国新城新区等等进行了探讨与总结，特别是突出了对德国生态新城区、荷兰与比利时城市工业区复兴计划、弗莱堡可持续发展的案例研究。他山之石，可以攻玉。尽管案例编选有许多偶然，但仍然带来许多方法的启发。

本报告的编写，是协同作业的成果。中国城市和小城镇改革发展中心与北京交通大学是报告的发起机构，给予了各方面的支持。四川省眉山市人民政府、湖北省随州市人民政府、北京市交通委员会、上海自由贸易区、合肥经济技术开发区、天津北辰经济技术开发区、北京市丰台区产城融合发展指导中心、西安渭北工业区临潼现代工业组团、临沂兰山经济开发区、上海交通大学、安徽经济与生态发展研究中心、吉林财经大学、软通动力信息技术（集团）有限公司、瀚华金控股份有限公司、港中旅（中国）投资有限公司、招商局蛇口工业区控股股份有限公司等等，为新城新区的调研提供了支持，在此一并表示感谢。

围绕新城新区，一批新老朋友又聚到一起，共同完成了此报告。感谢他们如约而来，我们共同完成了既定目标。

为客观平实地反映每位作者的研究与写作风格，本书主编和两位副主编闫学东教授和郑明媚副研究员主要工作放在约稿、提出修改意见上，对具体的学术观点则是充分尊重了作者的原意，未敢草率编修。全书存在的问题，希望读者不吝赐教！

冯 奎

2017年6月

目 录

前沿观察

雄安新区与中国新城新区转型发展 ···································· 2
    一、雄安新区成为新城新区发展的标杆 ···························· 2
    二、推动雄安新区发展模式的重大创新 ···························· 6
    三、新城新区站在城市转型发展的前沿 ···························· 11

年度聚焦篇

新城新区建设与东北振兴 ···································· 18
    一、新形势下的东北振兴 ···································· 18
    二、东北地区新城新区的发展特征 ···································· 28
    三、东北地区新城新区建设的新机遇及发展策略 ···················· 32

东北城市发展现状与更新路径研究 ···································· 40
    一、东北地区城市发展现状 ···································· 41
    二、东北地区困境成因分析 ···································· 45
    三、东北地区城市更新的路径与方向 ···································· 48

新 区 篇

国家级新区开发的经验借鉴 ········ 54
  一、国家级新区开发进展及主要特征 ········ 54
  二、国家级新区开发的经验及存在的问题 ········ 65

上海自由贸易区的供给侧结构性改革与创新驱动对策研究 ········ 72
  一、上海自由贸易区的研究背景 ········ 72
  二、上海自由贸易区的供给侧结构性改革 ········ 74
  三、上海自由贸易区的创新驱动对策 ········ 79

国家高新技术开发产城融合研究 ········ 85
  一、国内高新技术开发区发展现状及问题 ········ 85
  二、新时代背景及国家战略下高新技术开发区的发展 ········ 91
  三、产城融合下国内高新技术开发区规划方法总结 ········ 93

开发区、高新区、新城区联动发展研究：徐州案例 ········ 98
  一、徐州城市开发区与城市发展概况分析 ········ 98
  二、徐州城市开发区面临的问题 ········ 108
  三、开发区联动发展的原则分析 ········ 116
  四、徐州城市开发区联动发展对策 ········ 117

杭州高新区（滨江）产城融合发展研究 ········ 121
  一、国家级高新区产城融合的模式 ········ 122
  二、杭州高新区（滨江）产城融合的基础与动力 ········ 125
  三、杭州高新区（滨江）产城融合发展模式与特征 ········ 129
  四、杭州高新区（滨江）产城融合发展模式的启示 ········ 136

中国文化产业园区转型发展报告 ········ 141
  一、文化产业园区特征与功能 ········ 142

二、文化产业园区的空间布局和产业组织 ········· 144

三、文化产业园区的发展模式和管理评估 ········· 153

新 城 篇

北京天竺空港城与京津冀航空大都市研究 ········· 162

一、北京临空经济区发展优势 ········· 162

二、航空大都市概念解读及建设北京航空大都市存在的主要问题分析 ··· 163

三、京津冀航空大都市发展思路与目标 ········· 165

四、北京航空大都市建设主要任务 ········· 166

五、京津冀航空大都市建设的重大战略举措 ········· 170

上海临港新城的兴起、发展和前瞻 ········· 174

一、国内外临港新城建设基本情况 ········· 174

二、当前上海临港新城发展的基本模式 ········· 178

三、上海临港新城面临的困境与突破口 ········· 181

四、未来上海临港新城的发展战略选择 ········· 186

武汉阳逻：沿江崛起的临港工业新城 ········· 189

一、长江经济带发展的助力与临港新城崛起的机遇 ········· 189

二、阳逻新城建设的现状与优势 ········· 191

三、阳逻新城建设面临的困境与挑战 ········· 199

四、阳逻新城未来发展应对 ········· 203

广州科学城自主创新发展战略 ········· 209

一、广州科学城发展现状 ········· 211

二、广州科学城发展经验 ········· 218

三、自主创新背景下广州科学城发展问题 ········· 222

  四、广州科学城发展展望 ··· 228

东莞松山湖（生态园）文化创意产业发展研究 ································· 232

  一、东莞松山湖（生态园）文化创意产业发展现状 ················· 233
  二、东莞松山湖（生态园）文化创意产业创新实践的路径分析 ······· 240
  三、东莞松山湖（生态园）文化创意产业创新实践的政策建议 ······· 244

南京河西生态低碳新城技术变革与体制创新 ································ 247

  一、南京河西生态低碳新城发展历程 ···································· 248
  二、"技术变革"——南京河西低碳生态新城建设的技术经验 ······· 250
  三、"体制创新"——南京河西低碳生态新城发展的管理经验 ······· 254

中国海绵城市新城新区建设实践与发展 ····································· 261

  一、城市水环境问题及海绵城市建设背景 ································ 261
  二、海绵城市建设的核心和关键 ·· 264
  三、我国新城新区海绵城市建设实践及其展望 ·························· 267

新型智慧城市，引领新型城市发展 ·· 271

  一、中国新型智慧城市发展战略 ·· 271
  二、新型智慧城市发展的目标与路径 ···································· 274
  三、各地方以多种形式推进智慧城市建设 ································ 277
  四、未来展望 ·· 284

国 际 篇

欧洲当代新城开发对于我国新城特色建设的启示 ······························ 286

  一、欧洲当代新城的基本特征 ·· 286
  二、新城发展的目标构想 ··· 288
  三、新城发展的工作程序 ··· 291

  四、案例与实践 …… 294
  五、启示与结论 …… 310

亚洲新城新区发展案例 …… 312
  一、日本：筑波科学城和多摩新城 …… 312
  二、韩国的三个新城 …… 325
  三、小结 …… 333

美国新城新区发展案例 …… 335
  一、背景 …… 335
  二、发展阶段 …… 336
  三、主要做法 …… 337
  四、边缘新城 …… 339
  五、新城新区规划建设 …… 339
  六、小结 …… 344

德国生态新城区的可持续发展规划与特征 …… 345
  一、德国生态新城区的缘起、类型与发展历程 …… 345
  二、德国生态新区的可持续规划原则与开发特征 …… 352
  三、德国生态新区的可持续规划 …… 356
  四、德国生态新区的绿色交通规划 …… 365
  五、基础设施的生态规划与技术 …… 376
  六、结语与启示 …… 380

英国城市再生的几种模式 …… 382
  一、以营销开发为导向的城市再生 …… 383
  二、以工业遗产再利用为导向的综合性城市振兴 …… 385
  三、以文化政策为导向的城市复兴 …… 387

城市工业区的复兴计划经验借鉴：以荷兰、比利时为例 …… 391
  一、荷兰阿姆斯特丹–NDSM 区复兴 …… 391

二、比利时安特卫普港口 Het Eilandje 复兴 ……………………………………… 401
　　三、结语 ………………………………………………………………………… 407

民生导向的老工业区改造规划与实践——中外案例的借鉴与启示 …… 408
　　一、引言 ………………………………………………………………………… 408
　　二、老工业区改造是改善民生的契机 ………………………………………… 409
　　三、老工业区改造中的民生工程及其改造措施 ……………………………… 411
　　四、借鉴与启示 ………………………………………………………………… 419

弗莱堡市的可持续地方发展与营销 …………………………………………… 423
　　一、劳动力市场与就业 ………………………………………………………… 423
　　二、经济结构 …………………………………………………………………… 427
　　三、教育、科学和技术 ………………………………………………………… 433
　　四、城市营销 …………………………………………………………………… 438
　　五、前景展望 …………………………………………………………………… 443

前沿观察

雄安新区与中国新城新区转型发展

冯 奎

一、雄安新区成为新城新区发展的标杆[①]

2017年4月1日,新华社发布消息称,中共中央、国务院印发通知,决定设立河北雄安新区。雄安新区甫一面世,就成为举国振奋、全球瞩目的"中国故事"。

雄安新区这一"中国故事"为什么极具震撼力?如何理解这个"中国故事"的重大意义?雄安新区要规划建设什么模样的新城新区,它是什么不会是什么?凭什么去创造雄安新区神奇,在雄安新区把"中国故事"变成现实?

1. 为什么说雄安新区极具震撼力?

新区不是一个陌生的语汇。从1990年代以来,为了推动经济发展,促进改革开放,国家已相继批复了17个国家级新区,其中2014、2015年共批复了10个国家级新区。这些新区一般由国务院发函批复。

[①] 原载《学习时报》,2017年4月7日。

雄安新区名为新区，但就其政治地位及震撼力而言，已远非其他一般层级的新区所可比拟。它的设立，犹如平地惊雷，传递了许多重磅信息。

——设立雄安新区专门由中共中央、国务院发出通知。

——习近平总书记专程进行实地考察、主持召开雄安新区建设工作座谈会，亲自指出规划建设雄安新区要突出七个方面的重点任务。

——雄安新区被提到与深圳经济特区、上海浦东新区并列的高度。

——中共中央、国务院通知指出雄安新区具有全国意义，是国家大事。

——中共中央、国务院将雄安新区规划建设与实现"两个一百年"奋斗目标和中华民族伟大复兴的中国梦联系起来，特别指出雄安新区是千年大计。

……

上述罕见信息，可谓字字千钧，传递出一系列重大的决策动态。

2. 怎样理解雄安新区的意义？

对于雄安新区这个"中国故事"的意义，如何才能理解得更加透彻、准确？

一是需要在不同的时间段背景下理解雄安新区的深远意义。

过去3年多来，京津冀协同发展战略取得了巨大的成就，但北京非首都功能的疏解任务仍然没有完成，京津冀协同发展需要深入推进。建立雄安新区，打造重大功能平台，宣示了中央推进京津冀协同发展的信心与决心，是全面实现京津冀协同发展的需要。

过去40年来，中国最大的热词是改革开放。上世纪80年代的深圳经济特区以及90年代的上海浦东新区，强力推动了中国的改革开放，促进中国融入全球经济，给经济与社会发展带来巨大活力。建立雄安新区，这是在新的历史时期为中国经济社会注入强大活力与动力的需要。

北京有3000年建城史、860多年的建都史。新中国建立以来的近70年，北京作为中华人民共和国的首都，蓬勃发展，但由于功能承载过多，已经不堪重负，患上一些典型的大城市病。过去的首都北京走向未来的首都北京，标志性事件就是雄安新区与通州新区成为北京两翼。雄安新区的建立，标志着北京作为首都掀开了新的一页，京津冀建设世界级城市群进入了新的历史阶段。

二是需要在不同的空间范围来理解雄安新区的全局意义。

从河北来看，它充任京津腹地，但自身缺乏大城市的支撑。北京—张家口联合申办冬奥会，带动了冀北发展。在距北京、天津100多公里开外的雄县、容城、安新落子新区，将带动冀中南区域、推动河北转型升级。雄安新区无疑给河北发展带来了巨大的动能。

从京津冀内部来看，雄安新区交通便捷、区位优势明显，且开发强度小、开放空间巨大。雄安新区与京津功能上分工互补，有利于集中承载京津转移出来的功能，尤其是集中承载北京非首都核心功能的疏解。

从全国范围内看，深圳经济特区推动了珠三角的发展，浦东新区推动了长三角的发展，且对全国改革开放起到推波助澜的重大作用。设立雄安新区，起步区面积约100平方公里，中期发展区面积约200平方公里，远期控制面积约2000平方公里，超出深圳经济特区、上海浦东新区的面积，有利于改变中国经济南强北弱的结构，有利于打开全新的发展空间，为全国经济注入巨大活力，有利于提升中国在东北亚的影响力。

三是需要从国际视角来理解雄安新区的示范意义。

大城市病是发达国家首都和大城市经历过的阵痛，今天也困扰着许多发展中国家的首都大城市。通过建立雄安新区，将大城市的功能分流，缓解城市压力，既解决大城市病的问题，也带来了周边区域的发展。这一点，正如巴西中国研究所所长龙涅·林斯所说，中国政府在雄安新区的实践将给其他国家提供有益的参考。

在建立雄安新区的过程中，绿色城市、智慧城市、人文城市、开放城市等一系列创新性城市发展模式的实践与探索，也必将在国际社会进一步展示中国治国理政与城市规划建设的成功经验，传递中国声音、塑造中国形象、提升中国品牌。

3. 雄安新区将是什么，不会是什么？

从目前看，雄安新区是承担特殊使命、发挥特别作用，具有全国性意义的特色新区，它将是一个按新理念建设起来的新型城市。

雄安新区不会简单落入面积扩张模式。雄安新区起步约100平方公里，中期发展区面积约200平方公里，远期控制区面积约2000平方公里。从起步区与中期发展来看，雄安新区实际上小于许多国家级新区和一些其他类型的开发区。雄安新区以2000平方公里承担着"千年大计、国家大事"的重任，依赖的是它在国家发展全局中的地位，全面创新的定位，在民族复兴中的方位。

雄安新区不会简单比照卫星城模式。雄安新区距离北京、天津在100~150公里之间。从新城新区规划的角度来讲，距主城区30~50公里之间适宜于建设卫星城，卫星城容易受主城辐射带动，但易与主城连为一体，许多功能仍然受主城影响巨大，影响其大格局、大布局。雄安新区选择在居北京100公里之外进行选址，与京、津刚好构成边长各有100多公里的一个三角形，这好比就是京津冀的心脏，既稳固，又富有活力，成为重要的战略支撑面。未来，随着一批央企总部、行业机构、教育、医疗等企事业单位的功能疏解，北京资源过度集聚的现象将得到彻底缓解。在雄安新区成长的过程中，京津有了腹地支撑，京津冀世界城市群的产业结构、空间结构将得到根本改善。

雄安新区不会简单追求经济增长模式。雄安新区诞生的时空节点，是中国城镇化已经到了中后期阶段。雄安新区是近乎在一张白纸上，通过规划引领，打造一个完整形态的新型城市。未来的雄安新区将会成为一个绿色智慧的城市、生态宜居的城市、交通便捷的城市、产业发达的城市、开放共享的城市。它的发展定位深层次体现了创新、协调、绿色、开放、共享五大理念的要求。在这个意义上讲，雄安新区将要为中国城市发展树立一个标杆。

雄安新区不会简单沿袭旧有新区发展模式。深圳经济特区摸着石头过河，浦东新区依托上海、倾力于融入全球化。雄安新区创设的背景、任务及有利条件等，与深圳经济特区、浦东新区时期有很大不同。从目前来看，雄安新区在发挥规划的引领作用、建立高效的行政管理架构、吸引社会资本参与建设等等方面，将展示出全新的模式。

4. 凭什么去创造雄安新区的神奇

用协同发展的力量去办好事关全局的这件大事。雄安新区是国家大事，事关全局。集中力量办大事，这是以往的经验，也是雄安新区能够成功的根本保证。北京非首都核心功能的积聚源于长期的行政资源累积与叠加。在推动北京非首都核心功能疏解、建设雄安新区的过程中，用好政府之手的力量，是必要之举。

用国际一流的规划去引导国际一流的发展。一个世纪之前从英国开始，人们就开始新城新区的发展探索。迄今，发达国家和部分发展中国家，在这方面都有大量实践。新城新区也是最宜于探索绿色智慧、生态宜居、便捷交通等城市新理念的场所，国际一流城市案例往往来源于此。当前首要的工作就是坚持世界眼光、国际标准并充分融入中国特色，高标准、高质量，组织编制雄安新区总体规划、起步区控制性规划、启动区控制性详细规划及白洋淀生态环境治理和保护规划，确保一张蓝图干到底。

用创新要素的集聚去打造全面创新的高地。雄安新区背靠京津。从北京等特大城市演进的规律与进程来看，推动北京非首都功能疏解，创造条件更好地促进创新资源要素向外辐射转移，这个阶段已经到来。创新要素的集聚需要适宜的环境，因此，起步工作应从创新载体、运行机制、发展环境等方面实现突破，打造创新高地与科技新城。创新要素可以通过承接转移的方式获得，将来更需要通过内生发展的方式实现集群化。

用体制机制的改革提供源源不断的动力。深圳经济特区创造了深圳速度、深圳模式。上海浦东新区 2016 年区域生产总值近 9000 亿元，在自由贸易试验区建设成就斐然。这些成就背后，是一系列体制机制的创新改革。雄安新区与深圳经济特区、上海浦东新区相比，可借鉴的东西多，可超越的地方也多。尤其是在深化行政管理体制、探索新区投融资体制改革、建立长期稳定的资金投入机制、吸引社会资本参与新区建设等方面，雄安新区能够成为体制机制改革的集成创新者，具有显著的后发优势。

用历史的耐心去成就一件经得起历史考验的杰作。任何一个新城新区的成长，都绝非三年五载之功。从一些成功的新城新区来看，短的三年五载、长的三五十年，才能达到功能相对完善的地步。在这一点上，党中央、国务院明确要求，保持历史耐心，尊重城市建设规律，合理把握开发节奏。只要我们在正确的前进道路上，撸起袖子，持续用力，久久为功，雄安新区就一定雄起！

二、推动雄安新区发展模式的重大创新[①]

建立雄安新区的消息发布之后，国内外瞩目，纷纷指出雄安新区的重大意义。宽

[①] 原载《中国发展观察》2017 年 第 8 期。

泛一点来说，雄安新区是国家级新区，是新城新区中的一个。但雄安新区是非首都功能集中承载地，是要按照新理念打造的新型城市，肩负着极其重要的国家战略使命，因而又不是一般的新区。从新城新区、从城市发展模式的角度来看，雄安新区需要借鉴与吸收已有模式创新的成果，同时又需要在发展模式方面实现重大的创新与突破，从而引领新城新区与中国城市的进一步发展。

1. 雄安新区发展模式创新的重大意义

一是赶超发展的意义。雄安新区与深圳经济特区、上海浦东新区在发展的主线上一脉相承，这就是发展。雄安新区的发展，不是小发展，而是大发展。如何大发展，雄安新区面临巨大的挑战。单以深圳经济特区与雄安新区简单做个比较，现在的深圳经济特区的区域总量是雄安新区的90倍，人口是其10倍。从各方面影响力上来讲，一个已有37年的积累，另一个还是刚刚起步。当年深圳经济特区、上海浦东新区所面临的大环境、大市场等等，雄安新区现在许多都不具备。但反过来说，雄安新区现在所拥有的外部、内部条件，也跟深圳经济特区、上海浦东新区根本不同。因此雄安新区根本无法也没有必要再去沿袭过去的老路。当年有深圳模式、浦东模式，现在需要积累并创造出雄安模式。

二是对新城新区标杆带动的意义。中国的新城新区已经形成一个庞大的谱系，以19个国家级新区为龙头，包括7个经济特区、219个经开区、145个高新区、11个自贸区，以及其他数以万计承担一定功能的新城新区。新城新区是经济发展的发动机，是城镇化载体，是城市功能平台，是现有"城市病"的有效治疗方案。但相当数量的新城新区在规划、建设、运营、管理等方面也还面临着许多问题，部分新城新区活力不再。规划建设好雄安新区，其中的新理念、新模式就能给其他新区以启示与借鉴。

三是对首都北京城市发展的意义。北京有3000年建城史、860多年的建都史。新中国建立以来的近70年，北京作为中华人民共和国的首都，蓬勃发展，但由于功能承载过多，已经不堪重负，患上一些典型的大城市病。过去的首都北京走向未来的首都北京，标志性事件就是雄安新区与通州新区成为北京两翼。雄安新区的发展模式创新，是北京首都建设的一项重要内容，是京津冀建设世界级城市的重要组织部分。

四是依托城市推进改革开放的意义。过去40年来，中国最大的热词是改革开放。

上世纪80年代的深圳经济特区以及90年代的浦东新区，强力推动了中国的改革开放，促进中国融入全球经济，给经济与社会发展带来巨大活力。与深圳经济特区、浦东新区不同之处是，建立雄安新区之时，中国已经进入城市型社会，城市的改革发展是中国社会转型进步的主要引擎力量。在雄安新区实现城市发展模式的转型，这对于新的历史时期中国更好地建设城市型社会意义深远。

五是国际城市治理示范的意义。大城市病是发达国家首都和大城市经历过的阵痛，今天也困扰着许多发展中国家的首都大城市。中国在经济发展上已经成为一个榜样者，在城市治理尤其是大城市病治理上面，能不能给这些国家提供一些借鉴模式？在建立雄安新区的过程中，绿色城市、智慧城市、人文城市、开放城市等一系列创新性城市发展模式的实践与探索，也必将在国际社会进一步展示中国治国理政与城市规划建设的成功经验，传递中国声音、塑造中国形象、提升中国品牌。

2. 雄安新区发展模式创新的条件与基础

从新区创新阶段来讲，中国经济在从要素驱动、投资驱动向创新驱动转型，京津冀区域的中关村等园区已经步入创新驱动发展的新阶段。总体经济发展水平与周边环境，都有利于带动雄安新区较快进入创新驱动的发展阶段。在这样的阶段，第三产业占比较高，科研研发投入比重高，高水平研究机构、教育机构汇集，新兴产业集群涌现，生产性服务国际化趋势明显。

从对新区创新规律的认识上来讲，在雄安新区建立之前，中国已经建立了18个国家级新区，对于新设国家级新区创新发展的目标、路径、重点内容、保障条件等等，现在都有了相对成熟的认识。比如，我们认识到：主动融入和对接国家重大战略是新区创新发展的基本方向，高效管理机制是新区建设的重要保障，改革创新引领是新区建设的动力源泉，科技创新是新区高端化发展的根本途径，金融支持是新区创新发展的重要推动力。雄安新区是特殊的国家级新区，它既要遵循国家级新区一般发展规律，又要在此基础上进行突破创新，这条路径已十分清晰。

从新区创新的资源条件上讲，雄安新区最大的条件就是背靠京津冀，特别是它作为北京非首都功能集中承载地，这为它的初始发展提供了强大的资源条件保障。北京科技服务业和信息服务业实现增加值占全市GDP的近1/5；全市拥有清华大学、北京大学等百所高等院校，占全国的近1/4；拥有中国科学院院士、中国工程院院士占全国一半左右；北京现有国家重点实验室占全国1/3；全市有创业投资和私募股权管理机构超过千家、管理资本超过万亿。这些资源条件，都与雄安新区有直接的关联。一方面，一些科研院所要向雄安新区疏解，雄安新区的"开场球"是有保障的；另一方面，首都仍然保留有"全国科技创新中心"的重要定位，未来，雄安新区可与首都在科技创新的产业链、价值链上进行有效链接。

从新区创新的体制机制条件上讲，新区的设立是中央、国务院做出的一项重大具有历史意义的决定，事关全局。集中力量办大事，这是以往的经验，也是雄安新区能够成功的根本保证。从未来可持续发展的角度来看，雄安新区在体制机制创新方面大有文章可做。一方面，京津冀地区在协同发展过程中，市场化机制在形成，市场化资源在聚集，市场化的力量在增强；另一方面，建立雄安新区被定位为"国家大事"、"千年大计"，政府协调组织资源的作用仍然是其他新区无法比拟的。

从创新可以借鉴的国内外模式上讲，深圳经济特区打开了中国开放的大门，带动了珠三角城市群的发展，催生了影响全国的改革开放热潮。上海浦东新区以国际化发展为特色，重启改革进程，带动了长三角城市群的发展，自贸区体制创新的经验正在全国其他地方验证与应用。深圳经济特区、上海浦东新区等等已经创建了成功的模式，有的操作办法可以拿来使用，更多的是思想、理念上面的借鉴与运用。从国外来讲，一些国家与地区在绿色、低碳、智慧城市发展方面，创造了许多案例、模式，是雄安新区学习的榜样，帮助雄安少走弯路。

3. 推动雄安新区发展模式创新的主要内容

与深圳经济特区、上海浦东新区所处历史阶段不同的是，雄安新区批准建立之时，中国新城新区大规模扩张的阶段已经过去。雄安新区的建立，不是预示着新一轮新城新区热、开发区热、房地产热，恰恰相反，雄安新区代表着新城新区依靠质量增长，实现创新发展的阶段真正到来。雄安新区是新时期的旗舰，与深圳经济特区、上海浦东新区相比，雄安新区代表着创新理念引领的新城新区发展的新阶段，它的时代感更强、影响将更为深远。

从生长模式上来说，雄安新区的规划建设要求具有世界视野、国际标准，更加强调发挥规划的引领作用，而不是简单地摸索前进，更不是任由新区野蛮生长。

从城市发展目标上来讲，雄安新区是要建设一座绿色、生态、智慧、人文，有活力、有竞争力的城市，这些理念集成了迄今为止国内外对城镇化、对城市探索的新成果，因而是城市发展的长远追求。

从区域关系上讲，是跳出北京市来规划建设非首都功能的集中承载地，注重发展同北京、天津、石家庄、保定的联系，体现出区域大格局的发展思路。

从城镇体系上讲，雄安新区与北京城市副中心通州共同成为北京的两翼，分解非首都核心功能。雄安新区立足河北，带动冀中南，要改善河北城镇体系，促进京津冀加速形成世界级城市群。

从城市内部空间布局来说，雄安新区强调起步区、发展区、安新县、容城县、雄县的组团式布局，发展网络状联结，而不是一城独大或走摊大饼的老路。

从产业选择来说，雄安新区更强高新技术、创新研发等功能的集成与培育，要走世界领先的科学城模式，而不是依靠低附加值的产业积聚来吸引人口集中。

产城关系上来说，更强调以高端的城市功能带动产业功能，以产业功能支撑城市功能，追求高水平的产城协同发展、融合提升，而不是简单地以产兴城，或者以城待产。

从城市面貌上来说，更强调依托白洋淀等自然条件，深挖当地的历史人文资源，建成蓝绿交织的生态系统，体现人与自然和谐相处的田园城市美景。

从交通组织上说，更加强调综合利用区内与周边的交通资源，构建快速便捷的绿色交通体系，避免大城市交通拥堵的"城市病"现象。

从城市的对外关系来说，雄安新区属于内陆，但是通过空间、产业、交通等的对外联系，雄安要打造开放的平台。建立城市的开放系统而不是锁住城门，为城市找到了活力的源泉。

从投融资模式上来说，更强调可持续的多元资本尤其是社会资本的进入，而不是走征地，获得土地出让再来开发的传统道路。

从效率与公平的角度来讲，雄安新区重视经济发展效率，但同时重视社会公平。包括户籍、住房等一系列制度改革在这里实验，推动基本公共服务的普惠共享……

综上，雄安新区与其他的新区，特别是深圳经济特区、浦东新区在改革发展上一脉相承，具有全国性意义与历史意义。但与此同时，雄安新区的规划、建设等等，将要体现新城新区发展的新理念、新路径、新模式，展示了中国新城新区未来的方向。37 年前有深圳经济特区，25 年前有上海浦东新区，近年来各地涌现出许多新城新区，它们在绿色、低碳、人文、智慧等城市建设，以及规划体制、行政管理、投融资体制机制等方面，都积累了丰富的经验。雄安新区要想百尺竿头更进一步，有巨大的后发后学优势，但更重要的还需要在创新集成、再创新上有新的、更重要的突破。从大的方面来讲，雄安新区要展示中国领导人治国理政的高超水平；在城市的层面上来讲，雄安新区将会是中国城市规划、建设与治理智慧的一次集中检验、整体跨越。

三、新城新区站在城市转型发展的前沿[①]

设立雄安新区的消息发布后，国内外瞩目，纷纷指出雄安新区的重大意义。雄安新区是非首都功能集中承载地，是要按照新理念打造的新型城市，肩负着极其重要的国家战略使命。从一般意义上讲，雄安新区的建立，表明新城新区再次站在了新一轮改革开放的前沿，站在了城市发展模式转型发展的前沿。在新常态条件下，进一步探讨新城新区面临的挑战以及转型发展的机遇及未来方向，具有重大意义。

1. 新城新区嵌入改革开放进程

新城新区是为了政治、经济、社会、生态、文化等多方面发展需要，经由主动规划与投资建设而成的相对独立或明确的空间单元，包括国家级新区、经济特区、经济技术开发区、高新技术产业开发区、保税区、边境经济合作区等等。近年来，各类产业新城、高铁新城、行政新城、科教新城等等也引起广泛关注。

改革开放以来，中国的新城新区已经发展成为一个庞大的谱系。截至目前，这个谱系是以 19 个国家级新区为龙头，包括 7 个经济特区、219 个经济技术开发区、156 个高新技术产业开发区、12 个国家综合配套改革试验区、11 个自贸区、5 个国家级金融

---

① 原载《学习时报》，2017 年 5 月 19 日。

综合改革试验区，以及其他数以万计承担一定功能的新城新区。

英国、法国、美国等国都出现过新城新区。相比而言，中国的新城新区更广泛、更深刻地嵌入到中国的改革开放进程。从深圳经济特区、上海浦东新区到雄安新区，新城新区是巨大的引擎力量，推动着中国的改革开放。中国改革开放的政策又在新城新区中得到最充分、最直接的应用，新城新区因此获得发展的新动能。

与一般性的城市发展空间有所不同，新城新区有五个方面的特殊角色。一是发动机，东部主要国家级新区占所在城市 GDP 总量达到 30%。国家级经开区、高新区贡献 GDP 占全国的近 1/4。二是城镇化载体，新城新区实行新的居住证等制度，吸纳了大量的进城人口。三是方案解决者，这主要是针对大城市人口压力过大、工业产业疏导、旧城改造与保护、发展空间受限等等问题，新城新区提供了化解的办法与途径。四是城市功能平台，通过建立行政新城、高铁新城、临港新城、科技新城等等，满足城市发展的需要。五是改革的试验田，许多重大的改革，包括政府职能改革、投融资制度改革、土地制度改革、人才使用制度改革等等，都是从新城新区开始，再扩大到其他地区。

在新城新区的谱系中，每个新城新区的作用并不相同。20 世纪 80 年代的深圳经济特区，90 年代的上海浦东新区以及 21 世纪的雄安新区，在众多的新城新区中，承担着极其重大的历史性、全局性使命，因而成为具有划时代意义，是改革开放的里程碑。

2. 新城新区发展模式面临的挑战

新城新区推动改革开放，改革开放倚重新城新区。当前，改革开放到了一个提升跨越阶段，新城新区面临多方面的挑战，也面临着重大的转型发展新机遇。

挑战来源于确立新的发展目标。新城新区素来以经济增速快见长，在所依托的城市或大区域中，经济体量也占比较高。经济社会进入新常态，新城新区在较大的经济总量的基础上要维持原先较快的发展速度；同时，还要继续担当"增长极"，对周边区域和关联的城市群、城市带起到辐射带动作用。更重要的是，新城新区要加快转型升级，实现产城融合，建设成为创新、绿色、协调、开放、共享的现代化新城区。

挑战来源于新城新区肩负着重大发展使命。国家对经济技术开发区、高新技术开发区制定了新的更高的标准，要求它们率先实施创新驱动战略，为中国经济中高增速调结构惠民生发挥主力军作用，率先实现向形态更高级、分工更优化、结构更合理的阶段演进。对于国家级新区，国家要求这些新城新区的"龙头"培育新的增长极、深化体制机制、探索引领经济转型发展，要在的新思路和新模式上有重大突破。2016年，国家有关部门首次一次性就明确了当时的17个国家级新区体制机制创新重点共54项重大任务。

挑战来源于克服自身存在的种种问题。一些新城新区在规划、发展过程中存在一些问题，严重影响了新城新区的活力发挥。有的新城新区的定位不断"矮化"，成为一个普通的产业集中区；有的新城新区债务规模过大，超过地方承受能力；有的新城土地等资源浪费严重，土地处于低效利用状态；有的新城规划、开发、建设时间比较短，存在着急功近利的行为，看不到历史沉淀等等。更普遍存在的问题是，新城新区在发展中只讲产出，没有讲全要素生产率，所谓的增长仅是靠投资"砸"出来的。

挑战还来源于新城新区内部的淘汰与竞争。如果从改革开放之初的经济特区算起，新城新区也已有40年的历史了。当年的新城新区如何继续推陈出新已经变成一个关键性的任务。新城新区的家族庞大，近年还衍生出一些新的空间平台，新城新区有泛化的苗头、有分化的趋势。新城新区作为一个群体如何标新立异？作为其中一个成员如何力争上游起到引领带动作用？这些都是巨大挑战。

3. 新城新区转型发展的机遇

机遇之一，新常态推动新城新区再造新格局。提出新城新区新发展新目标。新常态是当前和今后一个时期的大逻辑，新常态要求各种发展主体、各种发展平台与载体能够适应新常态、把握新常态、引领新常态，这对于一直冲在改革开放前沿的新城新区来说，是重大的历史机遇期。新常态条件下，新城新区要为经济保持较快增长速度做出贡献，其中有的新城新区将承担着新常态时期经济发展增长极的功能；新城新区要为结构优化升级做出示范，国家将推动新城新区深入融入全球活动，支撑欠发达地区发展，成为新兴行业发展的排头；新城新区要为动力转换充当引擎，领先的新城新区正在率先实现由要素驱动、投资驱动向创新驱动的转型，带动相关区域、行业、企业实现大规模的系统性的协同创新。

机遇之二，城镇化发展给新城新区带来新空间。中国的城镇化率刚刚达到57%，未来还有3亿多人要进入各类城市与新城新区。特别是要看到，部分特大城市、大城市的功能出现了堆积、冗余等"非效率"现象，在一些城市群、都市圈区域，出现了城市功能外溢、疏解。上述现象，又由于交通、通讯基础设施的不断改进，而得到明显增强。近年来，在特大城市、大城市周边，出现了各种类型"微中心"、"特色小镇"以及一些新城新区，实质上它们都是城市群或都市圈范围内的新型发展空间，是城市群、都市圈区域网络化、多中心发展的格局在空间的映射。当然这些新城新区，有的可以采取新建方式，有的也可以是老树发新芽，在老城老区基础上赋予新的发展内容。

机遇之三，绿色智慧低碳人文城市推动新城新区实现新形态。

改革开放以来新城新区经过了迭代发展，经历了传统的产业新城、卧城和卫星城的阶段。当前新城新区的理念不断得到翻新、新技术不断得到应用，新一代新城新区不断得到实践。这些新城新区体现了绿色、智慧、低碳、人文、创意等人类发展的价值观，走的是节约、集约、创新发展的道路，更加具有生命力与活力。就我国而言，绿色城市、智慧城市、低碳城市、人文城市、网络城市、创意城市、健康城市等等，都在不同的层面上在进行试点与推广。未来正是新城新区创新发展理念，叠加绿色智慧低碳等元素，进行综合集成、消化吸收从而建设新型城市的黄金时期。

机遇之四，体制机制改革发展为新城新区提供了发展的新动力。

体制机制创新是中国新城新区改革开放的逻辑起点，是发展的动力源，是成功的根本经验。新城新区在体制机制上已经有了丰富的积累，包括管理体制、政府服务、投资管理、金融制度、协同创新体系、产城联动机制等等。新城新区可以充分借鉴已有体制机制的成果，减少弯路、降低成本。同时，中国的体制机制仍然处于有待成熟、有待完善、有待定型的时间序列中，新城新区在体制机制上的创新空间较大，特别是在规划制度、房地产制度、土地利用制度、多元可持续的投融资制度等方面，新型城镇化改革与新城新区体制创新，两方面共同用力，突破的内容越多，带来的红利也越丰厚。

4. 创新推动新城新区转型发展

展望未来，中国的新城新区不是不重要，而是更重要了。以国家级新区为龙头，高新区与经开区为骨干，各类功能性的新城新区为支撑的新城新区体系，是全国全面实现小康社会，走出"中等收入陷阱"的重要引擎，是中国在新常态下谋求发展的主要平台。因此可以说，通过转型、创新，中国新城新区将迎来新的发展阶段。

新城新区最大的压力是创新，最主要的突破口是创新，最应该选择的路径是创新，最值得期待的前景来源是创新。如果不谈创新，已有的新城新区，其生命在不远的将来就会终结。如果不谈创新，一切以新城新区出现的新平台、新空间，也没有任何价值可言。

在新型城市发展目标上有创新。要不断强化生态环境保护，积极推行绿色经济，强化绿色监管，开展绿色评价，推广低碳管理模式。充分运用信息和通信技术手段感测、分析、整合城市运行核心系统的各项关键信息，从而对包括民生、环保、公共安全、城市服务、工商业活动在内的各种需求做出智能响应。打造资源节约、产出高效、便民惠民的新型智慧城市。

在体制机制的改革上有创新。以体制机制创新为核心，发挥市场在资源配置中的决定性作用和更好发挥政府作用，激发市场活力。推动新城新区在发展定位、优化布局、产业升级、招商引资、人才引进方面、考核指标体系等内容的全面创新，依赖转向依赖创新激活，强化内生创新动力的培育。

在开放平台的构建上有创新。充分利用交通通讯等条件，推动新城新区与城市主城区进行高效联结，深入融入大区域城镇体系中去，成为建设城市群的重要节点。要完善对外贸易综合服务措施，加大吸引外资力度，加快发展外向型产业集群。立足于城市群内大中小城市和小城镇的功能需求，构建辐射力、影响力、带动力强的大平台。

在共建共享的模式上有创新。坚持以人民为中心的发展思想，稳妥有力做好新区人口安置、就业保障等工作，创造一切条件促进当地人口与外来转移人口享受新区建设成果。要不断提高对中小企业的扶持，简政放权、放管结合、优化服务，推动经济、社会、环境的协调发展，实现多目标的均衡发展；扩大新城新区的辐射带动作用，向外推广已有制度与实践成果。

当前及今后一个时期，新城新区的模式创新，将会是中国城市规划、建设与治理智慧的一次集中检验、整体跨越，将会在一定意义上奠定未来中国的城市格局，因而意义深远。

年度聚焦

新城新区建设与东北振兴

宋冬林　范　欣　姚常成　王天东　刘宪梅

　　新城新区建设是加快国家工业化进程的战略支撑，也是推进新型城镇化进程的核心动力。东北地区新城新区建设起步较晚，对外开放程度相对较低。如何在"一带一路"建设和东北振兴等政策支持下凸显新城新区建设之"新"，实现发展动力从要素驱动向创新驱动转变，这是经济新常态下东北振兴亟待解决的重大现实问题之一。本报告从东北地区的现实情况出发，通过梳理各层级新城新区建设情况及特定新城新区的发展规划案例，系统阐述了东北地区新城新区的总体布局、发展现状及特征，并分析了东北地区新城新区建设存在的问题。结合东北地区新城新区发展新机遇，从明确定位、合理布局、动态调整和优化产业结构、深化体制机制改革、再造微观经济主体等方面提出针对性建议，为东北地区新城新区的转型发展指明方向。

一、新形势下的东北振兴

　　2015年12月30日，中共中央政治局展开会议审议通过《关于全面振兴东北地区等老工业基地的若干意见》（以下简称《意见》），标志着东北地区新一轮振兴方案的全面实施。《意见》提出了近两三年支持东北振兴的政策措施，进一步明确了新时期推动东北地区等老工业基地振兴的重大意义、战略定位、总体要求和重点任务，是经济发展进入新常态后指导东北地区等老工业基地全面振兴的纲领性文件。东北地区所面临的困境在《意见》中有很直接的表述："市场化程度不高，国有企业活力不足，民营经济发展不充分，科技与经济发展融合不够，思想观念不够解放。解放这些矛盾和问题归根结底是体制机制问题，是产业结构、经济结构问题。"

2016年4月，《中共中央国务院关于全面振兴东北地区等老工业基地的若干意见》对外公布。《意见》提出，到2020年，东北地区在重要领域和关键环节改革上取得重大成果。在此基础上，再用10年左右时间，东北地区实现全面振兴，成为全国重要的经济支撑带。

2016年8月，国家发展与改革委员会印发《推进东北地区等老工业基地振兴三年滚动实施方案（2016～2018年）》，按照统筹推进、突出重点、远近结合、滚动实施的原则，明确2016年至2018年拟出台的重大任务和拟开工建设的重大工程项目，围绕完善体制机制、推进结构调整、鼓励创新创业、保障和改善民生四个方面，分年度确定了137项重点工作。

为进一步深入贯彻落实党中央、国务院关于东北振兴的战略部署，使《意见》确定的政策更加细化、实化和具体化以及结合东北地区不同阶段振兴工作重点，进一步做好"十三五"时期东北振兴工作的整体统筹和布局，2016年10月18日，国务院总理李克强主持召开国务院振兴东北地区等老工业基地推进会议，部署进一步推动东北振兴工作，审议通过《关于深入推进实施新一轮东北振兴战略加快推动东北地区经济企稳向好若干重要举措的意见》和《东北振兴"十三五"规划》。李克强指出，振兴东北要以更有力的举措抓好稳增长和保民生。要稳投资稳消费，围绕补短板、增后劲、惠民生，抓紧推进已纳入"十三五"规划和东北振兴三年滚动实施方案的项目建设，尤其要激发社会投资活力。李克强强调，要抢抓新旧动能转换机遇，着力营造有利于大众创业万众创新的社会氛围，设立新动能培育专项资金，大力发展基于"互联网+"的新产业、新业态，在实施"中国制造2025"中重塑东北装备竞争力，发挥人均耕地多、机械化水平高的优势，加快发展现代农业。做强东北开放型经济，打造面向东北亚的重点开放平台。积极开拓重大装备的国际市场，使东北成为国际产能合作的生力军。

2016年11月17日，国家发展与改革委员会举行的深入推进实施新一轮东北振兴战略发布会上，国家发展与改革委员会振兴司司长周建平指出，对东北经济形势的判断，可以用20个字来概括：增速偏低，仍在筑底，困难较大，分化加大，亮点不少。"总的来看，我们认为东北经济处在不断筑底的过程中，再出现大幅度下滑的可能性不大。"虽然存在较多问题，但东北地区发展也有不少亮点。国家发展与改革委员会介绍，从省级层面来看，吉林发展势头较好，经济增速跑赢全国平均水平，固定资产投资、工业增加值和财政收入都非常好。同时，东北的新兴产业和消费品产业正在快速发展，一些新的消费亮点有很大变化。未来要通过推动行政审批、国企改革等重点领域改革，为东北地区经济发展增加动力；通过产业结构调整，实现从跟随向追赶的"弯道超车"；通过创新创业，延长现有产业链，形成创新型产业集群；通过对外开放、对内合作的平台设计，形成与"一带一路"、京津冀等战略的产业衔接与协作。

1. 东北地区新城新区发展情况

（1）东北地区新城新区的总体情况

刘士林[①]根据新城新区涵盖的范围将新城新区界定为广义的新城新区和狭义的新城新区，其中广义的新城新区即为：1979年（蛇口工业区）以来我国各省市在原来的农村地区设立的、具有一种或多种功能的、具有行政管理机构的区域；狭义的新城新区：1992年（浦东新区设立）以来我国各大城市新建的独立于母城之外的在经济、社会、文化上具有自主性的现代城市区域。冯奎[②]结合新城新区的发展功能，将新城新区定义为：为政治、经济、社会、生态、文化等多方面需要，由主动规划与投资建设而成的相对独立的城市空间单元。

基于东北地区的实际发展情况，本文在参考刘士林、冯奎关于新城新区的定义后，将新城新区具体锁定为：国家级新区、经济技术开发区、高新技术产业开发区、保税区、物流园区、自贸区、出口加工区、经济特区、边境经济合作区、旅游度假区、工业园区、大学科技城、产业新城、智慧新城、海绵城市、空港新城、高铁新城、生态

---

① 刘士林、刘新静、盛蓉："中国新城新区发展研究"，《江南大学学报（人文社会科学版）》，2013年第4期。
② 冯奎："中国新城新区转型发展趋势研究"，《经济纵横》，2015年第4期。

低碳新城、科教新城、行政新城等。

据统计，截止到 2016 年底，东北地区已经设立的国家级新区 3 个，国家级高新技术开发区 16 个，国家级经济技术开发区 22 个，综合保税区 4 个，国家级智慧城市 31 个，国家级空港新城 6 个、国家级海绵城市 2 个（见表 1）等。

表 1　　　　　　　　　东北地区新城新区分布情况

新城新区	数量	黑龙江省	吉林省	辽宁省
国家级新区	3	哈尔滨新区	长春新区	大连金普新区
国家级高新技术开发区	16	哈尔滨高新区、齐齐哈尔高新区、大庆高新区	长春高新区、长春净月高新区、延吉高新区、通化医药高新区、吉林高新区	沈阳高新区、大连高新区、辽阳高新区、本溪高新区、鞍山高新区、阜新高新区、营口高新区、锦州高新区
国家级经济技术开发区	22	哈尔滨经开区、哈尔滨利民经开区、宾西经开区、海林经开区、大庆经开区、绥化经开区、牡丹江经开区、双鸭山经开区	长春经开区、长春汽车经开区、吉林经开区、四平红嘴经开区、松原经开区	沈阳辉山经开区、沈阳经开区、大连经开区、大连长兴岛经开区、旅顺经开区、营口经开区、锦州经开区、铁岭经开区、盘锦辽滨沿海经开区
综合保税区	4	黑龙江绥芬河综合保税区	长春兴隆综合保税区	大连大窑湾保税港区、沈阳综合保税区
智慧城市	31	肇东市、肇源县、桦南县、齐齐哈尔、牡丹江、安达市、佳木斯、尚志市、哈尔滨香坊区	辽源市、磐石市、四平市、榆树市、长春高新技术产业开发区、白山市抚松县、吉林市船营区搜登站镇、通化市、白山市江源区、临江市、吉林市高新区、长春净月高新区	沈阳市浑南新区、大连生态科技新城、营口市、庄河市、大连市普湾新区、沈阳市沈河区/铁西区/沈北新区、沈阳市和平区、新民市
海绵城市	2	/	白城	大连
空港新城	6	哈尔滨、大庆	长春、延吉	沈阳、大连

（2）东北地区新城新区总体布局

在国家"一带一路"及东北再振兴的战略指导下，东北地区新城新区的建设如火如荼，已形成了以国家级新区为战略导向，以国家级经济技术开发区、高新技术开发区为战略支撑，以省（市、区）级各类新城新区为重要补充的总体发展布局。

①国家级新区的战略导向作用。哈尔滨新区于 2015 年 12 月 16 日批准设立，包括

哈尔滨市呼兰区、松北区、平房区的部分区域，规划面积约493平方公里。2015年，新区实现地区生产总值719.4亿元，分别占全市、全省的12.5%和4.8%；实现公共财政预算总收入87.4亿元，占全市的13.3%。哈尔滨新区在"创新、协调、绿色、开放、共享"的发展理念指导下，承担着"一带一路"建设及中俄全面合作、东北新一轮振兴、老工业基地转型发展、打造特色国际文化旅游聚集地等战略使命。基于此，哈尔滨新区制定了"一江居中、两岸繁荣"的总体规划，构建了"一带、一核、三组团"的总体发展思路。

长春新区是2016年2月3日由国务院批复设立的第17个国家级新区，主体位于长春市东北部，批复的规划面积499平方公里，实际管辖范围约710平方公里，包括长春高新区、长春北湖科技开发区、长德经济开发区、空港经济开发区四个区域，下辖2个乡、5个街道、51个村、23个社区，常住人口47万人。2016年，全区地区生产总值完成1035亿元，同比增长13.5%；一般预算全口径收入完成104.6亿元，同比增长10%；一般公共预算财政收入21.6亿元，同比增长18.5%。在省市经济发展中，长春新区GDP增速高于全省平均增速6.6个百分点，高于全市平均增速6个百分点；一般公共预算财政收入增速分别高于全省和全市15.7和11.5个百分点，新区拉动全市GDP增长2.3个百分点，已成为拉动区域经济增长的火车头。长春新区以落实图们江区域合作开发规划纲要、促进东北新一轮振兴、助推国家"一带一路"、强化与东北亚区域合作为战略规划目标，逐步形成了以"两大港口"、"四大商务中心"为功能区布局，以"两轴、三中心、四基地"为产业体系支撑的发展新思路。建成后的长春新区将成为"一带一路"北线通道的重要枢纽节点和东北地区新增长极。

大连金普新区设立于2014年6月，新区位于大连市中南部，范围包括大连市金州区和普兰店市部分地区，规划面积约2299平方公里，2015年全年实现地区生产总值1670亿元，一般公共预算收入81.5亿元，常住人口约158万人，城区城镇常住居民可支配收入37483元[①]。大连金普新区战略定位为我国面向东北亚区域开放合作的战略高地，引领东北地区全面振兴的重要增长极，转变老工业基地发展方式的先导区，体制机制创新与自主创新的示范区，深化新型城镇化和城乡统筹的先行区。建成后的大连

---

① 数据来源：2016年大连新区政府工作报告。

金普新区将形成"双核七区"的发展新格局。

②国家级高新区与经济技术开发区的战略支撑作用。黑龙江省国家级高新技术开发区有3个，国家级经济技术开发区有8个，遍及哈尔滨、大庆、齐齐哈尔、牡丹江、绥化、双鸭山6个地级市。经过多年的开发建设，目前黑龙江省已初步形成了以哈尔滨1个高新技术开发区，3个经济技术开发区为中心地带，以大庆、齐齐哈尔、牡丹江、绥化、双鸭山2个高新技术开发区，5个经济技术开发区为联动发展区的整体发展格局。

表2　　　　　　　　　黑龙江省高新技术开发区情况总汇

城市	名称	成立时间	批准时间	规划面积	主导产业
哈尔滨	哈尔滨高新区	1988年设立	1991年3月	23.9平方公里	电子信息产业、光电仪器产业、生物医药产业、新材料产业五大产业方向
齐齐哈尔	齐齐哈尔高新区	1992年设立	2010年	45.93平方公里	农副产品加工业、装备制造业、节能环保产业、现代服务业、机械基础零部件产业
大庆	大庆高新区	1992年4月设立	1992年11月	251.2平方公里	化工产业、汽车产业、新材料产业、高端装备产业、高端服务产业、高端新兴产业

表3　　　　　　　　　黑龙江省经济技术开发区情况总汇

城市	名称	成立时间	批准时间	规划面积	主导产业
哈尔滨	哈尔滨经开区	1991年6月设立	1993年4月	10平方公里	大运载产业集群、食品医药产业集群、云计算产业集群
哈尔滨	哈尔滨利民经开区	1991年6月设立	2011年4月	24.39平方公里	现代医药、绿色食品、机械制造、文化教育、信息及服务外包等主导产业
哈尔滨	宾西经开区	2002年9月设立	2010年6月	68.56平方公里	农副产品精深加工产业基地、现代包装产业基地、对俄贸易出口加工基地和光电产业
牡丹江	海林经开区	2002年6月设立	2010年6月26日	30平方公里	木业为主，食品、医药、建材、机械加工等产业
牡丹江	牡丹江经开区	2006年设立	2013年3月	100平方公里	新能源、新材料产业、交通运输装备制造产业、生物产业、电子信息产业、绿色食品产业

续表

城市	名称	成立时间	批准时间	规划面积	主导产业
大庆	大庆经开区	2006年3月设立	2012年10月	330平方公里	石油石化装备制造、汽车制造、新能源、新材料、现代物流和高端服务五大产业
绥化	绥化经开区	2003年4月设立	2012年2月	30平方公里	以发展工业项目为主,集商贸、物流、服务于一体的综合经济园区
双鸭山	双鸭山经开区	1993年设立	2014年2月	4.67平方公里	煤电化钢、绿色农业、商贸物流

　　黑龙江省国家级高新区和经开区在完成自身建设发展的同时,也为国家级新区的战略发展提供产业经济支撑和科技智力支持。如哈尔滨新区的规划同时涵盖了哈尔滨高新技术开发区、哈尔滨经济技术开发区、利民经济技术开发区等3个国家级开发区。松北科技创新组团主要是依托哈尔滨高新技术产业开发区,重点推进新一代信息技术、新材料、节能环保等产业发展;利民健康产业组团则依托利民经济技术开发区,重点发展生物医药、绿色食品产业,加快发展医疗服务、健康养生等现代服务业;哈南现代制造业组团一直依托哈尔滨经济技术开发区,大力发展高端装备制造等产业,培育发展云计算、大数据、信息服务等新兴产业。不得不说的是,这些开发区将在哈尔滨新区的战略布局中发挥着重要的支撑作用。

　　吉林省国家级高新技术开发区与经济技术开发区各有5个,大致分布在长春、延边、通化、吉林、四平、松原6个地级市(州)(见表4和表5)。

表4　　吉林省高新技术开发区情况总汇

城市	名称	成立时间	批准时间	面积	主导产业
长春	长春高新区	1991年设立	1991年	210平方公里	生物与医药、光电技术、先进制造技术、信息技术、新材料
长春	长春净月高新区	1995年8月设立	2012年8月	478.7平方公里	现代服务业、文化产业、高新技术产业
延边	延吉高新区	1993年5月设立	2010年11月	5.33平方公里	科技工业园、IT产业园、医疗器械产业园、朝鲜族特色食品园
通化	通化医药高新区	2005年7月设立	2013年12月	12.7平方公里	医药健康产业
吉林	吉林高新区	1992年2月设立	1992年11月	130.08平方公里	汽车及零部件、装备制造、电力电子、生物医药、新材料、高端服务业

表5　　　　　　　　　吉林省经济技术开发区情况总汇

城市	名称	成立时间	批准时间	面积	主导产业
长春	长春经开区	1993年4月设立	1993年4月	建成区面积60平方公里	专用车及零部件、生物化工、现代服务业
	长春汽车经开区	2005年9月正式设立	2010年12月	建成区面积23平方公里	汽车及其相关产业
吉林	吉林经开区	1998年设立	2010年4月	44平方公里	化工及新材料、碳纤维、汽车零部件、轻工纺织和品牌食品等
四平	四平红嘴经开区	2001年12月设立	2010年	34平方公里	先进装备制造业、新型建材业、动漫创意和现代服务业、食品和农副产品深加工业、预防医学和制药产业
松原	松原经开区	1993年设立	2013年3月	53.5平方公里	油气化工与配套、机械制造、食品加工三大主导产业

同样，吉林省国家级开发区的发展也纳入到了新区的战略规划之中。长春高新技术产业开发区作为长春新区所辖的四个开发区之一，为长春新区申报国家级新区奠定了基础。长春高新区通过软件、医药、光电、汽车等优势产业的升级再造，通过增强公共服务设施网络及轨道交通的基础设施建设打造东北地区高新技术产业基地、长春市西南部生态宜居的综合型新城区、产城融合示范区，形成了与长春新区协同发展的局面。

辽宁省国家级高新技术开发区现有8个，经济技术开发区现有9个，覆盖沈阳、辽阳、大连、本溪、鞍山、阜新、营口、锦州、铁岭、盘锦等10个地级市，在东北三省中分布数量最多，涉及的地级市最广。

表6　　　　　　　　　辽宁省高新技术开发区情况总汇

城市	名称	成立时间	批准时间	面积	主导产业
沈阳	沈阳高新区	1988年设立	1991年	10平方公里	信息技术、智能制造、生物医药、民用航空
辽阳	辽阳高新区	1992年设立	2010年11月	20平方公里	重点发展芳烃及精细化工、工业铝合金型材两大产业集群
大连	大连高新区	1991年3月设立	1991年3月	153平方公里	以网络及电子商务、动漫及文化创业、生命科学、设计、新材料和新能源、智能制造、科技金融为特色的现代服务业

续表

城市	名称	成立时间	批准时间	面积	主导产业
本溪	本溪高新区	1993年设立	2010年	27.8平方公里	生物医药产业
鞍山	鞍山高新区	1991年设立	1992年	32.5平方公里	新材料、环保与节能设备、电子信息、机电一体化、精细化工和生物医药等主导产业
阜新	阜新高新区	1992年8月8日设立	2013年	33.8平方公里	阜新液压产业基地、装备制造业、电子产业、新能源产业等
营口	营口高新区	1992年设立	2010年9月	园区规划控制面积20.47平方公里	船舶制造、船舶配套产业、纺织服装生产加工产业、装备制造产业、石油化工产业等
锦州	锦州高新区	1992年设立	2015年	6.58平方公里	汽车零部件及电子信息产业和健康产业、现代服务业

表7　辽宁省经济技术开发区情况总汇

城市	名称	成立时间	批准时间	面积	主导产业
沈阳	沈阳辉山经开区	2002年1月28日设立	2013年1月	占地89.8平方公里	乳品加工、粮油加工、畜禽加工、果蔬（饮料）加工、生物制品加工等五大主导产业
沈阳	沈阳经开区	1988年6月22日设立	1993年4月	444平方公里	装备制造业产业、汽车整车及零部件产业、医药化工产业、食品饮料及包装产业等产业
大连	大连经开区	1984年设立	1984年	388平方公里	石油化工、装备制造产业集群、电子信息产业集群、汽车及零部件、现代冶金、生物医药、食品加工产业集群
大连	大连长兴岛经开区	2005年11月26日设立	2010年4月	总面积349.5平方公里	造船、石化、临港装备、物流
大连	旅顺经开区	1992年设立	2013年	88平方公里	船舶制造、轨道交通、重大装备制造和港航物流等主导产业
营口	营口经开区	1984年设立	1992年	总面积268平方公里	冶金装备制造、输变电光伏、高科技、现代服务业四大产业集群。
锦州	锦州经开区	1992年设立	2010年	161.06平方公里	石油化工、机械制造、汽车零部件、生物制药、基础建材、粮食深加工、食品加工等

续表

城市	名称	成立时间	批准时间	面积	主导产业
铁岭	铁岭经开区	1992年设立	2013年11月	85.32平方公里	专用车及配套产业、装备配套制造业和新型建材业、橡胶制品生产等
盘锦	盘锦辽滨沿海经开区	2003年设立	2013年1月	可控面积545平方公里	装备制造业、石化产业、高新技术产业、现代服务业等

同样辽宁省大连经济技术开发区与大连保税区、普湾经济区、大连金石滩国家旅游度假区作为大连金普新区的4大重要功能区，承担着新区"双核、七区"的发展战略。

③省（市、区）级新城新区的重要补充作用。除了国家级新城新区以外，东北地区各省（市、区）级新城新区也是遍地开花。黑龙江省（市、区）级新城新区数量位于全国第13位；辽宁省（市、区）级新城新区数量位于全国第14位；吉林省（市、区）级新城新区数量位于全国第28位①。这些省（市、区）级的新城新区作为当地重要的经济增长极，在国家"一带一路"及东北新一轮振兴战略中发挥着不可替代的作用，而且国家级新城新区大都由省（市、区）级的新城新区发展而来，并依托省（市、区）级的新城新区的历史积累进一步完善和升级再造，可以说省（市、区）级新城新区的发展是衡量一个地区新城新区发展潜力的重要参考指标，也是对国家级新城新区建设的重要补充和完善。

（3）东北地区新城新区与全国其他地区新城新区的比较

与全国其他地区的新城新区建设相比，东北地区新城新区建设起步较晚，规划面积较小、对外开放程度不高。但东北地区新城新区发展速度较快，开发与建设的新城新区数量较多。

从建设时间看，与东部发达省份相比，东北地区国家级新城新区的建设起步较晚，以国家级经济技术开发区为例，上海市2010年以前批准的国家级经济技术开发区就有4个，江苏省有6个，浙江省有5个，但吉林省和黑龙江省两省加起来仅2个，而辽宁地区则相对较多，达到3个。

---

① 冯奎："中国新城新区转型发展研究"，《经济纵横》，2015年第4期。

从规划和建设面积上看，全国 18 个国家级新区规划总面积 24651.41 平方公里，平均规划面积为 1369.5 平方公里，而东北地区仅有大连金普新区规划面积超过平均值，长春新区和哈尔滨新区规划面积仅为 449 和 493 平方公里。

从对外开放平台建设来说，东北地区对外开放的进出口加工区、保税区、保税物流中心等的建设相对落后于其他地区。国家从 2000 年开始设立出口加工区，截止到 2015 年，全国国家级出口加工区共计 62 个，其中吉林省仅有 1 个，辽宁省 2 个。而保税物流中心的试点首先于 2004 年在苏州工业园区实施，截止到 2015 年底，我国海关总署共计批准设立 58 个保税物流中心，其中吉林省 1 个，辽宁省 3 个。而作为对外开放程度最高的综合保税区建设，截止到 2016 年 3 月，全国批准设立的综合保税区数量共计 52 个，其中黑龙江省 2 个，吉林省 1 个，辽宁省 1 个。

从数量上看，截至 2016 年 5 月，全国县级以上新城新区数量总数超过 3500 个[①]，而东北地区新城新区数量占比全国新城新区总数的 1/10 以上。而在 2013 年统计的 12 座大都市规划和建设的 130 座新城新区中，沈阳地区的数量最多，共计有 19 座新城新区（其中 2 座新区，17 座新城）[②]。

二、东北地区新城新区的发展特征

1. 东北地区新城新区发展成就

东北地区新城新区的建设不仅关系到工业化、城镇化建设的进程，更是担负着国家"一带一路"和实现东北新一轮振兴战略的重要历史使命。经过多年的开发与建设，东北地区新城新区已发展成为东北地区经济增长的新引擎和加强东北亚区域经济合作的核心纽带。

（1）人口聚集效应不断凸显

由于新城新区区内较好的基础设施与合理的功能分区布局，不仅吸引产业向其聚

[①] 冯奎："中国新城新区现状与创新发展重点"，《区域经济评论》，2016 年第 6 期。
[②] 刘士林："2015 中国大都市新城新区发展报告"，《中国名城》，2016 年第 1 期。

集，同时也带动了区内人口规模的扩张。长春新区从 2016 年 2 月成立至今，区内常住人口已达 47 万人；哈尔滨新区经过一年的建设，区内常住人口已达 70 万人，而大连金普新区经过两年多的建设，区内常住人口目前已突破 158 万人。此外，新城新区人口的聚集加之东北地区经济的快速发展，东北地区城镇化水平有了较大提升。黑龙江省的城镇化率从 1999 年的 50.5% 上升到了 2015 年的 58.8%；吉林省城镇化率从 1999 年的 47.1% 已上升到 2015 年的 55.3%；辽宁省城镇化率从 1999 年的 53.9% 上升到 2015 年的 67.4%。东北地区城镇化率都远高于全国平均水平。

（2）投资创业环境日趋完善

东北地区新城新区通过不断优化基础设施建设，完善投融资软环境，吸引了一大批外资来区置业，扩大了民营经济比重，优化了产业结构。以长春新区为例，1993 年 4 月长春经济技术开发区被国务院批准为国家级经济技术开发区，经过二十多年的开发建设，截至 2016 年底，累计批准设立企业 7000 多户，其中外资企业 700 多户，有 29 个国家和地区的 84 家跨国公司来区投资兴业，世界 500 强投资兴办的企业 46 户，占长春市的一半以上。在商务部最新公布的国家级经济技术开发区投资环境综合评价中排名第 11 位，在中部国家级经开区中继续保持第 1 位。哈尔滨经济技术开发区自 1993 年 4 月晋升为国家级开发区以来，经过二十余年的艰苦创业，哈经开区已初步成为哈尔滨市经济发展的龙头和外资聚集的高地。入区企业近万家，地区生产总值突破千亿元，在全国国家级经开区投资环境综合排名中位列第 16 位。

（3）对外开放程度不断加深

鉴于东北地区特殊的地理位置——处于东北亚经济圈的核心地带，使其成为中国对外加强东北亚区域经济合作的重要关口和门户。东北地区新城新区经过多年的发展，不仅形成了以黑龙江绥芬河综合保税区、长春兴隆综合保税区、大连大窑湾保税港区、沈阳综合保税区等一批国家级综合保税区为中心的对外通商口岸地区，还形成了以吉林市保税物流中心、铁岭保税物流中心、营口港保税物流中心等一批以中转物流为补充的功能性商贸城市。这些对外开放门户的设立极大地提高了东北地区对外开放程度，加深了东北地区与周边国家的经济联系。以吉林省长春兴隆综合保税区为例，2016 年，长春兴隆综合保税区实现报关单证 10191 票，同比增长了 91.16%；货运量 20.53 万吨，同比增长 201.1%；货值 43.59 亿元，同比增长 161.58%；征收税款 1.58 亿元，同比增长188.27%。在海关正规监管系统试点城市中，长春跨境电商出口业务量稳居全国前五名。自综合保税区设立以来，业务已辐射全省及东北地区。

2. 东北地区新城新区发展存在的问题

东北地区新城新区发展起步较晚，在后期开发建设中因缺少相关经验和科学评价体系的指导，各类新城新区的产业同质现象较为凸出，产业结构也有待进一步优化。此外，快速进发的新城新区建设热潮，除了有厚积薄发的合理增长因素以外，还有一些非理性的跟风式因素存在。以上问题都严重制约了东北地区新城新区的可持续发展。

（1）新城新区功能定位重叠，产业同质现象较为凸出

新城新区的规划布局应该充分考虑各个开发区或产业园区的功能分工与角色定位，各开发区或产业园区之间不仅要有相互合作的关系，还需要在产业链上协同发展，实现功能互补。以长春市新城新区建设为例，长春经济技术开发区、长春高新技术开发区在规划建设时，都设有光电信息产业园区、生物制药园区；长春经济技术开发区与长春汽车经济技术开发区也都致力于发展汽车零部件产业。同样，在大连市新城新区建设中，大连经济技术开发区与大连长兴岛经济技术开发区都以石化产业为主导产业。这些功能定位重叠和产业同质现象导致新区之间未能形成产业协同互补，容易造成产业之间恶性竞争。

（2）新城新区的产业结构趋于单一，产业转型难度较大

早期新城新区的规划建设并未很好地解决当地深层次的结构性问题，甚至在一定程度上固化了当地的单一结构性问题，产生了如营口、长春、吉林、大庆等一批产业结构相对单一的城市。短期来看，结构性问题虽会促进当地经济的增长速度，但也会出现一系列的短板，如辽宁省营口市经济技术开发区，2014年，地区生产总值469.1亿元，增长率仅为6.1%，而固定资产投资、外贸出口与公共预算收入甚至出现负增长，分别为-20.9%，-12.7%，-8.9%。长期来看，结构性问题即使在短期内能实现经济的快速增长，但长期的可持续发展问题将面临严峻挑战。以长春市为例，长春市作为典型的单一结构城市，汽车经济技术开发区帮助长春市壮大了汽车产业的发展，带动了当地经济的快速腾飞，但同时也造成了产业结构过于单一，经济发展基础较为脆弱等负面效应，使得长春市未来经济的发展容易受整个汽车行业发展行情或是一汽集团全球产业布局调整的影响。

（3）新城新区数量较多，政府债务居高不下

据不完全统计，截止到 2014 年 10 月，东北地区新城新区的数量达到 310 个，其中黑龙江省 119 个，辽宁省 118 个，吉林省 73 个①。近年来，新城新区的新增建设并没有有效促进当地经济的快速增长，反倒在一定程度上增加了地方财政负担。由图 1 可以看出，东北三省财政赤字从 2005 年开始不断扩大，其中黑龙江省财政赤字最为严重，辽宁省紧随其后。

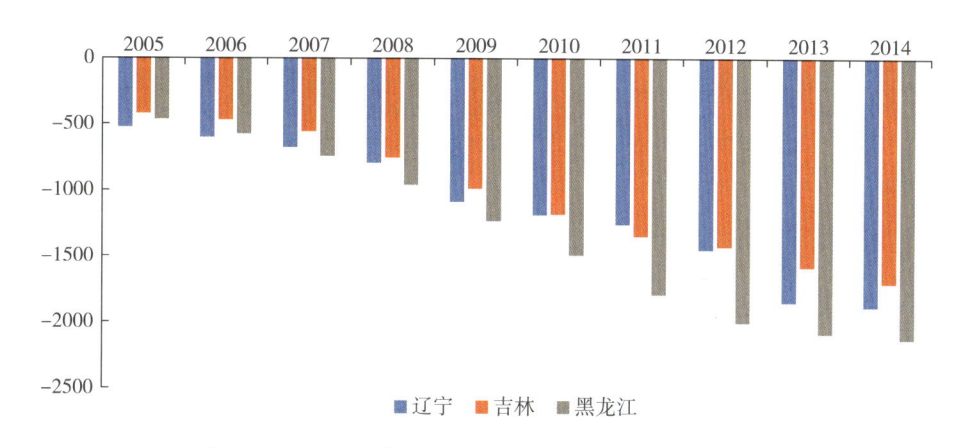

图 1　2005~2014 年东北三省财政赤字变化情况（亿元）

资料来源：东北三省统计年鉴。

从政府的债务率来看，截止到 2016 年 7 月 27 日，辽宁省城投债余额为 1987 亿元，公共财政收入 2126 亿元，债务率达 93%，排在全国第 11 位；黑龙江省城投债余额 532 亿元，财政收入 1165 亿元，债务率 46%，排在全国第 22 位；吉林省城投债余额 505 亿元，财政收入 1229 亿元，债务率 41%，排在全国第 24 位②。虽然从债务率的国际水平比较来看③，东北三省还未突破国际警戒值，但就国内比较来看，辽宁省债务率排名过于靠前与其 GDP 增速排名过于靠后形成较大反差，加之东北三省新城新区的建设尚处于起步阶段，后续的开发建设应该注重政府债务规模的控制，合理规划新城新区的发展。

---

① 数据来源：《中国新城新区发展报告：2015》，中国发展出版社 2015 年版。
② 数据来源于政府采购信息网：http://www.caigou2003.com/zhengcaizixun/zhengcaiyaowen/2450757.html。
③ 国际货币基金组织确定的 90%~150% 的债务率为安全警戒线。

（4）新城新区建设评价体系缺乏，长官意志作用明显

东北地区新城新区建设起步较晚，尚未形成系统的可供指导的建设经验或建设标准，导致新城新区建设完全是基于长官意志的决定。哪些城市该设立新城新区？应该设置多少新城新区？这些标准的缺失导致新城新区建设的可行性、必要性、合理性都有待进一步考证。政府在新城新区建设中发挥主导决定性作用，而市场对于新城新区建设作用发挥相当有限，这就容易造成城市边界的无序蔓延，政府财政不断吃紧。这些问题可以从上文中东北地区大量的新城新区建设和政府债务不断上升中得到进一步证实。虽然针对国家级高新区创新能力、国家级经开区投资环境有一套通用的评价标准，但不同的新城新区类型，不同的省际情况，不同的发展需求都需要建设更有针对性的评价体系作为新城新区科学规划与建设的指导，这样才能避免千城一面和城市边界无序蔓延的发生。

三、东北地区新城新区建设的新机遇及发展策略

1. 东北地区新城新区建设的新机遇

（1）新型城镇化建设的发展新机遇

新城新区建设一方面可以扩大城市区域边界，增加城市住房面积，缓解城市居住压力，使更多农村人口直接转变为城市人口，实现土地城镇化与人口城镇化并举；另一方面也可以扩大城市的功能边界，完善城市基础设施建设，提升城市公共服务水平，实现产业结构与功能区布局的双重优化。但实际上，东北地区新城新区的建设在过去很长一段时间内对城镇化的推动作用却相当有限。从各省情况来看，黑龙江省的城镇化率从 1999 年的 50.5% 仅上升到 2014 年的 58%；吉林省城镇化率从 1999 年的 47.1% 仅上升到 2014 年的 54.8%；辽宁省城镇化率从 1999 年的 53.9% 仅上升到 2014 年的 67.1%。这一方面源于东北地区城镇化水平基数较高，后期的城镇化建设增速放缓；另一方面在于东北地区新城新区建设大都是在城市的外围进行拓展，交通等基础设施的完备性有所欠缺，产业和人口的聚集效应不明显，容易出现"土地城镇化"快于

"人口城镇化"的现象。《国家新型城镇化规划（2014 – 2020）》中明确指出，要严格规范新城新区的建设，严格新城新区的设立条件，对于确需规划建设新城新区的，必须以人口密度、产出强度和资源环境承载力为基准，科学合理编织规划，防止城市边界的无序蔓延。未来东北地区新城新区的建设要加强与新型城镇化建设的可协调，用科学合理的规划确保土地城镇化与人口城镇化同步发展。

（2）"一带一路"建设的发展新机遇

东北地区新城区建设要与"一带一路"国家战略深度融合，将东北地区打造成为我国向北开放的重要窗口和东北亚地区合作的中心枢纽。以吉林省长春新区的建设为例，长春新区承担着落实长吉图战略，强化与东北亚区域合作的重大使命。长春新区重点规划建设的"两大港口"——龙嘉国际机场和铁路综合货运体系致力于提升新区的国际化水平，加强新区对外合作交流。根据规划，长春新区将把龙嘉国际机场建设成为国际"大通关"体系，向北开辟俄罗斯、向西延伸至北欧，预计未来可承载客运吞吐量 6000 万人次，货运吞吐量 300 万吨，成为东北亚区域航空物流枢纽；同样对于铁路综合货场的建设，将完善其口岸服务功能，建设保税中心、海关监管多式联运等功能性设施，未来可承载年运量将达到 3300 万吨，成为"一带一路"北线通道的重要枢纽节点[①]。

（3）东北振兴的发展新机遇

东北地区新城新区建设不仅肩负着继续推进工业化与城镇化的历史使命和国家"一带一路"战略的时代使命，还承担着振兴东北经济，实现东北经济转型升级的重要任务。当然，新城新区建设是一个系统性工程，如何实现新城新区建设与东北经济振兴有机结合，也是我们不得不面对的现实问题。

自 2013 年以来，东北地区经济增速急速下滑，出现"断崖式下跌"，持续垫底全国。面对东北经济发展新形势，自 2014 年来，国家陆续出台了《国务院关于近期支持东北振兴若干重大政策举措的意见》（国发［2014］28 号）、《关于促进东北老工业基地创新创业发展打造竞争新优势的实施意见》（发改振兴［2015］1488 号）、《关于深入推进实施新一轮东北振兴战略加快推动东北地区经济企稳向好若干重要举措的意见》

---

① 相关资料数据来源于 http：//www.ship.sh/news_detail.php? nid = 22725。

（国发〔2016〕62号）和《东北振兴"十三五"规划》（国发〔2016〕177号）等系列文件，以期重振东北经济。当然，东北地区新城新区建设目前还处于初始规划阶段，在新城新区的建设中也不断涌现出各种各样的问题，对改革东北地区僵化的体制机制、优化东北地区单一的产业结构、激活东北地区创新的微观主体发挥作用的空间还相当有限。在后续的开发建设中，东北地区新城新区需借助振兴东北的政策优势，大胆创新，积极探索，将体制机制的创新发展、产业结构的优化升级、微观主体的优化再造与新城新区的规划建设紧密结合起来，这也是东北地区新城新区建设有别于其他地区新城新区建设的"东北特色"部分，必须要始终保持，不能放弃。

2. 东北地区新城新区建设的对策建议

东北地区作为国家老工业基地和资源型城市聚集地，在改革开放30年的发展进程中为我国工业化及城镇化建设做出了巨大的贡献。但是2013年以后，东北地区经济却出现了断崖式下跌，GDP增速落至全国后五位，原本的先发优势已经逐步被深层次的体制性和结构性问题所取代。过于单一的产业结构，过于僵化的体制机制，缺乏创新的微观主体，形成了制约东北经济成功转型的"铁三角"。东北地区新城新区的开发与建设承载着振兴东北经济的重大历史使命，应在实现产业结构升级，体制机制创新，微观主体再造等方面予以重点关注，为东北地区经济的新一轮振兴做好基础准备。

（1）科学规划，合理布局

东北地区新城新区建设是实现新型城镇化的重要途径。在新城新区建设过程中，应在创新行政管理体制、优化审批服务机制、推进"多规合一"等方面下功夫，打造东北地区新城新区改革新样板。针对东北地区城市发展的新特性，应在机制体制、规划实施、规划评估等方面进一步创新，依托新城新区建设，努力探索单一结构城市转型的新途径。同时，也应注意新城新区的合理布局，不应一味地贪大求全，造成资源的不合理配置。

在新城新区的建设过程中，应依据各地区发展的实际情况，综合考量各地区的资源承载能力、社会支撑力、经济创造力等方面制定发展战略，将长期发展目标和短期目标有机结合。同时，积极构建政府、市场、企业之间的协调机制，针对性地开展招商引资工作，降低企业的菜单成本，进而推动东北地区新城新区建设步伐。

在新城新区的建设过程中，还要破除固步自封的旧概念，大胆创新、积极探索。新城新区的建设成败在于唯"新"，是改革之"新"，而不是简单的区域之"新"，新城新区不是"拿新瓶装旧酒"，而应该是"换新瓶迎新酒"，以新城新区作为改革试点区，用新的体制机制、新的产业结构、新的创新主体来突破传统的发展路径，培育"创新、协调、绿色、开放、共享"的发展新格局。此外还需要为保护新城新区之"新"设立天然的屏障，确保新的土壤为培养新力量而生。

此外，在新城新区规划建设中要加强对土地集约利用的监管，通过建立合理的土地利用评价体系来严格规范用地，从土地利用程度、土地利用强度、用地结构状况、产业用地投入产出效益等维度建立评价标准，严把新区用地之关，防止新区边界的无序蔓延和土地资源的浪费。

（2）循序式发展，分阶段推进

东北地区新城新区的建设并非一蹴而就，而是一个分阶段，有序推进的过程。只有在思想观念上破除急功近利的束缚，认清新城新区发展的阶段性才能将新城新区的发展贴上可持续的标签。

东北地区新城新区的发展大多还处于初始培育阶段，该阶段需要对开发区做一定的政策倾斜，促使各项生产要素向开发区聚集，形成开发区的集聚效应，政府在其中就扮演者重要的推动者角色。由于市场配置功能的发挥还相当有限，一方面政府需要制定配套的针对性优惠政策，另一方面还需要实现开发区配套基础设施的"九通一平"。此外政府还应该严格把关入驻开发区的企业，防止开发区形成鱼龙混杂的局面。此后，当开发区逐渐迈入后期协同阶段时，政府应该更多地发挥监督与保障功能，将开发区企业的发展更多的交由市场去决定，优胜劣汰，激活企业创新主体的功能。

（3）兼顾新城新区数量和质量，降低债务风险

随着新型城镇化的不断推进，各地区开始出现新城新区建设热潮，并呈现出愈演愈烈的态势。当然，在新城新区的开发建设过程中，离不开土地资源供给和财税政策的支持，而这往往又容易使得地方政府为了追求"面子工程"而盲目进行外延式开发，可能忽视新城新区建设质量，导致竞争力不强、重复建设等问题。再加上由于地方政府的财权、事权和财力的不匹配，地方政府融资平台的负债规模不断扩大，容易进一步引发债务风险。为此，2017年5月3日国家七部委联合发布了《关于进一步规范地方政府举债融资行为的通知》,《通知》就明确了融资平台公司融资、政府和社会资本合作、地方政府举债融资的边界和负面清单,旨在降低政府债务风险,规范政府融资行为。地方政府在进行新城新区建设时适当的举债融资也少不了,地方政府可以按照"利益共享、风险共担"的原则,引入合适的社会资本,采用PPP模式或政府投资基金的模式进行融资建设,但必须确保不以任何方式承诺回购社会资本方本金,也不得承诺最低收益等变相举债,用规范化的融资行为降低系统性的债务风险。此外,针对不便引入社会资本的项目,地方政府还可以在国务院批准的限额内发行地方政府债券,保障新城新区建设的有序开展。

此外,在新城新区建设过程中,还应遵循新型城镇化的基本要求,结合各地区资源承载力、社会支撑力等现实情况,严格控制新城新区开发建设的规模、速度和布局,用新理念来规划、开发和建设新城新区,提高东北地区新城新区的特色、综合功能、效率效益等,提高新城新区的地区竞争力。

(4) 挖掘城市品牌,打造特色新城新区

城市名片是一个城市的灵魂,体现了一个城市的区分度。纵观我国城市兴起和发展史,在历经数次变革中,原有的城市风貌和特色正在逐渐消失殆尽,出现的均是千篇一律的高楼林立。再加上地方政府基于自身政绩需求,在规划、开发和建设上急功近利,出现千城一面现象。当一座城市缺乏自身特色和个性时,容易产生重复建设,功能配套同质化等问题,这也不利于保存一座城市在发展历程中的历史文化景观和风情风貌。

东北地区地域相接、文化一脉,各地区均有自身独特的文化底蕴,新城新区在建设过程中,应充分挖掘本地区潜质,弘扬本地区特色文化。以长春市为例,长春市享有"汽车城"、"电影城"、"森林城"、"文化城"等美誉,在新城新区中做大做强相关产业集群不仅有利于提升城市知名度,也能培育和发展现代产业。一方面,打造特色主题小镇。依托城市名片,着手规划建设"汽车特色文化小镇"、"电影特色文化小镇"等,将主题文化博览、主题公园、主题风情商业、医养产业等有机结合;另一方面,大力发展旅游产业,打造宜居城市。长春市作为四大园林城市之一,气候特征分明,政府可打造若干特色鲜明的宜居小镇,将旅游产业和养老产业(特别是候鸟式养老模式)有机融合。

(5) 动态调整和优化产业结构

2014 年，科技部提出 2020 年国家高新区战略提升行动的总体目标，即到 2020 年，将国家高新区建设成为转变发展方式，调整经济结构的重要引擎。从 1988 年第一批，也是仅有的第一家国家级高新区——北京中关村高新技术开发区建成以来，截止到 2015 年，全国共成立了 145 家国家级高新区①。东北作为国家试点建设高新区较早的地区之一，从 1991 年哈尔滨高新技术开发区、长春高新技术开发区、沈阳高新技术开发区、大连高新技术开发区相继设立，到如今 16 家国家级高新技术开发区遍及整个东北，东北地区的产业结构优化调整已经具备了较好的政策基础。

为此，东北地区新城新区在建设过程中，应结合东北地区单一结构城市的特性，以新兴战略性产业作为新动能，实现转型。对于相对比较成熟的新城新区，应积极适应、融入全球化进程之中，积极参与国际国内分工合作，在主导产业升级过程中加快新兴产业发展。以吉林省第一个开发区和第一个国家级开发区——长春高新技术开发区为例，经过 26 年的建设，有别于长春市绝对主导的汽车制造产业，长春高新区已初步形成了生物与医药、光电技术、先进制造技术、信息技术、新材料五大新兴主导产业，不仅为长春市"汽车经济"的战略转型提供了产业支撑，也为未来产业的升级再造创造了智力基础。对于正处于发展中期的新城新区而言，应积极顺应时代发展潮流，加强与区域中心城市间的联系，协调产业在区域间的分工与合作，努力规避"孤岛经济"现象。

(6) 创新体制机制，优化市场环境

东北地区长期深受传统计划经济体制影响，以往发展靠项目、靠投资，体制机制相对固化，城企高度融合，这就使得东北地区的经济振兴不可能一蹴而就。要想实现由"等靠要"向"闯改创"转变，这就需要不断深化改革增强发展动力，改变过去"强政府、弱市场"的局面，将"有效市场"与"有为政府"有机结合。地方政府也应在新城新区建设过程中，坚决破除体制机制障碍，对标国内先进地区新城新区发展模式，对市场不人为强加干预，大力推进简政放权，放管结合，努力撇清政企功能，实现"新瓶装新酒"。同时，也积极加强跨区域分工与合作，让资源在市场上得到充

---

① 1988 年批复 1 家，1991 年批复 26 家，1992 年批复 26 家，1997 年批复 1 家，2007 年批复 1 家，2009 年批复 2 家，2010 年批复 26 家，2011 年批复 5 家，2012 年批复 17 家，2014 年批复 9 家，2015 年批复 16 家。

分自由流动，形成市场与体制机制的无缝式对接，实现市场在资源配置中的决定性作用。

东北地区国有经济比重较高，国有企业活力不足；而民营经济实力相对较弱，民营企业发展不充分。在新城新区建设过程中，应协调好国有企业和民营企业之间的关系，做大增量的同时优化存量。针对新城新区中国有企业存在的问题，政府应根据不同国有企业功能类别推进改革，以产业转型升级为引领，依靠市场化机制来参与运作，将重组与机制创新有机结合，以期增强国有企业的市场竞争力；针对新城新区中民营企业实力薄弱的现实情况，政府应大力发展民营经济，成立民营企业示范区，着力保障民营企业平等获取生产要素，营造公平竞争的市场环境。同时，地方政府可在民营企业示范区内根据各地自身优势和特色加以试点，重点推进。辽宁省可重点发展智能制造及机器人、新能源装备、电子商务等产业；吉林省可重点发展汽车零配件、新能源汽车、农产品深精加工、生物医药、健康养老等产业；黑龙江省可重点发展农产品深精加工、生态旅游、生物医药等产业；内蒙古可重点发展绿色食品、新能源、生态旅游等产业，以期形成具有东北地区区域特色的民营经济发展新模式。

（7）加强供给侧结构性改革，再造微观主体

在国家级新城新区的规划战略中，不同的开发区在目标和功能定位上承载着不同的历史使命。而国家级经济技术开发区则主要着眼于培育产业新主体，成为构建开放型经济新体制和培育吸引外资新优势的排头兵。东北地区国有经济比重较高，民营经济发展不足，需要加大招商引资的力度，通过引进外资企业和国外先进技术，完善本地的市场竞争机制，实现要素的集聚，从而提升本土企业的国际竞争力水平，实现企业微观主体的再造。如哈尔滨经济技术开发区通过有针对性的优惠政策，吸引了美国约翰迪尔、凯斯纽荷兰、百威英博、可口可乐等世界500强跨国企业在当地投产建厂，促进了当地哈飞、东轻、东安、哈药集团等国有大型企业的竞争性发展，也实现了珍宝制药、国裕数据、浪潮集团等民营企业的协同式发展。

当前，互联网信息技术快速发展，有助于打破时空差距。东北地区在新城新区建设中，可大力扶持企业微观主体借助互联网的信息平台打破市场地域的限制，开拓国内市场乃至于国际市场。以吉林省打造"智慧吉林"为例，截至2015年末，共有3500

家中小企业入驻阿里巴巴 1688 平台，6400 家企业加入百度营销体系[①]，这将显著提升吉林省互联网的产业平台，进而推动地区经济增长。

（8）用全局思维，打造一体化发展格局

新城新区作为东北地区未来发展的重要增长极和改革示范区，应该与整个城市和地区的发展形成积极的联动。新城新区的规划不应该只思考一个开发区如何建设、如何发展，而应该从整个城市和地区的战略考量出发。高新区的规划虽侧重于技术创新与新兴产业的发展，但必须结合本地区的比较优势基础，帮助整个地区实现产业结构调整和升级；而地区的发展在完善传统优势产业的同时也要注重实现高新区产业链的延伸，支撑高新区新兴产业的发展。经开区的规划虽侧重于招商引资，强调用经济存量的不断突破来为地区经济转型保驾护航，但也必须做到数量与质量双优，保障整个地区的生态环境、充实整个地区的经验智库，为整个地区微观主体的再造提供环境支撑和智力支持；而地区的发展建设又须以服务于经开区为导向，迅速提升经开区的经济发展规模，从而形成先富带动后富，最终达到共同富裕。如何让开发区的改革成果惠及整个地区，如何用整个地区的比较优势来支撑开发区的创新发展，将是形成一体化发展格局的关键。

此外还要注意到，新城新区的建设不是一个简单的经济问题，而是一个涵盖社会、文化、政治、经济等的综合性问题。从社会的角度，不断疏解老城区的人口压力和交通、环境压力；从文化的角度，打造城市新名片，突出城市特有的地域特色；从政治的角度，打造属于高新区特有的体制机制，做整个城市的改革排头兵；从经济的角度，培育创新的微观新主体，提升整个城市的创新活力，实现地区的经济转型。

> 宋冬林，吉林财经大学校长，吉林大学中国特色社会主义政治经济研究中心主任，教授，博士生导师；范欣，博士，吉林大学经济学院讲师；姚常成，吉林大学经济学院博士生；王天东，吉林大学管理学院博士生；刘宪梅，吉林大学经济学院硕士研究生。

---

① 《2015 年吉林省经济发展报告》。

东北城市发展现状与更新路径研究

周继洋

2003~2012年是东北振兴的十年，东北经济一路高歌前进，振奋人心。但自2013年始，东北经济突然失速，甚至出现"断崖式"下跌，地区生产总值、固定资产投资、规模以上工业增加值、进出口贸易等一路下滑，诸多经济数据全国垫底，"东北现象"再次引起国内外广泛关注。发达国家许多以资源而兴的城市经历了繁荣—衰落—繁荣的发展路径，个中经验值得东北借鉴。在中央频提供给侧结构性改革的今天，东北经济陷入困境既因自身多年积弊，也因历史车轮早已滚滚向前。东北要重新振兴，必须"壮士断腕"，进行全方位的改革，包括实施多元化产业战略，注重人力资本、营造良好的营商环境，鼓励创新创业等。

中国东北地区狭义上指由看辽宁、吉林、黑龙江三省构成的区域，广义上还包括内蒙古东四盟市，即呼伦贝尔市、兴安盟、赤峰市和通辽市。为更好地进行省市之间的对比，本报告采用狭义的东北定义，即研究范围仅限于黑吉辽三省，共36个城市（其中辽宁省14个，吉林省9个，黑龙江省13个）。由于统计数据更新需要一定时间，本报告所选取的数据均为2015年及之前的数据。

一、东北地区城市发展现状

根据各省市《国民经济和社会发展统计公报》及《政府工作报告》，东三省自2013年以来在GDP、规模以上工业增加值、固定资产投资、地方财政一般预算收入、进出口总额、常住人口数量等指标上都呈现出大幅下降趋势，经济社会发展陷入困境，20世纪90年代的"东北现象"再现。

1. GDP总量增速极缓

自2013年来，东三省GDP增长速度缓慢，全国倒数。辽宁省2013～2015年的GDP增速分别为8.7%、5.8%、3.0%；吉林省2013～2015年的GDP增速分别为8.3%、6.5%、6.5%；黑龙江省2013～2015年的GDP增速分别为8.0%、5.6%、6.9%。黑吉辽三省自2013年以来GDP增速极缓（见表1）。根据2017年3月最新出台的政府工作报告，2016年辽宁省GDP增速 -2.5%，是全国唯一负增长的省份，而吉林省、黑龙江省的增速分别为6.9%、6.1%，排全国31个省市的25位和29位。

表1　2013～2015年黑吉辽GDP（亿元）

年　份	辽宁省	吉林省	黑龙江省
2013	27213.22	13046.40	14454.91
2014	28626.58	13803.14	15039.38
2015	28668.02	14063.13	15083.67

2. 规模以上工业企业亏损数量及总额增多

东北各省市规模以上工业增加值出现大规模下滑，整个辽宁省规模以上工业增加值同比下降4.8%，其中抚顺同比下降25.1%，葫芦岛同比下降24.3%，吉林省和黑龙江省虽整体未出现负增长，但也低于同期国家平均水平，黑龙江省双鸭山市更是同比下降49.0%，降速惊人。此外，黑吉辽三省规模以上工业企业亏损企业单位个数和亏损总额总体上呈上升趋势（见表2、表3）。

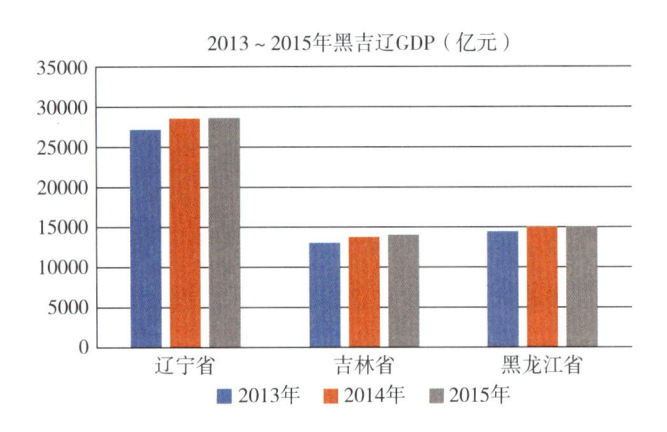

图1 2013~2015年黑吉辽GDP（亿元）

表2　2013~2015年黑吉辽规模以上工业企业亏损企业单位数（个）

年　份	辽宁省	吉林省	黑龙江省
2013	1620	424	698
2014	1759	392	760
2015	2052	483	835

表3　2013~2015年黑吉辽规模以上工业亏损企业亏损总额（亿元）

年　份	辽宁省	吉林省	黑龙江省
2013	372.84	182.71	178.10
2014	409.56	173.83	235.87
2015	608.97	274.24	220.92

3. 房地产投资大规模下降

2015年国家固定投资比上年增长10%，东三省只有吉林省增速高于10%，辽宁省固定资产投资总额比上年下降27.8%，其中葫芦岛和阜新两市分别同比下降65%和52.1%，黑龙江省双鸭山市更是同比下降66.4%。房地产业近年来在拉动经济发展过程中扮演了重要的角色，东三省自2013年来房地产投资全面下滑，且下滑速度惊人（见表5），其中下滑四成以上的有阜新（-64.4%）、锦州（-43.3%）、辽阳（-40.1%）、四平（-48.6%）、大兴安岭区（-77.1%）、七台河（-46.8%）、大庆（-43.2%）。

表4　　　　　　　　　黑吉辽全社会固定资产投资（亿元）

年　份	辽宁省	吉林省	黑龙江省
2013	25107.66	9979.26	11453.08
2014	24730.80	11339.62	9829.99
2015	17917.89	12705.29	10182.95

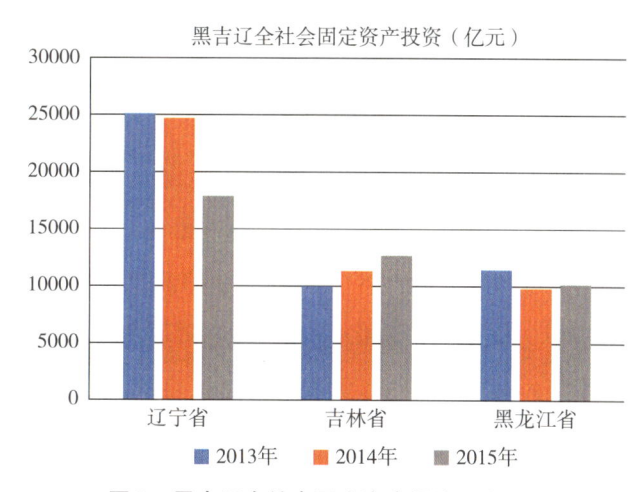

图2　黑吉辽全社会固定资产投资（亿元）

表5　　　　　　　　　黑吉辽房地产开发投资（亿元）

年　份	辽宁省	吉林省	黑龙江省
2013	6450.75	1252.43	1604.83
2014	5301.31	1030.13	1324.09
2015	3558.64	924.24	992.15

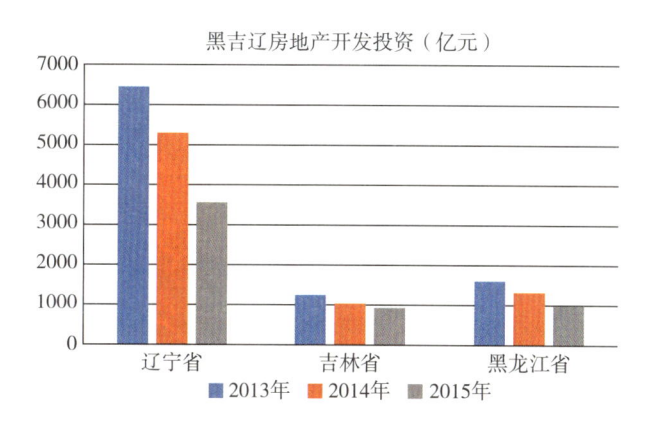

图3　黑吉辽房地产开发投资（亿元）

4. 进出口总额整体下滑

2015年辽宁省进出口总额比上年下降15.7%，吉林省比上年下降28.2%，黑龙江省进出口总额比上年下降超过50%的城市多达4个，分别是七台河（-89.0%）、伊春（-72.0%）、牡丹江（-59.2%）和黑河（-55.5%）。

5. 常住人口呈下降趋势，人口自然增长率超低

2010年全国第六次人口普查数据显示，东三省人口每年净流出约180万。东北人口发展呈现出四个典型特征。一是常住人口人口持续减少，人口外流严重；二是人口自然增长率超低，甚至出现负增长；三是人口城镇化率高于全国平均水平，1942年东北城市化水平达到23.8%，而全国城市化水平1986年才达到23.7%；四是人口老龄化严重且老龄化趋势愈加明显。

表6　辽宁省人口数据

指标	2013年	2014年	2015年
年末常住人口（万人）	4390	4391	4382
城镇人口（万人）	2917	2944	2952
城镇化率（%）	66.45	67.05	67.37
人口自然增长率（‰）	-0.03	0.26	-0.42

表7　吉林省人口数据

指标	2013年	2014年	2015年
年末常住人口（万人）	2751	2752	2753
城镇人口（万人）	1491	1509	1523
城镇化率（%）	54.20	54.83	55.32
人口自然增长率（‰）	0.32	0.40	0.34

表8　黑龙江省人口数据

指标	2013年	2014年	2015年
年末常住人口（万人）	3835	3833	3812
城镇人口（万人）	2201	2224	2241
城镇化率（%）	57.40	58.02	58.79
人口自然增长率（‰）	0.78	0.91	-0.60

图4 人口自然增长率

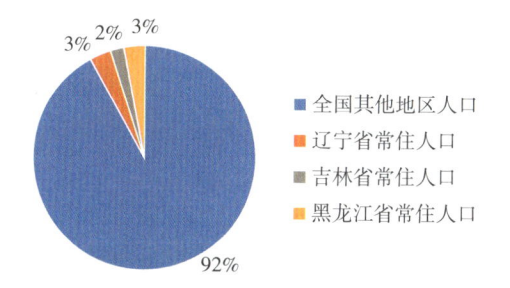

图5 黑吉辽常住人口占全国人口比重

二、东北地区困境成因分析

东三省2013年以来经济形势急转直下，是多年积弊酿成的苦果，经济结构单一，过度依赖投资，国企数量庞大，民企发展环境恶劣，国际经济形势不稳定等都为东北的"断崖式"下跌雪上加霜。

1. 经济结构单一，落后产能严重过剩

黑龙江省双鸭山市2015年GDP比上年下降11.5%，规模以上工业增加值下降49%，固定资产投资下降66.4%，是东北经济全线崩溃的典型代表。双鸭山的困境反

映了东北许多城市的现状，它们大多以单一行业甚至单一企业为基础发展起来，如黑龙江鹤岗、七台河、佳木斯以及辽宁阜新的煤，黑龙江大庆、吉林松原的石油，辽宁鞍山、抚顺、本溪的钢铁，黑龙江伊春的木材等。资源枯竭或是市场价格大跌对当地经济会造成毁灭性影响。在东北十年振兴期间，一些本应该淘汰、限制的落后产能的投资规模不降反升，钢铁、石化、水泥、装备、造船等传统行业逆势繁荣。据2015年8月27日《沈阳日报》的报道，沈阳传统产业占工业的比重在90%以上，企业数量占98%以上。而在整个东北地区，有95%是传统产业，只有5%是新兴产业。还有数据显示，辽宁省规模以上工业企业，有研发机构的只有2.7%，占全国的倒数第一；有研发活动的占4.5%，为全国的倒数第二。过度依赖资源，且低效利用资源造成了东北地区经济结构单一且相对低端，国企比例惊人。体量庞大且带有浓厚计划经济性质的国企并未很好地顺应市场需求调整产能，长此以往，造成了资源的巨大浪费以及落后产能的严重过剩。

2. 过度依赖投资和房地产业

东北地区经济发展的另一个重要特征就是过度依赖投资，尤其是房地产投资。2003年，东北三省的投资率为37%，到2011年，三省的投资率达到63%，不降反增。而东北地区的消费率则从2003年的53%下降到了2011年的43%，投资消费比例极其扭曲，严重违背市场规律。辽宁省社科院的一项研究表明，沈阳市房地产市场在2004年至2009年间，无论是商品房价格还是住宅价格，均保持两位数的年均增长率。从增长速度看，1999年至2009年，全社会固定资产投资年均增长33.92%，同期房地产投资年均增长41.87%，房地产开发投资的年增长速度明显超过固定资产投资的增速，从而使房地产开发投资在固定资产投资中所占的比重提高至1/3。固定资产投资带来的经济虚假繁荣表现在城市的过度建设上，2015年7月22日华尔街日报发表文章《中国过度建设的新典型——沈阳》，其中引用了城市土地学会（Urban Land Institute）的最新年度调查报告，指出在中国30个主要城市投资和发展前景排名中沈阳垫底，因受到经济增长乏力和住宅供应过剩的拖累。据中国房产信息集团（China Real Estate Information Corp）的数据，2015年6月份沈阳的住宅存销比达31.7个月，为该机构追踪的28个大城市中的最高水平。非理性的建设不仅造成了极大的资源浪费，许多大楼还没完工就已经凋敝，商铺入住率不足 10% 的现象并不鲜见，而且过度挤压了其他产业的发展空间，让整座城市逐渐丧失活力。

3. 官僚主义严重，营商环境恶劣

长期的计划经济体制使得东北地区官僚主义严重，市场化程度不足，民营经济严重受限。2015 年 8 月 25 日，全国工商联发布了 2015 中国民营企业 500 强榜单，其中，辽宁省有 6 家企业上榜，黑龙江有 3 家上榜，吉林则无上榜企业。相比之下，浙江的上榜企业为 138 家，江苏为 91 家。不少为辽宁国企配套的南方中小企业，或撤资回乡，或转战他地。有的配套企业迁到天津或河北，仍与辽宁国企有业务往来，宁肯多付运费，也不再付"制度成本"。民企在市场准入、平等竞争、金融服务、执法环境等方面都存在不平等情况，国企垄断市场、项目审批程序过多等都阻碍了民企进军的步伐。民企还承担着比国企更重的税费负担，在不友好的制度环境和市场环境下，民企生存步履维艰。

4. 人才外流，人均可支配收入低于全国平均水平

2010 年，东北 20～59 岁的劳动力占总人口的比例高达 68.3%，仅低于北京的 73.4%、上海的 71.4%、天津的 71.0%，高于全国的 62.6%。但由于东北经济结构单一，国企数量庞大又无法提供更多的就业岗位，且"托关系"之风盛行，年轻人找不到工作只能外出谋生。根据国家统计局《全国城镇就业人员 2015 年平均工资》，2015 年东北地区城镇非私营单位就业人员年平均工资为 57319 元，低于全国 62029 元的平均水平。城镇私营单位就业人员年平均工资为 32176 元，低于全国 39589 元的平均水平，位列东部、西部、中部等地区之后。工作难找且工资低，东北地区很难留住人才。标准排名（中国）研究院发布的一项全国大学生毕业统计表明，辽宁两所"高薪大学"有四成学生流向北上广，其中大连理工大学有 36% 的毕业生到北京、上海、广州等一线城市就业，大连海事大学则有 38% 的毕业生外流。

5. 人口自然增长率超低

研究表明，要保持人口的世代更替，发达国家需要生育率达到 2.1，而中国目前则

需要生育率接近 2.3。2000 年人口普查显示全国生育率为 1.22，但辽宁、吉林、黑龙江分别只有 0.98、0.84、0.88。2010 年人口普查显示全国生育率为 1.18，辽宁、吉林、黑龙江分别只有 0.74、0.76、0.75，东北地区长期以来人口自然增长率处于超低状态。2010 年全国 0~14 岁儿童占总人口的 16.6%，东北三省该比例只有 11.8%，意味着东北不仅目前人口流失严重，且后备劳动力资源严重不足，今后劳动力下降的速度将远超过其他省份，经济前景不容乐观，东北振兴将面临后继无人的尴尬。根据日本和德国等国的先例，劳动力负增长后，由于经济减速和结构性失衡，失业率（尤其是青年失业率）会更高、劳动参与率会更低。因此东北一方面劳动力严重短缺，另一方面失业率还将上升、劳动参与率也将下降（隐性失业），"用工荒"和"就业难"将长期并存，劳动力将继续外流，东北将陷入"死循环"。

三、东北地区城市更新的路径与方向

东北地区的发展深深地打上了计划经济的烙印，作为资源型城市和严重依赖传统工业的典型代表，东北地区有太多"先例"可循。许多城市都经历过"铁锈地带"发展的阵痛，部分城市立足于自身实际和未来发展趋势，找到了重新崛起的关键密码，也有部分城市一蹶不振，仍旧背着庞大的历史包袱，负重前行。作为计划经济时代的明星，东北地区形成了完备的工业体系，有良好的产业基础，加之国家政策的扶持，东北振兴虽注定是条艰辛的道路，但也有曙光乍现。

1. 推进产业多元化

哈佛大学经济学家格拉泽认为，底特律是"大厦集群"的受害者，底特律以大企业为龙头、通过大规模地修建办公楼、体育场馆、交通设施等刺激增长的战略，违反了城市多元化的本性，单一依赖汽车业，最终成为美国汽车业衰落的直接受害者。东北资源富饶，在工业化初期，许多城市依靠资源发展起来无可厚非，但是发展到一定阶段，就必须考虑经济增长的安全性，提高抗风险能力。整个东北都必须深刻认知到产业多元化的重要性，在完备的工业体系基础上鼓励新兴产业、服务业的发展。

2. 促进产业转型升级

在黑吉辽三省制定的"十三五"规划中，推动工业转型升级重点突出，如吉林省提出"提升汽车、石化、农产品加工业引领和支撑能力，加快重点企业技术改造和经营模式创新，升级存量，创新增量"等。可以说，产业转型升级是振兴东北的关键所在，必须利用先进技术和经营理念改造传统工业，淘汰过剩产能。2016年11月国务院发布《关于深入推进实施新一轮东北振兴战略加快推动东北地区经济企稳向好若干重要举措的意见》，支持东北地区开展"中国制造2025"试点，鼓励建设一批产业转型升级示范区和示范园区，实施好东北地区培育和发展新兴产业三年行动计划，支持东北地区建设国家大数据综合试验区，出台推动东北地区旅游业转型升级发展的工作方案。在政策利好的环境下，东北地区要牢牢抓住机遇，以创新推动产业升级换代，黑龙江省提出打造机器人、云计算、清洁能源装备等5个新兴产业集群，哈尔滨建设国家大数据综合试验区等都是做出的有益尝试。

3. 创造良好的营商环境

长期以来，国企占据了东北的大半壁江山，加之以腐朽的官僚主义作风、冗长的审批程序、混乱的法制环境等，民企进入东北的步伐困难重重、险象环生。振兴东北老工业基地已经到了滚石上山、爬坡过坎的关键阶段，要坚决破除体制机制障碍，形成一个同市场完全对接、充满内在活力的体制机制。2016年李克强在振兴东北地区等老工业基地推进会议上强调必须"痛下决心优化营商环境，真正激发社会潜能，释放东北发展的内生动力"。优化营商环境，吸引民企进入东北市场，是提升经济活力、增加就业岗位、留住人口吸引人才的重要举措。东北地区必须加快转变政府职能，更大力度推进简政放权、放管结合，开展优化投资营商环境的专项行动，疏通金融进入实体经济特别是中小企业、小微企业的管道，推进"法制东北""诚信东北"建设。

4. 重视教育，吸引优质人力资本

有研究表明，拥有学士学位的成人人口所占比例每提高10%，某地区1980~2000年间的收入增长速度就相应地提高6%。拥有本科学历的人口所占比例每提高10%，城市的人均产值就相应地提高 22%。全国总人口平均上学读书的时间每增加 1 年，人均国内生产总值就会增加 30% 以上①。教育对于一个国家的国内生产总值有巨大的影响，这就是经济学家所说的"人力资源的外部性"，即人们与其他熟练工人在一起工作时会变得效率更高。东北一直是我国人口生育率最低的区域，甚至比德国、日本等发达国家还低，超低的人口自然增长率本身就严重限制了东北的劳动力市场，加之哈工大等高校人才毕业后大规模流失，东北实际上面临着"空城危机"。一方面，东北地区要注重教育科研投入，提高人口总体素质；另一方面，要想方设法吸引外地优秀人才，转变发展思路，鼓励创新创业。在美国，通常以拥有本科学历的人口所占的比例来判定当地的技能水平，虽然这个标准并不完善，但人才是创造力的源泉，是一个城市复兴和长久繁荣的基础。

5. 更新城市发展理念，城市等于居民

2002 年 11 月，伯明翰召开英国城市峰会，提出城市复兴、再生和持续发展的口号，影响深远，成为世界潮流。城市的发展并不是建立在土地无限扩张，摩天大楼越来越多，资源消耗越来越高的基础上，在经济社会发展到一定的高度后，低碳发展模式越来越受欢迎。一个城市政治上管理不善最常见的错误观点就是认为通过住宅项目、高档写字楼或梦幻般的高科技运输系统，这些城市可以重现往日的辉煌。这种错误的观点根源在于人们往往把一座城市与它的结构混为一谈，城市实际上是一个彼此相关的人类群体。城市衰退的标志是它们拥有相对于其经济实力来说过多的住宅和基础设施，以开发建设为中心的城市振兴计划是非常愚蠢的，城市不等于建筑，城市等于居民。沈阳作为过度建设的典范，大有取代"鄂尔多斯"之势，过度建设是中国很多城市的通病，东北地区尤甚。城市管理者要清楚地认识到居民才是城市的活力所在，人的创意才是推动城市复兴和可持续发展的核心动力。

6. 创新对外合作机制

城市的优势在于竞争和交流。东北地理区位独特，偏居一隅，与俄罗斯、蒙古、

---

① ［美］爱德华格莱泽：《城市的胜利》，上海社会科学院出版社 2012 年版。

朝鲜接壤，边境线长，又临近日本、韩国，是我国与东北亚国家开放合作的前沿阵地。要释放东北地区的优质富余产能，推动国际产能和装备制造合作，充分利用国外丰富自然资源和人力资源，加强经济技术和人文交流，并承接更多的国际国内产业转移就必须提升对外开放合作的层次和水平。创新对外开放模式，要建立多层次区域合作机制，鼓励多层次的合作领域，进行包括基础设施、投资与贸易、农业、矿业、工业及中小企业发展、人力资源开发等在内的合作。

任何一个城市、地区的发展都会面临阶段性的难题和困境，关键是要找准痛处，对症下药。东北地区的衰落是其历史发展过程中不可避免的阶段，要理性对待，客观面对。如果说2003年提出的东北振兴是主要解决社会矛盾和生存问题的话，那么2016年提出的东北振兴则是东北地区包括经济、科技、社会、民生等在内的全方面深层次振兴，是彻底转变经济增长方式和经济发展模式的一次全方位改革。只有真正从深层次矛盾着手，调结构、转方式，"闯关东"的热潮方能再现，东北才能真正实现振兴。

> 周继洋，就职于上海市发展改革研究院，上海交通大学城市科学研究院兼职研究员，主要研究方向为城市科学、文化产业。

新 区 篇

国家级新区开发的经验借鉴

盛 毅 王玉林 盛祖添

国家级新区开发先后经历了规划筹备期、高速增长期、稳定增长期、成熟稳定期，在不断落实国家战略，积极探索综合配套改革试验中，新区作为国家新兴增长极、辐射带动区域核心、改革开放示范等功能，正在迅速形成，呈现出诸多新的特征。总结国家级新区开发的经验，可以概括为坚持规划引领统筹实施、坚持政府主导高层推动、坚持高端切入集约发展、坚持大胆改革率先试验、坚持科技引领创新驱动、坚持建设平台强化载体、坚持布局优化宜业宜居七个方面。从今后一段时间发展趋势看，国家级新区的开发将更加突出五大发展理念，更加突出转型发展，更加突出产业发展和对区域的带动作用。

国家级新区开发已经有20多年的实践，在不断落实国家战略部署，持续推进综合配套改革试验中，形成了诸多有益的经验，总结这些经验，对当前开始进入全面开发和新设立的国家级新区来说，具有重要的借鉴意义。

一、国家级新区开发进展及主要特征

"国家级新区"担负使命的特殊性和开发任务的重大性，决定了它与一般城市新区建设有明显差别。国家级新区的设立层级、总体发展目标、发展定位等，都上升到国家战略的高度，相关优惠政策和权限等由国务院直接批复，在辖区内实行更加开放和优惠的特殊政策。

1. 国家级新区开发的进展情况

根据国家级新区开发实践，我们可以将国家级新区开发过程分为四个阶段：即规划筹备期、高速增长期、稳定增长期和成熟稳定期。

①规划筹备期。这一阶段需要决定新区的规模、位置、主要功能、空间规划和定位等一系列重要的问题，尤其是早期设立的滨海和浦东新区，在开发初期，由于缺乏现成的经验，规划论证的时间更长一些。在这一时期，新区将明确自己的总体功能定位、板块开发设计、优惠政策、基础设施投入以及拟引入的大项目等。2014年以来批复的国家级新区，目前总体上尚处于规划筹备期。

②高速增长期。由于良好的投资环境形成，国家政策支持和当地政府投入力度较大，新区吸引大量的产业和人口进入。设立较早的浦东、滨海新区，就先后经历了10多年的高速增长。2013年之前设立的两江新区、舟山群岛新区、兰州新区、南沙新区等，也在不同程度上表现出不断加速的态势。

③稳定增长期。新区各项指标到达最高点之后，增速虽然不再加快，但能够维持在较高水平并且持续一段时间，继续保持高于当地水平。开发较早的滨海新区，目前就处于这一阶段。两江新区、南沙新区也正在向这一阶段过渡。

④成熟稳定期。新区各项指标发展速度放缓，第三产业取代第二产业高速增长阶段基本结束，三次产业比例趋于稳定。浦东新区经过十多年的快速发展之后，已经进入这一阶段。

表1　　　　　　　　　　国家级新区发展阶段

开发阶段	新区
规划筹备阶段	西咸新区（2014.1）、贵安新区（2014.1）、西海岸新区（2014.6）、金普新区（2014.6）、天府新区（2014.11）、湘江新区（2015.4）、江北新区（2015.6）、福州新区（2015.9）、滇中新区（2015.9）、哈尔滨新区（2015.12）、长春新区（2016.2）、赣江新区（2016.6）
高速增长阶段	两江新区（2010.5）、舟山新区（2011.6）、兰州新区（2012.8）、南沙新区（2012.9）

续表

开发阶段	新区
稳定增长阶段	滨海新区（2006.5）
成熟稳定阶段	浦东新区（1992.10）

2. 国家级新区开发取得的主要成效

各个国家级新区虽然处于不同开发阶段，在开发上各具特点，其在成效上表现出的共同特征，可以归纳为以下方面。

①增长极功能开始显现。国家级新区经济增速普遍快于所在省区市水平，成为新的经济增长极。浦东新区2000年到2010年经济总量从921亿元增长到4708亿元，年均增速为14.1%。即使"十二五"期间因为基数增大速度有所下降，仍然实现了9.8%的增长，高于全市平均增幅约2个百分点。国务院于1990年批复开发开放浦东时，浦东地区的GDP仅占上海市GDP的8.1%。产业也主要是一些商业、饮食和服务业，旅游、信息咨询业几乎是空白，金融保险业还处于起步阶段，此外还有一点石油化工、钢铁、造船等。新区设立后，集中发展了金融、航运、船舶制造、电子信息、成套设备、汽车制造等产业。到2015年，浦东新区GDP约占全市的1/3，金融对GDP的贡献率达到26%，90%的吞吐量是在浦东新区口岸完成的，进出口总额占上海的60%以上。

设立5年以上的天津滨海新区和重庆两江新区，带动两地经济增速持续几年进入全国三甲，其中滨海新区2000年到2010年经济总量从562亿元增长到5030亿元，年均增速为21.1%，被称之为"滨海速度"。即使在经济下行压力很大的2015年，滨海新区仍然保持了地区生产总值同比增长13%左右。两江新区GDP年均增速18.38%，高于全市5个百分点以上，2015年仍然同比增长13%。

后来设立的新区，由于基数小，投入力度大，增长速度更是远高于当地增长速度。如兰州新区最近两年GDP年均增长26.55%，贵安新区GDP年均增长13.8%。

此外，新区的财政收入、固定资产投资、进出口、吸引外资等主要经济指标均保持快速增长，2015年，滨海新区一般公共预算收入增长15%，固定资产投资增长14%，实际利用外资增长12.1%，实际利用内资增长20%。

②改革开放高地基本确立。依托新区的体制和政策优势，各地推出了诸多创新试验并在一些领域取得突破，发挥了先行先试的导向作用。新区成立之初就在新区管理体制改革、金融体制改革、投资体制改革等方面出台一系列的政策措施，为我国的改革开放提供了许多有价值的经验。近期的自由贸易试验区建设，又在负面清单管理、人民币国际化等方面，进行着率先的探索和创新。

浦东新区开发开放25年来，始终肩负着国家战略的重要使命，从改革开放的窗口到攻坚破冰的试验田，每一次突破都成为中国改革开放历程的标志。浦东设立之初就提出努力实现"四个突破"，即在加快发展转型上、在深化制度创新上、在对内对外开放上和在激发社会活力上实现突破，管理体制由管委会改为新区政府，设立中国第一个自由贸易试验区、推出跨境ETF、沪港通等金融创新产品，推动商业保理、国际船舶登记业务、国际贸易结算中心试点等，为新区行政体制改革深化提供了样本。在2015年评选的浦东新区十大改革创新举措中，就有运用"大数据"创新社会治理、准予持中国永久居留证、推进浦东新区科技金融创新、以信息共享、数据开放推动政府职能转变、充分用好市人大授权探索在土地流转中引入信托机制、为浦东先行先试改革提供法治保障等方面的动议，内容涉及经济、政治、社会、文化等领域的各个前沿领域。

滨海新区仅在2015年，就实施了"一份清单管边界"，梳理42个部门16471项权责事项；放大"一颗印章管审批"效应，减少30%审批事项；推动"一个部门管市场"，整合成立市场监管局；设立两级执法监督平台，实现"一支队伍管执法"，进一步完善了开放的环境。

③示范作用正在迅速形成。浦东新区的迅速崛起，增强了上海在国际经济中心、国际金融中心、国际贸易中心、国际航运中心的地位，以及重点围绕新技术、新业态、新经济、新模式，集中力量抓新能源汽车与汽车电子、卫星导航、云计算、物联网等11个专项工程的推进实施，为国家级新区如何实现战略定位提供了借鉴。"张江创新十条"等政策措施，为许多地方借鉴。

天津滨海新区在租赁业务模式创新、进口贸易促进创新示范区建设、进口商品直营中心模式等的探索，以及培育航空航天、节能环保、汽车产业等方面的办法，为国家级新区开展有特色的改革试验，强化产业支持提供了诸多有益经验。后来设立的新区根据国家战略需要和结合当地实际，在制定新区发展规划、创新体制机制、构建投资贸易便利化环境、探索新的产业培育路径、走新型城镇化道路等方面，树立了诸多的可复制的样板。

专栏　　　　　国家对新区开发应坚持的原则

规划引领、科学开发。严格按照土地利用总体规划、城乡规划和新区总体方案要求，制定新区发展总体规划和相关专项规划，明确新区发展的战略目标、空间布局和重点任务，提出科学合理的开发方向、推进时序和管控措施，辐射带动周边区域加快发展、协同发展。

产城融合、宜居宜业。统筹考虑产业发展、人口集聚与城市建设布局，促进产业与城市融合发展、人口与产业协同集聚。适度控制开发强度，加强公共服务设施建设，不断改善区域环境质量，保持生态功能稳定，推动新区成为企业创新发展、百姓安居乐业的良好区域。

节约集约、集聚发展。节约集约利用土地、水、海域等资源，切实提高资源利用效能。充分考虑区域资源环境承载能力，科学确定主导产业，促进优势产业集聚发展，增强规模效益。加快转变新区发展方式，重点发展知识技术密集、资源消耗少、成长潜力大、综合效益好的新兴产业。

改革创新、先行先试。建立高效运转的行政管理机制，构建现代社会治理体系，营造良好营商环境。建立鼓励改革创新的机制，在符合中央全面深化改革部署要求的前提下，鼓励先行先试，创造可复制、可推广的经验，赋予新区更大自主发展权、自主改革权、自主创新权。

——摘自《关于促进国家级新区健康发展的指导意见》发改地区〔2015〕778号。

---

3. 国家级新区开发的主要特征

国家级新区的开发，可以概括为以下方面的特征。

（1）开发定位上的特征

国家级新区虽然在总体上具有相同的使命，都是作为不同时期引领我国对外开放而设立的特殊窗口，但由于所在区域不同，设立的时间不同，开发的重点任务不同，因此担负的使命也存在一定差异。

沿海新区更加强调开放的功能，注重打造全方位扩大开放的新窗口。浦东和滨海新区的开发，其目的是为了落实中央关于深化改革、进一步实行对外开放的重大部署，促进上海市和京津冀地区更好地融入国际经济。浦东确立了建设国际经济中心、国际金融中心、国际贸易中心、国际航运中心的定位，滨海新区则要建设成为我国北方国际航运中心和国际物流中心。后来设立的新区，则针对所在区域发展的任务，分别提出不同的开放定位。

此后批复设立两江新区、舟山群岛新区、兰州新区和南沙新区，着重点则是为了实施区域发展总体战略和海洋发展战略，在更多领域、更大范围开展探索内陆与沿海、陆地与海洋统筹协调的实验。如舟山新区要建成东部地区重要的海上开放门户，两江新区要建成内陆地区对外开放的重要门户，兰州新区要建成向西开放的重要战略平台。2014年以后集中批复的11个新区，是根据引领经济发展新常态的需要，取向上更加多样化，立足于在全国培育更多新的经济增长点，建设更多改革的试验田，既力求促进全国新区布局的优化，也力求促进我国对外开放布局的优化。如天府新区要建成内陆开放高地，西咸新区要建成我国向西开放的重要枢纽，福州新区建成两岸交流合作重要承载区，贵安新区要建成内陆开放型经济新高地，金普新区要建成我国面向东北亚区域开放合作的战略高地等。

表2　　　　　　　　　　国家级新区的基本情况

名称	批复时间	主要依托城市	面积（平方公里）	2015年GDP（亿元）	战略定位
浦东新区	1992.10	上海－直辖市	1210	7200	建设成为科学发展的先行区、"四个中心"——（国际经济中心、国际金融中心、国际贸易中心、国际航运中心）的核心区、综合改革的试验区、开放和谐的生态区
滨海新区	2005.10	天津－直辖市	2270	9300	建设成为我国北方对外开放的门户、高水平的现代制造业和研发转化基地、北方国际航运中心和国际物流中心，逐步成为经济繁荣、社会和谐、环境优美的宜居生态型新城区

续表

名称	批复时间	主要依托城市	面积（平方公里）	2015年GDP（亿元）	战略定位
两江新区	2010.6	重庆－直辖市	1200	2200	统筹城乡综合配套改革试验的先行区，内陆重要的先进制造业和现代服务业基地，长江上游地区的经济中心、金融中心和创新中心等，内陆地区对外开放的重要门户，科学发展的示范窗口
舟山新区	2011.6	舟山－地级市	陆地1440，海域20800	1095	浙江海洋经济发展的先导区、海洋综合开发试验区、长江三角洲经济发展的重要增长极。中国大宗商品储运中转加工交易中心、东部地区重要的海上开放门户、中国海洋海岛科学保护开发示范区、中国重要的现代海洋产业基地、中国陆海统筹发展先行区
兰州新区	2012.8	兰州－省会	1700	110	西北地区重要的经济增长极、国家重要的产业基地、向西开放的重要战略平台和承接产业转移示范区，带动甘肃及周边地区发展、深入推进西部大开发、促进我国向西开放
南沙新区	2012.9	广州－省会	803	1200	建设成为粤港澳优质生活圈和新型城市化典范、以生产性服务业为主导的现代产业新高地、具有世界先进水平的综合服务枢纽、社会管理服务创新试验区，打造粤港澳全面合作示范区
西咸新区	2014.1	西安－省会	882	580	建设成为我国向西开放的重要枢纽、西部大开发的新引擎和中国特色新型城镇化的范例
贵安新区	2014.1	贵阳－省会	2451	50	建设成为经济繁荣、社会文明、环境优美的西部地区重要的经济增长极、内陆开放型经济新高地和生态文明示范区
西海岸新区	2014.6	青岛－计划单列市	陆地2096，海域5000	2800	发展成为海洋科技自主创新领航区、深远海开发战略保障基地、军民融合创新示范区、海洋经济国际合作先导区、陆海统筹发展试验区
金普新区	2014.6	大连－计划单列市	2299	3100	建设成为我国面向东北亚区域开放合作的战略高地、引领东北地区全面振兴的重要增长极、老工业基地转变发展方式的先导区、体制机制创新与自主创新的示范区、新型城镇化和城乡统筹的先行区

续表

名称	批复时间	主要依托城市	面积（平方公里）	2015年GDP（亿元）	战略定位
天府新区	2014.10	成都－省会	1578	1800	建设成为以现代制造业为主的国际化现代新区，打造成为内陆开放经济高地、宜业宜商宜居城市、现代高端产业集聚区、统筹城乡一体化发展示范区
湘江新区	2015.4	长沙－省会	490	1076	建设成为高端制造研发转化基地和创新创意产业集聚区、产城融合城乡一体的新型城镇化示范区、全国"两型"社会建设引领区、长江经济带内陆开放高地
江北新区	2015.6	南京－省会	2451	1600	建设成为自主创新先导区、新型城镇化示范区、长三角地区现代产业集聚区、长江经济带对外开放合作重要平台
福州新区	2015.9	福州－省会	1892	约1200	建设成为两岸交流合作重要承载区、扩大对外开放重要门户、东南沿海重要现代产业基地、改革创新示范区和生态文明先行区
滇中新区	2015.9	昆明－省会	482	650	打造我国面向南亚、东南亚辐射中心的重要支点、云南桥头堡建设重要经济增长极、西部地区新型城镇化综合试验区和改革创新先行区
哈尔滨新区	2015.12	哈尔滨－省会	493	700	中俄全面合作重要承载区、东北地区新的经济增长极、老工业基地转型发展示范区和特色国际文化旅游聚集区
长春新区	2016.2	长春－省会	499	—	创新经济发展示范区、新一轮东北振兴重要引擎、图们江区域合作开发重要平台、体制机制改革先行区
赣江新区	2016.6	南昌－省会	465	—	聚焦聚力赣江新区建设，带动提升赣江整体实力和活力，使赣江地区成为对接"一带一路"、长江经济带的核心区

（2）开发取向上的特征

在试验重点上，早期设立的新区，更加注重在管理体制、投资体制、金融体制等方面的探索。如浦东新区首次批准外商设立独资外贸公司、外资银行、中外合资外贸企业，设立中国第一个自由贸易试验区等。后来设立的新区，则可以更多地借鉴已经形成的经验，在此基础上结合自身的需要进行新的探索。如滨海新区、天府新区、两江新区等，就较多地借鉴了浦东新区建设自贸区的经验。

在产业发展上，受新区开发阶段和所在区域发展阶段双重影响，产业发展特色和重点有明显区别。反映在特色上，浦东新区的金融和高新技术，滨海新区的航空航天和环保产业，舟山群岛新区的海洋经济，天府新区的电子信息，贵安新区的大数据，都在迅速形成并成为我国的基地。反映在三次产业上，有的新区以发展第三产业为主导，如浦东新区集中发展金融、航运、服务贸易等，其中仅"十二五"期间新增的金融持牌机构200多家，累计有900多家持牌的金融机构，2015年金融对GDP的贡献率达到26%。上海港口已经连续几年保持全球第一大港，90%的吞吐量是在浦东新区口岸完成的。服务贸易的年均增长保持在两位数。以上重点服务业的快速发展，使服务业占浦东新区GDP的比例达到70%左右。有的以第二产业为主，如滨海新区着重发展汽车及装备制造、石油化工、电子信息等产业，2015年三次产业结构比重为0.1：62.5：37.4。还有一些新区以第二、第三产业均衡发展为主，如舟山群岛新区，其主要原因是开发尚处于前期阶段，需要制造业来继续带动。

（3）开发体制上的特征

在开发体制上，国家级新区总体上出现了设立"领导小组＋开发办公室"、"领导小组＋党工委和管委会""建设委员会＋开发办公室"、"新区党工委＋新区管委会"、"新区政府＋功能区管委会"、"新区政府＋开发区管委会"六种模式。也有人将其归纳为"松散联合模式"、"管理委员会模式"、"属地政府模式"、"属地政府＋管委会"等四种管理模式，每种管理模式都与新区开发的时机，开发的任务紧密联系。

早期的管理体制和开发模式，以"领导小组＋开发办"为主，进入大规模开发后，这种管理体制和开发模式，由于权力小，机构简单，难以全面统筹和大力度推进开发，于是采取"党工委＋管委会"体制模式。这种模式又分为两种：一种是独立的管委会型，如两江新区、兰州新区、西咸新区，管委会作为派出机构代表上级政府行使区内开发建设管理权限，负责新区规划实施、经济发展、项目建设、土地管理等经济职能，辖区内的社会事务主要由所在行政区负责。目前，绝大多数新区都采用这种管理体制。另一种是政区合一型，如舟山群岛新区、南沙新区、青岛西海岸新区，新区的规划范围均与所在行政区范围重合，新区管委会与所在行政区政府合署办公，实行"一套人马、两块牌子"。"属地政府模式"和"属地政府＋管委会"模式，则以浦东新区和滨海新区为代表，是向一般政府管理架构发展的模式。

表3　　　　　　　　　国家级新区三种不同类型的管理体制

类型	政区合一型	独立的管委会型
新区	南沙新区、舟山群岛新区、青岛西海岸新区	两江新区、兰州新区、西咸新区、贵安新区、金普新区、天府新区、湘江新区、江北新区、福州新区、滇中新区、哈尔滨新区、长春新区、赣江新区
管理机构	与南沙区行政范围重合、区政府、管委会合署办公 与舟山市行政辖区重合，管委会与舟山政府"一套人马、两块牌子" 包括青岛市黄岛区全部行政区域，与黄岛区政府合署办公	地方政府派出机构，成立管管委会

（4）开发方式上的特征

国家级新区的开发建设模式，与高新技术开发区、经济技术开发区、其他专业园区、一般城市新区的开发建设模式基本相似，即在管委会下设立开发平台公司，以土地、现金流甚至是土地预期收益为抵押，融资建设基础设施、产业设施、园林绿化、甚至一些商业物业，提供给入住的企业、个人有偿使用，把看得见的土地和看不见的土地预期收益迅速资本化，并通过资金杠杆，让这些资本流动起来。有人认为，上海浦东模式的成功，在很大程度上得益于国家级开发区的建设。其中，高新技术开发区已经从早期的产业开发，转向以高新技术产业为重点，兼顾城市功能的开发，向着产城融合的方向转型，因此，国家级高新技术开发的开发建设模式，基本上被搬到国家级新区建设中。

然而，与高新技术开发区相比，国家级新区的开发更偏重城市功能开发，其开发任务上存在的差异，使开发手段、实现方式等更为复杂，开发模式也呈现出更加多样性的特点，既有完全市场化的成分，也有半市场化的成分，甚至还有非市场化的成分。浦东新区的早期开发，由政府设立国有开发公司，给一定的实物作为启动资本金，然后进行市场的筹资融资并选择合适的合作伙伴，按照政府的规划统一要求进行开发。随着园区开发逐渐成熟，开发公司政企不分的弊端逐步显现。浦东新区政府成立后，为了加强开发工作，在各功能区域中，除外高桥保税区由于情况特殊设立二级管委会以外，其他功能区都不设立管委会，而是以开发公司的形式来运作。各开发公司都是由浦东新区管委会控股的公司的形式来运作，其主要资产是国有土地资源，运作方式是"空转起步、滚动开发、统一规划、分步实施"。

重庆两江新区的做法又与浦东有差别。两江新区首先合作成立开发公司，由地方政府出土地，两江新区投资平台出资进行经济建设。在开发公司里面，开发区的一把手担任公司总经理，两江新区派人担任董事长。开发公司所得税收先由两江新区统一收缴，然后再以地方政府占45%，两江新区占55%这样的比例来分。为支持新区的开发建设，财政体制也出现了多种管理模式。如有的不仅不让新区上缴财政收入，而且还将当地财政收入中的一定比例投入新区开发。有的实行新区财政收入全部留用，支持其滚动发展的管理模式。有的新区采取前期财政收入全部留用，后期与当地政府分成的管理模式。有的采取"保基数、分增量"的管理模式等等。

（5）开发主体上的特征

为全面统筹推进新区开发，所有新区都采取了统一制定总体规划的办法，而各个阶段、各个区域的开发，则必须按照总体规划组织实施。也有部分新区在总体规划指导下，制定分区规划，但分区的规划，原则上要由新区领导小组下设的办公室审定。统一的开发建设规划，使新区的基础设施建设、产业布局、功能区设置、生态环境保护、资源综合利用、体制机制建设、市场一体化发展等，有了统一的蓝图和标准。

浦东开发办进行宏观管理和总体协调，具体开发建设和管理，则由杨浦区、黄浦区、南市区、上海县和川沙县等"三区两县"负责。滨海新区在开发初期，所有的协调行动都由办公室统筹。在实行管委会体制期间，管委会被赋予的权力更大，协调能力更强。新区政府对开发的协调能力，权力更加集中统一，力度就更大一些。但由于新区存在多个相对独立的行政主体，因此在开发中普遍采取多主体开发模式。

天府新区跨三个市级行政区，为充分调动各市的积极性，其开发建设采取"省市共建，开发建设以市为主"的机制，新区建立了省统一领导、规划和政策，各市分别实施的开发机制。西咸新区开发建设则采取"省市共建、以省为主"的模式，由陕西省政府派出机构西咸新区管委会行使开发建设管理权。"在重大项目、城乡统筹及规划实施方面赋予其市级管理权限及部分社会事务管理职能。"

另外，尽管大多数新区的开发主体与当地政府分设，也有新区采取"一个班子，两块牌子"模式。有的划分为直管区、协管区、代管区等，对不同管理方式采取不同的开发模式。

二、国家级新区开发的经验及存在的问题

1. 国家级新区开发的经验

在国家级新区开展的一系列综合改革试验，已经创造了一批在全国具有引领作用的成功经验，形成了许多新的发展模式、新的产业发展方向、新的经营业态。总结新区开发的经验，可以简单归纳为立足建设产业规模大、创新能力强、开放程度高、配套更完善，辐射和服务更多地区的"经济高地"，大力推进改革开放和创新发展，其经验主要表现在以下方面。

(1) 坚持规划引领统一实施

新区规划编制按照更高的战略定位要求，充分体现现代化和国际化水平，具有超前性，是所有新区规划的标准。同时，根据规划体制改革的要求，大胆探索"多规合一"的规划管理体制改革，形成完善的规划体系，确保土地开发利用规划、城市建设规划、产业发展规划、交通发展规划、生态环境保护相协调，确保总体规划与分区规划、专项规划与功能规划、园区规划与项目规划衔接，确保新区的城镇布局与所在地的城镇体系结构协调，经济发展与所在地的优势融合，产业发展与城市功能融合，经济社会功能配置与生态功能配置协调，是新区规划中需要重点把握的几个关系。在目标任务确定上，充分依托所在城市的经济基础和各种功能，明确跨越发展的目标，经济增长速度保持高于所在区域速度，城市功能明显优于所在城市水平，产业层次、开放程度、集聚高端要素领先所在区域，形成"战略新高地"，带动周边区域发展，是所有新区奋斗的目标任务。按照培育新增长动力要求，规划各种创新平台和载体，规划需要引进的重点项目，明确规划实施的主体、各种保障措施以及分阶段实施的任务，是新区规划普遍采取的措施。

(2) 坚持政府主导高层推动

除政府主导规划制定外，在开发建设中，注重发挥政府的作用，建立行政位次更

高的机构，加强统一领导和协调，是新区开发的重要经验。

政府制定并完善了相关配套的法律和政策，为新区建设提供资金来源和渠道，并且成立新区建设专门的开发及管理机构。有的新区设立建设委员会，由省级一把手或省委常委担任主任，相关部门一把手作为成员。有的新区管委会主任直接由省长担任，领导新区的开发建设。许多地方把国家级新区开发作为一号工程，举全省之力建设，并出台诸多优惠政策进行招商引资。涉及新区开发的重大问题，如新区与旧城关系、新区土地指标、重大基础设施建设、重大产业项目引进、各种平台和载体建设、重大政策措施和制度创新等，都在政府的统筹下进行。

在发挥政府作用的同时，注重政府与市场的互动发展。其中，结合当地经济发展战略和新区资源配置的要求，注重发挥市场在资源配置中的决定性作用。

（3）坚持高端切入集约发展

把配置高端产业、高端要素作为新区建设的主攻方向，各新区都争取引进更多国内外的先进企业和项目，通过集聚高端产业，迅速形成一批能够在未来占据发展制高点的产业，形成一批具有国际影响力的一流优势产业集群。在开发前期，由于许多新区主要为农村地区，缺乏产业基础，普遍将引进战略性新兴产业、先进制造业等作为重点，通过高新技术产业和现代制造业的快速发展，形成新区开发的支撑，带动现代服务业项目进入。进入开发成熟期以后，则将现代服务业发展放在重要的位置，逐步形成以第三产业为主导的产业结构。各新区依托区域内的国家级高新技术开发区、国家经济技术开发区等载体，设置各类高新技术产业园区。建立协调产业发展、分工协作机制，建立重大项目规划选址和用地的统筹协调机制，促进资源集约节约开发，也是新区开发中很重要的经验。

（4）坚持大胆改革率先试验

国家级新区的一个重要使命，就是承担着全面深化改革先行先试的光荣使命，是新时期改革开放的试验田。体制机制创新能力如何，是检验国家级新区成色的试金石。因此在体制机制创新上，坚持用新思路破解发展难题，用新举措创造新业绩，按照精简高效的原则，普遍建立扁平化行政运行体系，建立鼓励改革创新的机制，并且在符合中央全面深化改革要求的前提下，积极争取先行先试，赋予新区更大自主发展权、自主改革权、自主创新权等。新区根据《关于促进国家级新区健康发展的指导意见》

（发改地区〔2015〕778号）中"建立高效运转的行政管理机制，构建现代社会治理体系，营造良好营商环境"的要求，特别注重促进生产要素无障碍流动，实现更大空间范围内的资本、人才、科技、信息诸要素的市场优化配置，大幅度提高生产要素的集聚规模和报酬递增效益。新区也注重科学划分各行政区政府、园区管委会的财权和事权，加强新区各行政区政府、园区管委间的交流合作。制定和完善新区管理条例、新区开发开放意见、新区土地管理规定、新区鼓励投资意见等，以规范各级政府、功能区管委的工作职责及协调方式和方法，为新区发展提供法律基础和法律保障。

一方面，随着城市面积不断扩大，人口不断增多，需要承担更多的城市建设、社会管理与服务职能，涉及新区的法律地位问题迫切需要及时解决。为了保障新区持续健康发展，成立一级建制政府，从法律层面赋予新区完整的行政管理权限，以全面统筹经济与社会、资源人口与环境的建设，也就成为必然选择。另一方面，新区管理体制根据开发任务也在不断调整，总体上呈现从单一体制向多种体制结合转变的趋势。尤其是以某一管理体制和开发模式作为主体或依托，根据需要嫁接一些其他的管理体制与开发模式，成为重要的手段。如在"党工委+管委会"体制模式中，进一步扩大管委会权限，促进管委会从完全承担经济开发功能向同时承担一定的社会管理职能转变，使管委会从一般专门开发功能，到行使部分政府权力的多功能管理主体。在"属地政府模式"下，仍然针对某些特殊区域的开发任务，设立管委会等。管理体制和组织机构之所以出现这些方面的调整，是为了适应新区发展的需要，进一步强化新区的开发能力和协调发展能力，保证政策规划的有效落地。管理体制和开发模式改变后，开发的权限也在不断进行调整，以适应新的发展需要。

（5）坚持科技引领创新驱动

国家级新区作为引领产业、城市、居民生活转型升级的试验区，需要强大的科技支撑，只有形成强大的科技创新能力，才能使新区成为转型升级的引领区，高端产业发展的支撑区，抢占未来制高点的带头区，探索创新的试验示范区。因此，新区建设要把科技创新摆在优先发展的战略地位，把加速成果转化作为科技支撑发展的中心任务，把发展高新技术产业和战略性新兴产业作为转型升级的突破口，把培养造就高素质科技创新人才队伍作为科技发展的重要内容，要把深化科技体制改革作为推动科技进步与创新的强大动力。

既然国家级新区作为国家自主创新中心，各新区就应将构建科技创新功能放在重要位置，将打造国家自主创新示范区，世界一流科技园区，创新型城市等作为主要任务，把引进和培育一批具有国际一流水平的跨国研发机构作为手段，强化科技创新能力，优化科技资源配置，着力构建以企业为主体、市场为导向、产学研相结合的技术创新体系。

（6）坚持建设平台强化载体

新区建设需要有一批平台和载体作为支撑，无论是较为成熟的新区，还是正处建设初期的新区，都把打造国家级开发区、大型中央商务区（CBD）一类聚集产业空间载体作为重要抓手，构建一批分工明确、特色突出、产业及要素高度聚集的空间载体功能区。除了物理载体以外，每个新区还抓了各种类型的试验区建设等，通过建设这些载体和平台，大大增强了对先进要素和高端产业的吸引力。

在产业载体方面，需要建设能吸纳先进的国际化企业的园区、中央商务区，承载具有较大规模的产业链条。其中，扩大和提升国家高新技术开发区、国家经济技术开发区、保税区、空港物流区等产业园区，是产业载体建设的核心任务。同时，为对接中国制造二〇二五以及国家战略性新兴产业发展规划，还有选择地设立了高端装备制造和战略性新兴产业园，以形成一批技术领先、配套完备、链条完整的先进制造业产业集群，推动现代服务业和先进制造业上规模、上水平。

在创新平台方面，围绕增强创新能力，各新区根据自己的需要，分别设立了创新功能区，如科学城、各种类型的研发中心、孵化园、留学生和大学生创业园、创新公共服务中心等，以增强对国内外高端的科技、人才的吸引力，进而汇聚各类创新创业人才、科技金融资本、科研技术成果等。

在改革试验方面，围绕体制机制创新，各新区都不同程度地争取到了国家或省的改革开放试验区。其中有高新技术开发区自主创新示范、自贸试验区、开发开放综合配套改革试验区、先进制造示范区、智能制造先行区、高端产业领航区、金融综合配套改革试验区、军民融合创新示范区、现代农业示范区、海洋综合开发试验区、"双创"示范基地、生态示范区等。这些试验区和示范区的建设，为新区深化改革开放提供了诸多有益启示和借鉴。

（7）坚持布局优化宜业宜居

围绕培育新的经济增长极建设新区，需要处理好产业布局、交通布局、居住布局、公共服务布局、生态布局之间的关系。为此，新区在遵循空间开发规律的前提下，按照规划的要求，围绕产业集聚区建设生态环境项目，明确农田、生态用地等禁建区，大力修复改善生态环境，合理确定建设用地的规模和占比，使空间布局疏密有致。

首先，从功能上看，新区建设的目的是要带动整个城市现代功能的提升，使城市能够适应现代经济发展需要，能够更好地支撑先进产业发展，能够实现"四化同步"。因此在建设新区的过程中，围绕高标准建设城市基础设施配套，各新区尽可能通过城市新区建设，合理规划布局，实现新区居住、工作、休闲功能的有机结合，发挥示范带动作用，确保整个城市功能都得到提升。因此，以生态文明理念引领新区开发，充分考虑绿色低碳、生态宜居、产城融合、城乡统筹、数字信息、智能交通等，应成为城镇建设坚持的理念。

其次，从空间拓展看，新区建设的主要目的之一，就是要扩展生产生活空间，优化空间布局，防止城市"摊大饼"式的发展。为此，新区普遍选择了"多中心、组团式、网络化、集约型"的城镇空间结构和功能布局，打破单中心、圈层式发展模式，推动城镇沿交通走廊组团布局、集群发展，通过限定城市边界、自然山水分割、生态绿廊贯通，让每个组团都是一个综合性的城市功能单元，组团与组团之间有一定面积的绿化带，形成比一般城区更为先进和更加完善的功能，使之能够成为我国21世纪城市建设的新窗口和展示平台。"一轴三带"、"一城双港三片区"、"一心四带"、"一体一圈五群岛"、"两带一轴两区四廊"、"一城三区一轴四带"、"两心一带四轴三廊多片区"、"一核两区"、"一心五区"、"双核七区"、"一带两翼、一城六区"等布局，代表了新区空间开发的重要构想。

第三，新区生态空间的配置已经从单一绿化进入到多生态要素统筹布局阶段，根据新区开发方向定位生态功能，通过科学布局生态空间，加强生态空间管制，来建设生态良好的新区环境。有的新区还提出了多少米见绿，多少米见水一类的具体标准。有的新区还实行了生态环境资源补偿、节约集约用地、耕地保护、土地整治、污染损害赔偿、绿色信贷、绿色财税等政策，建立了落后产能淘汰、生态环境补偿、污染治理和资源节约激励机制。

2. 国家级新区开发存在的问题

①规划实施的问题。在分区控制性详细规划和专项规划编制过程中，如何具体落

实总体规划的要求，各地对总体规划的认识和想法并不完全一致，由此增大了分区规划和专项规划编制过程中的协调难度。如在有相似功能定位的区域中，如何根据各区域的实际确定产业、生态、居住功能，可能是在有争议的情况下进行；个别市、县的分区规划由于存在着特殊环境条件，需要对总体规划中确定的内容进行适当调整，进而影响到相关市、县的分区和专项规划；在总体规划确定了各组团的功能定位后，如何按照"和而不同"的要求打造特色风貌，实现功能融合与传递，有时会存在矛盾。

②开发体制的问题。一方面，同处新区的各县（区、市）都有自己独立的利益诉求，存在着局部利益，在面临利益冲突时，一些主体难免不站在有利于自身发展的角度去考虑，从而导致行动的不协调；另一方面，新区开发的内容多、任务重、推进速度快，虽然有总体规划、分区规划和专项规划为纲要，有推进工作方案作为指导，也有专门牵头或协调的部门和人员，但在实际运行中，仍然会出现没有考虑到的因素，或者出现事先预计不到的情况，从而导致不协调的问题出现。比如，在建设过程中，不少新区也出现了线路、标准、建设时序中的不协调问题以及相关建设项目在实施进度、标准、时序等不尽统一的情况。还有省级政府和相关的市政府、县级政府，以及省市有关部门都在制定对新区建设的支持政策和实施细则，在金融、土地、价格、对外开放、人才等方面，形成了一个从国家到省，省到市、县分层级的综合性的配套政策支持体系。由于各地在制定政策中，会根据自身的条件和需求，出台不尽相同的政策，这方面也需要协调。开发体制如何适应这种要求，协调机制怎样才能更加完善，需要进一步探讨。

③产业发展的问题。新区对产业发展的要求较高，但有的新区配套条件正在形成中，暂时还难以支撑高端产业的发展，因此引进项目的难度很大。一些新区经过几年的建设，基础设施投入规模不小，引进的有影响的项目却不多。由于产业发展步伐慢，影响了新区的开发。同时，在明确功能定位的前提下，新区内各地根据自己的分工开展了招商引资工作，引进企业的进展比较顺利，有的区域引进的项目数量明显增加，档次也在提升。但是，由于一些地方的产业功能定位相近，在引进企业中，也同样存在争项目的情况，由此可能导致出现低水平、低档次，重复建设和重复引进等。

④其他方面的问题。除了上述问题以外，新区开发中还不同程度地存在一些其他问题。如新区用地指标远不能满足建设需要。尽管新区土地指标单列，相对于其他地

区保障程度高一些，但由于前期用地规模大，难以满足要求，很多项目因土地指标没有落实，不敢进行投资建设，而要在新区内各县（市、区）之间进行调节；优先满足重点项目，现行体制又很难做到。整体融资潜力不能充分发挥。各地的基础设施投资规模大，分别融资比较困难，而新区没有建立统一的投融资平台，如何更好地发挥整体融资功能，存在一定局限性。各种配套设施建设不同步。现有配套设施是按行政区域进行布局建设，新区规划范围内的电力、天然气等要素保障，目前受制于各部门的重视程度和判断，进展不一，也需要进行协调。生态环境建设进度不一致。新区内的一些区域，存在着上下游关系，需要进行统一的生态环境工程建设。人工湖、绿化地等的建设，也存在着需要相互支持和配合的问题，但目前在这方面缺乏强有力的保障机制。

盛毅，四川省社科院原副院长，研究员，经济体制改革杂志主编，主要从事产业结构、产业布局、产业政策、区域发展战略研究，著有《国家级新区建设与产业发展》等专著6部，公开发表论文200多篇，获得省部级奖10次；王玉林，四川省社会科学院产业经济专业研究生；盛祖添，四川省社会科学院产业经济专业研究生。

上海自由贸易区的供给侧结构性改革与创新驱动对策研究

郭英之　张　秦　熊敬锴　董　坤

　　本报告在供给侧改革、新兴技术与互联网＋的背景下，研究了上海自由贸易区在口岸服务环境管理、金融业务风险控制、负面清单模式管理、外资医疗机构准入、国际船舶登记制度、反洗钱机制监管、企业贸易文化影响等方面的问题，最后提出了上海自由贸易区供给侧结构性改革的相应创新驱动对策。

一、上海自由贸易区的研究背景

　　自由贸易区通常指两个以上的国家或地区，通过签订自由贸易协定，相互取消绝大部分货物的关税和非关税壁垒，取消绝大多数服务部门的市场准入限制，开放投资，从而促进商品、服务和资本、技术、人员、生产要素的自由流动，实现优势互补，共同发展；亦可用来形容一国国内消除了关税和贸易配额并且对经济的行政干预较小的

---

*　基金项目：国家自然科学基金（71373054 & 71073029）。

区域。上海自贸试验区即属于后者，上海自贸试验区于 2013 年 10 月 27 日正式挂牌成立，其范围涵盖上海市外高桥保税区、外高桥保税物流园区、洋山保税港区和上海浦东机场综合保税区 9 个海关特殊监管区域。上海自由贸易试验区的成立是我国自 1978 年实行改革开放以来的又一大创举，也是当前国际国内形势的必然要求。

1. 供给侧结构的改革必要

我国经济贸易发展已步入快速转型升级的重要阶段，经济贸易发展正迎来黄金发展期；同时，供给侧方面的经济贸易发展也处于矛盾凸显期，产品供给跟不上消费升级的需求，政府管理和服务水平跟不上产业快速发展的形势。对于产业来说，由于市场的不断扩大，丰富的低端产品供给已经无法满足人们的高质量的经济贸易需求，将供给侧改革放到经济贸易产业，则必将获得发展新机遇、发挥新作用、担当新使命[①]。因此，本研究基于供给侧结构性改革的研究视角，对于上海自由贸易区研究具有创新意义。

2. 新兴技术的广泛运用

到 2015 年 12 月，仅仅经过将近 30 年的发展，中国网民规模已达 6.88 亿，互联网覆盖率为 50.3%。其中，智能手机的发展程度空前热烈，截止到 2015 年底，中国手机网民规模达 6.20 亿，占据总网民的 90.1%（中国互联网信息中心，2016）[②]。互联网的普及催生了论坛、QQ、微博、微信等多种社交网络与社交方式。Web2.0 时代，信息技术在贸易经济方面的应用形式主要体现为网络社区、博客以及维基。此外，信息技术还在企业和公共管理与服务部门中发挥重要作用，相互良性促进，促进各自可持续发展（黎巎、张凌云、刘宁，2012）[③]。因此，信息时代的自由贸易经济活动已经与技术的发展与运用紧密相关。

[①] 张希：“三问'供给侧改革'”，人民网，http://travel.people.com.cn/n1/2016/0118/c41570-28063252.html，2016 年 1 月 18 日。

[②] 中国互联网络信息中心：《中国互联网络发展状况统计报告（2016 年 1 月）》，中国互联网信息中心，http://www.cnnic.com.cn/hlwfzyj/hlwxzbg/hlwtjbg/201601/P020160122444930951954.pdf，2016 年 1 月 22 日。

[③] 黎巎、张凌云、刘宁：“信息技术的应用”，《社会科学家》，2012 年第 2 期。

3. "互联网+"的逐步延伸

经过 2015 至今两年多的发展,"互联网+"带动了传统行业与互联网深度融合,进一步创造出新产品、新技术、新模式,给创业者带来新的发展机遇,也对人们的生活方式带来了极大的改变。互联网成为我国贸易经济产品创新和业态创新的重要动力,成为我国贸易经济服务和监管的重要平台。因此,自由贸易经济还对区域经济互联网基础设施、互动终端、物联网设施、在线产品创业创新、在线新业态、"互联网+"投融资、智慧产品、智慧乡村、智慧公共服务、智慧网络营销模式等等方面做出贡献。

因此,本报告的意义在于,一是本研究有利于提升研究领域的多元性,上海自由贸易区的研究本来是个复杂的概念,融入了多学科多视角的研究;二是本研究有利于拓展研究领域的应用性。本研究结合使用多领域的理论,对原有研究进行拓展,有助于扩大理论的应用范围。

二、上海自由贸易区的供给侧结构性改革

1. 上海自由贸易区的口岸服务环境管理

第一,口岸管理。口岸服务有较强的整体性、层次性、涉外性、时限性、公共目的性和特定功能性等特征,尽管上海口岸在服务方面走在全国的前列,也有自己的特色,但在世界口岸的竞争中,还有待加强。随着科技的进步和口岸的发展,现在的通航条件和船舶的自助条件比若干年前先进很多,但是管理制度并没有考虑到它的变化,这就造成了时间的耽搁,进而导致较高的成本。

第二,信息技术。海关、海事、国检、边防、港务局等各个口岸管理部门都有自己的信息管理系统,而上海及周围分别也有自己的数据系统。因此,造成各部门、各地方信息平台不能共享,重复申报、重复审核的情况时有发生,多次申报程序,船舶停滞时间很长。

第三,垄断经营。海运发展迅速,对外开放力度也很大,但主要是航运市场的经

营主体：船务公司、货代、船代、物流企业的开放，为航运提供服务的航运服务业有的还基本上处于垄断状态。没有真正树立以人为本的管理思想和服务理念，重监管、轻服务现象还比较严重。

第四，税收收费。自贸区成立对上海乃至整个中国的经济都有巨大的推动作用，但是税收的变更，并没有想象中那样让企业得到实惠。例如，有的船公司原来可以免税，而划为自贸区后的税后政策变为先收后退，有的附加税是不退的，这给船公司造成了较大的压力①。

2. 上海自由贸易区的金融业务风险控制

第一，贸易金融产品创新与传统金融贸易。一是贸易金融与产品创新不足，传统金融贸易仍占主导。由于国内商业银行贸易金融大多仍是传统贸易金融业务占主导，集中于信用证项下融资产品，对于汇款结算的配套融资较少，导致了大量的贸易金融需求不能被满足；二是供应链融资主要针对单一环节，整合服务方案的可操作性较差。

第二，金融风险责任机制与发展贸易动力。一是风险责任和激励机制的缺乏，发展贸易金融动力不足国内长期稳定的汇率政策导致企业并不重视汇率风险，难以形成有效的外汇资金的风险责任和激励机制；二是银行操作贸易金融的业务会涉及到信用风险、操作风险、市场风险等方面，风险控制能力的缺失使得国内商业银行很难在贸易金融业务上有更深层次的发展。

第三，离岸金融市场模式与金融交易活动。中国人民银行目前规定"离岸账户与在岸账户严格区分，银行的离岸资金与在岸资金不得相互抵补"，是一种"内外分离型"离岸金融市场。根据有关离岸银行监管的国际惯例，必须对我国目前这种内外分离型的离岸金融市场模式进行创新，才可以有效阻止离岸金融交易活动对国内货币政策的影响和冲击②。

第四，离岸金融管理风险与政策执行效果。离岸金融市场对世界经济以及市场所在国经济具有重大而深远的意义，但离岸金融市场是一把双刃剑，潜藏着巨大风险。

---

① 李小珂："上海自贸区口岸服务环境对策研究"，《市场周刊》（理论研究），2015 年第 5 期。
② 王梓淇："国际离岸金融市场发展经验及制度对上海自贸区的启示"，《中国市场》，2015 年第 22 期。

一是在宏观层面上，增大了国际金融市场的脆弱性，影响各国货币政策的执行效果，加大了各国金融管理当局的监管难度；二是微观层面上，放大了金融市场上的信用风险、利率和汇率风险、法律风险和市场风险[1]。

第五，金融改革市场管理与金融市场预期。金融改革是上海自贸区设立的核心，但整个方案的金融政策要低于市场预期，未来应逐步扩大金融开放，通过开放探索出中国经济新的增长方式。实现资金在居民自由贸易账户与境外账户之间的自由划转，非居民自由贸易账户也应享有在境内投资的权利[2]。

3. 上海自由贸易区的负面清单模式管理

第一，管理意识与外资限制。相对于较为开放自由的负面清单管理模式，在管理意识方面有所不适应，如对某些行业市场开放度的突破有限，对这类行业的特别管理措施也较为严格，主要体现在三方面，一是对外资股权比例和外方投资比例有较为严格的限制；二是要求企业过度的资本规模，对外国投资者的总资产和注册资本要求较高；三是对业务范围有较为严格的限制。

第二，任务职责与调控手段。一是在以往的地区保护主义和部分部门利益的基础上，因为信息不完全、寻租、决策失误和时滞性等因素，传统调控手段往往导致政府干预过度、行政化程度较高、调控效率低下等问题；二是相关管理人员的负面清单管理经验较少且缺乏系统化理论以便于管理经验的推广；三是负面清单注重时间监管，门槛很低，但管理难度很大，市场情况虽活力有余却规范性不足，许多商家钻管理设施、法律体系不完善的漏洞，导致管理不足。

第三，负面清单与市场纠纷。一是跨境电子商务行业目前发展较为迅速，但与发达国家还有一定差距，电子商务技术也有待改进；二是对于新兴事物欠缺比较完善的了解，负面清单所编制的类目并未明确指出该类的具体问题，容易使电子商务企业在国际商务中被外来企业有空可钻，从某种程度上减弱了企业的国际市场竞争力。

第四，法律机制与纠纷仲裁。一是在实际应用中，外商对于负面清单内容产生误

---

[1] 张曼倩、杨颖、郭亚南："上海自贸区贸易金融服务产品发展现状与问题研究"，《现代经济信息》，2015第4期。

[2] 缪宇俭："金融开放的经济增长效应"，《特区经济》，2016年第2期。

解而引发纠纷的情况时常发生因此，需要一个恰当的纠纷解决机制来解决这类问题；二是我国的法律规定所有有关外国投资的纠纷不能通过仲裁，只能通过法律判决来处理。因此，缺乏成熟的市场经济体制和完善的法律体系，在电子商务企业引进外资和金融活动方面可能会造成阻碍①。

4. 上海自由贸易区的外资医疗机构准入

第一，外资医疗机构的投资审批。一是外资医院的审批程序过于复杂以及在医疗设备购买上的过多限制，一方面提高了外资医院的投资成本，同时也影响了外资医院的经营效率；二是医疗机构是涉及生命的重要组织，从严限制是有必要的，但是事后有效的监管可能效果会更好。

第二，外资医疗保险的制度建立。一是上海自贸区服务扩大开放措施提出试点设立外商独资专业健康医疗保险机构，但当前缺乏与外资医院相配套的医疗保险制度，外资医院尚未建立起支撑其业务收入第三方付费的海外医疗保险体制；二是国内商业医疗保险多数为国有保险公司，对外资医疗机构多处于一种不信任态度，这也限制了外资医疗机构的需求来源。

第三，外资医院发展的人力资源。一是人力资源问题始终是外资医院发展的瓶颈制约，相对公立医院，外资医院的薪酬相对较高，但三甲医院的技术人员和管理人员并不只看重薪酬，他们更看重医院的科研力量和未来职业发展与保障；二是在我国医生并不是自由职业者，不是社会人而是单位人，因而体制内的各种调整，包括一直在推行的医师多点执业，实践中进展并不顺利②。

5. 上海自由贸易区的国际船舶登记制度

第一，严格的船舶登记制度。上海自由贸易区具有境内关外的特质，这决定了区内的规则必定不同于国内的普遍规则。我国目前普遍实行的是严格船舶登记制度，这与自由贸易区开放、高效的要求相背离。例如，一是对登记条件的严格限制将很多中

---

① 陈艺轩、张欣、陈世珍、孙美娟："负面清单管理模式对跨境电子商务企业的影响"，《现代经济信息》，2015 年第 8 期。

② 孟彦辰："我国外资医疗机构准入制度相关问题研究"，《中国医院》，2015 年第 1 期。

资船舶拒于门外；二是对其他条件的限制，如对船员配备、船龄等的限制则增加了登记船舶所有人的运营成本。

第二，复杂的船舶登记手续。在严格的船舶登记制度之下，登记手续复杂，效率低下。严格的登记条件的限制要求登记程序层层审查，各部门依次审批，延长了登记时间。因此，这与自由贸易区高效的价值追求不相符合。

第三，沉重的船舶登记税费。船舶登记的税费负担非常沉重。在进行登记后，各项所得税和增值税的征收缩小了船东的利润空间，对船东吸引力下降，不利于上海自由贸易区船队规模的扩大①。

6. 上海自由贸易区的反洗钱机制监管

第一，公司贸易的交易与透明。上海自贸区成立不久，监管还较为宽松，这无疑将加大发现非法洗钱的难度，因而自贸区更容易成为犯罪分子计划非法洗钱的天堂。上海自由贸易区内设立的公司一些还缺乏透明度，也尚未建立完善的大数据库，执法机构尚不能追踪层次复杂的交易，这无疑给了洗钱犯罪分子可乘之机。

第二，金融机构的监控与追踪。上海自贸区由于简化手续、增加便利，还有放宽限制、金融改革等配套政策等相互作用，则大大便利了境内外投资资本的流动。然而目前上海自贸区发展尚未成熟，许多金融机构未能对于每一项大额资金的流动进行实时有效的监控与追踪，给资本走私活动的监管提出了更高的要求②。

7. 上海自由贸易区的企业贸易文化影响

第一，贸易政策措施的公平影响。一是并非所有在上海自由贸易区适用的政策措施都可直接复制并应用到其他自由贸易区；二是对外开放的力度有待加强，复杂的官僚体系增加了改革成本；三是税收政策存在的问题如下：一为税收政策创新不足，二为税收优惠力度不够，三为税收征管体系不完善③。

---

① 王淑敏、杨欣、李瑞康："上海自由贸易区实施'国际船舶登记制度'的法律问题研究"，《中国海商法研究》，2015 年第 2 期。
② 林巧巧、赵海蕾、王溪："上海自贸区反洗钱研究"，《东方企业文化》，2015 年第 3 期。
③ 杨颜如："上海自由贸易区发展问题研究"，《市场周刊》（理论研究），2016 年第 1 期。

第二，企业内部发展的服务影响。在当前这样一个经济快速发展、全球化趋势不断加深的时代，对外经济的进一步放开显得尤为必要。上海自贸区开创了中国放开经济市场的新局面，对未来其他周边和发达地区的经济发展起着探索和示范作用。企业只是上海自贸区中的一部分，但是管理好、服务好区内企业的发展，对于上海自贸区的茁壮成长有着积极的作用。自贸区设计方案中强调的服务业先行，实质上是金融改革打头阵的一次尝试[1]。

第三，特色文化产品的开发影响。一个民族的文化，代表着这个民族最深层的精神追求和最高的行为准则，即民族的才是世界的。因此，上海自贸区的文化产业在发展过程中要始终坚持弘扬传统文化，将中华文化融入企业产品中；同时要利用我国丰富多彩的文化资源，将文化的资源优势转化为产业优势[2]。

三、上海自由贸易区的创新驱动对策

1. 口岸服务环境管理的创新驱动对策

第一，服务型政府与更新型管理。一是建立服务型政府，政府不再是公共权力资源的唯一垄断者，而是在民主政治的框架下，通过法定程序，按照公民意志组建起来，以为公民服务为宗旨，实现服务职能，承担服务责任的政府，对服务型政府建立全面的监管体系，确保其服务做得公平。

第二，信息化建设与数据化口岸。一是积极推动口岸信息跨部门共享；积极推动口岸信息跨业态共享，推动口岸信息跨区域共享，推动跨区域联合监管和联合执法；二是建设公共数据中心，集中存放电子底账，信息资源共享，真正做到政府对企业的一站式服务，从而实现真正意义上的电子商务；三是提供完全基于公网系统，开放性好，提供全天候、全方位服务。

第三，行业型自律和政府型监管。一是规范行业竞争秩序，应该充分发挥行业协

---

[1] 顾淳：" 上海自贸区的发展及其影响——基于企业层面的分析"，《经营管理者》，2015 年第 12 期。
[2] 王琛：" 中国推进自由贸易区建面临问题及对策分析"，《西部改革》2016 年第 6 期。

会的作用,做到政府的适当监管和引导与行业自律相结合,对这些过度竞争的中介服务行业进行规范,提高服务水平;二是简化和优化申报流程和程序,提高通关效率,降低通关成本,增强口岸竞争力,推动自贸区更好的发展。

2. 金融市场风险控制的创新驱动对策

第一,金融风险的责任与金融风险的控制。一是银行作为国际经济环境中的一个个体,难以控制整个市场的风险,但是信用风险和操作风险是人为可控的;二是上海自由贸易区成立后,我国的汇率和利率政策逐步放开,国内的企业尤其是国有企业应该重视风险责任和激励机制;三是上海自由贸易区这个相对完全市场竞争的环境下,国内的银行要想在贸易金融业务上有所发展,必须增强其风险控制能力,保证银行整体的竞争力逐步上升。

第二,发展模式的创新与制度体系的创新。一是有利于金融管理当局对国内业务"在岸业务"离岸业务分别加以监管;二是可以较为有效阻挡国际金融风险对国内金融市场的冲击,增强风险防范能力;三是面对周边国家和地区离岸金融中心强大的竞争压力,离岸金融市场的发展同样需要政府提供宽松的政策支持,以至少相同或相近的融资成本来吸引离岸金融交易者。

第三,法律监管的创新与金融经营的创新。一是尽快设计一套比较完整的离岸金融的法律制度,公平合理、稳定开放的法制环境会产生强大的发展后劲,是吸引国外金融资本的最有效因素;二是离岸银行的信用风险、利率风险、流动性风险、国家风险、操作风险等各种风险实施全面风险管理,尤其要重视资本充足率要求和流动性要求。

第四,双向流动的拓展与金融开放的层次。一是居民自由贸易账户及非居民自由贸易账户可以办理跨境融资担保等业务,推动账户内本外币资金自由兑换,逐步拓宽跨境资本双向流动的渠道;二是条件成熟时,应逐步放开货币市场、债券市场,扩大金融开放的水平,提升金融开放的层次,为提高国内金融发展水平,优化资源配置创造条件,从而为中国经济的持续发展注入新的活力[1]。

---

[1] 桑鸿波:"从上海自由贸易区建设浅论政府职能转变的新思路",《齐齐哈尔大学学报》(哲学社会科学版),2015年第6期。

3. 负面清单管理模式的创新驱动对策

第一，政府的放权与调整。一是针对政策改革可能给企业带来管理意识的冲击，政府进一步简政放权，发挥市场在资源配置中的主导作用负面清单模式下的政府应是一个监管和服务并重的小政府；二是注重对外资的开放以及对外资的审核，提升审核效率，同时加强改进外资审核的力度与速度。

第二，政府的政策与管理。一是对于较为艰巨的管理的职责与任务，政府应注意放权的时机与幅度，制定并出台一系列制约政策可使自由度较大的负面清单管理模式下的市场环境不至于混乱失序；二是秉持着减轻跨境电子商务企业管理负担并支持其发展的目标，要求严格却张弛有度。

第三，政府的权限和职能。一是制定出符合我国电子商务企业国情、鼓励外商投资且不损害国内经济的外资准入管理的研究必须被纳入发展战略；二是负面清单需要充分有力地披露不符措施，明确负面清单中措辞含糊的部分，将其与正面清单相整合，为行业发展提供明确发展方向。

第四，市场的竞争与透明。一是明确保留对新兴行业与新兴业态制定不符措施的权利，例如跨境电子商务这类目前处于发展瓶颈的产业，应当视情况调整，对其加以限制或扶持；二是由于国际形势的变化，负面清单可能也需要明确适时调整的条件与程序，缩短跨境电子商务企业与负面清单管理模式的适应期，凸显出加强互联网安全建设与信息。

4. 外资医疗机构准入的创新驱动对策

第一，扩大外资医疗市场开放力度。一是在新一轮扩大开放中，要学会以战略性的眼光扩大医疗服务市场的开放；二是深度开放促进国内医疗体制改革，以精细化的制度安排保证各项规定的落地实施；三是以科学的监管手段保证外资医院的经营合规合法，发挥医疗服务贸易对整个经济发展、对内改革的正向作用。

第二，优化内外医疗医院的政策环境。一是需要国家全面深化医改，精细化的政策安排；二是外资医院与公立医院在专科建设、职称评定、学术地位、等级评审、技术准入、科研立项等方面与公立医院享受同等待遇，优化外资医院政策环境。

第三，打破外资医疗机构的人才瓶颈。一是高薪酬的物质激励外，营造良好的医院文化，增强医院员工的归属感，强化学术氛围，淡化经济压力；二是对于外籍医护人员，根据我国法律规定，无论是医师还是护士都必须有我国认可的医学院学历。因此，未来应当积极采取各种措施，通过缔结双边和多边条约与更多的国家和地区。

5. 国际船舶登记制度的创新驱动对策

第一，审慎优化船舶登记制度。综合当今世界上的船舶登记模式的发展潮流以及我国航运业的发展现状，国际船舶登记模式更适用于自由贸易区内的船舶登记。自由贸易区的开放性和高效性也为船舶登记制度的创造了良好条件，在"国际船舶登记制度"的基础上对船舶登记制度进行优化，需要审慎确定船舶登记条件的宽松度，简化登记手续，提高登记效率，减轻船舶所有人的税费负担，同时完善船舶登记制度的周边配套制度。

第二，严格把握船舶开放程度。上海自由贸易区在实行"国际船舶登记制度"的过程中，要把握好开放的程度，避免因为缺乏必要监管而使其滑向方便旗登记，还要细化实施的具体事项，避免登记制度空洞，缺乏可操作性。另外，对于中资外籍国际航行船舶的归籍，应当为其创造最方便的条件，避免在归籍过程中设置过多障碍，增加船东成本。

第三，完善船舶税收制度政策。一是设置具有创新性的税收政策，加大税收优惠力度，完善税收征管体系；二是实现可复制、可推广的税收政策；三是网络零售业税收征管设立电子发票，借助第三方平台代扣代缴等。

6. 反洗钱法机制监管的创新驱动对策

第一，借鉴参考与监管。一是借鉴和参考国际组织和有关国家的反洗钱立法经验，不断完善反洗钱犯罪的法律法规，构建自由贸易区反洗钱工作机制；二是不断创新监管体系。通过创建创新性衡量指标，创建相应的衡量指标，量化交易的风险，建立有效长期的评估机制。

第二，明确职责与完善。一是建立健全的反洗钱组织体系，明确具体环节责任承担的主体，加大对洗钱违法犯罪的打击力度；二是完善反洗钱的技术保障，以高科技作为支撑,在自贸区尽快建立完善统一的数据库,以便于对每一笔交易进行动态的追踪与监测。

第三,建立健全有关机制与奖惩。一是建立健全反洗钱的奖惩机制,对反洗钱成效突出的金融机构及联动部门予以一定的经济补偿或奖励,特别是对打击洗钱犯罪的有功个人予以一定的物质和精神奖励;二是改变目前反洗钱的成本和收益不对等的现状,充分调动各方参与反洗钱工作的积极性。

7. 企业文化发展服务的创新驱动对策

第一,促进企业发展服务。如果上海自贸区可以立足于企业角度,以金融的改革带动全区域的改革,形成进出口贸易为主,同时兼营加工及制造工业,就能够充分发掘上海自贸区的潜力。在上海自贸区逐渐成形的过程中,要在充分肯定其存在价值的前提下,吸取世界各地不同种类自贸区发展过程中的经验和教训,强化监管,明确定位,以新一轮的企业发展为契机,结合上海自贸区的固有优势,以政府作为发展进步坚实的基础,为全国各地经济放开的探索性政策起好表率作用。

第二,促进特色文化发展。一是全球化日益发展的今天,企业要发展,势必要在文化方面注入力量,应借鉴国内外文化产业发展经验,通过政策、资金等各方面的支持,促进文化产业发展,提高文化软实力;二是上海自贸区内的文化产业就应当根据市场需求,生产具有中国特色的文化产品,通过丰富的中华传统文化内涵来提升产品的竞争力和国际市场的占有率。

第三,加强区域乘数效应。一是上海自贸区的成立,投资数量的大量的流入,会通过乘数作用使国民收入增加从而使得整个社会的物品的销售量显著增加,投资的增长又使国民收入增长,从而销售量再次上升,如此循环反复,进而加速长三角经济一体化的进程和长三角地区经济的迅猛发展。二是构建都市圈交通网交通系统的建立对长三角经济一体化的有着重要的意义,应构建长江三角洲都市圈交通网,加强各区域在海陆空交通的对接[①]。

第四,合理贸易自由公平。一是推动上海自由贸易区贸易自由化与便利化,逐步

---

① 郭伟南:"上海自由贸易区试点对长三角经济一体化的影响分析",《商贸纵横》,2016 年第 16 期。

开放服务贸易市场，实现服务贸易自由化；二是建立网络贸易信息平台，提供贸易流通服务；三是提高贸易制度的开放程度和国际化程度；四是坚持贯彻透明度原则，建立公正合理贸易环境，推动上海自身的发展，有利于深化改革扩大开放；五是辐射带动长三角地区发展，及时总结推广试点经验[1]。

第五，红利外资贸易准入。一是设置一定程度的外资准入壁垒，是以社会福利最大化为目标的发展中国家政府的理性选择，改革外资准入壁垒制度，应该可以带来积极的政策红利；二是放松外资准入壁垒，建立并推广自由贸易区，可能会带来企业向消费者的转移支付、扩大内需、价格平抑以及国产化等积极的政策效应[2]；三是上海自由贸易区以负面清单模式保留少部分产业的准入规制措施，这种渐进改革具有较强的合理性。

郭英之，博士，复旦大学旅游学系教授、博士生导师，研究方向为旅游市场，主持多项国家自然科学基金等研究课题，在中外学术期刊和国际学术会议上发表多篇论文；张秦，复旦大学旅游学系博士研究生，参与国家自然科学基金课题，在中外学术期刊和国际学术会议上发表多篇论文；熊敬铬，复旦大学旅游学系博士研究生，参与国家自然科学基金课题，在中外学术期刊和国际学术会议上发表多篇论文；董坤，复旦大学旅游学系博士研究生，参与多项国家自然科学基金课题，在中外学术期刊和国际学术会议上发表多篇论文。

---

[1] 黄圆圆："上海自贸区与香港自由港组成与运作比较"，《长江大学学报》（社科版），2015年第4期。
[2] 陈林、罗莉娅："中国外资准入壁垒的政策效应研究"，《经济研究》，2014年第4期。

国家高新技术开发产城融合研究

李凌岚　雷海丽　吴成龙

高新区是我国三十年经济腾飞的重要产业空间载体，对我国经济与高新技术产业的发展做出了重大贡献。随着国家经济发展进入新常态，高新区面临转型升级与可持续发展的问题。作为以产业为主导的集聚功能区，在转型升级过程中需要解决好与城市其他功能的融合问题。本报告从产城融合的理念出发，在对现有高新区发展的现状问题分析基础上，结合国家新时期战略要求，提出在产城融合理念下高新区可持续发展的规划技术体系。

一、国内高新技术开发区发展现状及问题

1. 现状

（1）高新技术产业开发区的空间分布

我国高新技术产业开发区主要分为国家级和省级两种，以国家级高新技术产业开发区为例，截至2017年2月底，共拥有156家高新技术产业开发区，而省级高新技术开发区的数量则更加庞大。以江苏省为例，省级高新技术产业开发区的数量已经超过100家，考虑到国家级高新技术产业开发区的综合实力和影响力远远超过省级高新技术

产业开发区,故本次对我国高新技术产业开发区的空间分布研究将主要从国家级高新区的空间分布入手,其空间分布特征如图1。

图1　国家级高新技术产业开发区空间分布示意图

资料来源:作者基于中国开发区网(http://www.cadz.org.cn/kaifa/high.php)自绘。

①空间分布集中于经济发展水平较高地区。高新技术产业开发区分布最为密集的地区为我国经济发展水平最高的长三角和珠三角地区。从具体各省拥有的国家级高新技术产业开发区的数量来看,江苏省和广东省的数量最大,而二者同时也是我国GDP总量最大的两个省份(2016年广东省、江苏省GDP总量分别为7.28万亿元、7.06万亿元,位列全国前两位)。

②空间分布集中于人口最密集的地区。高新技术产业开发区主要分布于黑河—腾冲线(胡焕庸线)以东地区,而这一地区的人口超过我国总人口的95%。从东、中、西、东北四大区域分布来看,国家级高新产业技术开发区的数量分别为67、37、36、16,而国家级高新技术产业区数量最多的东部地区亦是我国人口集聚密度最大的地区。

此外，国家级高新技术产业开发区还呈现出沿京广线（京广铁路）分布的特征，而京广线所穿越的北京、河北、河南、湖北、湖南、广东亦是我国人口较为密集的地区。

表1　　　　　　　　　我国高新技术产业开发区分布情况一览表

区域	省份	数量	备注
东部地区（67个）	江苏	17	南京高新区、苏州高新区、无锡高新区、常州高新区、武进高新区、昆山高新区、江阴高新区、徐州高新区、连云港高新区、泰州医药高新区、南通高新区、盐城高新区、苏州高新区、扬州高新区、宿迁高新区、淮安高新区、常熟高新区
	广东	13	广州高新区、中山火炬高新区、深圳高新区、佛山高新区、珠海高新区、惠州仲恺高新区、江门高新区、肇庆高新区、松山湖高新区、清远高新区、汕头高新区、河源高新区、源城高新区
	山东	12	威海火炬高新区、济南高新区、潍坊高新区、青岛高新区、淄博高新区、烟台高新区、泰安高新区、临沂高新区、济宁高新区、枣庄高新区、德州高新区、莱芜高新区
	浙江	8	杭州高新区、温州高新区、衢州高新区、绍兴高新区、嘉兴秀洲高新区、萧山临江高新区、湖州莫干山高新区、宁波高新区
	福建	7	福州高新区、厦门火炬高新区、龙岩高新区、三明高新区、漳州高新区、莆田高新区、泉州高新区
	河北	5	石家庄高新区、保定高新区、燕郊高新区、唐山高新区、承德高新区
	上海	2	张江高科、金山高新区、紫竹高新区
	天津	1	天津滨海高新区
	北京	1	中关村自创区
	海南	1	海口高新区
中部地区（37个）	湖北	9	武汉东湖高新区、襄阳高新区、咸宁高新区、仙桃高新区、宜昌高新区、孝感高新区、黄冈高新区、荆门高新区、随州高新区
	河南	7	郑州高新区、洛阳高新区、焦作高新区、平顶山高新区、新乡高新区、南阳高新区、安阳高新区
	江西	7	南昌高新区、景德镇高新区、鹰潭高新区、赣州高新区、吉安高新区、新余高新区、抚州高新区
	湖南	7	长沙高新区、株洲高新区、衡阳高新区、郴州高新区、湘潭高新区、常德高新区、益阳高新区
	安徽	5	合肥高新区、马鞍山慈湖高新区、铜陵狮子山高新区、蚌埠高新区、芜湖高新区
	山西	2	太原高新区、长治高新区

续表

区域	省份	数量	备注
西部地区（36个）	四川	8	成都高新区、绵阳高新区、泸州高新区、德阳广汉高新区、攀枝花钒钛高新区、乐山高新区、自贡高新区、内江高新区
	陕西	7	西安高新区、榆林高新区、咸阳高新区、渭南高新区、宝鸡高新区、杨凌农业高新示范区、安康高新区
	广西	4	桂林高新区、南宁高新区、北海高新区、柳州高新区
	新疆	3	乌鲁木齐高新区、石河子高新区、昌吉高新区
	宁夏	2	银川高新区、石嘴山高新区
	云南	2	昆明高新区、玉溪高新区
	贵州	2	贵阳高新区、安顺高新区
	内蒙古	3	包头稀土高新区、鄂尔多斯高新区、呼和浩特金山高新区
	重庆	2	重庆高新区、璧山高新区
	甘肃	2	兰州高新区、白银高新区
	青海	1	青海高新区
东北地区（16个）	黑龙江	3	哈尔滨高新区、大庆高新区、齐齐哈尔高新区
	吉林	5	长春高新区、长春净月高新区、吉林高新区、延吉高新区、通化医药高新区
	辽宁	8	沈阳高新区、大连高新区、鞍山高新区、阜新高新区、辽阳高新区、营口高新区、本溪高新区、锦州高新区

备注：对区域和省份所属区域的划分标准与《中国火炬统计年鉴2015》保持统一。

资料来源：作者基于中国开发区网（http://www.cadz.org.cn/kaifa/high.php）自制。

（2）高新技术产业开发区对国家与城市经济的贡献程度

高新技术产业开发区是我国国民经济的重要支柱。对国家经济的贡献层面，仅从国家级高新技术产业开发区来看，2015年生产总值达到80658亿元，占全国国内生产总值（676708亿元）的11.9%。从出口创汇量来看（如表2所示），我国高新产业技术开发区的创汇数量自2005年1116.5亿美元到2014年达到4351.4亿美元，总量增长了约3.9倍；从上缴的税收层面看，高新产业技术开发区上缴的税收总额在国家税收收入中的比例不断提高，至2014年已经达到11.1%。在城市经济的贡献层面，2015年高新区的园区生产总值占所在城市GDP比重达到50%以上的为7家，30%以上的为21家，20%以上的为42家。

表2　　　我国高新产业技术开发区出口创汇、上缴税收情况一览

年份	出口创汇（亿美元）	上缴税收（亿元）	国家税收收入（亿元）	上缴税收/国家税收收入
2005	1116.5	1615.8	28778.5	5.6%
2006	1361.0	1977.1	34804.3	5.7%
2007	1728.1	2614.1	45622.0	5.7%
2008	2015.2	3198.7	54223.8	5.9%
2009	2007.2	3994.6	59521.6	6.7%
2010	2648.0	5446.8	73210.8	7.4%
2011	3180.6	6816.7	89738.4	7.6%
2012	3760.4	9580.5	100614.3	9.5%
2013	4133.3	11043.1	110530.7	10.0%
2014	4351.4	13202.1	119175.3	11.1%

数据来源：出口创汇与上缴税收数据来源于《中国火炬统计年鉴2015》，国家税收收入来源于国家统计局。

（3）高新技术产业开发区对国家高新技术产业发展的贡献

高新技术产业开发区为我国高新技术产业的发展做出了重要贡献：从高新技术产品出口总额来看，高新区的出口总额占据了1/3以上；从对我国高新技术产业发展的研发投入来看，高新区的研发投入超过我国研发投入总额的40%。

2015年，我国高新区企业高新技术产品出口总额为2411.4亿美元，占全国高新技术产品出口总额的（6552.1亿美元）36.8%。2015年全国146家国家级高新区的82712家企业R&D经费内部支出为4521.6亿元，占全国企业R&D经费支出（10880.9亿元）的41.6%。国家高新区企业研发经费支出与园区生产总值（GDP）的比值为5.6%，是全国研发经费支出与国内生产总值比例（2.1%）的2.7倍[①]。

2. 高新技术开发区发展问题综述

自1988年第一家国家级高新技术产业开发区得到批复开始，高新区为我国的社会经济发展、科技进步做出了巨大贡献，但经过近30年的发展，高新区在发展模式、功

---

① 程凌华、李享、谷潇磊、张莹、景威铭，高鉴："2015年国家高新区综合发展与数据分析报告"，《中国科技产业》，2016年第10期。

能定位和体制机制层面已经开始显现出一些问题。

①发展模式粗放，不可持续。其一，由于依靠政府支持和政策优惠，我国高新区在发展初期大都走"以地引资、以地养区"的粗放式外延发展道路，在政绩的驱动下，形成低水平重复和盲目无序竞争；其次，在高新技术企业引进和招商引资过程中，重视即期效应而忽视远期效应，导致软环境建设不足，企业追逐优惠政策而"流动"，使园区高新技术产业"空洞化"；其三，过度强调高新区的规模扩张，用地集约程度低，资源浪费严重，发展不可持续[①]。

②以第二产业发展为主，城市服务性职能严重缺乏。我国的高新技术产业开发区在规划建设初期更多强调的是产业的发展，对服务设施的配套建设不足，导致服务功能严重缺失。此类开发区通常选址于城市郊区并且独立于城市主要生活区，有独立的地域空间，以产业功能的集聚为主，生活、居住、消费、娱乐等活动依托与其相邻的城市主要生活区或城市中心完成。而随着园区的规模越来越大，园区和城市随即都开始出现一系列的问题：工业围城，园区和城区之间潮汐交通压力大，园区环境品质低、活力不足等。以山东菏泽高新区为例，目前高新区用地总面积12388hm，工业用地占主导，在城镇建设用地中约占74.8%，生产和生活性配套设施功能严重缺乏[②]。

③体制机制无法满足产城融合的需求。我国的各类开发园区多数采用的是政府主导下的"管委会"模式，管委会行使规划建设、招商、企业入驻等职能，快速引导产业入驻。但对于文化、医疗、教育、商业、市政公用服务等城市功能的完善则相对滞后，体现在部门设置层面则显现为部门设置不足。以吉林高新区为例，下设行政事务机构27个，其中招商部门包含了经合局、软件外包局以及8个投资促进局，占总数的40%。而所有的科教文卫、公共设施、人设保障等社会事业仅设2个局分管[③]。

---

① 科学技术部火炬高技术产业开发中心，高新区"二次创业"发展战略探讨，http://www.chinatorch.gov.cn/gxq/llyj/201312/76337fe492814bec96b557110dfdf672.shtml）

② 张洪涛、宋立志："产城融合视角下高新区规划发展策略解析——以山东菏泽为例"，《中外建筑》，2016年9月。

③ 姜顺杰："产城融合理念下开发区规划转型启示——以吉林高新北区为例"，载《新常态：传承与变革——2015中国城市规划年会论文集（12区域规划与城市经济）》，2015年。

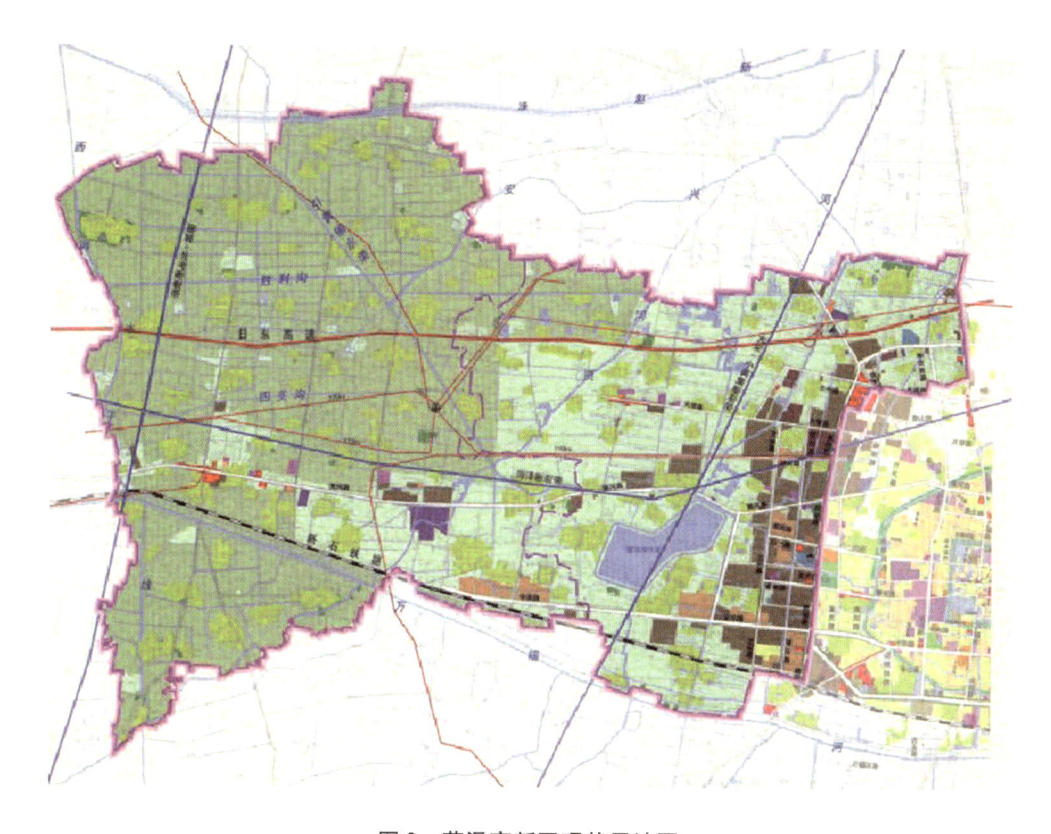

图 2　菏泽高新区现状用地图

资料来源：张洪涛，宋立志："产城融合视角下高新区规划发展策略解析——以山东菏泽为例"，《中外建筑》，2016 年第 9 期。

二、新时代背景及国家战略下高新技术开发区的发展

1. 新时代背景下国家宏观战略的转变趋势

创新驱动发展。"新常态"之下我国的社会经济发展要从传统的要素驱动、投资驱动转向创新驱动。而我国过往 30 年高新产业开发区是典型的以土地扩张、以招商引资为主的要素驱动、投资驱动模式。这就要求未来高新产业开发区的发展必须转向为创新驱动，构建以企业为主体、市场为导向、产学研相结合的创新体系，从空间层面来

看，构建复合型、多元化的功能空间才能实现创新发展。

推进产城融合建设，增强城市内部布局的合理性。2014年，中国中央、国务院正式印发《国家新型城镇化规划（2014－2020年）》，规划指出要"严格规范新城新区的建设，统筹生产区、办公区、生活区、商业区等功能区规划建设，推进功能混合和产城融合"。此外，2015年中央城市工作会议时隔37年再次召开，会议提出要增强城市内部布局的合理性："提高城市治理能力，着力解决城市病等突出问题。统筹生产、生活、生态三大布局、提高城市发展的宜居性，要增强城市内部布局的合理性"。

2. 新时代背景下高新技术开发区的发展趋势

目前，我国的高新技术产业开发区的发展是以土地扩张、招商引资的要素驱动和投资驱动为依靠，在空间层面，功能定位以产业功能为主，服务配套不足，在体制机制层面强调的更多的也是"招"和"引"，对软环境的建设不足。而国家层面则明确提出了要实现创新驱动发展，推进产城融合建设，增强城市内部布局的合理性。我们认为，目前实现我国高新技术产业开发区转型升级的唯一路径是推进产城融合的建设。

①以产城融合化解高新区发展现实困境。产城融合在空间层面能有效化解高新技术产业开发区配套服务的不足、城市功能布局结构的不合理问题。产城融合首先通过功能的复合，即产业、居住、商业、商务、娱乐、游憩等功能的混合来提高产业区的公共服务种类；其次通过各产业区实现公共服务设施按照城市的标准进行配套建设来提高公共服务设施的水平，进而解决服务功能不完善的问题。以国内发展较为成熟的苏州工业园区为例，其成立之初是一个单纯的工业区，后期逐渐通过植入居住、配套服务等功能转变为城市的综合功能区。近年又通过建设独墅湖科教创新区、金鸡湖中央商务区、中新生态科技城和阳澄湖生态旅游度假区等功能区，使之转变为苏州最具影响力的宜业、宜商、宜居、宜游的功能混合的新城。

②以产城融合促进高新区产业转型升级。产城融合在产业层面促进高新技术产业开发区的转型升级。高新技术产业开发区的转型升级离不开创新产业的发展，创新产业的发展离不开创新空间的建设。创新空间的组织模式不仅仅指一般意义上高技术产业相关硬件设施的功能聚合，而且应该包括物质、社会、认知等多种属性，一个完整的创新空间概念框架包括了创新空间及其空间结构、空间形态、产业结构、创新机制

与创新文化精神。而传统产业开发区并不具备创新空间所需要的要素，这些要素聚集离不开一个功能完善的城市。

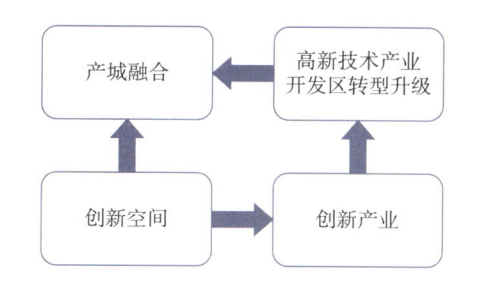

图3 产城融合与高新技术产业开发区转型升级关系分析图

资料来源：作者自绘。

三、产城融合下国内高新技术开发区规划方法总结

1. 经济新常态下产城融合理念在高新区转型发展中的内涵

产城融合理念是在我国经济进入转型阶段过程中提出的，其基本内涵是产业发展与城市发展在功能、空间、交通、配套、人口、组织管理等方面紧密融合、有机互动，相互协调统一。在新型城镇化战略下，产城融合的核心是"以人文本"，一切规划的最终目的是满足人的居住、就业、休闲、交通、公共服务等方面的品质要求，新的规划理论必须是围绕人的多元需求合理配置各类生产和生活要素，实现人口、产业、城市功能、生态环境的均衡协调发展。

对于高新区来讲，在我国经济进入新常态下，国家经济增长方式由投资驱动转变为创新驱动。2017年2月国务院在最新批复升级的国家高新区中也明确提出高新区的发展要贯彻落实创新、协调、绿色、开放、共享的新发展理念，全面实施创新驱动发展战略，按照布局集中、产业集聚、用地集约、特色鲜明、规模适度、配套完善的要求进行发展。高新区作为国家经济创新驱动发展的主力军，在空间布局、产业结构、生态环境以及体制机制等方面都需要进行优化升级。产城融合理念是针对目前我国大多数高新区其生活功能滞后于生产功能、城市功能滞后于产业功能的现状而提出的。产城融合理念将有效解决高新区的现状发展问题，提升高新区的软硬环境，推动创新产业的发展，增强经济与生活活力，形成功能复合多元的功能区，从而推动高新区在新时期向宜居宜业的综合新城的目标进行发展。

2. 空间规划上强调与产业发展规划的协同，重视功能复合、配套完善、集约与绿色发展

产城融合理念下空间规划上首先要注重与高新区产业发展规划的有效协调。产业发展规划强调的更多的是产业体系的构建、产业发展策略与发展目标，缺乏对空间其他功能的统筹协调，容易导致高新区功能单一、产业用地规模过大、产业空间布局不合理等问题。在新的理念下，高新区的空间规划应在尊重产业发展规划的前提下，并融合产业发展规划的核心结论，在空间上对产业进行合理的落位与规模测算，集约的满足产业发展的用地需求，并合理布局产业空间。

此外，在用地布局上紧密结合产业空间布局，充分利用自然景观资源，包括河流、生态隔离带、大型湿地与生态公园等要素，以组团式的空间布局模式合理对高新区的产业、服务以及生活功能进行组织，提升高新区的综合职能，使高新区成为功能复合的兼具生产与生活的综合型城市发展区域。

在公共服务设施配套上要综合统筹，建设高效完善的现代公共服务体系。高新区集聚了大量高素质人口，其对公共服务品质的要求较高，为了满足高新区人口的生活生产服务需求，需要在层级上，形成城市—区—组团—社区级的多级服务中心体系；在职能上，形成商业—行政—医疗—教育—休闲—娱乐等全方位的服务职能体系，使高新区真正成为一个具备高效优质公共服务职能的城市区域。

在生态环境与景观风貌建设方面，高新区要摒弃过去粗放式的发展模式而走精细化发展的道路。在产城融合理念下，充分结合现状的生态空间、河流水系以及其他自然景观要素，打造宜人的城市景观风貌与层级分明的高品质多功能公共空间体系，使高新区不再呈现一个单纯的产业园区风貌，而是一个环境优美，活力四射的兼具休闲娱乐区域。

图 4　南宁高新区用地布局图

资料来源：南宁高新区官网 http：//www.nnhitech.gov.cn 西安高新技术产业开发区官方网站。

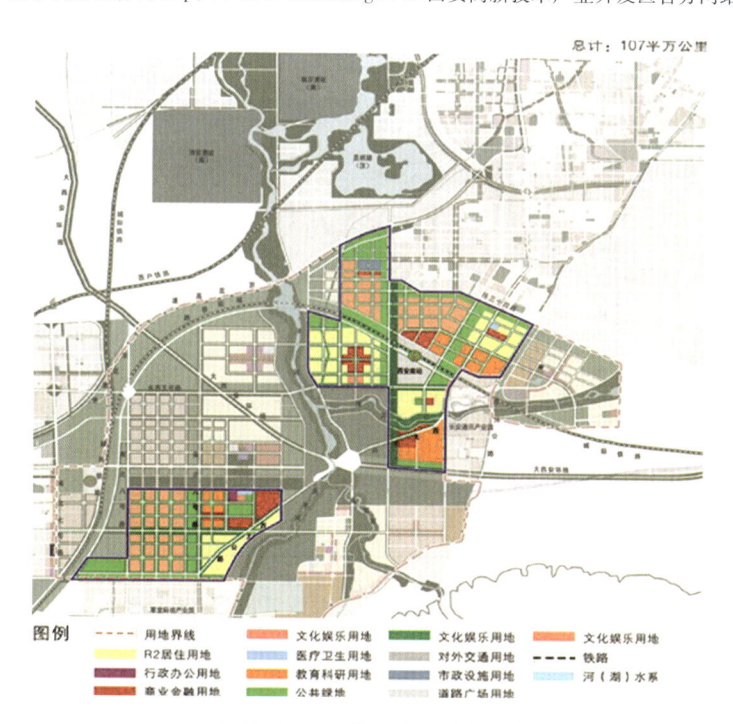

图 5　西安高新区用地布局图

资料来源：南宁高新区官网 http：//www.nnhitech.gov.cn 西安高新技术产业开发区官方网站。

3. 交通规划上更加重视与周边组团的高效联系以及内部交通的绿色低碳

高新区在发展初期大多位于城市的边缘或者更远的区域，与中心城区和其他功能组团在空间上分离，交通联系不便。在产城融合理念下，高新区的核心任务是创新驱动、引领发展，那么就需要高效的区域交通联系来加强与中心城区和周边组团的联系，形成高效的综合交通网络系统，包含城际、城市轨道、快速路、主干路等多层级交通体系，提高高新区的辐射带动效率与区域协同发展。

在内部交通网络规划上，打破过去工业园区大尺度、宽马路的路网规划思路，而向小尺度、密路网、高效绿色公共交通网络进行转变。

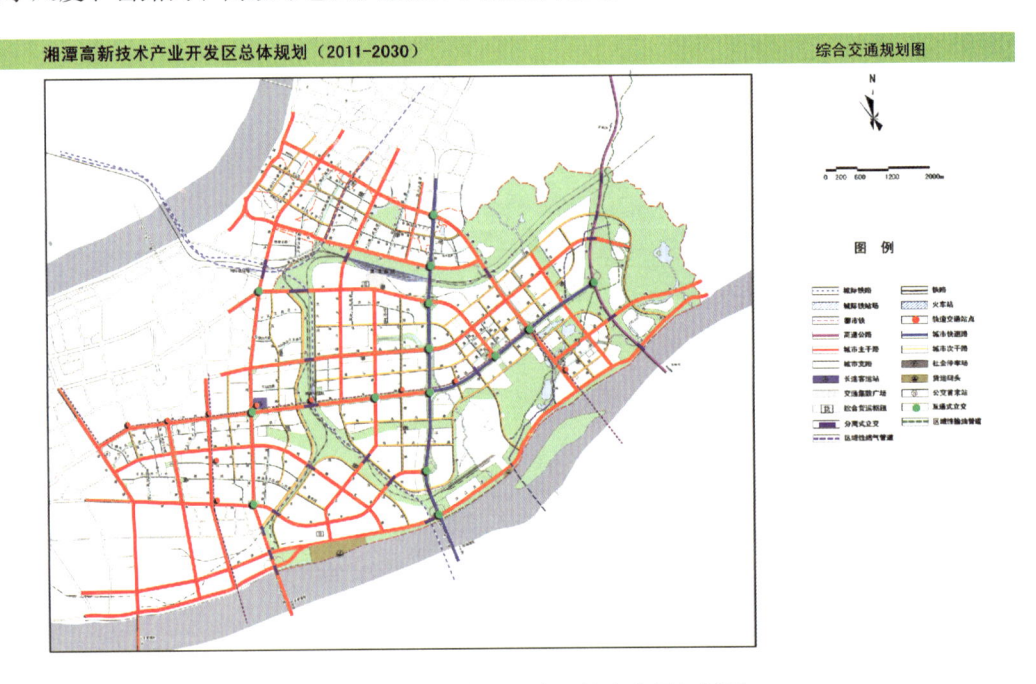

图6 湘潭高新技术产业开发区综合交通规划图

资料来源：湘潭市规划局官方网站 http：//www.xtgh.gov.cn

4. 体制机制建设上更加强调政府的服务职能和市场的主导地位

我国高新区是以扶持发展高新技术产业为最终目标，早期是在政府主导推动下形成的，空间与产业发展和管理配套都是在政府的规划设计下产生的。随着遍地开花的高新区在政府主导下演化为招商引资的恶意竞争以及优惠政策的不断加码，使大量低端要素挤入高新区，从而影响了优质创新要素的集聚和高新区自主创新能力的发展。在产城融合理念下，经济增长方式转变为创新驱动，资源配置机制从政府主导转向市场主导，发挥市场在创新资源配置中的决定性作用，引导创新资源流向产出效益、技术含量更高的领域。而政府则应该发挥行政监管和服务职能，弥补市场在公共产品供给方面的缺陷[1]。

> 李凌岚，女，硕士，高级城市规划师，国家发展改革委城市和小城镇改革发展中心空间所所长，主要从事城市规划设计、产业交通空间三要素协同发展战略规划，大型交通枢纽地区发展战略及规划设计、公共交通走廊整体规划设计。在产业交通空间三要素协同发展战略规划、大型交通枢纽（空港、高铁站）地区发展战略规划及详细设计、公共交通走廊（包括对层次轨道）整体规划设计、产业发展规划、新型城镇化下小城镇发展规划等领域专业技术特长突出。雷海丽，女，硕士，城市规划师，德国注册工程师与交通规划师，国家发展改革委城市和小城镇改革发展中心空间所项目负责人。在城市战略规划、产业发展研究以及综合交通规划方面具有技术特长，善于从交通、产业与空间三要素协同的角度出发综合考虑城市的发展，使城市交通设施与产业在空间上能达到最合理的相互协同。吴成龙，男，硕士，城市规划师，国家发展改革委城市和小城镇改革发展中心空间所项目骨干，从事城市总体规划、城市发展战略规划、概念规划、"多规合一"空间性规划等规划与设计；基于ARCGIS技术的城市定量分析研究。

---

[1] 战炤磊、韩莉，"全面深化改革背景下高新区转型发展路径选择"，《科技进步与对策》，2015年第14期。

开发区、高新区、新城区联动发展研究：徐州案例

常江 李鑫

　　开发区的建设发展已进入成熟阶段，随着开发区的数量、规模、范围的进一步扩张，获得规模经济和集聚经济效益的同时，也易产生园区之间功能定位趋同、产业同构、用地结构不合理等问题，需要对其进行优化整合、联动发展以提升区域综合竞争实力。本报告以徐州经济开发区、高新区、新城区为研究对象，在分析其发展历程及现状问题的基础上，借鉴国内开发区联动发展先进经验，提出三区联动发展的策略建议，以打造具有竞争力的城市新区开发组团。

一、徐州城市开发区与城市发展概况分析

1. "一带一路"背景下，徐州城市特质研究

　　徐州市位于江苏省西北部，东临黄海，西接中原，北连齐鲁，南屏江淮，京杭大运河从中穿过，陇海、京沪两大铁路干线在徐州交汇，素有"五省通衢"之称。京沪通道、东陇海通道、京杭运河—徐宿连盐通道贯穿徐州，是我国重要的综合交通枢纽城市和淮海经济区的中心城市（图1）。2016年，徐州市实现地区生产总值5808.52亿

元,同比增长 8.2%,增幅分别快于全国、江苏省 1.5 和 0.4 个百分点,总量继续居全省第 5 位,经济发展态势稳中趋升(图 2)。

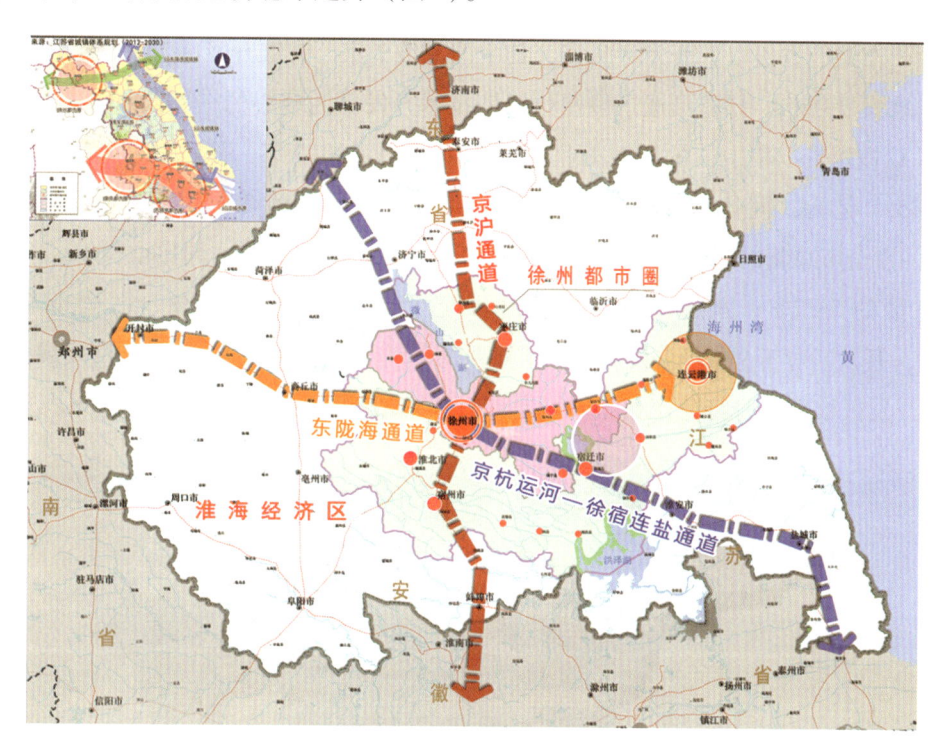

图 1　徐州市区位图

资料来源:作者改绘。

图 2　徐州市历年地区生产总值分析图

资料来源:作者自绘。

2. 徐州市开发区整体情况分析

徐州市共有省级以上开发区9家，其中国家级2家，省级开发区7家，基于徐州老工业基地发展现状，打造形成了以徐州经济技术开发区为核心的三层次产业空间格局，形成"双核两带七集中"的新型工业化布局（图3）。2014年，徐州市开发区业务总收入13535.7亿元，同比增长22.4%；规模以上工业增加值2250.3亿元，同比增长1.5%，占全市总量的88.3%；公共财政预算总收入250.2亿元，同比增长10.2%，占全市总量的53.2%；固定资产投资2334.4亿元，同比增长18.6%，占全市总量的63.6%，开发区对于全市经济发展起到了重要的带动作用，引领徐州城市经济发展持续增强[①]。开发区根据自身特色产业布局和发展特色，培育出各自的主导产业（见表1）。

图3 徐州市开发区"双核两带七集中"发展布局图

资料来源：作者自绘。

表1　　　　　　　　徐州市各经济开发区主导产业分析表

园区名称	主导产业
徐州经济技术开发区	主要发展以工程机械和专用车辆为主的装备制造业、以太阳能光伏和风能发电为主的新能源、以生产性物流和软件服务外包为主的现代服务业三大主导产业
徐州高新技术产业开发区	加快壮大电子信息、工程机械、车辆制造等高新技术产业集群
丰县开发区	形成盐化工、电动车、农副食品加工三大类主导产业

---

① 数据来源：《2015年徐州年鉴》。

续表

园区名称	主导产业
沛县开发区	形成新型建材、煤化工、绿色农副食品和光伏光电四大主导产业
睢宁开发区	形成白色家电、皮革皮具、食品医药三大主导产业
邳州开发区	形成化工原料和板材加工、电热配套三大主导产业
新沂开发区	以电化、农药、化肥为基础的关联配套化工体系
贾汪开发区	以橡胶制品业、黑色金属冶炼及压延加工业、化学原料及化学制品制造业为核心的三大主导产业
泉山开发区	规划打造生态旅游、高新电子和综合物流三种产业

资料来源：作者自绘。

在"一带一路"国家战略的背景下，徐州作为振兴老工业基地的重要发展城市，其社会经济的持续进步发展、产业结构的不断积极调整、与时俱进的城市性质定位以及全市重点开发区的特色产业发展布局结构，为徐州市经济技术开发区、高新技术产业开发区和新城区的联动发展打下了良好的优势基础。

3. 徐州经济技术开发区发展研究

徐州经济技术开发区是徐州市对外开放的先导区、产业升级的示范区、创新创业的活力区、生态宜居的新城区，创建于1992年7月，2010年3月通过商务部审核被评定晋升为国家级经济技术开发区。总面积293.6平方公里，现开发区建设面积152.8平方公里，常住人口30万人。2015年，徐州经济技术开发区在江苏省137家开发区中综合排名第8位，在全国215家国家级开发区中综合排名20位，是淮海经济区规模最大、实力最强、产业档次最高、最具发展活力的国家级经济技术开发区[①]。

(1) 区位交通分析

徐州经济技术开发区位于徐州市区东郊，距市中心5.8公里，距新城区4公里，区位交通条件优越。铁路方面，京沪铁路和陇海铁路线交汇于开发区南侧，京沪高铁和徐兰高铁的通车，规划在建的徐宿淮盐高速铁路，使徐州成为新欧亚大陆桥东起的第一个高铁枢纽，从而大大加强了徐州经济技术开发区与周边区域的同城联动效应（图4）。公路方面，G104、G310两条国道纵横交错，徐淮高速公路贯穿园区，5条城市快速路方

---

① 徐州经济技术开发区发展概况，http://www.xedz.gov.cn/

便了开发区同徐州城市各组团部分的交通联系，向南可直达新建的现代化大型干线观音机场（图5）。河运港口方面，徐州经济技术开发区北临京杭大运河和徐州港，规划开挖建设的徐连运河将会促进了徐州与连云港的水运系统沟通，实现徐州真正的海河联运。开发区已经基本形成铁路、公路、水运、航空相结合的便捷的综合交通运输体系。

图4　徐州经济技术开发区铁路交通区位图

资料来源：作者自绘。

图5　徐州经济技术开发区市域交通现状图

资料来源：作者自绘。

（2）经济产业分析

徐州经济技术开发区是徐州市重点建设的先进制造业、高新技术产业中心和现代服务业高地，园区紧扣"一中心一基地一高地"城市发展战略，注重园区内优势产业的提升并紧抓新型产业的培育，近年来经济水平稳步提升（图6）。2014年，徐州经济技术开发区业务总收入2915.2亿元，增长16.6%；地区生产总值561.3亿元，增长13.3%；规模以上固定资产投资326.2亿元，增长19.9%；工业投资218.5亿元，增长15.3%；财政总收入67.7亿元，增长15.2%；公共财政预算收入34.1亿元。园区培育形成了以工程机械和专用车辆为主的装备制造、以太阳能光伏和风力发电为主的新能源、以生产性物流和软件服务外包为主的现代服务三大主导产业以及工业电子、特色食品、生物制药、纺织服装等优势产业。

图6 徐州经济技术开发区2010/2014园区经济情况分析图（单位：亿元）

资料来源：作者自绘。

4. 徐州高新技术产业开发区发展研究

徐州高新技术产业开发区隶属铜山区新区，前身是江苏省铜山经济开发区，成立于1992年。2012年8月升级为国家高新技术产业开发区。总体规划面积180平方公里，现已建成80平方公里，拥有常住人口35万，6万产业工人，2万高学历人才（2014年，见《徐州高新技术开发区经济发展报告》）。建区20年来，徐州高新区要坚持产业立区，以创新引领产业繁荣，以项目招引、平台建设为抓手，坚持高标准定位，全力建设一流国家高新区，是铜山区经济社会发展的重要引擎。

(1) 区位交通分析

徐州高新技术产业开发区位于徐州市南部主城区（铜山新区），是徐州"双核八组团"空间结构的重要组团之一，区位环境优越（图7）。园区东靠京沪铁路，京福高速、连霍高速伴区而行，南连G30，G206两条国道，开发区内分别以长安路、北京路、黄河路、珠江路为主干路，形成"两纵两横"的道路体系，并通过三环南路、三环东路、大学路、汉源大道等主要干道同徐州中心城区、新城区相联系（图8）。

图7 徐州市"双心八组团"空间结构布局图

资料来源：作者改绘。

(2) 经济产业分析

徐州高新技术产业开发区紧紧围绕"创新引领、产业支撑、金融助推、产城融合"主题发展战略，经济运行质量显著提高。2014年，园区业务总收入1763亿元，增长13.2%；高新技术产业产值706亿元，占比达51.5%；地区生产总值453亿元，增长12.5%；公共预算财政收入27亿元，增长22.2%。2015年，徐州高新技术产业开发区第一、第二、第三产业增加值占GDP的比重为8.1%、52.9%和39.0%，产业结构发展更趋合理。（图9）高新区作为徐州市重点打造的现代工业基地和科技创新高地，重点培育发展了装备制造、电子信息、车辆制造三大主导产业，安全科技一大战略产业和

图8 徐州高新技术产业开发区区内交通现状图

资料来源：作者自绘。

新材料、新能源、新医药三个新兴产业体系，形成了从配套件到整机生产的工程机械产业链条，集聚了从研发到制造的新兴电子电器产业集群，建成了从配件到整车生产的车辆制造产业架构，形成了完善的现代服务业和科技支撑体系。以安全科技战略产业、现代服务业带动相关产业的集聚，促进区域发展繁荣。

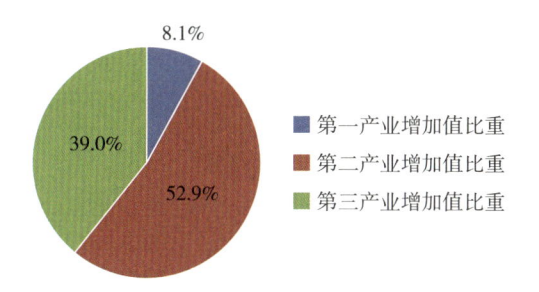

图9 徐州高新技术产业开发区2015年三产增加值占GDP比重图

资料来源：作者自绘。

5. 徐州新城区发展研究

徐州市新城区位于主城区东南部，于 2004 年启动建设，总规划面积 52 平方公里，可容纳 35 万人生活居住，是徐州市的行政中心及区域性的商务、金融、文化中心，是徐州"双核心"之一，也是城市未来 10 年至 20 年发展的重点片区。

（1）区位交通分析

新城区设立在徐州市中心城区东南部主导方向，云龙区境内。北部与徐州中心区相邻，规划区域紧靠徐州核心城区。东至故黄河，西至百果园和拖龙山山脊，北至故黄河，南至连霍高速公路，总用地面积 51.66 平方公里（图 10）。新城区对外交通系统主要依赖东侧淮徐高速、南侧连霍高速两条高速公路和穿区而过的 G104 国道与周边区域相联系。迎宾大道、汉源大道穿越新城区，连霍高速公路从新城区边缘穿过，京福高速在新城区东侧外围穿过，作为高速公路在徐州东南部出入口的潘塘立交位于新城区的东面入口处，西靠三环快速路，现已成为徐州市新的中心与"东南门户"（图 11）。

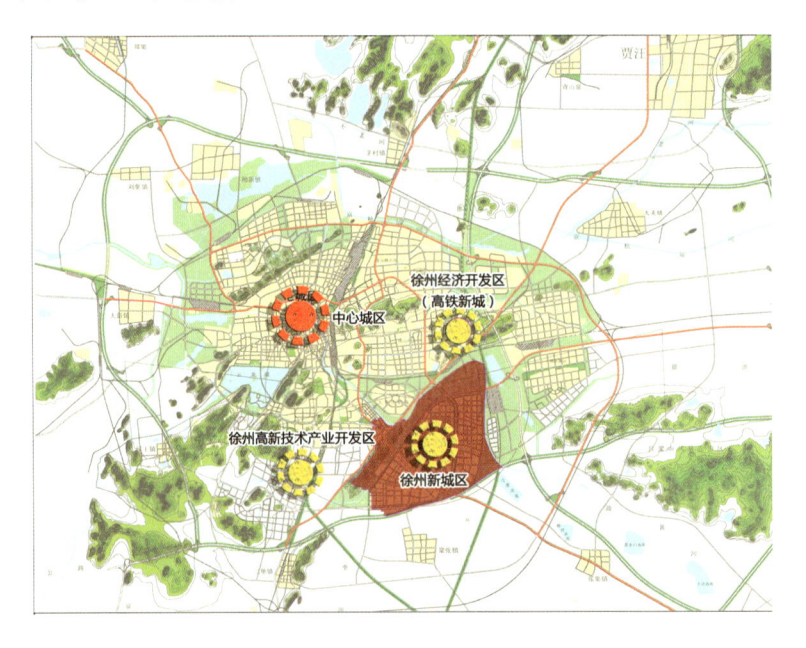

图 10 徐州新城区区位分析图

资料来源：作者改绘。

图 11　徐州新城区交通现状图

资料来源：作者改绘。

（2）经济产业分析

2014 年，新城区加快完善城市功能，推动产业转型发展。全年完成固定资产投资 83.73 亿元；实现财政总收入 7.36 亿元，增长 11.44%；实现公共财政预算收入 6.29 亿元，增长 13.69%（见《徐州新城区发展概况》，http://xcq.xz.gov.cn/）。新城区以生产性服务业为主导产业、现代物流为龙头产业，以特色商贸为亮点，以总部经济、房地产业和都市型加工业作为商贸物流补充的可持续发展的产业结构，同时利用黄河故道生态系统工程建设，发展休闲旅游业。根据新城区产业园区建设情况，主要由总部经济园区、物流产业园区、淮海国际汽车博览城、科技创新园和文化创意产业园区所组成，相关企业集中入驻（图 12）。

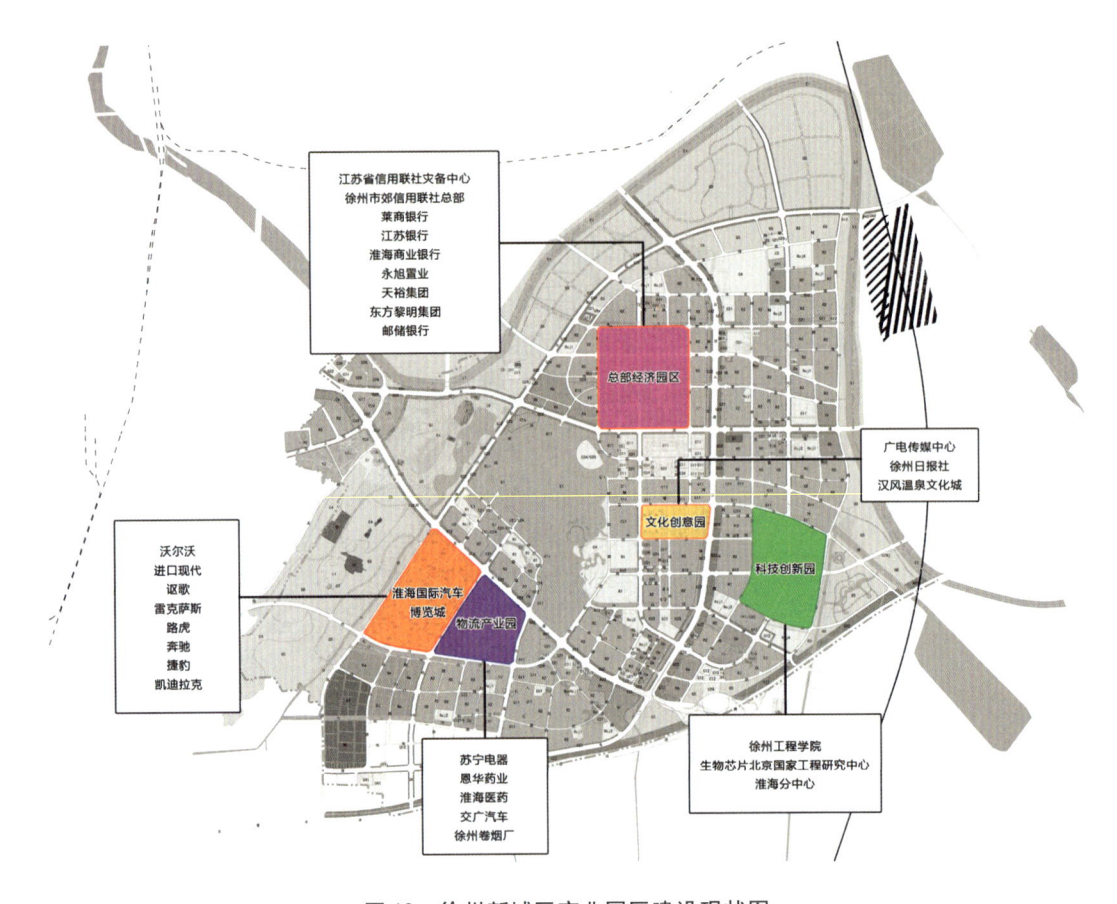

108 | 中国新城新区发展报告：2017

图 12　徐州新城区产业园区建设现状图

资料来源：作者自绘。

二、徐州城市开发区面临的问题

1. 开发区实际功能趋同，产业同构现象逐渐明显

初期徐州经济技术开发区、高新技术产业开发区、新城区三区的功能定位规划是互补错位的，根据各自区域扶持政策及产业政策引导，三区重点规划打造各自特色主导产业（见表2）。随着快速发展园区经济、大力推进园区招商引资成为开发区发展的

主导形式，不同开发区开始出现相互招商，争抢引进外资项目资源，三区作为徐州重要的经济增长点和经济增长空间，发展目标性质上的重合，逐渐导致三区在实际发展过程中功能出现同质化，园区产业同构的出现，影响着开发区产业链体系的构建，难以发挥应有的集聚效应。

表2　　　徐州经济技术开发区、高新区、新城区基本情况比较表

园区名称	规划用地规模（km²）	功能定位	现有主要产业	2014年区域业务总收入	同比增长
徐州经济技术开发区	293.6	东陇海产业带的龙头，淮海经济区制造业基地，徐州市主要的经济增长点	以工程机械和专用车辆为主的装备制造业 以太阳能光伏和风力发电为主的新能源产业 以生产性物流和软件服务外包为主的现代服务业	2915亿元	16.6%
徐州高新技术产业开发区	180	苏北地区对外开放的重要窗口、新兴产业的高度聚集区、高科技成果的输出高地和转化密集区	装备制造业 电子信息产业 车辆制造业 安全科技战略产业（中国安全谷）	1763亿元	13.3%
徐州新城区	52	徐州市区域性的商务、金融中心，徐州市行政办公中心，城市新的经济增长极	现代服务业 现代物流业	13.65亿元	9.6%

资料来源：作者自绘。

以徐州经济技术开发区和高新技术产业开发区为例比较分析，两区在支柱行业构成比例上存在着很大的相似性，装备制造、电子信息、车辆制造等支柱行业在两区比例中占主导地位，仅从主导产业上观察，很难区分开哪个是经济技术开发区、哪个是高新技术产业开发区，此现象会严重影响到徐州市经济资源的配置和政府优惠政策的效率和效益（图13）。

新城区生活物流园区建设处于起步阶段，以现代服务业为主导，由于缺少明确的产业发展规划且新城区管委会体制仅负责建设开发而社会服务功能较弱，致使物流园区产业集群效应难以形成。产业结构上同徐州经济技术开发区、高新区存在重构现象，并受到老城区的现代服务业的强势挤压，无法真正做到区域之间的错位发展和优势互补（表3）。

徐州经济技术开发区支柱行业构成比例图　　徐州高新技术开发区支柱行业构成比例图

- 装备制造
- 电子信息
- 车辆工程
- 金融证券
- 生物医药
- 新材料
- 其他产业

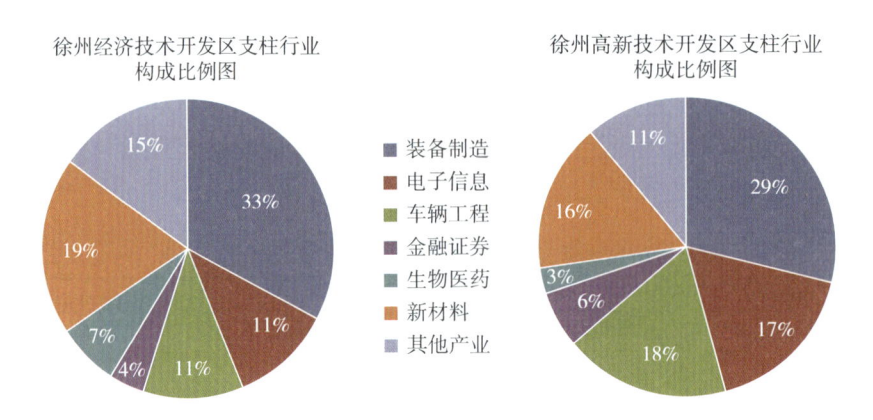

徐州经济技术开发区：装备制造 33%、电子信息 11%、车辆工程 11%、金融证券 4%、生物医药 7%、新材料 19%、其他产业 15%

徐州高新技术开发区：装备制造 29%、电子信息 17%、车辆工程 18%、金融证券 6%、生物医药 3%、新材料 16%、其他产业 11%

图 13　徐州经济技术开发区、高新技术产业开发区支柱行业构成比例分析图

资料来源：作者自绘。

表 3　　　　　　　　　　徐州新城区与周边区域产业发展比较一览表

	新城区	老城区	经济技术开发区	高新技术产业开发区
现代服务业主导产业	总部经济、商贸物流、科技创新、文化创意	商贸商务、科技创新、文化创意、旅游、物流	科技创新、总部经济、商贸物流	高新技术产业
已运营企业代表	苏宁、恩华、淮海药业、交广汽车；奔驰、讴歌、现代、沃尔沃4S店；徐州工程学院	金鹰、金地、百大；矿大科技园、软件园；汉文化景区、创意68；云龙景区、龟山景区、九里山景区；苏山物流、淮海物流	机器人产业园、生产力促进中心、高铁生态商务区、锦禾物流园、香山物流	科技创业园、铜山物流园等
发展成熟程度	起步阶段，不成熟	强盛时期，成熟	优化转型期，成熟	提升优化期，不成熟
点评	现代物流和汽车博览刚刚起步，其余产业尚未进入发展期	类别完整，形态丰富，层次较高，发展成熟。	科技水平较高，高铁强力支撑，物流初具规模。	新晋国家级高新区，实力尚需加强。

资料来源：作者自绘。

2. 土地利用结构不合理，开发模式粗放

开发区作为最具活力和竞争价值的主要经济增长点，其空间扩张同土地资源消耗

之间的矛盾日益凸显。"重规模轻效率"、"重引资轻规划"的现象仍然存在①。开发区之间的同位竞争在某种程度上能够促进相关技术研发和进步，但会致使开发园区的应得收益大量流失，产生目前普遍存在的园区土地价格过低、占地规模过大、土地利用率不高等问题①。

开发区自身的功能和性质决定着其土地利用结构，徐州经济技术开发区虽属工业主导型的开发区，但园区工业用地占城市建设用地比例高达46%，占比偏高，而开发区内配套的居住用地、公共服务设施用地、市政公共设施用地等占比偏低。开发区内仅核心区域建设初具规模，基础设施和其他公共服务设施缺乏，影响了开发区建设进一步发展（见表4）。

表4 　　　　　　　徐州经济技术开发区土地利用一览表

用地名称	用地面积（公顷）	占城市建设用地比例（%）	人均用地（平方米/人）
居住用地（R）	347.5	14.3	29.0
公共服务设施用地（C）	229.3	9.5	19.1
工业用地（M）	1104.2	46.2	92.3
仓储用地（W）	23.4	0.9	1.9
市政公共设施用地（U）	110.3	4.6	9.1
绿地（G）	247.5	10.0	20.6
道路广场用地（S）	312.3	13.3	26.4
特殊用地（D）	28.7	1.2	2.4

资料来源：作者自绘。

国家级高新区除传统的用地分类外，还应具备研究与开发、教育、规模化生产、居住及城市服务、市场化运作的主要功能，这些不同功能的用地构成了高新区用地的核心布局。由于对高新区各功能用地尚没有统一标准，通过综合比较国内发展成熟的高新区用地结构（见表5），总结得出高新区用地分类方案：生产研发用地35%~45%，居住用地10%~20%，公共设施用地7%~12%，交通用地8%~15%，绿化用地15%~20%。

---

① 石忆邵、黄银池："开发区土地集约利用研究——以上海开发区为例"，《现代城市研究》，2011年第5期。

表5　中国成熟高新技术产业开发区用地构成比例统计（%）

高新区名称	用地构成				
	生产研发用地	居住用地	公共设施用地	交通用地	绿化用地
天津华苑	47.5	6.0	5.3	14.1	14.8
西安	49.9	16.6	13.3	10.2	10.0
长沙	39.9	14.9	13.2	7.1	20.0
深圳	37.0	11.0	22.0	24.0	6.0
济南	67.6	9.2	10.0	5.7	7.6
中山	44.6	21.3	6.2	15.0	10.3
广州	36.0	10.5	2.7	7.8	42.0
威海	34.9	24.8	6.1	19.8	14.4
南京	47.5	5.9	8.2	19.5	14.1
建议比例	35~45	10~20	7~12	8~15	15~20
Mean 中数	44.6	14.3	10.2	13.7	15.6

表6　徐州高新技术产业开发区用地现状统计表

用地类别	生产研发用地	居住用地	公共设施用地	交通用地	绿化用地	其他
面积（公顷）	1684.8	658.6	178.1	700.2	705.2	279.8
比重（%）	40.1	15.7	4.2	16.6	16.8	6.7
Mean 中数	44.6	14.3	10.2	13.7	15.6	
差值	-4.5	1.4	-6.0	3.0	1.2	

资料来源：作者自绘。

通过对徐州高新技术产业开发区土地利用现状结构的分析对比（表6），可见高新区用地结构部分尚存差距。园区用于科技创新的生产研发用地小于mean中数，说明园区生产科研用地不足；公共服务设施用地比重为4.2%，明显低于统计中数水平。同时，居住用地、交通用地、绿化用地等其他用地的比重同国内高新区比例中数平衡，但与发达地区的高新区仍存一定差距（见图14）。

徐州新城区已建成用地主要以道路广场用地、居住用地和绿地为主，配套并投入使用的公共服务设施使用量相对较少（见表7）。其中已批已建的公共设施用地主要以行政办公和科研教育为主，已批在建和已批未建的公共服务设施则多为文体医疗、商务办公、金融贸易等。徐州新城区现代服务业产业体系结构的不完善，产业支撑不足，是造成新城区缺少人气、商气不足的主要原因。

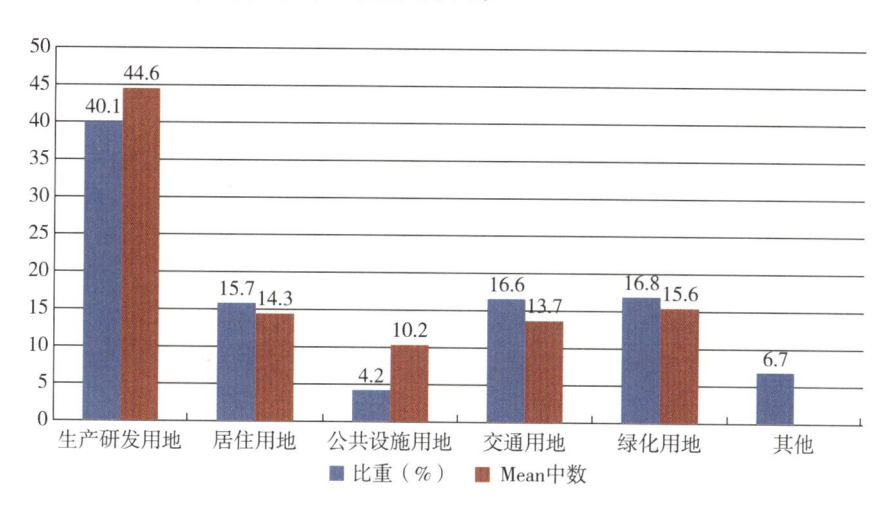

图 14　徐州高新区各类用地比重与成熟高新区各类用地比较图（%）

用地类型	比重（%）	Mean中数
生产研发用地	40.1	44.6
居住用地	15.7	14.3
公共设施用地	4.2	10.2
交通用地	16.6	13.7
绿化用地	16.8	15.6
其他	—	6.7

资料来源：作者自绘。

表 7　徐州新城区已建成用地结构分析表

	居住用地	公共设施	物流仓储	道路广场	市政设施	绿地
面积（ha）	209.6	168.9	31.8	415.3	13.0	203.1
比例	20%	16%	3%	40%	1%	20%

资料来源：作者自绘。

3. 空间竞争激烈，影响城市有序拓展

开发区的快速发展在改变城市经济结构的同时也改变了城市的空间结构与形态，以开发区为主导的"城市蔓延"状态成为城市边缘区空间拓展的独特形式，并呈"大规模、快速度、加速扩张"的发展态势演进。

在徐州城市东拓的过程中，徐州经济技术开发区、高新区、新城区作为重要的空间载体，三区间的空间竞争也愈发激烈，必然会产生交通、社会、环境等一系列的问题，阻碍城市有序的拓展及开发区向综合型新区的升级转型。以新城区为例，其空间定位实现度不高，尚未形成与老城中心并重的城市新中心，新城区在享受徐州市行政区划带来的空间拓展机遇的同时,也面临着相比发展更为成熟的北部徐州经济技术开发区、西南部高新区和老城区所带来的空间上强势竞争压力。京沪高铁的通车催生了依托徐州经济开发区而建成的高铁商务区,同样给新城区带来巨大的压力,进一步影响了城市结构的演变,面对多方空间竞争压力,新城区发展不进则退(图15)。

图15 徐州城市空间拓展结构图

资料来源:作者自绘。

4. 综合交通系统需提升改善,片区联系紧密度不佳

交通等基础设施建设是实现区域运输及其他经济社会活动得以进行的基础条件[①]。只有完善的交通基础设施方能促进劳动力、物流、资本流的加速集聚。徐州城市交通需求增长明显,随着经济发展水平的快速提高和居民对舒适生活的追求,私人小汽车快速进入家庭已成为不可扭转的趋势,并保持稳定的增长趋势,徐州城市综合交通系统将面临巨大压力,需进一步改善提升。

---

① 吴威、曹有挥、梁双波:"区域综合运输成本研究的理论探讨",《地理学报》,2011年第12期。

开发区、高新区、新城区联动发展研究：徐州案例 | 115

徐州经济技术开发区主要由金山桥工业区、万寨分区组合而成，园区核心区现状道路初步形成系统，其余则多为在建、待建道路，整体道路网密度偏低，有待进一步调整优化；徐州高新区内部道路则相对封闭，与徐州中心城区的联系通道不足，京沪铁路、京福高速、连霍高速穿区而过，使得高新区未来跨越铁路、高速公路向东发展成本较高，同时易造成高新区内部空间的分割，影响其空间结构的整体性，一定程度上限制了高新区同其他片区的有机联系；新城区与周边区域交通联系过于单一，距市中心约20公里，仅通过昆仑大道、汉源大道、迎宾大道与之连接（图16），而且早晚高峰时段及平常时段，新城区车流量远低于道路设计水平（表8），公共交通系统不完善，影响着新城区功能转型升级。

图 16　徐州新城区同周边区域联系主干道现状图

资料来源：作者自绘。

表 8　　　　　徐州新城区主要道路高峰时段及平时段交通流量一览表

序号	道路名称	早高峰	晚高峰	平时段
1	昆仑大道	2520	2124	562
2	迎宾大道	2354	1962	1308
3	汉源大道	2904	2592	816
4	珠江路	1824	1490	594

资料来源：作者自绘。

三、开发区联动发展的原则分析

（1）区域统筹原则

徐州经济技术开发区、高新区、新城区三大片区在联动发展的过程中，应秉持区域统筹原则，通过空间统筹协调区域发展，做到"有所为"和"有所不为"。开发区则应作为徐州市区重要的发展组团统筹发展，同时充分发挥三区各自资源区位优势，努力培育发展相关的优势产业，并合理规避不利环境，做到三区之间及同徐州市区的经济协调发展。

（2）产业协调原则

开发区主导产业相近、产品、技术、服务等多方面存在关联的开发区之间的产业经济联系具有较好的发展基础。徐州经济技术开发区、高新区的主导产业相近，以工程机械、装备制造产业为主导；新城区在现代服务业、现代物流业方面同老城区、经济开发区和高新区存在产业竞争压力。因此三区在产业发展过程中应做到错位协调，优势互补发展，不但可以促进园区内相关企业的相互协助，同时还能够在其产品成本、知识溢出、专业人才培养方面获得明显的规模效益和集聚效益，为产业集群的发展创造良好的环境。

（3）功能互补原则

徐州经济技术开发区、高新技术产业开发区、新城区三区所属类型和级别不同，园区类型的差异决定了其各自的特色服务功能定位是不同的。徐州经济技术开发区做高做强先进制造业，做亮做优现代服务业，打造区域性先进制造业核心板块；高新区应突出科技创新，建立健全"科技＋企业＋平台＋资金＋人才＋政策"创新发展体系；新城区则应加强发展生产性服务业的新业态，加快构建生产、生活、新兴协调发展的现代服务业新格局。三区联动协同发展，在功能上取长补短，可以更好地促进开发区相互之间的专业化分工。

（4）梯度发展原则

开发区梯度发展原则即采取区域非均衡发展机制，重点培育具有突出区域带动性作用、发展潜力大的开发区，同时积极扶持和功能引导区域内的其他开发区。徐州经济技术开发区在经济发展水平远超高新区和新城区，应突出其区域带动作用，在区域资源、政府扶持政策方面对其重点培育，梯度发展，从而实现自身的重点突破并有效的带动高新区和新城区共同发展。

四、徐州城市开发区联动发展对策

（1）完善综合交通网络体系，构建公共交通为主导的空间结构

为促进交通系统的扩能提速、均衡分布，更好的完善徐州经济技术开发区、高新区和新城区同主城区的联系，减轻中心城区的交通压力，有必要对城市快速路与结构性主干道路网进行完善构建。通过构建城市快速路内环，承担环节中心城区交通压力，并起到分流长短距离交通的功能，强化三区之间的联系。提升西二环、大学路、金山东路、和平路、振兴大道、昆仑大道、汉源大道和珠江路的道路等级，设置成为城市结构性主干道（图17）。

图17 徐州市快速路与结构性主干道交通网络示意图

资料来源：作者自绘。

树立"公共交通优先为主导"(TOD模式)引导开发区布局优化的理念,构建功能清晰、集约高效的"多层次公共交通系统"线网(图18)。主动适应城市拓展趋势,延伸公交服务范围,并结合规划在建的轨道交通线网的建设,打造区域协调发展的公共交通体系。

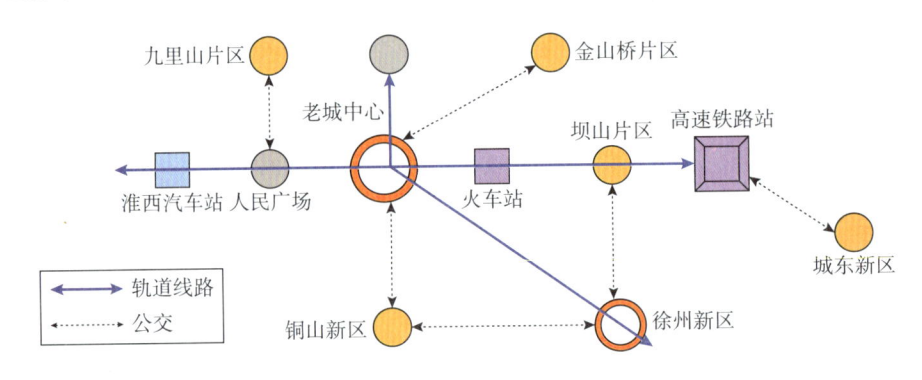

图18 徐州城市"多层次公共交通系统"示意图

资料来源:作者自绘。

(2)强调产业协调在三区联动发展的作用

根据各开发园区自身发展的比较优势、资源禀赋及产业发展特点,以水平分工为原则建立各自产业集聚重点,在产品市场上通过竞争来形成各自的优势和供求关系,从而协调三区之间的产业分工(表9)。按照产业辐射带动的思路,实现开发区与所在行政区的互动发展,带动所属行政区的产业、就业发展,实现三区产业集群化、功能错位化发展,促进三区创新体系的构建与核心竞争力的形成。

表9 徐州城市开发区产业集聚发展

开发区	发展战略	重点发展的产业集聚
经济开发区	以建设"世界级工程机械和太阳能光伏产业集聚区"为目标,打造徐州区域性先进制造业基地的核心板块	工程机械制造、太阳能光伏、生产性物流服务产业集群
高新区	要围绕消防安全、危化品安全、矿山安全、信息安全等领域,培育战略性新兴产业	矿山安全、信息安全、精密设备生产制造产业集群
新城区	重点发展2.5产业和第三产业,大力发展平台经济	总部经济、文化产业、咨询服务型产业及现代化物流产业集群

资料来源:作者自绘。

（3）提升园区自主创新能力，促进开发区转型升级

切实把握好徐州"一中心、一基地、一高地"发展战略契机，通过引导开发区功能定位同城市总体布局相结合，完善开发区各项配套功能，引导三区错位竞争，推进产业集聚、结构升级，从形态开发向功能开发的城市新区升级转型。新城区应充分利用好徐州奥体中心、文化传媒中心等大型基础设施，积极发挥徐州文化资源优势，申办省、市级文化体育、会议展示活动，拓展新城区品牌效应以提升文化创意产业的城市影响力，努力建设成为真正的徐州新城市中心。

（4）完善市域产业用地布局规划，提高城市土地利用率

综合考虑徐州开发区联动发展模式纳入徐州城市总体规划、土地利用总体规划等上位规划体系当中，统一制定徐州城市开发区整体发展协调机制，整合三区联动空间发展规划、产业发展规划、建设用地规划主题规划。统筹土地经营，确定开发区用地的性质、规模和结构，提高园区入驻企业的土地成本意识，促进开发区可持续协调发展。

（5）加强协调发展顶层制度设计，完善政策保障

由徐州市政府设立由市级统一协调和监督的机构，消除行政区壁垒，增强三区经济联动的互补性；完善现行的开发区行政主体的政绩考核制度，保证园区健康发展的延续性；出台相关人才培养政策，并建立科学的人才评价体系及能力与收益相匹配的激励制度，以吸引高端人才集聚开发区；建立公众参与反馈机制，保障园区规划信息的透明性，提高公众对开发区规划建设的参与度与监督力，保障三区联动发展规划的科学性、客观性。

近年来，徐州城市开发区经济发展取得了长足进步，但总的来看，长期形成的产业结构不合理以及粗放型增长方式尚未根本改变，经济快速发展同能源资源矛盾日益突出，旧的发展模式难以为继。本文基于现状问题的基础上，借鉴开发区联动发展建设成功经验，结合联动发展的原则对徐州经济技术开发区、高新区、新城区的联动协同发展提出相应的策略建议，以打造具有竞争力的徐州城市新区开发组团，提升徐州城市综合实力，促进城市经济健康发展。

常江，中国矿业大学建筑与设计学院院长助理，教授、博士生导师；中国矿业大学建筑与城市规划研究所所长；中国古村落保护与发展专业委员会秘书长。主要研究方向：城乡规划与设计、城市更新、矿区生态重建、传统村落保护与可持续发展。李鑫，中国矿业大学建筑与设计学院城市规划与设计专业2014级硕士研究生。

杭州高新区（滨江）产城融合发展研究

李明超　陶杰

产城融合是指工业化、信息化、城镇化发展到一定阶段之后，以城市生产、生活、生态环境全面优化和城区职住平衡高水平实现为目标，产业与城市在空间、结构、功能上深度融合的发展模式。在经济发展方式和城市发展方式全面进入转型升级的背景下，产城融合是我国针对长期存在的产城分离问题提出的重要改革举措和治理方略。杭州是国内最早实施国家级高新区与城市行政区合署办公、全方位推动国家级高新区产城融合的城市，杭州高新区（滨江）可以视为国家级高新区产城融合的先行者和典型样本。为此，本报告在回顾总结国家级高新区总体发展态势的基础上，通过对杭州高新区（滨江）产城融合发展模式与特征进行分析，探讨国家级高新区产城融合的内在机理与动力机制，以期对我国其他国家级高新区产城融合提供参考借鉴。

从发展历程来看，产城融合是指工业化、信息化、城镇化发展到一定阶段之后，以城市生产、生活、生态环境全面优化和城区职住平衡高水平实现为目标，产业与城市在空间、结构、功能上的深度融合发展。通过以城市为基础、以产业为保障承载产业空间和发展产业经济，"以产促城、以城兴产、产城融合"驱动城市更新和完善配套服务，实现人口、产业与城市之间动态、活力、持续向上的发展模式。从发展定位来看，产城融合是我国在经济发展方式和城市发展方式全面进入转型升级的背景下，针对长期存在的产城分离问题提出的重要改革举措和治理方略。党的十八届三中全会通过的《中共中央关于全面深化改革若干问题的决定》明确指出："坚持走中国特色新型城镇化道路，推进以人为核心的城镇化，推动大中小城市和小城镇协调发展、产业和城镇融合发展，促进城镇化和新农村建设协调推进。"2014年3月颁布的《国家新型城镇化规划（2014~2020年）》提出：新型城镇化的核心是"人的城镇化"。在推进新型城镇化建设中，应始终坚持以人为本，遵循中央"顶层设计"，把有序推进农业转移人口市民化作为核心要素和关键环节，在制度安排、政策导向、资金保障、工作部署上，把产城融合发展、促进农民就业、完善社会保障、提高基本公共服务水平摆在更加突出的位置，走出一条新型城镇化与农民市民化协调发展的道路。2015年12月召开的中央城市工作会议强调："统筹空间、规模、产业三大结构，提高城市工作全局性……统筹生产、生活、生态三大布局，提高城市发展的宜居性。城市发展要把握好生产空间、生活空间、生态空间的内在联系，实现生产空间集约高效、生活空间宜居适度、生态空间山清水秀。"2015年国家发改委发布《关于开展产城融合示范区建设有关工作的通知》，拟在全国范围内选择60个左右条件成熟的地区开展产城融合示范区建设工作。产城融合示范区是指依托现有产业园区，在促进产业集聚、加快产业发展的同时，顺应发展规律，因势利导，按照产城融合发展的理念，加快产业园区从单一的生产型园区经济向综合型城市经济转型，为新型城镇化探索路径，发挥先行先试和示范带动作用，经过努力，该区域能够发展成为产业发展基础较好、城市服务功能完善、边界相对明晰的城市综合功能区。综合中央和国家有关部门关于产城融合的部署，本研究认为，产城融合的本质是推动城市发展从功能主义导向到人本主义导向的回归，由注重功能分区和产业结构向注重创新创业和生产、生活、生态融合发展的转型，是以城市发展方式转变带动经济发展方式转变的改革尝试。

一、国家级高新区产城融合的模式

高新技术发展及产业化水平直接关系到国家科技竞争力和产业核心竞争力，也影响着创新供给水平。在近30年的发展历程中，国家级高新区不仅为我国产业结构的调整发挥了重要的作用，更是成为引领我国国民经济重要的增长点，对我国产业结构优化调整发挥了重要作用,成为中国创新驱动引领创新发展、科学发展和可持续发展的重要载体。基于经济基础、资源禀赋、文化意识、政策支撑等多方面差异,国家高新区建设和发展主要表现出五种发展模式①:

(1) 科教资源转化型。通常基于区内丰富的高等教育科教智力资源,重视科技成果转化为产品和服务,依托大学尤其是重点大学实现高新技术产业发展,以北京中关村、武汉东湖高新区为典型案例。这类园区依托本地高校、科研院所等丰富的科技资源,通过科技成果转化衍生出一批高技术领域的创新型中小企业,在高新技术产业发展和体制机制创新方面积累了成功经验,并为其他高新区创新发展提供了示范。科教资源转化型发展模式的前提条件是本地拥有优质的科教智力资源,如中关村国家自主创新示范区共有以清华大学、北京大学为代表的高校41所,以中国科学院、中国工程院所属院所为代表的国家(市)科研院所200多所。丰富的科教智力资源一方面为园区提供了大量高层次人才,另一方面大院大所的科技成果转化往往会衍生出一批创业企业,从而形成了科教特色明显的创新创业的完整生态链。

(2) 国际产业承接型。通过承接国际产业转移,吸引跨国公司入驻,形成企业空间集聚,加速产业集群形成,以上海张江高新区为代表。园区紧抓全球产业转移以及服务资源转移的机遇,依托本地坚实的经济基础和广阔的发展腹地为入园企业提供优惠政策,吸引高科技企业特别是著名跨国公司入驻,并营造良好的创新创业环境鼓励创业,以跨国公司和本地创业企业促进产业集群式发展。上海张江高新区积极承接集成电路、生物医药、软件等产业全球性转移,引进了一批来自欧美地区的跨国公司,通过大企业集团的辐射带动力引领园区发展。同时,上海张江高新区集聚了一批全国优质科教资源,搭建了服务创业者的若干创新平台,助推创新型中小企业成长。国际产业承接型发展模式借助跨国公司链接全球人才、资本、技术等高端资源,融入国际化的全球创新链,旨在打造全球一流的高新区。

(3) 创业文化主导型。园区具有浓郁的创业文化氛围和良好环境,吸引并支持高校教师、科技人员、外来移民创办科技领先型企业,高科技创业企业支撑起园区高新技术产业,以深圳高新区为代表。作为移民城市,深圳的城市包容性和创业文化突出,

---

① 陈文丰:"国家高新区的五种发展模式",《中国高新技术产业导报》,2014年11月3日B07版。

近年已经吸引 30 多所顶级高校合作办学或开展项目合作，高新区营造产业生态、人文生态、环境生态"三态合一"的综合环境，倡导"敢于冒险、勇于创新、宽容失败、追求成功、开放包容、崇尚竞争、富有激情、力戒浮躁"的创新文化，培育了一批以科技人员、外来移民为创业主体、拥有技术领先优势的中小型创业企业，华为、中兴等正是由创业型企业逐渐成长为以技术领先优势取得行业话语权的国际性企业。深圳科技年产值已达 7300 亿元，其中独立自主知识产权占 60%，每年全国独立专利申请 40% 来自深圳。创业文化主导型发展模式突出园区的文化特色、创业环境，逐步打造企业的"创业的沃土、成功的家园"。

（4）先进制造业承接型。通过承接我国台港地区及日本、韩国、新加坡等国家制造业转移，迅速做大园区经济体量，以苏州、无锡等地高新区为代表。经济发达地区的园区抓住全球制造业转移的机遇，以土地、税收等优惠政策和劳动力、区位交通等优势吸引国际大型制造企业建设生产基地，同时引导本地发达的民间资本投向为大型制造企业配套的民营企业，构建以跨国公司为龙头的产业链。苏州高新区作为以外向型经济为特征的苏南模式代表，吸引了包括华硕科技、三星电子、松下半导体等一大批台资、日资、韩资制造类企业。随着创新全球化的深入，该模式下园区逐渐从制造向研发、设计等产业链前端转移，通过引进大院大所强化科技成果转化，鼓励创业孵化，逐渐从传统经济向知识经济、新经济模式转变。2006 年后无锡高新区以"530 计划"集聚创新创意创业领军型人才，构建以企业为主体、产学研相结合、开放联合的创新体系，布局发展物联网等新兴产业，2009 年 8 月"感知中国"中心落户无锡高新区，国家物联网产业基地在无锡启动建设。

（5）招商引资植入型。依靠招商引资、退城进园等方式推行外来植入式发展，以中西部省会中心城市、二三线城市高新区为代表。偏远地区经济相对落后，开放意识不强，资源吸附力较弱，本地高新区主要承接国内沿海地区制造业转移以及部分国际产业转移，通过招商引资、退城进园等方式集聚一批以传统制造业为主的项目。该模式下园区涉及产业领域较为综合，项目科技含量偏低，企业类型主要以国有企业、中小型制造类民营企业为主，园区创新资源匮乏、科技创业型企业较少。该模式过于依赖招商引资对产业的支撑，本地自主创新能力较弱，部分园区正逐渐转向招商引资和自主创新双轮驱动，注重通过科教资源提升产业层级，培养内生发展动力，真正实现国家高新区"四位一体"的功能定位。

二、杭州高新区（滨江）产城融合的基础与动力

以城市为基础，承载产业空间和发展产业经济；以产业为保障，驱动城市更新和完善服务配套。产城融合的发展模式催生了"智慧杭州"，阿里巴巴、海康威视、华三通信、恒生电子……在杭州高新区（滨江）入驻，楼宇间随处可看到世界级信息经济企业招牌。2015 年 8 月 25 日，国务院批复同意杭州高新（滨江）区和萧山临江高新区 2 个国家级高新技术产业开发区，统称杭州国家级高新区，建设国家自主创新示范区，这也是国务院批复的第 10 个国家自主创新示范区。国务院同意杭州国家级高新区享受国家自主创新示范区相关政策，同时结合自身发展特点，积极在跨境电子商务、科技金融结合、知识产权运用和保护、人才集聚、信息化与工业化融合、互联网创新创业等方面先行先试。杭州高新区（滨江）作为国家自主创新示范区和智慧杭州的核心区，2016 年实现信息经济规模 1589 亿元人民币，增长 25.0%。与此同时，一座年轻的新城区也在滨江崛起：智慧经济带动该区从农村跨向城市，从城区升级科技新城。而百姓获得感的提升，生活配套的完善，又助力产业源源不断的吸引人才到来，也积蓄着区域发展的未来。

图 1 杭州高新区（滨江）位置图

1. 杭州高新区（滨江）产城融合的发展基础

杭州国家级高新区始建于1990年，是国务院批准的首批国家级高新区，启动区位于钱塘江北杭州老城文教区，面积11.44平方公里，是杭州高新技术的创新源和中小科技型企业的大孵化器。滨江区设立于1996年12月，位于钱塘江南岸，最初由萧山划出的3个乡镇新建而成。2002年6月杭州国家级高新区与滨江区两区管理体制调整，实行"两块牌子、一套班子"，杭州高新区和滨江行政区合二为一，简称：杭州高新区（滨江）或杭州高新（滨江）区，既按开发区模式运作，又行使地方党委、政府职能，开启了建设发展的新时期。两区合并后，全区GDP增长明显，近年来增速还呈现加快趋势。"政区合一"的体制造就了一个内部具有高度整合性的自主性经济管理机构，能够为高新区的发展提供强有力的政策和资源支持[①]。目前杭州高新区（滨江）下辖3个街道，常住人口32万，建成区面积达到50平方公里。2016年全区生产总值达到901.4亿元，增长14%，近五年年均增长12.1%；财政总收入235.37亿元，地方财政收入125.37亿元，均列全省第六，分别增长17.7%、18.6%。就地区生产总值和财政收入增速来看，杭州高新区（滨江）经济发展速度远高于全国、省和市的平均水平，并且近几年一直平稳上升。基于良好的产业基础和发展态势，杭州高新区（滨江）将发展目标定位为：建成世界一流高科技园区，建成生产生活生态相得益彰、宜居宜业的科技新城典范，率先高水平建成全面小康社会，全力打造中国方案浙江样本的滨江精华版。其中渗透出明显的高科技引领产城融合的发展特征。

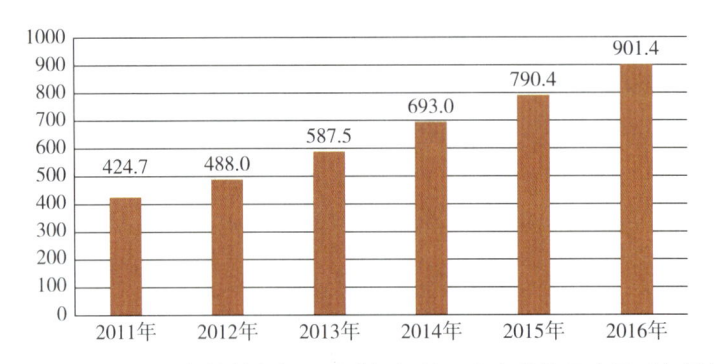

图2 2011~2016年杭州高新区（滨江）地区生产总值示意图（亿元）

---

① 程郁、吕佳龄："高新区与行政区合并：是体制复归，还是创新选择？"《科学学与科学技术管理》，2013年第6期。

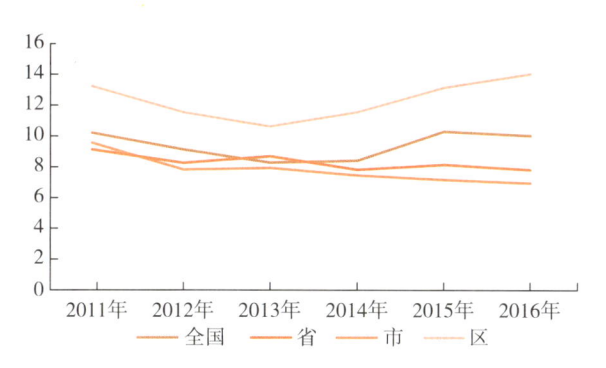

图3　2011～2016年杭州高新区（滨江）GDP增速示意图

资料来源：《滨江——五年辉煌》，2016年。

近五年来，杭州高新区（滨江）突出培育发展信息产业，优化完善创新体系，成为全国重要的技术创新基地、高新技术产业基地、高新技术产品出口基地和海外高层次人才创新创业基地。全区产业结构不断优化，高新技术产业和战略性新兴产业快速发展，工业化和信息化"两化"深度融合。高新技术产业增加值占规上工业增加值的比重由2011年87.6%上升到2016年95.6%，战略性新兴产业增加值占规上工业增加值的比重由2011年49.9%上升到2016年73.0%，两项指标总量和占比均列全市第一。

图4　2011～2016年杭州高新区（滨江）新产业增加值占比示意图（%）

资料来源：《滨江——五年辉煌》，2016年。

2. 杭州高新区（滨江）产城融合的发展动力

国家级高新区能够推动地区产业优化和产业转型从而促进区域经济发展，原因主要有三个关键方面，即国家政策支撑、产业集聚效应和创新驱动发展①。考察杭州高新区（滨江）产城融合的发展动力，同样得益于三个方面。

①作为政府推动地区产业升级和经济转型的重要手段，高新区所享受的特殊政策待遇成为众多企业集聚园区、促进地区经济增长的重要原因。为鼓励和促进国家高新区的发展，1991年国家科委和国家税务局分别颁布《国家高新技术产业开发区若干政策暂行规定》和《国家高新技术产业开发区税收政策的规定》，以法规的形式确立了高新区享有的政策待遇。其中，税收、信贷、土地和人才引进方面的政策优惠尤为明显。第一，税收优惠。这里列举几项基本的税收优惠规定：对于新办的园区企业，自投产日开始，两年内免征所得税。开发区企业自认定日开始，减按15%的税率征收所得税，如果出口产品产值超过了本企业总产值的70%，另外减按10%的税率征收所得税。第二，资金信贷优惠。银行要给予高新区积极的资金支持，安排发行一定额度的长期债券，高新区根据自身条件可以申请办理风险投资公司，在地方政府批准的情况下高新区可以免购国家重点建设债券。第三，土地和人才引进政策优惠。滨江区政府为了吸引优质的企业和人才进入高新区，分别制定了建设用地优惠政策和高端人才引进计划。这一系列的政策优惠使得高新区在创办的初期阶段吸引了大量企业进驻，对地区经济有着明显的带动作用。

②高新区的设立为高新技术产业和关联产业的集聚提供了载体，同时推动了地区经济增长。首先，为吸引优质企业进驻，在高新区的建设初期政府会进行大量投资来完成基础配套设施建设，同时外资企业的进入也会带来大量的FDI（外商直接投资）。近5年来，杭州高新区实际利用外资36.8亿美元，新批外商投资企业218家，其中，投资总额1000万美元以上的项目91个，引进美国运通、思科等世界500强投资项目11个。2016年实现自营出口额54.6亿美元，与2011年相比，增长70.6%，年平均增长11.3%。其次，产业集聚是推动区域经济发展的重要模式，它可以通过降低关联厂

---

① 刘瑞明、赵仁杰："国家高新区推动了地区经济发展吗？——基于双重差分方法的验证"，《管理世界》，2015年第8期。

商间的交易成本，共用基础设施和形成规模效应来提升集聚企业的市场竞争力。高新区为产业集聚提供了必要的平台，从要素集聚速度、产业集聚质量和集聚规模收益3个方面来衡量产业集聚状况，国家高新区的产业集聚已具雏形并且整体规模收益水平逐年提高①。最后，完善的基础设施和优质企业进驻也为产业集聚提供了基础条件，通过分工细化、知识溢出和共用基础设施等途径推动产业集聚，而产业集聚效应能够支持园区企业持续创新能力的提升，推动地区经济增长②。

③高新技术产业集聚的同时也具有一定的技术创新效应，创新驱动经济增长。技术创新能够带动新技术产业的快速发展，使得传统的要素驱动型经济增长方式转变为创新驱动型的发展方式。早期执行的过程中，国家高新区往往以招商引资和投资优惠的外延式发展为主要形式。但是，高新技术产业的发展并不能依靠单纯的投资拉动，技术创新不足和创新效率低下成为了阻碍中国高新区发展的重要问题。针对上述问题，2001年科技部提出了高新区要进行"二次创业"的思路，政府逐渐降低对高新区的政策优惠，促进高新区由外延式增长向内涵式发展的转变。从经验来看，高新区的TFP（全要素）增长率明显高于其所在省份水平，并且TFP的增长主要是由技术进步贡献的，高新区通过促进产业集群等方式，促进了区域内企业间的竞争，改变了区域市场规模和需求收入结构，提高了园区产业的持续创新能力。从创新驱动经济增长的机制和方式来看，高新区在技术创新基础上实现了高效经济增长③。

三、杭州高新区（滨江）产城融合发展模式与特征

过去近20年，产城融合为杭州这座城市的城市化进程顺利推进发挥了至关重要的作用，无论是国家级高新区、国家级开发区等各类产业功能区，还是代表杭州城市发展重心从西湖时代迈向钱塘江时代的钱江新城规划建设，都体现了产城融合的发展理念。迈入"十三五"，杭州确立了独特韵味别样精彩世界名城的发展目标，以历史文化

---

① 李强、韩伯棠："我国高新区产业集聚测度体系研究"，《中国管理科学》，2007年第4期。
② 朱斌、王渝："我国高新区产业集群持续创新能力研究"，《科学学研究》，2004年第5期。
③ 程郁、陈雪："创新驱动的经济增长——高新区全要素生产率增长的分解"，《科技与经济》，2013年第11期。

名城、创新活力之城、生态文明之都、东方品质之城为基础的城市国际化成为了推动杭州新一轮发展的重大战略，其产城融合实践也有望继续为这座城市撑起有关未来的梦想蓝图[①]。杭州作为 2016 年 G20 峰会的举办城市，成功获得了 2022 年亚运会主办权，接连迎来重要的国际性盛会，为城市实施创新引领发展提供了契机，可以说杭州正处于城市发展史上最为关键的阶段。在杭州创新引领城市发展的关键阶段，杭州高新区（滨江）肩负重任。

1. 以产业智慧化与智慧产业化推动产业结构高端化

近年来，杭州稳步推进创新引领发展模式，创新已成为经济增长的重要推动力，向知识与创新驱动型发展迈进的发展路径日益清晰，以信息经济为龙头的新经济正有力地推动杭州重返新的高增长[②]。以新一代信息技术为重要支撑、以智慧产业化和产业智慧化为主要内容、以扩大智慧应用和信息消费为主要导向、以信息化和工业化深度融合为主要表现形式的信息经济和智慧经济快速发展，尤其是集智慧产业和智慧应用为一体的新经济形态，已成为信息经济、智慧经济发展的主导方向和核心内容，给人类社会的生产方式和生活方式带来了深刻变革[③]。优先发展信息经济、智慧经济，已成为全球和国内各地抢占未来发展制高点的战略选择，也是杭州市加快经济转型升级的必然选择。杭州市委十一届七次全体（扩大）会议审议通过《关于加快发展信息经济的若干意见》，为杭州高新区产业布局上开出新的道路。

新世纪初，杭州高新区（滨江）就被冠以"天堂硅谷"的名号，注重对美国硅谷地区创新模式的学习和借鉴，营造适宜高新企业和各类人才创新创业的良好环境。在智能化时代来临时，杭州高新区（滨江）提出了加快从"天堂硅谷"向"智慧 e 谷"迈进打造产业、创新、新城三大功能的战略，以适应工业化、信息化、城市化快速融合发展和创新型经济发展的需要。从"天堂硅谷"到"智慧 e 谷"，杭州高新区（滨江）将目光瞄向了以云计算、移动互联网和大数据为代表的新一代信息技术，智慧家

---

① 李明超：“基于区域竞争力的杭州城市国际化水平提升策略”，《现代管理科学》，2017 年第 8 期。
② 聂献忠：“新经济引领杭州迈向国家级中心城市”，《浙江经济》，2016 年第 18 期。
③ 陶青、赵军宝等：“加快推进智慧产业化和产业智慧化杭州经济技术开发区抢占新一轮经济发展制高点”，《杭州日报》，2014 年 7 月 24 日第 A03 版。

居、智慧交通、智慧安防、智慧教育、智慧医疗等智慧产业，正在改变着这个国家级高新区的产业形态，也在改变着滨江区广大居民的日常生活[①]。

（1）产业结构全面优化

坚持主导产业突出、高新特色鲜明的高新技术产业发展之路，全力壮大高新技术产业能级。杭州高新区（滨江）高新技术产业和战略性新兴产业快速发展，工业化和信息化"两化"深度融合，高新技术产业增加值占规上工业增加值的95.6%、高新技术产业利税占规上工业利税的96.3%、高新技术产业出口占规上工业出口总额的95.7%，信息经济增加值占地区生产总值的80.0%。围绕自主创新、网络安全和中国智造，打造了网络信息技术产业的完整产业链，形成了千亿级信息经济（智慧经济）产业，具备了可以代表国家参与全球竞争的优势，涌现了阿里巴巴、华三通信、海康威视、浙江中控、聚光科技等一大批行业领军企业，形成了电子商务、智慧互联、智慧物联、智慧医疗、智慧安防、智慧环保等"互联网+"的产业集群，电子商务、数字视频监控、宽带接入设备、集成电路设计产业、软件产业、动漫制作的整体水平居国内领先。2016年高新技术产业营业收入超4200亿元，其中网络信息技术产业收入2253亿元，增长20%。

（2）创新能力全面提升

坚持实施知识产权战略，支撑创新驱动发展，推进国家知识产权示范园区、国家专利导航产业发展实验区建设。2015年杭州高新区（滨江）又获批建设国家知识产权服务业集聚发展试验区，专利创造能力呈现量质并进，持续快速增长态势。2016年全区研究与试验经费（R&D）投入122亿元，占GDP的13.9%，占全省10%；规上工业总产值1300亿元，新产品产值率达到63%。2016年专利申请量达到14245件，同比增长62.38%，总量及增幅均保持杭州市各区县第一，其中发明专利申请量达到5901件，同比增长87.27%，发明专利申请量列全省第一。近年来，全区共获得国家科技进步奖10项，省科学技术奖励88项。以实施全区全域作为大孵化器建设为载体，实现孵化器投资多元化、管理专业化、服务精准化，拥有市级以上科技企业孵化器18个、众创空间20家，其中国家级孵化器、众创空间15家，用于孵化、众创的面积达到130万平方

---

① 余小平、宋桔丽："高新区（滨江）：布局智慧产业开启智慧生活"，《杭州日报》，2013年8月29日第A07版。

米。全区形成了从科技创新到成果转化、产业培育、品牌塑造的创新产业链条，形成了企业从孵化到裂变到产业化、从小微到瞪羚到行业领军的创业扶持模式。

（3）人才集聚全面提速

坚持以人才带项目、以项目引人才的招商引智战略，探索人才经济良性循环之路。杭州高新区（滨江）推进实施新一轮海外高层次人才创新创业"5050计划"，进一步优化政策配套，完善动态评审机制，实行国际国内人才并举，持续放大人才招引效应。至2016年，全区累计拥有"国千"67人、"省千"123人；引进留学创业人员4900余名，创办留学生企业990家。近年来，每年新增大学生就业2万人以上，全区从业人员本科以上学历占比达50%。2016年引进人才2.53万人，其中理工类本科以上人员占68%。坚持以一流的环境吸引一流的人才、以一流的人才创办一流的企业、以一流的企业反哺一流的城市。民生支出占一般公共预算支出的90%，近年新增投用5所公办中小学校和21所幼儿园，建成投用浙医二院滨江院区和省儿童医院，人才关心关注的生活配套得到有效解决。

（4）集约水平全面提高

坚持实施项目带动战略，提高产业用地的集约节约利用和综合效益水平。杭州高新区（滨江）通过加快城市化进程和优质公共资源配置，提升区域对高端产业人才和高新企业的承载力，走选商优商、集约高效的城市发展之路。树立节约集约高效利用土地的理念，力求"有限空间实现无限发展"，坚持"3+2"产业供地准入门槛（每亩投入600万元、产出1000万元、税收100万元，地下空间开发两层、企业员工300人），将城市工业项目容积率放宽到3.0，造就了现代科技新城的城市形态。持续推进节约集约用地改革，被国土资源部授予全国国土资源节约集约模范县（区）。2016年全区亩均产业用地增加值突破800万元，为全省的8倍、全市的6倍。以"三改一拆"强势拓展发展空间，近五年，全区完成集体土地农户拆迁10708户，国有土地房屋拆迁1854户，交地13500亩，拆除违建550万平方米，17个村基本实现整村拆迁。

（5）体制机制全面激活

坚持以问题导向营造有利于产业发展的服务保障，推动体制机制改革创新。杭州高新区（滨江）连续推出两轮"1+X"产业扶持政策体系，加大对不同类别产业、不同发展阶段企业和不同功能平台的差别化政策扶持。率先出台《关于进一步支持大众创新创业建设国家自主创新示范区的实施意见》，被称为"黄金十二条"。制定实施科技体制改革试点方案，推出 12 项重点改革举措，被列为省级科技体制改革试点。深入推进"四张清单一张网"改革；商事制度改革从 1.0 版本推进到 3.0 版本，探索试点的"五证合一"在全国推广，近五年新增注册企业 22249 家。创新投资项目审批流程再造，压缩前期手续办理时间 9 个月，有效加快产业项目投资进程，过去五年新增产业建设项目 92 个。2016年，新开工产业项目 15 个、续建项目 40 个、竣工项目 22 个。

2. 以公交、公园、文教、医疗、体育等公共服务为动力推动园区城区化

产业型新城往往出现阶段性的产城融合度不足和职住失衡现象，在建设初期通常更侧重产业发展和经济建设，对于居住功能和公共服务功能的建设完善则相对滞后，从而导致新城的居住容量和公共服务水平无法满足快速增长的就业人口需求，城市综合发展水平与产业发展水平难以匹配[1]。杭州市较早意识到了这些问题，将办园区和建新城两项重点工作相结合，不但可以简化相关手续提高行政效率，而且在初期通过对产业园区的政策倾斜整合园区的土地资源，加速园区土地增值。此外，利用园区前期获得的经济积累可以为园区城区化发展创造条件，如公交、公园、文教、医疗、体育等综合设施更加完善，企业享受税收优惠，制定实施更加完善的人才计划，都会助推园区的城区化和高新区"二次创业"。

（1）公共交通引导园区城区化发展

TOD 模式是指以公共交通为导向的城市空间开发模式。以现代化综合交通枢纽中心为依托，以高密度混合开发为特色，以高端商务办公、商业休闲、旅游服务、居住生活功能为主体，体现高品质、国际化、城际化、通勤化并融合多彩生活内容的经济"新蓝海"与城市"新门户"。杭州地铁 1 号线是杭州市和浙江省的首条地铁线路，工程于 2007 年 3 月 28 日开工建设，线路自 2007 年 3 月 28 日始建，2012 年 11 月 24 日正式运营，该线为全球第一条覆盖有 4G 网络的地铁线路。地铁 1 号线为杭州为杭州市第一条开通的铁路线，较早地为杭州高新区的发展奠定良好的公共交通基础。此外，杭

---

[1] 姜文婷、刘健、石晓冬："北京亦庄新城：从职住关系看产城融合发展"，《中国新城新区发展报告：2016》（冯奎主编），企业管理出版社 2016 年版，第 485 页。

州高新区还设有404路、352路、B支3线等近20条线路,设有公共自行车24小时服务点,并且在滨江区周边设立"换乘点",市民可在该服务点进行换乘,实现公共自行车"零距离"接驳。通过对公共交通线路规划,杭州高新区交通服务设施不断完善,良好的公共交通为市民出行带来极大便利。

(2) 生态公园引导园区城区化发展

POD模式是以城市公园等生态设施为导向的城市空间开发模式。白马湖生态创意城位于杭州高新区(滨江)南部区块,北至彩虹大道,西至浦沿路,东、南至萧山界,规划面积20.5平方公里,是以白马湖水域为核心的城市公园区。该区域依山傍水,自然景观优美、人文积淀深厚。作为杭州市首批十大文化创意产业园区,白马湖生态创意城是号称全国规模最大、产业基础最优越的文化创意产业集聚区之一。除了承办中国国际动漫节、海峡两岸文化创意产业高校研究联盟论坛等已永久落户的项目外,还承办了世界休闲产业博览会、杭州文化创意产业博览会等大型节展活动。白马湖生态创意城成为杭州高新区(滨江)最大的自然环境与人文创意合一的休闲场所,以生态环境保护利用为导向的文化创意产业发展成为杭州高新区(滨江)开发建设的亮点。[①]

图5 杭州高新区(滨江)在杭州综合交通体系中的区位图

---

① 李明超:"创意城市推动文化创意产业发展的政府导向作用研究——以杭州市为例",《管理学刊》,2013年第6期。

(3) 文教设施引导园区城区化发展

EOD 模式是以学校等教育设施为导向的城市空间开发模式。教育对一个区域的可持续发展至关重要，尤其在高新技术产业开发区中，知识的外溢效应会加倍凸显。目前杭州高新区（滨江）内开办有 19 所中小学、18 所幼儿园，其中多所为驻杭州高校的附属学校，拥有雄厚的师资力量。优质的教育资源为人口导入和人才落户注入了强大动力。主校区位于杭州高新区（滨江）的杭州市第二中学 1978 年被定为浙江省重点中学，1980 年被列为浙江省首批办好的 18 所重点中学之一，1995 年 9 月被认定为浙江省一级重点中学，2014 年被评为首批浙江省一级普通高中特色示范学校。杭州二中白马湖学校位于滨江区白马湖创意城，是由政府扶持、企业投资、二中管理、民办性质的学校，分为小学部和中学部，未来还将拓展国际部。以名校领办新校的形式积极注入优质教育资源，为杭州高新区（滨江）新城区开发建设提供了必要的社会服务设施保障。

图 6　杭州高新区（滨江）在杭州生态绿地体系中的区位图

(4) 医疗健康引导园区城区化发展

HOD 模式是以优质医院等综合医疗设施为导向的城市空间开发模式。浙江大学医学院附属第二医院滨江院区是杭州市属非营利性股份制医疗机构，由杭州市政府、浙江大学、滨江区政府三方合作共建。医院实行董事会领导下的院长负责制，由浙江大学医学院附属第二医院在董事会领导下进行日常经营管理。医院占地面积 146 亩，建筑面积 17.6 万平方米，设置床位 1200 张。浙医二院在关键学科领域新技术开发、临床诊疗水平以及转化型研究能力等方面都在国内具有影响力，为提升高新区（滨江）的配套服务水平奠定了基础。2015 年该院区实现年门急诊 390 万人次，出院 12.19 万人次，手术 10.6 万台。在引进浙医二院滨江院区的基础上，杭州高新区（滨江）还积极引入浙江大学医学院附属儿童医院滨江院区等优质专科医疗资源，为打造健康城区注入了强大动力。

(5) 体育设施引导园区城区化发展

SOD 模式是以体育场馆等体育运动设施为导向的城市空间开发模式。2007 年初，杭州市委、市政府明确提出在钱塘江南岸、西兴大桥以东建设杭州奥体博览城，藉此推动杭州城市化发展的进程，实现从"西湖时代"迈向"钱塘江时代"的战略举措，这是杭州市新世纪实现"构筑大都市、建设新天堂"宏伟目标的重要组成部分，是杭州打造"生活品质之城"的重大工程，是从"西湖时代"迈入"钱塘江时代"的标志性建筑。建设杭州奥体博览城，对于提高杭州市民的体育生活品质、文化生活品质、经济生活品质、环境生活品质都具有重大意义。规划建设杭州奥体博览城，大大提升了滨江区和杭州市的会展场馆现代化水平，为承办 G20 峰会相关活动奠定了扎实的基础，也为争取和承办类似亚运会的高水平赛事活动创造了条件，是提升杭州城市国际化水平的重要抓手[①]。

四、杭州高新区（滨江）产城融合发展模式的启示

高新区作为城市中的一个功能区，具有较为丰富的科技创新资源、优惠政策资

---

① 李明超："基于区域竞争力的杭州城市国际化水平提升策略"，《现代管理科学》，2017 年第 8 期。

源，是城市或区域高新技术产业的聚集基地和产业集群的源头，在推动城市产业结构的调整和产业集群的升级、促进城市经济的发展、带动城市势能的提高和增强城市的辐射力中发挥着重要的推动作用。产城融合度较高的高新区在科技创新、经济规模等方面表现较好，加强科技创新区域系统化、促进科技创新、发展科技金融、产业集聚、提升经济规模与效率等举措已成为各高新区共识，但在城区功能即城镇化发展质量方面仍有一些问题亟待解决①。杭州高新区（滨江）产城融合的实践经验表明，只有产业发展与城市发展相互协调、经济发展与生态文明建设相互兼顾，才能集聚更多的人才、技术、资金和信息等要素，在增强高新区可持续竞争力的同时，加速城市化的进程。

1. 评估发展阶段，编制多规融合和产城融合的战略规划

产城融合关键因素在于产业布局与各功能区布局的科学性，而布局是否科学合理又往往取决于发展规划的完善与否。为此，高新区必须对以往的产业规划布局工作进行总结与反思，综合评估其所处的发展阶段，明确其发展定位。在此基础上，根据多规融合和产城融合的要求，整合、完善和优化各类规划，形成科学统一的规划体系，做到规划、布局、建设、管理相互统一，促进产业化与城市化协调发展。一方面，要注重做好产业规划与其他规划的有效衔接。产业发展与城市发展的融合强调的是两者的相互促进和渗透融合，在产业规划制定之时就首先要考虑两者规划是否能够衔接统筹。但现实中也确实存在部分产业园区游离于城市规划区之外，与城市总体规划相分离；或者尽管产业园区布局位于城市布局规划范围之内，但在用地指标、设施配套和功能安排等方面难以与城市规划衔接等问题。鉴于此，高新区产业布局规划的制定必须跳出就产业论产业的局限，而是要把产业布局规划纳入城市发展规划，增强产业规划与城市规划、土地规划和园区规划等多种规划的衔接性，并保证上述各规划的实施②。另一方面，要增强产业区与各功能区的科学性、合理性与协调性，将高新区作为城市副城、组团、新城纳入城市总体规划体系。产城融合追求的是产业、城市与生态

---

① 王霞、苏林、郭兵、李雪："基于因子聚类分析的高新区产城融合测度研究"，《科技进步与对策》，2013年第16期。

② 徐代明："基于产城融合理念的高新区发展思路调整与路径优化"，《改革与战略》，2013年第9期。

的一体化发展，其所折射出的是经济与社会、产业与城市、企业与环境、现状与未来等多方面、多层次的关系，应当用法定的城市规划体系加以落地实施。

2. 强化产业集群导向，构建支撑产城融合的政企合作模式

城市发展水平的提高离不开产业结构的优化，特别是城市要形成错位发展、凸显特色就必须形成优势特色主导产业。构建现代产业体系和产业集群，以产业优化提升高新区发展的内生力和对城市的带动力。积极引导产业结构向两端延伸——前端的研发设计和后端的品牌培育，加快经济服务化步伐，推动先进制造业与现代服务业互动并进[1]。高新区作为城市中的重要功能区、创新型新城或者现代科技新城，必须牢牢把握好产城融合的理念，坚持以产兴城、以城促产，产城互动、一体推进，以集群发展、产业聚集带动城镇发展。优势特色主导产业是高新区竞争力得以增强的一个重要支撑力，也是体现城市发展特征、代表城市形象的重要标志。在培育和发展优势特色主导产业的基础上注重整合和延伸产业链，发展和壮大产业集群[2]。杭州高新区（滨江）打造了一条网络信息技术完整的产业链，形成了以软件产业为核心、物联网产业为支撑的网络技术产业集群，打造了从关键控制芯片设计，到传感器和终端设备制造，物联网系统集成、网络通信设备、信息软件开发以及电子商务运用，再到网络运营服务、大数据平台的网络信息技术全产业链体系。与此同时，杭州高新区（滨江）建设了一批国家级的科技创新平台，科技支撑和保障能力以及科技成果产业化水平全国领先。高新区（滨江）拥有国家通信产业园、国家软件产业基地、国家集成电路设计产业化基地、信息产业国家高技术产业基地、国家新型工业化（物联网）产业示范基地等16个与网络技术产业发展相关的国家级产业基地（或园区），建有包括微软软件开发工具创新服务平台、英特尔软件创新服务平台等10多个公共技术服务平台，拥有国家、省、市级企业研发中心、技术中心、工程中心262家。通过各大创新和公共服务平台的建立，产业集群得到更好的保障，也节约了产业进一步发展的成本，从而获得较强的集聚效应。

---

[1] 沈正平："新城新区产城融合的新途径"，《中国名城》，2015年第10期。
[2] 徐代明："基于产城融合理念的高新区发展思路调整与路径优化"，《改革与战略》，2013年第9期。

3. 加强基础设施建设，完善产城融合的综合配套体系

产城融合的落脚点在于实现生产、生活、生态三大功能的合理平衡，以功能齐全化促进高新区与城市发展的融合。从现实来看，大部分的高新区都经历过产城分离、职住失衡的发展阶段，这是制约产城融合的重要因素，也是阻碍高新区可持续发展和亟须解决的难题。实践证明，走以人为本的产城融合的道路是高新区未来发展的重要方向与选择。因为产业的发展需要研发、运营和融资等城市功能来支撑，招商引资要靠配套居住、生活、生态和公共服务等投资环境作保障。高新区发展还面临着土地资源制约瓶颈、外来务工人员聚集与规模扩大、失地农民权益保障及市民化难度大等诸多问题，这些也都需要发挥城市功能在更大范围内平衡才能得到解决。在创新基础设施建设投融资机制方面，积极探索"PPP（如BOT）+XOD（如TOD）"复合型新模式，在理念思路上，以XOD模式为导向，以PPP模式为手段，将PPP模式作为城市基础设施投融资"供给侧"改革的重要组成部分，引导社会资本从城市交通的TOD领域拓展到教育、文化、医疗、体育、生态等城市基础设施的XOD领域。通过XOD模式，激发社会资本参与城市基础设施的热情；通过PPP模式，解决城市基础设施建设的投融资问题，二者双管齐下，相辅相成，从而真正破解中国特色新型城镇化建设"钱从哪里来"的难题①。

4. 关注人力资源保障，做好产城融合的社会服务管理创新

区域经济的发展离不开人的发展，良好的生活配套设施和优越的人才吸引政策能够给一个区域带来丰厚的人力资本回报率。高新区的发展同样依赖于高新技术人才的创造，依靠人力资本集聚带来的经济效应。推进城市治理导向的社区社会服务管理创新，强化以人为本的社区治理水平。随着城乡一体化进程的推进，高新区的社区管理面对的不仅仅是原有的社区居民，而且还有企业员工、外来务工人员，在人口规模不断扩大和高新区快速发展的背景下，社区的服务管理内容也将呈现出多层性、多样化

---

① 李明超：" 我国城市土地储备——出让管理改革研究述论"，《改革与战略》，2017年第10期。

的趋势[①]。2004年以来部分沿海发达城市"民工荒"愈演愈烈,"刘易斯拐点"是否真正到来已经成为各界讨论的焦点,由于城镇劳动部门存在明显的技能偏向型用工需求,由此导致农民工需求和供给存在较大缺口,从而出现农民工短缺和工资大幅度上涨的所谓"刘易斯拐点"现象[②]。这就要求社区必须转变管理理念、完善管理职能、创新管理模式,促进社区服务社会化,实现社区服务、志愿服务与市场化服务等多种方式相结合,加强对社会公共服务中介机构的培养和引进,做到有偿服务、低偿服务和无偿服务相互促进、相互补充,拓展社区整体服务功能和增强其可持续发展能力。

5. 重视自主创新提升,增强产城融合的内生动力

国家级高新区设立之初便是作为功能区而存在,以大力发展自主创新的高新技术产业为目的,但在产城融合之前,几乎所有高新区都在为追求经济效益而依靠政策优势和土地优势等外生驱动力来维持发展。杭州高新区(滨江)在最初就计划培育一批具有国际竞争力的创新主体,以政府做城市、做环境带动市场做产业、做企业,以政府办好企业围墙外的事带动企业做好围墙内的事,构建以企业为主体的科技创新体系。产业集群和现代产业体系的形成必须有一批龙头企业来带动和作为支撑,强化自主创新能力,不断扩大产业规模和提升产业竞争力[③]。在利用自主创新优势提高城区综合受益的同时,杭州高新区(滨江)还根据城市发展规律,坚持空间留白、大疏大密、优地优用,提高土地的集约节约利用水平,为产城融合预留足够的发展空间。

李明超,博士,杭州国际城市学研究中心城市学研究一处(发展规划研究处)副处长,副研究员,硕士研究生导师,省社科重点研究基地"浙江省城市治理研究中心"学科带头人,浙江大学公共管理博士后研究人员;陶杰,杭州师范大学经济与管理学院城市学硕士研究生,杭州国际城市学研究中心研究助理。

---

① 李明超:"城市治理导向的社会服务管理创新刍议",《当代经济管理》,2013年第11期。
② 李明超:"基于待遇的古典二元经济结构思想演变与比较",《技术经济与管理研究》,2017年第7期。
③ 徐代明:"基于产城融合理念的高新区发展思路调整与路径优化",《改革与战略》,2013年第9期。

中国文化产业园区转型发展报告

沈 山 郭立东 徐思洋

　　本报告以文化部命名的国家级文化产业示范基地、文化产业示范园区、文化产业试验园区为研究对象,对我国文化产业园区的发展进行全景式的描述和剖析。包括文化产业园区的特征与功能、空间布局和区域特色、产业结构和产业规模、类型模式与管理评估等内容,并对文化产业园区的转型发展战略导向做出展望:地方文化特质的评估、公共服务体系的完善、园区产业集群的组织和园区网络社区的营造。

　　文化产业园区,或称为文化产业集聚区,是文化产业集群集聚的空间载体,是集文化创意产业与高新科技产业为一体,科技产业与文化产业互相交融、和谐共存的新型经济园区。

　　从2004年至今,文化部先后命名了六批344家国家文化产业示范基地、五批10家国家级文化产业示范园区和三批共12家国家级文化产业试验园区。此外,各省市也建设了超过2000多家的省级和地市级的文化产业园区。园区涵盖了影视文化基地、电信软件开发、科技综合服务、工艺时尚、设计创意服务、展演出版、咨询策划、休闲娱

---

*　本研究获江苏高校哲学社会科学研究重大项目与重点项目"江苏区域文化的经济价值评价与文化创意产业发展模式研究"(2011ZDIXM010),江苏省高校优势学科二期工程项目"区域新型城镇化发展"资助。

乐、科研教育以及综合型等类型。

一、文化产业园区特征与功能

（1）文化产业园区的基本特征

以国家级文化产业示范基地、文化产业示范园区和文化产业试验园区为考察对象，探讨我国文化产业园区的总体发展态势，是有其学科依据的。产业集聚是指同一类产业在某个特定地理区域内高度集中，产业资本要素在空间范围内不断汇聚，逐渐形成产业集群的过程，既包括了产业的行业集聚，即形成产业集团，也包括了产业的空间集聚，即形成产业园区。在分析已经命名的国家级文化产业示范基地，可以发现，既有中国对外文化集团公司、华录文化产业有限公司这样的航母型文化产业集团，也有江苏泰兴凤灵乐器有限公司、宁波海伦乐器制品有限公司这样相对专业化的乐器生产企业；既有苏州苏绣文化产业群、庆阳香包民俗文化产业群这样的产业集群，也有嘉祥石雕文化产业园、四川广元市女皇文化园这样的特色文化园区；既有常州中华恐龙园、广州长隆这样的大型主题公园，也有北京老舍茶馆、山西灵石县王家大院民居艺术馆这样的文化地标；既有深圳大芬油画村这样现代艺术创意乡村，也有黄山市屯溪老街、吾屯热贡文化艺术村这样的传统文化街区和村落；既有成吉思汗陵旅游区、四川省剑门关景区这样的国家5A旅游景区，也有中筝文化集团长春光明艺术学校、辽源显顺琵琶学校这样的艺术培训学校。无论其企业集团，还是培训学校，其实都拥有明确的产业发展内容和集聚地理空间。

文化部在文化产业示范基地命名中，强调基地是主要提供文化产品和服务，在全国同行业中具有引领和辐射作用的优秀企业。园区是指进行文化产业资源开发、文化企业和行业集聚及相关产业链汇聚，对区域文化及相关产业发展起示范、带动作用，发挥园区的经济、社会效益的特定区域。可以说，示范基地可以是一个企业集团或产业园区，产业园区可以集聚更多的产业企业。二者的区别主要在于园区具有完善的基础设施，能够充分利用区域优势，为文化企业发展提供必要的硬件环境；有配套的公共服务体系，能够为进入园区的企业提供企业孵化、融资中介、技术、信息、交易、展示等公共服务。

至于文化产业示范园区和文化产业试验园区，前者强调了文化产业园"在全国文化产业领域具有引领和示范作用"，后者则强调"探索性和试验性"。如长沙天心文化产业示范园区和成都青羊绿舟文化产业示范园区，充分发挥了园区在品牌打造、资源整合等方面的优势，以主导产业为龙头，带动关联产业加快发展，促进文化消费市场逐步成熟，已成为区域经济发展的重要增长点，为推动文化产业加快成为国民经济支柱性产业，促进经济社会全面协调可持续发展做出了突出贡献。福建省闽台文化产业园、山东省台儿庄古城文化产业园、吉林省东北亚文化创意科技园、宁夏回族自治区石嘴山市星海湖文化产业园区在促进地区转变经济发展方式，优化调整产业结构，保护传承优秀民族文化等方面作出了积极贡献，在创新文化体制机制，探索文化产业发展模式等方面进行了积极探索和试验，具有较好的典型性和成长性。

（2）文化产业园区的基本功能

文化产业园区以文化资源禀赋深厚的地方为依托，开发与文化相关的系列文化产品。它是一系列文化产业的地理集中区域。企业间竞争并合作，通过网络紧密联系，形成竞争力很强的区域整体。文化产业园区有其特有的运行机制，园区的组织管理是通过一定的管理机构来进行的。因此文化产业园是一系列与文化关联的、产业规模集聚的特定地理区域，是一具有鲜明文化形象并对外界产生一定吸引力的集生产、交易、休闲、居住为一体的多功能园区。园区内形成了一个包括生产—发行—消费产供销一体的文化产业链。

文化产业园区主要有生产、服务、培训、信息发布、会展交易、休闲娱乐等功能。园区企业生产具有价值的文化产品，这是园区最基本的功能之一，形成一条具有延伸功能的产业链，是文化产品呈现出多种价值取向，多种风格，多种品牌和多种层次。文化产业园区为园区的经济实体搭建一个文化产业发展氛围，吸引创意产业从业人员、建设公共服务平台、孵化和培育中小企业等。园区的公共服务平台为园区文化企业提供培训、信息发布、会展交易组织等其他功能。

二、文化产业园区的空间布局和产业组织

1. 国家级文化产业园区的空间布局

(1) 文化产业园区的空间布局

我国有 10 家国家级文化产业示范园区，分别是西安曲江新区、深圳华侨城集团公司、曲阜新区文化产业园区、沈阳棋盘山开发区、开封宋都古城文化产业园区、张江文化产业园区、长沙天心文化产业园区、成都青羊绿舟文化产业园区、蚌埠大禹文化产业示范园区和甘肃省敦煌文化产业园；12 家国家级文化产业试验园区，分别是广州北岸文化码头、黑龙江（大庆）文化创意产业园、长沙天心文化产业园区、中国曲阳雕塑文化产业园、福建省闽台文化产业园、台儿庄古城文化产业园、东北亚文化创意科技园、石嘴山市星海湖、南京秦淮特色文化产业园、衢州儒学文化产业园、武昌长江文化创意设计产业园、西藏文化旅游创意园。其中长沙天心文化产业园区 2011 年被命名为首批 4 家国家级文化产业试验园区之一，2012 年就被命名为第四批 2 家国家级文化产业示范园区之一，其实是一家文化产业园区。

表 1　　　　　　　　　文化产业园区和示范基地的区域分布

	示范园区	试验园区	园区/省区比	示范基地	基地/省区比
东北振兴区	1	2	3/3	34	34/3
中部崛起区	3	2	5/6	62	62/6
东部率先区	3	6	9/10	156	156/10
西部开发区	3	2	5/12	92	92/12

22 家国家级文化产业园区，在地理空间上并没有呈现出明显的区域分异规律，只是西部区域园区数量与省区数量比例较低，东部、中部、东北和西部的国家级文化产业园区与省区数量比分别为 0.9、0.83、1.0 和 0.42。东北振兴区，3 个省份黑龙江、吉林、辽宁各有 1 家国家级文化产业园区；中部崛起区，山西、安徽、江西、河南、湖北和湖南等 6 个省份中，河南、安徽、湖南和湖北每省也各有 1 个国家级文化产业

园区［长沙天心文化产业示范（试验）园区计为1家］；东部率先区，北京、天津、河北、上海、江苏、浙江、福建、山东、广东和海南10个省区中，广东2家，山东2家，上海、河北、福建、江苏和浙江每省区也是1家；西部开发区，内蒙古、广西、重庆、四川、贵州、云南、西藏、陕西、甘肃、青海、宁夏和新疆等12各省区中，陕西、四川、甘肃、宁夏和西藏共5个省区每省1个国家级文化产业园区。

在344个国家级文化产业示范基地的区域空间分布上，则呈现出明显的空间差异性，表现为自东部率先区向西部开发区梯度递减的基本规律。东部、中部、东北和西部的国家级文化产业示范基地与省区数量比分别为15.6、10.33、11.33和7.67。在文化产业示范基地的数量上，北京、广东分别以28家和27家名列前茅，北京是国家文化中心，广东是省区中经济最发达的，文化产业集团的规模效应得到充分体现。在超过16家的省区中，上海是国家经济中心和文化高地，江苏、浙江两省经济集聚性强，四川则以其多元化的地域文化景观而具有特色。而考察文化产业示范基地的数量与人均GDP的关系时，则发现一个非常有趣的现象：文化产业示范基地的数量与经济发展水平存在着正相关的关系，但是受诸多因素的影响非常明显。万元GDP数量超过3.0的省区是四川、广东和云南，而四川和云南都是以多民族的文化景观而闻名的。万元GDP数量超过2.5的省区，多是以河北、山西、河南、甘肃等为代表的历史文化景观资源丰富区。

表2　　文化产业示范基地的省域分布与2016年人均GDP的数量关系

省区	数量	人均GDP（元）	万元GDP数量	省区	数量	人均GDP（元）	万元GDP数量	省区	数量	人均GDP（元）	万元GDP数量
北京	28	114690	2.44	安徽	10	39254	2.55	四川	16	39835	4.02
天津	10	115613	0.86	福建	10	74288	1.35	贵州	6	33242	1.80
河北	12	42866	2.80	江西	9	40220	2.23	云南	10	31359	3.02
山西	10	35285	2.83	山东	14	68049	2.06	西藏	2	35496	0.56
内蒙古	5	74204	0.67	河南	12	42363	2.83	陕西	11	50528	2.18
辽宁	14	50292	2.78	湖北	10	55191	1.81	甘肃	8	27508	2.91
吉林	11	54073	2.03	湖南	11	46063	2.39	青海	9	43750	2.06
黑龙江	9	40362	2.23	广东	27	73290	3.68	宁夏	6	47157	1.27
上海	16	113731	1.41	广西	7	38042	1.84	新疆	6	40466	1.48
江苏	16	95394	1.67	海南	6	44396	1.35				
浙江	17	83923	2.03	重庆	6	58199	1.03	合计	344		

（2） 文化产业园区的区域特色

22家国家级文化产业园区，在园区特色上呈现出明显的区域特征。

东北振兴区的沈阳棋盘山开发区、黑龙江（大庆）文化创意产业园和吉林东北亚文化创意科技园均有着相同的特征，承担着"东北老工业基地产业转型"的"示范"和"试验"功能，"生态+文化+科技"为发展路径，是以服务城市文化和区域经济为目标的产业园区。

中部崛起区的开封宋都古城文化产业园区和蚌埠大禹文化产业示范园区，前者以宋文化的精神内核，以一座古城为整体打造文化产业园区，完整的古城格局和纵横交错的"五湖四河"系统，成为传统城市文化与世俗文化原生的产业空间载体，后者以大禹治水文化为精神内核，实现文化与旅游、生态、科技与农业的深度融合，成为传统治水文化与科技农业、文化旅游的产业空间载体。长沙天心文化产业园区和武昌长江文化创意设计产业园，是彰显湖湘文化和荆楚文化标识的历史文化名城与现代文化创意产业发展融合区，都包含有现代都市文化产业区、传媒设计新兴文化产业区以及湖湘、荆楚文化产业走廊等。传统区域文化的内核在中部崛起区的文化产业园区得到弘扬。

东部率先区的文化产业园区，则既有率先的"科技创新文化产业"、"现代休闲娱乐文化产业"，（即张江文化产业园区的"融合科技、文化、金融、时尚的率先示范"、华侨城集团的"世界级的主题公园，现代国际文化旅游度假区"），也有基于资源优势的传统文化雕塑的现代产业化制造（即中国曲阳雕塑文化产业园的文化雕塑的创意研发、作品制造）；既有从传统商贸旅游景区转型为文化旅游休闲景区的区域文化产业综合发展的典型代表（即南京秦淮特色文化产业园），也有传承弘扬和中国儒家文化，推动儒学文化走向世界的展示体验区、传统文化创新发展的先行先试区（即衢州儒学文化产业园）。

西部开发区的西安曲江新区，旨在形成文化、商业、旅游的全区融合发展的示范工程，其实现了文化产业、文化事业、文化工程和城市新区建设的协调统一，在全国文化园区中的示范效应非常明显。而四川成都青羊绿舟文化产业园区，集聚国内外非物质文化遗产，打造一个非遗文化展示、展演、展销、休闲、体验、娱乐、科普教育为一体的开放式博览园、经典文化旅游目的地和非遗生产性保护级可持续发展基地，通过举办国际非遗节等活动，搭建非遗特色文化商品专业化市场平台，延伸产业链，实现非遗保护传承和园区持续发展有机统一。甘肃省敦煌文化产业园和西藏文化旅游创意园，则都是具有地方特色，不可替代的敦煌和藏文化的世界总部基地、敦煌和藏文化旅游产品标准输出地、敦煌和藏文化创意发祥地、高端休闲度假地。

表3　　　　　　　　　　国家级文化产业示范园区一览表

示范园区	园区面积	园区定位与特色	主导产业与示范功能
西安曲江新区	核心区域40.97km², 发展区域150km²	国家级文化产业示范区、西部文化资源整合中心、西安旅游生态度假区和绿色文化新城。四个功能板块：唐风商业板块、旅游休闲板块、科教文化板块和会展商务板块	在文化旅游、影视演艺、会展创意、传媒出版等领域形成较为完善的产业链和产业集群；实现文化产业、文化事业、文化工程和城市新区建设的协调统一；形成文化、商业、旅游的全区融合发展的范式
华侨城集团公司	核心区域0.32km²	由文化主题景区、连锁文化主题公园、旅游度假区、旅游综合体、创意文化园、星级酒店等功能区组织。拥有锦绣中华微缩景区、民俗文化村、世界之窗、欢乐谷等四大主题公园	旅游及相关文化产业经营。拥有世界级的主题公园，是现代国际文化旅游度假区的典范
曲阜新区文化产业园区	核心区域0.52km²	山东鲁文化产业集聚区、全国文化产业示范区、东方文化产业高地的定位。七个产业片区：明故城文化产业核心区、寿丘始祖文化旅游区、九龙山孟子故居文化区、高铁现代文化娱乐发展、尼山孔子诞生地风景区、石门山体育休闲旅游区、九仙山农村观光旅游区	孔子文化旅游、孔子文化演艺、孔府餐饮文化、文化书画业、文物复制品、文化会展博览和旅游商品销售。文化与旅游、教育、科技等产业深度融合的示范区
沈阳棋盘山开发区	规划区域203km²	国家级文化产业示范区和国家级生态示范区，创建世界知名旅游品牌。四大园区：绿谷生物科技园、环保科学园、高坎科技园、现代农业科学园。形成五大现代服务产业中心：东北生态休闲中心、东北影视文化中心、沈阳国际创新中心、国际展览展示中心和旅游纪念品交易中心	以发展旅游休闲产业、文化创意产业、健康科技产业、绿色宜居产业为主导。"生态+文化+科技"发展路径示范区
开封宋都古城文化产业园区	规划面积14.868km²	宋文化主题公园。包括龙亭宫廷文化区、开封府、包公祠府衙文化区、大相国寺等宗教文化区、双龙巷刘家胡同民俗文化区、清明上河城影视产业基地、区域生态休闲度假区以及大宋文化博物馆体验展示区、朱仙镇国家文化生态旅游示范区	完整的古城格局和纵横交错的"五湖四河"，形成了宋都、菊香、水城、食乡四大旅游品牌。全国唯一一家以一座古城为整体打造的文化产业园区

续表

示范园区	园区面积	园区定位与特色	主导产业与示范功能
上海张江文化产业园区	规划面积 25km²	国内第一个原创产品发布地和展示地的上海动漫博物馆、第一个上海文化产权交易所、第一个动漫研发公共服务平台、第一个经国家批准成立的文化产业股权基金等。汇集网络游戏、动漫、数字、新媒体等文化类企业380家	网络游戏、动漫、数字内容、新媒体四大主导产业。以科技研发、金融支持、创新服务为特色张江模式，实现了金融和贸易对文化产业发展的支持。融合科技、文化、金融、时尚优势的国家级文化产业示范园区
长沙天心文化产业园区	建设面积 15km²	具有国际品质、彰显湖湘标识的历史文化名城与现代文化创意产业发展融合区。包括都市文化产业核心区、新兴文化产业拓展区以及湘江文化产业走廊	形成演艺娱乐、影视传媒、文化旅游、文化会展、出版发行、创意设计六大产业
成都青羊绿舟文化产业园区	核心区域 10.66km²	集聚国内外非物质文化遗产，打造一个非遗文化展示、展演、展销、休闲、体验、娱乐、科普教育为一体的开放式博览园、经典文化旅游目的地和非遗生产性保护级可持续发展基地。由国际非物质文化遗产博览园和创意设计聚集区构成	通过举办国际非遗节等活动，搭建非遗特色文化商品专业化市场平台，延伸产业链，实现非遗保护传承和园区持续发展有机统一
蚌埠大禹文化产业示范园区	规划面积 55km²	三大文化主题：以治水文化为核心的大禹文化、以生态和历史为核心的淮河文化、以花鼓灯为代表的民俗文化。包括张公湖、龙子湖、双墩遗址三大核心集聚区	以文化旅游、创意设计、网络科技、工艺品交易、博览会展等为主导产业。文化与旅游、生态、科技、农业的深度融合的示范
敦煌文化产业园	规划面积 10km²	华夏文明传承创新区和敦煌国际文化旅游名城中心区。包括产业引领核心区、文化创意体验区、文化遗产展示区、旅游综合服务区、教育科技聚集区和丝绸之路文化区	文化旅游、文博会展业、文化创意业和文化培训业。探索文化与经济、社会、生态、旅游、科技深度融合的科学发展新模式

表4　　　　　　　　　　国家级文化产业试验园区一览表

试验园区	园区面积	园区定位与特色	主导产业与试验功能
广州北岸文化码头（已撤销）	占地面积 0.45km²	城市创意公园，打造"城市创意综合体"。由城市原旧厂区改造文化创意园区	展览、消费、演出等。塑造和引领广州乃至全国的全新文化创意生活方式

续表

试验园区	园区面积	园区定位与特色	主导产业与试验功能
黑龙江（大庆）文化创意产业园	规划面积 0.41km²	汇聚东北亚文化产业资源、融合国际前卫文化元素与大庆特色的文化创意产业基地。包括大庆歌剧院、动漫功能区、数码传媒功能区、国际文化会展交易功能区、百湖艺术群落、东方新文化广场和配套商业服务区等功能区	影视动漫、数字传媒、数码设计、文化艺术创造及交易等产业。传统产业转型发展的试验区
中国曲阳雕塑文化产业园	规划面积 20km²	世界"石都之城"和"雕塑文化艺术之都"。包括中国雕刻文化产业园（雕刻城）和羊平镇雕刻文化产业园	建设成雕塑文化的创意研发、作品制造、会展交易、产业信息、人才培育中心
福建省闽台文化产业园	福州板块 14.5km²；厦门板块 19.55km²	打造海峡两岸文化创意产业汇流中心。福州板块以三坊七巷历史文化街区为核心区，形成闽台文化科技示范和闽台文化交融示范的特色文化产业体系。厦门板块包括数字新媒体产业园、龙山海文创园、牛庄文创园、灿坤文创园等	福州：工艺美术、文化旅游、数字内容、动漫游戏和创意设计；厦门：数字内容与新媒体、创意设计、影视演艺、古玩艺术品、文化旅游
台儿庄古城文化产业园	规划面积 18km²	海峡两岸交流基地、国家文化遗产公园、国家非物质文化遗产博览园，国家5A景区。依托大战文化和运河文化，以古城为核心建设的集文化创意、产业推广、传统教育、休闲娱乐等功能于一体	文化旅游、演艺娱乐、广告会展、艺术培训、健康休闲等产业
吉林东北亚文化创意科技园	占地面积 0.2km²	以服务城市文化和区域经济为目标的产业园区。园区由日本园、韩国园、俄罗斯园组成的国际园区和中国园区构成	动漫游戏、软件及服务外包、创意设计、新媒体、金融投资、教育培训
石嘴山市星海湖文化产业园区	规划面积 68km²，开发区域 23km²	塞上水城、活力之都。行政办公、教育科研、商务产业、休闲度假、影视核心、文化旅游等六大功能片区	集防洪蓄水、旅游、改善人居环境为一体的综合性水域
南京秦淮特色文化产业园	占地面积约 7.29km²	江苏省最具代表性和示范性的文化产业园区，华东地区文化、旅游产业发展的标志性区域，具有世界影响力的中国历史文化名城形象展示区	文化旅游、演艺娱乐、文化传媒、艺术品交易、文博节庆、创意设计六大产业集群

续表

试验园区	园区面积	园区定位与特色	主导产业与试验功能
浙江省衢州儒学文化产业园	占地面积 0.8km²	儒学文化走向世界的展示体验区、传统文化创新发展的先行先试区、四省边际文化产业的核心引领区。以儒学文化为主题，以孔氏南宗家庙为核心区，以明清古街区为延伸区，以开化根宫佛国文化旅游区、常山观赏石博览园、龙游中国红木家居文化园为拓展区	包括文化产业、文化展示、文化旅游等体系
武昌长江文化创意设计产业园	规划面积 1.51km²	武汉精神高地、湖北文化支点和荆楚文化窗口。包括东湖西岸传媒设计产业集聚区、世界工程设计产业集聚区、楚河汉街创意生活体验区、武昌古城艺术设计产业集聚区四大功能组团	传媒产业、创意业设计、生活体验和艺术品创作与交易等产业
西藏文化旅游创意园	规划面积 8.15km²	藏文化的世界总部基地、藏文化旅游产品标准输出地、藏文化创意发祥地、高端休闲度假地。包括文成公主主题公园、艺术城和民俗城，形成文化创意产业区、生态休闲商务区和文化名流居住区	文化旅游业、工艺美术产品展销、文艺作品表演推广、高原生态农家体验消费、民间艺术展演观摩等

2. 国家级文化产业园区的产业组织

考察文化产业园区的产业组织，我们可以从国家文化产业示范基地和文化产业园区两个方面来探讨其产业结构和产业规模。

（1）文化产业园区的产业结构

2012年7月国家统计局颁布了《文化及相关产业分类（2012）》将文化及相关产业定义为：是指为社会公众提供文化产品和文化相关产品的生产活动的集合。并将文化产业分为10个大类，即新闻出版发行服务、广播电视电影服务、文化艺术服务、文化信息传输服务、文化创意和设计服务、文化休闲娱乐服务、工艺美术品的生产、文化产品生产的辅助生产、文化用品的生产、文化专用设备的生产。对我国344个文化产业示范基地进行产业结构分析，按照每个示范基地主导产业进行统计（多业只计第一主导产业），从表5中可以看出：我国文化产业基地的文化产业结构以文化创意和设计服务业（包括动漫、游戏、广告和设计）、文化休闲娱乐服务（包括文化旅游、娱乐游乐）、工艺美术品的生产（包括雕塑、园林、首饰等工艺品）占据主导地位。从2004~2014年时间维度上的示范基地命名中可以看到：传统的新闻出版发行业作为示范基地不断减少，而新兴媒体广播电视电影服务业的示范基地不断增加，以及文化专用设备的生产企业的出现。

表5　第一批到第六批国家级文化产业示范基地主导产业结构表

分类/批次	一	二	三	四	五	六	合计	占比（%）
新闻出版发行服务	4	2	1	2	1	0	10	2.91
广播电视电影服务	1	1	3	5	5	0	15	4.36
文化艺术服务	7	5	12	10	5	5	34	9.88
文化信息传输服务	0	0	0	1	5	4	10	2.91
文化创意和设计服务	9	8	7	18	15	17	74	21.51
文化休闲娱乐服务	14	7	16	13	11	15	76	22.09
工艺美术品的生产	2	9	16	14	17	21	79	22.96
文化产品生产的辅助生产	5	0	2	1	5	5	18	5.23
文化用品的生产	0	1	2	6	3	4	16	4.65
文化专用设备的生产	0	0	0	0	2	0	2	0.58

对国家级文化产业示范园区和试验园区（表3，表4）产业结构进行分析，可以发现，国家级文化产业园区均是一个文化产业企业的集聚区，在文化旅游、影视演艺、会展创意等领域初步形成较为完善的产业链和产业集群。当然，不同区域的文化产业园区，均有自己的特色文化和特色产业。如西安曲江新区的文化旅游、影视演艺、会展创意、传媒出版；华侨城集团公司的主题公园，国际度假区的概念；上海张江文化产业园区的网络游戏、动漫、数字内容、新媒体四大主导产业；成都青羊绿舟文化产业园区的非遗特色文化商品专业化市场和非遗国家节庆等；浙江省衢州儒学文化产业园的文化展示和文化培训等产业体系；武昌长江文化创意设计产业园的传媒产业、创意业设计、生活体验和艺术品创作与交易等产业体系。西藏文化旅游创意园的文化旅游业、工艺美术产品展销、文艺作品表演推广、高原生态农家体验消费、民间艺术展演观摩等。

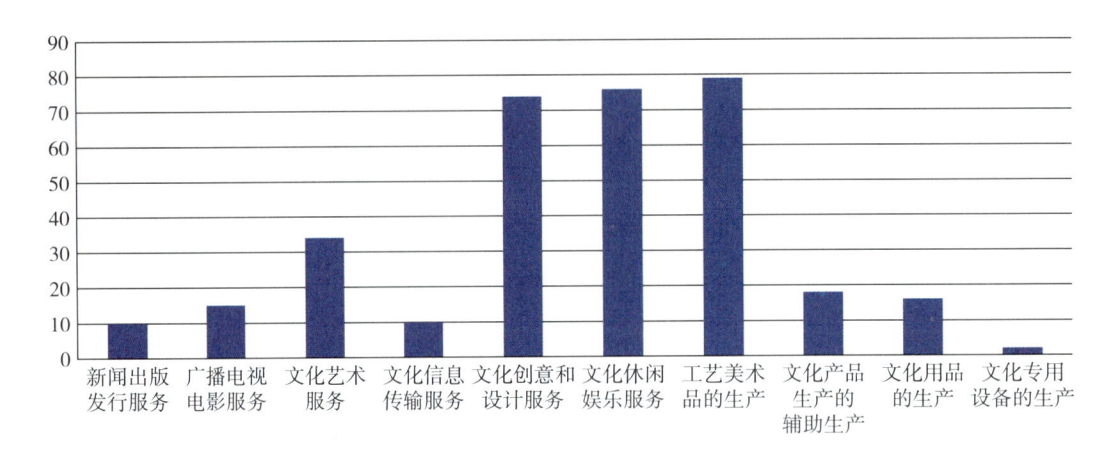

图 1　我国国家级文化产业基地主导产业结构

（2）文化产业园区的产业规模

对文化产业基地和园区的产业规模进行分析，我们可以从"全国文化企业30强"和"文化产业园区100强"的相关研究报告得到总体的判断。

光明日报社和经济日报社联合从2008年开始年度发布"全国文化企业30强"，2016年5月12日，在中宣部召开的"以新发展理念引领文化改革发展"座谈会上，第八届"文化企业30强"发布。包括出版发行类企业10家，其中江苏凤凰出版传媒集团有限公司占据首位；文化艺术类企业3家，包括保利文化集团股份有限公司、宋城演艺发展股份有限公司和中国对外文化集团公司；广播影视类企业10家，其中江苏省广播电视集团有限公司占据首位；文化科技类企业4家，包括上海东方明珠新媒体股份有限公司、深圳华强文化科技集团股份有限公司、科大讯飞股份有限公司、福建网龙计算机网络信息技术有限公司，其他类企业3家，包括深圳华侨城股份有限公司、北京万达文化产业集团有限公司和西安曲江文化产业投资（集团）有限公司。30家文化企业主营总收入3238亿元，净资产突破3000亿，30强文化企业主营收入平均1079亿元，企业净资产平均100亿元。而入围深圳华侨城股份有限公司和西安曲江文化产业投资（集团）有限公司则位于华侨城集团和西安曲江文化产业示范园区。

2015年11月国务院发展研究中心东方文化与城市发展研究所与湖北日报传媒集团《支点》杂志社共同发布的"中国文化发展指数"中的"中国文化产业园区100强"名单，我国22个国家级文化产业示范园和试验园，除了正在建设中的西藏文化旅游创意园、撤销命名的广州北岸文化码头以及宁夏石嘴山市星海湖文化产业园以外，均入选。其中居第 1 位的是上海张江文化控股有限公司，江苏省南京秦淮特色文化产业园位居第 4，浙江省衢州儒学文化产业园位居 22 位，而正在发展中的福建省闽台文化产业园位居第 91 位，黑龙江（大庆）文化创意产业园位居第 93 位。

国家级文化产业示范园区 2015 年张江文化产业园区文化产值 346 亿元，入驻企业总数 550 多家；华侨城集团完成营业收入 322.36 亿元，净利润 46.41 亿元，；2016 年张江文化产业园区文化产值进一步突破 400 亿元，达到 408 亿元。华侨城集团则完成收入 353.51 亿元，实现净利润 65 亿元。2016 年，10 家国家级文化产业示范园区园区文化产业总规模达到 2100 亿元，平均在 210 亿元；而在营业的 11 家国家级文化产业试验园区的产业总规模则为 860 亿元，平均不足 80 亿元。

三、文化产业园区的发展模式和管理评估

1. 文化产业园区的类型模式

新世纪以来我国的文化产业园快速发展，除部分国家级示范园区以外，多处于培育发展期，其发展模式主要从地理区位、发展依附、园区性质等方面界定。

（1）改造产业历史空间发展模式

我国众多的历史文化名城，诸如北京、上海、南京、西安、苏州等，这些城市发展历史悠久，主城区内有大量因产业结构调整而遗留下来的产业类历史空间，如闲置的厂房、旧仓库等。这些产业类历史空间深厚的文化底蕴和文化气质成为激发创意阶层创意的灵感和源泉。另外，跨度大、楼层高为特征的这些产业建筑还能给创意阶层提供充足的可自由支配空间。低廉的租金更是吸引大量的设计和艺术工作者在此的巨大动力。因此，随着城市文化产业的发展，这些产业类历史空间吸引了大量创意企业在此集聚，紧接着商业机构和配套设施陆续跟进，形成创意氛围和消费业态良好、人气旺盛、特色鲜明的创意产业集聚群落，也使旧的工业遗存焕发了新的青春。我国较早出现的大山子艺术区依托于北京朝阳区酒仙桥路 798 工厂的老厂房。上海近些年成

长起来的创意产业园区绝大部分也是由旧厂房和仓库改造而成。泰康路 210 弄的"田子坊"创意产业园区，位于上海 20 世纪 30 年代最典型的弄堂工厂群；建国中路 10 号的"八号桥"创意产业园区，位于上海汽车制动器公司的老厂房。江苏南京的创意东 8 区、世界之窗、幕府三〇工园，苏州的 X2 创意街区、桃花坞文化创意产业园，无锡的 N1955 南下塘文化创意园、北仓门生活艺术中心等文化创意产业集聚区都是通过这一模式形成并发展起来的。这些产业园区，利用现有建筑创造了文化产业发展的平台，又保护了历史文化财产，是文化产业与工业历史建筑保护、文化旅游相结合，建筑价值、历史价值、艺术价值和经济价值相结合的良好典范。

（2）依托"科技创新源"发展模式

该模式的特点是文化创意产业往往紧邻并依托若干著名大学或科研院所发展壮大。一方面高校与科研机构丰富的创意人才为创意的发生提供了源泉，同时又能为创意产品的生产、制造、传播提供强大的物质支撑和技术保证；另一方面创意企业能将各种创意迅速转化为产品，并将其不断推向市场。采用这种模式的园区有如上海的杨浦区赤峰路建筑设计一条街依托的就是中国著名高等学府同济大学，上海长宁区天山路时尚产业园依托的是东华大学和上海市服装研究所，中国人民大学文化产业园、TCL（广州）文化产业基地都是以大学为区位依托的。江苏南京的世界之窗软件园、垠坤·西祠数字网络文化产业园，苏州的工业园区动漫产业园，无锡的国家工业设计园，武昌长江文化创意设计产业园等。

（3）高新技术园区嵌入型发展模式

该模式一般是指各地高新技术开发区、工业园或大学科技园利用自身的集聚效应、信息技术和多媒体技术优势，新建创意产业园，发展动漫、网络游戏、互动式软件等数字内容产业，或者高技术产业链上游的研发设计部门。采用该模式的有位于中关村高科技园区内的中关村创意产业先导基地；位于大连市高新技术产业园区的国家动画产业基地；江苏南京的江苏工程设计创意产业园、雨花开发区文化创意产业园，苏州的工业园区动漫产业园、昆山动漫数字产业园，无锡的创新创意软件园等等。国家级的文化产业示范园张江文化园区（科技创意产业基地）就位于上海浦东张江高科技园区内。

（4）依托文化景观资源发展模式

文化产业的核心在于创意，就创意阶层而言，具有强烈的文化休闲的需求，同时希望有更多的机会进行非正式的交流，从而促进创意的萌发和创意产品的产生。一些自然景观条件优越并且具有深厚文化底蕴和浓郁文化氛围的区域不仅能够满足创意阶层文化休闲的需求，带给其更多的创意灵感，而且这些区域优越的自然基底条件和独特的文化魅力成为吸引更多创意企业集聚的文化磁场，区域品牌和场所精神也能够迅速形成。如省级的文化产业园区：四川德阳三星堆文化产业园、北京高碑店传统民俗文化创意产业园、南京的雨花开发区文化创意产业园、清凉山文化创意公园，苏州的沙家浜江南水乡影视产业园，无锡的江尖花园岛、灵山佛教文化园区，徐州的汉文化景区等创意产业园区都是沿文化景观资源发展模式的代表。而国家级的文化产业试验园区南京秦淮特色文化产业园、浙江省衢州儒学文化产业园、山东曲阜新区文化产业园区也是此类代表。

（5）全新规划建设推进发展模式

这种模式通常是政府相关部门新划出一块区域进行规划，集中发展某类型文化产业，并集中大量投资建设文化产业赖以生产发展的基础设施，为企业搭建良好的公共服务平台，实行招商引资特殊优惠政策，吸引行业内重点龙头企业入驻，最终形成集聚区。与其他类型的创意产业园区相比，这类创意产业园区地域宽阔，空间延伸性强，得到政府的统一规划和管理，基础设施完善，有配套的服务体系支撑，优势显著。江苏的文化创意产业园建设中采用这种模式的非常多，比如南京的江苏未来影视文化创意产业园、春雨文化产业园，苏州的科技文化中心、昆山文化创意产业园，无锡的太湖数码动画影视创业园、山水城科教产业园，常州的国家动画产业基地、环球恐龙城，扬州的工艺美术产业园、"扬州智谷"文化科技创意园，徐州的文化创意产业园、邳州宝石玉器城等。国家级的文化产业示范园区棋盘山开发区，正在建设中的西藏文化旅游创意园则是此类代表。

2. 文化产业园区的类型划分

文化产业园可以从不同的角度进行类型划分，同时一些文化产业园发展变化迅速，功能整合与主导产业演化并不明晰，园区类型之间的界限也并不是非常明晰的。汉斯·莫姆马斯（Hans. Mommaas）在分析荷兰5个文化创意产业园时提出，文化产业园类型的区分有7个核心尺度可以参考：园区内活动的横向组合及其协作和一体化水平；园区内文化功能的垂直组合——设计、生产、交换和消费活动具体的混合,以及与此相关的园区内融合水平;涉及到园区管理的不同参与者的园区组织框架;金融制度和相关的公私部门的参与种类;空间和文化节目开放或封闭的程度;园区具体的发展途径;园区的地理位置等。一般地,可以从产业视角、功能视角、产业链视角、开发主体视角以及多元耦合视角来对文化产业园进行类型划分。沃尔特·桑腾各特(Walter Santngata)根据功能将文化创意产业园分为四种类型:产业型、机构型、博物馆型、都市型[①]。

(1) 产业视角下的文化产业园类型划分

根据产业视角,文化产业园可分为生产型、资源型以及创意型三种。文化产业生产制造类行业包括文化用品、体育用品、乐器、游艺器材、工艺美术品和音像制品等的生产制造以及新闻类产品的印刷生产,业务内容主要涵括这些行业的园区都属于生产型文化产业园。如深圳国际创意印刷文化产业园等。这类产业园的发展虽然主业侧重文化产品的生产制造,但为提高文化产业园的增值能力,往往会完善产业链,引入文化产品设计类企业和相关辅助企业以及打造销售平台。文化产业资源类行业包括文化旅游业、博览业以及民俗文化业等,以这些行业为主要业务内容的都属于资源型文化产业园。这类文化产业园的特点:地域性强、对资源依赖大以及特色明显。如曲阜新区文化产业园以及浙江省衢州儒学文化产业园产业园等等。文化产业创意类行业主要指那些与知识创造相关的行业,包括音像、游戏、广电、出版、广告以及设计业等。这类文化产业园区一般将创意设计、生产、销售及配套服务整合在一起,形成完整产业链,但往往产业链的前端是园区的核心。如,北京798、上海多媒体产业园、成都西村文化创意产业园以及湖北武昌长江文化创意设计产业园等。

(2) 功能视角下的文化产业园类型划分

根据功能用途的不同,可以将文化产业园划分为以创意研发为主导和以商业休闲为主导。以创意办公为主导的文化产业园的核心功能是创意研发为主,如我国设立的诸多工业设计园、影视基地等。以商业休闲为主导的文化产业园的核心功能就是商业休闲,商业休闲包括商业零售、餐饮休闲以及文化娱乐等。商业零售主要包括中高档

---

① 张颢瀚、沈山:《第五产业论》,中国社会科学出版社2014年版,第226页。

艺术品、家具用品、品牌服饰专卖、个性化服饰定制以及特色杂货等的零售，餐饮休闲主要以咖啡厅、酒吧、西餐厅以及连锁快餐等形式为主。文化娱乐类主要包括高端会所、俱乐部、电影院及剧场等。如南京1912时尚休闲街区等。

（3）产业链视角下的文化产业园类型划分

根据文化产业园产业形态，从产业链视角可以将产业园分为独立主体型、单一型以及复合型产业园。独立主体型文化产业园主要是指产业园业务属于一个企业或企业集团，集团总部形式的产业园和大型企业将研发、设计及展示等非生产性业务打包形成的产业园区，都属于此类型。例如，德国慕尼黑宝马中心及日产技术中心等。单一型文化产业园主要是指那些产业园区业务构成了单一完整的产业链。例如，一些动漫或者旅游类型的文化产业园。复合型文化产业园主要指园区业务形成了多条产业链，这些产业链之间形成共生关系。业务多元化的综合性产业园都属于这类园区。

（4）开发主体视角下的文化产业园类型划分

从产业园区开发视角看，产业园区可分为政府导向型、艺术家导向型以及企业导向型。政府导向型园区的开发主体一般都是以政府为主导的，由于政府可通过政策调控以及城市规划等方式对园区开发进行扶持，这类园区一般业务类型多元，规模大，有区位优势，如西安市曲江新区、上海张江文化产业园等。艺术家导向型园区主要是艺术家集聚自然形成的产业园，这类产业园区是艺术家自发集聚的结果，艺术家在园区内自由创作，作品富有创意，对年轻的消费者有吸引力。例如北京798、宋庄原创艺术与卡通产业集聚区以及深圳大芬村。企业导向型园区的开发主体主要是企业，一般是由主导企业联合多家企业进行园区开发。目前国内国家级的文化产业园区基本上政府或股份制企业集团主导的较多，如华侨城集团、武昌长江文化创意设计产业园等；部分省市级的文化产业园区开发主体多为企业，且民营企业是主力。这类园区一般进行统一规划、建设和营运管理，许多园区追求短期效益回报，过度控制投资风险，不注重产业孵化，忽视园区的可持续发展。

（5）多元耦合视角下的文化产业园类型

多元耦合视角下的文化产业园区，可以是文化产业与其他产业耦合而衍生出的文化地产园区和文化旅游园区。文化地产园区核心业务是利用文化创意进行地产开发销售和物业管理，文化旅游园区旨在对旅游深度开发，将文化产业与旅游业嫁接。我们一般将多元耦合视角下的文化产业园划分为两种：产业集聚发展类型和产业消费发展类型。产业集聚发展类型，一般以打造产业链为主要任务，注重产业链的完整性和产业链之间的互动发展。同时，产业园开发者会围绕产业链的发展引入相应的中介企业搭建服务平台，保证园区企业人才、资金以及信息流动的良性发展。另外，这类园区也会围绕着产业链结点企业的需求，引入商业企业以满足园区企业的办公、生活以及娱乐需求。产业集聚类文化园的发展模式旨在通过产业链建设，集聚上下游企业，形成根植于区域的竞合网络，降低企业间交易成本，增加良性竞争，推动整个产业链发展，促进产业升级，推动产业经济发展。产业链的完整性以及产业链之间的互动和互生是产业集聚发展模式的重要目标。从供应链和集群视角看，每一条产业链都是一条供应链，而每条供应链的结点都是由企业集群构成的。形象地说，就是创意产品从设计，到产品生产，到产品销售，形成一条供应链，而这条供应链上从事产品设计、生产以及销售的都分别由一系列功能相似的企业组成，它们之间既相互竞争，又可以向产业链的上下游延伸发展。大众文化消费仅是产业集聚发展模式的一个部分，是对应着创意设计、生产及销售整条产业链中的一个环节。产业孵化是文化产业集聚发展的重要环节。产业链上的本地、全国甚至全世界知名大企业集聚在同一个区域内，不但促进这些大型企业互动发展，也会带动行业内的中小甚至微型企业发展。产业集聚发展模式的产业园往往一方面建立打造良好的服务平台和文化环境，吸引行业内大型领军企业的入驻，产生集聚效应，形成良好的产业生态，推动园区品牌的建立；另一方面，会通过股权合作及减免园区内企业房租和其他服务费用等形式，对中小微型企业进行扶持孵化，提升园区发展潜力，促进整个园区生态的良性发展。这类文化产业园非常重视产业服务平台构建，服务平台服务于产业链结点企业，是留住企业的关键，也决定着产业链建设的成败。服务平台主要是保证园区资金、人才以及信息的良性流动，为产业链结点企业提供资金、人才以及信息方面的服务。产业消费发展类型，这种类型的文化产业园通过产业链的建设带动大众文化消费，文化产品的设计及生产都是以大众文化消费需求主导的，文化产业链中销售环节是设计和生产的驱动。文化园区的布局，在酝酿园区文化氛围和强化园区意象特征的同时，更多的是有利于文化的体验和消费。大众消费是园区开发建设的核心。从园区的设计到开发，从布局到细节都是围绕着有利于大众消费展开，大众的体验会渗透到产品的设计和生产中。园区内一般都有完整的产业链，包括文化产品的设计、生产和消费，但整个产业链是由大众消费驱动的，旨在让大众在文化体验中娱乐和消费。因而园区表现为文化与休闲娱乐的融合体。文化旅游园、以商业休闲为主导的园区、资源型产业园以及对旧厂房、旧建筑进行改造的园区，一般会采用产业消费发展模式。例如，楚天181、上海田子坊以及西安曲江等的发展模式，都是以产业消费模式为主导。

3. 国家级文化产业园区的管理评估

（1）文化产业园区的管理评估

对文化产业园区的管理评估工作，文化部是非常重视的，不仅在制度上进行保障，即2010年颁布《国家级文化产业示范园区管理办法（试行）》（办产发〔2010〕19号），而且相关部门也不断发文要求文化产业园区做好规范和管理工作。

2013年5月23日，中央文化体制改革和发展工作领导小组办公室，发出《关于加强对文化产业园区规范管理的通知》，要求各地各部门在大力推进文化产业园区（含集聚类基地，下同）建设时，要从本地区本系统文化产业发展实际出发，综合考虑经济基础、市场空间、特色优势、资源禀赋等条件，明确本地区本系统文化产业园区的布局、规划、定位和发展目标，加强引导规范，突出文化主业，注重发展实效。要求开展文化产业园区集中核查。核查内容包括：园区的名称、数量、主要业态、运营管理机构、批准部门（单位）、批准时间和批准规划面积、已建成面积；园区选址和建设用地是否符合土地利用和城市总体规划，农用地转用、土地征用和土地供应是否符合法定程序；园区企业数量、年度总资产和净利润额、文化企业占比；园区招商引资项目和规模、现有优惠政策包括税收等。并要求进一步严格认定标准和程序，开展定期考核，实施动态管理，建立退出机制，规范清理现有各类文化产业园区。对功能相近、定位相似的，要进行适当整合；对有名无实、名不副实特别是借建设文化产业园区之名，实质进行房地产开发的，要限期整改或撤销。

2016年，文化部办公厅发文《关于进一步完善国家级文化产业示范园区创建工作方案》（文产发〔2016〕320号），对申报创建示范园区的基本条件进行了严格规定，园区发挥社会效益、土地等资源使用效率、集聚企业数量、非文化类商业及其他配套面积占比等方面都有明确要求：有明确的优势行业和发展定位，已集聚不少于100家文化企业，具备一定产业规模，园区内文化企业主营业务总收入、总利润等经济效益指标突出，在本省（区、市）处于领先水平；园区区域范围明确，基础设施较为完善，非文化类商业及其他配套面积不得超过园区总建筑面积的50%；园区有专门管理机构负责日常运营管理，机构组织架构和管理制度健全、运转良好。

（2）文化产业园区的发展前瞻

地方文化特质的评估。文化产业园区，不仅要承担地方文化创意产业的聚集和发展功能，而且要承担着地方文化资源的开发与保护、传承与发展、展示与交流的功能。所以园区要对地方文化基因和特质进行评估，利用现代创新设计理念，打造全新的现代文化生活样式。

公共服务体系的完善。目前文化产业园区的公共服务体系普遍存在问题，基础性的服务基本具备，但是在商务支持服务、资本支持服务、市场支持服务和创新支持服务等方面存在巨大差距。如资本支持服务中的创业投资服务、债权融资服务、金融中介服务等。创新支持服务中的创新平台服务、创业辅导服务等。

园区产业集群的组织。文化产业园区和产业基地是产业集群组织的主要形式，正在以"实体园区＋专业平台＋虚拟网络"为主导方向，形成新的产业组织形式：融合创新。包括园区内产业要素的融合创新、文化产业各个不同业态间的融合创新以及文化产业园区与其他产业业态的跨界融合创新。

园区网络社区的营造。利用数字技术，建设线上文化产业园区，把园区的边界扩展到更大的空间和区域，以创新的方式来突破地域的限制。根据用户需求，按照互联网思维，打造独特的商业模式和服务体系，建立起的全新园区范式。

沈山，江苏师范大学地理测绘与城乡规划学院副院长，教授，博士，国家注册规划师，国家住房与城乡建设部城乡规划标准化专业委员会委员；郭立东、徐思洋，江苏师范大学城市与区域规划专业硕士研究生。

新 城 篇

北京天竺空港城与京津冀航空大都市研究

胡 杰 谷芸芸

北京不仅是全国的政治、金融、文化科技中心，更是构建京津冀世界级城市群的领航者，航空大都市则是京津冀城市群的重要功能体现。本报告以北京天竺空港城为研究对象，系统分析了北京发展临空经济的优势，指出了建设京津冀航空大都市存在的主要问题，并围绕建设京津冀航空大都市的目标，提出了建设的主要任务和战略举措。

一、北京临空经济区发展优势

①航空基础设施日益完善。京津冀地区现已初步形成以首都机场、南苑机场、天津机场、石家庄机场等一区多场、分工协作的机场格局。2015年仅北京地区民航旅客吞吐量达到8816万人次，货邮吞吐量达到188万吨，比肩伦敦（10000万人次，280万吨）、东京（9600万人次，260万吨），超越纽约（8200万人次，180万吨）。

②市场需求旺盛。北京市高端公务机飞行需求非常旺盛，在首都机场起降的公务机占全国总量的六成，过去五年首都机场公务机起降架次年均增速全球第一，超过25%，但每年仍有数千架次的公务机起降需求得不到满足，这也导致航空服务供需矛

盾逐渐加大。

③航空政策逐步突破。首都机场联通全世界 58 个国家和地区的 222 个机场,拥有覆盖最广的国内航线网络和日益强大的国际航线网络。已经对美国、英国、法国等 45 个国家实行 72 小时过境免签政策。航空货运方面,天竺综保区作为国内第一家依托空港口岸设立的综合保税区,拥有世界一流的货运口岸和国际快件中心,以及全国唯一的空港汽车整车进口口岸和国家对外文化贸易基地,已经成为北京外向型经济发展的重要平台。

④临空型高端产业初步集聚。以北京为例,经过 20 多年的发展,北京临空经济区已成为北京国际化生产要素集聚高地,2015 年实现地区生产总值 600 亿元,聚集航空类企业超过 400 家,包括 30 余家世界 500 强企业以及中国民航三大中心、六大集团。航空业直接关联企业数量占北京地区航空企业总数的 2/3,航空企业总部集聚度全国领先。

⑤ "双核引领、干支协调、通航配套"的航空发展格局前景无限。2019 年,北京新机场将投入使用,石家庄机场做为干线机场地位得到巩固,张家口、承德等支线机场作用更为突出。京津冀地区建设航空大都市的条件将超越珠三角和长三角地区。

二、航空大都市概念解读及建设北京航空大都市存在的主要问题分析

1. 航空大都市概念

①航空大都市的概念。航空大都市是以功能完善、辐射全球的大型国际航空枢纽为依托,借助航空客货流、信息流、资金流等国际高端要素,形成以航空物流、保税服务、总部商务、国际会展、旅游休闲等为主要特征,对国际、国内航空资源具有较强控制力和影响力的国际化城市。

从空间来看,航空大都市是紧邻核心机场、汇聚关键航空资源且拥有便捷交通等优势要素、将航空大都市与全球航空网络有效衔接的最佳区域;从产业来看,集聚"四高"(高临空指向性、高效率、高价值、高收益)产业,是全球航空产业链中关键节点的汇集区域;从作用来看,能带动、促进、引领航空大都市建设。

因此,航空大都市是以多个航空场站为依托,特别是以紧邻大型现代化国际枢纽

机场，以航空运输业与航空制造业等产业的高端环节为经济发展载体，以临空经济区为主要功能载体，引领航空大都市发展、有效承载全球航空资源配置功能的特定区域。

②航空大都市主要特征。

大型国际枢纽机场是核心，通过遍布全球的航线网络将客流、物流、信息流等航空资源在全球范围内进行配置，成为全球航空资源调配的中心。从国际发展经验看，国际枢纽机场应具备年旅客吞吐量4000万人次以上（旅客中转率20%以上）；年货邮吞吐量130万吨以上（国际货物比例30%以上），国际航线50条以上（飞行时间8小时以上）。

优越的航空发展环境是动力。具有免签、落地签、第五航权、天空开放等有利的航空政策环境，国际旅客通关速度平均不高于30分钟、国际货物或入保税（库）区货物通关速度不高于1小时等良好的服务配套环境。

发达的临空经济是主体。临空经济的全球控制力是航空大都市的重要特征。形成以国际枢纽机场为核心的空港城，航空经营服务机构集聚度70%以上，包括营运保障、指挥管理、信息服务等。依托航空港发展的金融保险、商务会展、商贸物流、文化教育、科技信息、高端制造等产业发达。

便捷的交通体系是支撑。高速公路、城市轨道交通、短距公交、城际快速铁路等交通接驳体系基本形成，实现客货运输的"零距离换乘"和"无缝衔接"。所在城市内旅客通达时间不超过1.5小时；所在经济圈（或城市圈）时间不超过2.5小时。

完善的城市功能是保障。与国际水平接轨的住宿餐饮、免税购物、休闲娱乐、科研教育、医疗卫生等公共服务设施齐全，与机场共同形成了完整的空港城。

2. 建设京津冀航空大都市存在的主要问题

（1）首都国际机场作为大型国际枢纽机场的地位尚未完全形成

一是客运能力较强，货运潜力尚未发挥。2015年首都机场客运达到9300万人次，居世界第二位；但货运量仅为189万吨，居世界第14位。

二是"免签"、"落地签"、"第五航权"、"天空开放"等国际航空自由化政策尚未实现。

三是周边多式联运交通枢纽体系尚未形成。客运轨道交通、高速（快速）公路对主城区和重点城市、经济功能区通达性较弱。目前首都机场乘坐地铁、巴士等大容量交通设施的仅占 15%，乘坐出租车、自驾车的约为 80%；相比香港机场旅客乘坐地铁、巴士等大容量交通设施的大致占到 65%，乘坐出租车、自驾车的仅为 30%。

四是国际航线网络尚不发达。目前，首都国际机场国际航点为 107 个，周频为 1078 班，国际航点及周频总量均落后于亚洲主要枢纽机场（仁川机场国际航点为 124 个，周频为 1743 班；成田机场国际航点为 91 个，周频为 1581 班）。

五是中转比例和效率有待提高。国际枢纽机场需要完善的中枢辐射式航线结构和航班衔接能力很强的"航班波"，主要衡量指标是中转旅客比例在 30% 以上，旅客中转时间在 1 小时左右。目前，首都国际机场的中转份额不到 10%，部分国际转国内航班的衔接时间超过 90 分钟。

六是空域时刻资源紧张与航班量持续增长的矛盾日益凸显。首都国际机场高峰起降架次为 83 架次/小时，日起降架次约为 1400 架次/天，而根据需求预测，日起降架次需求约为 1600 架次/天。首都国际机场尚未与天津机场、石家庄机场、唐山机场等周边机场形成功能互补。

（2）区域经济社会发展水平尚有一定差距

一是航空枢纽服务业聚集度不够。缺乏具有全球航空资源配置功能的国际性民航组织、国外大型航空公司地区性总部以及各类服务全球航空企业的运营管理、教育培训、技术维修、航空信息等服务机构。

二是通用航空产业体系尚未建立。包括通用航空研发、制造、运营、服务等。

三是区域国际化水平有待提高。缺乏与国际航空枢纽相适应的高标准基础设施和公共服务配套设施。

四是行政管理体制比较分散落后，开发建设投融资能力偏弱。

五是缺少国家级有关政策的支持。

三、京津冀航空大都市发展思路与目标

（1）总体思路

以争创国家航空经济示范区为契机，坚持"国际化、高端化、创新化"的发展理念，依托首都国际机场和天竺综保区，与首都国际机场内外互联、和中关村、朝阳CBD东西互补发展，吸引临空型现代服务业、高新技术产业和高端制造业，增强国际物流、国际贸易、商务会展、金融保险、文化休闲等服务功能，争取国家政策先行先试，加快配套设施建设，建成市场体系完备、航空服务辐射效应显著、参与全球资源配置的航空大都市，实现立足京津冀、主导环渤海、辐射东北亚的临空经济发展新格局。

（2）空间布局

依托首都国际机场，以天竺综保区为中心区，空港开发区、空港物流基地、北京航空产业园、国门商务区、国展产业园功能组团和周边六镇为发展区，联动中关村科学城、未来科技城、朝阳CBD、望京科技园等北京市重点经济功能区及周边省市，形成统筹兼顾、协调发展、辐射周边的北京临空经济圈。

中心区：围绕国际性保税业务，重点发展保税物流、保税加工、分拨转运、展览展示、离岸金融等的现代服务业。

发展区：围绕临空型现代服务业和外向型高科技产业，聚集发展航空枢纽服务、保税服务、航空物流、国际商贸、文化创意、特色金融、高端商务等临空型现代服务业以及电子信息、生物医药等外向型高科技产业，提升城市公共服务配套功能，优化临空产业布局，实现"业城融合"发展。

辐射区：以现代制造业和都市型旅游休闲服务为导向，重点发展电子信息、航空航天、汽车制造、装备制造等高新技术产业和现代制造业以及都市型旅游休闲服务业。

中心区和发展区在空间上体现为：以北京城市六环路和温榆河一带一路围合成的约147km^2，构成全国首家真正意义上的机场城市——北京天竺空港城。

（3）发展目标

至2025年，北京天竺空港城基本建成。入区项目3000余个，年产销收入5000亿元。基本形成航空及服务、保税业、加工制造业、临空型现代服务业和创新型高科技产业等五大主导产业。辖区内就业和常住人口均达到35万左右。

四、北京航空大都市建设主要任务

（1）强化国际航空枢纽功能

进一步支持首都机场不断提升运营管理水平、枢纽建设和服务质量，丰富国际航线资源，提高空域使用效率，努力打造成为功能完善、辐射全球的大型国际航空枢纽。

①加强首都机场规划建设。鼓励引导首都机场向"三化"方向发展，着力提升国际航空枢纽地位。（"三化"：客运结构国际化：提升国际旅客进出港比例和中转率；运输距离远途化：加大国内外远途航班比例；运输机型大型化：鼓励航空公司采用大型飞机，缓解高峰期航班时刻紧张矛盾）支持首都国际机场实施一批扩容改造项目，包括新建第四跑道、二号航站楼改造、二号及三号航站楼连接及 APM 建筑等。深入研究首都国际机场与新机场建设发展思路，实现"错位经营、协同发展"的良性经营模式。

②提升首都机场货运能力。加强机场物流通道和基础设施建设，依托 Fedex、UPS、DHL、顺丰速运、宅急送等国内外先进物流企业，建立以专业物流中心和配送中心为支撑的物流体系，不断提高物流服务效率和品质打造辐射全球的货物转运中心。

③加快建设以首都国际机场为核心的机场群。建设两个区域性、国际性航空枢纽（首都国际机场、新机场）。改扩建、新建一批民用机场和通用航空机场，重点推进公务机机场建设（拟选址顺义北务、大孙各庄镇）。整合环渤海七个省市机场资源（河北、辽宁、山西、内蒙古、山东、天津），加强机场功能互补，建立以国际航线为主要内容的联动机制，构建航空运输产业发展新格局。

（2）强化国际航空政策功能

①争取纳入国家发展战略。必须敢为人先，以全球性、前瞻性视角审视航空大都市建设，争取将其纳入北京城市发展总体规划。并争取早日通过国家有关部门审批，将航空大都市建设上升为国家发展战略。

②争取国际航空自由化政策。积极与国家发展改革委、民航局、海关等有关部门对接，探索试点"第五航权"、"天空开放"等国际航空自由化政策。支持首都国际机场开展口岸管理和通关体制创新，推进 72 小时过境免签政策落地；争取 24 小时国际转国际旅客免检政策实施。

③争取政策先行先试试点。推进空港自由贸易园区建设。针对首都国际机场和天竺综保区的发展特点，借鉴国外自由贸易园区的典型经验和通行做法，推动天竺综保区向空港自由贸易园区升级。探索开展离岸金融的政策与监管模式，向国家有关部门

申请建立离岸金融试点。探索开展天竺综保区税收政策试点，对注册在区内的航空租赁企业、仓储物流等服务企业、从事国际航空运输保险业务取得的收入，免征营业税。探索开展免税购物中心以及高端产品展示交易中心试点，利用首都国际机场丰富客流资源，激活周边消费市场，拓展商贸交易内涵，优化商贸配套环境。切实提升口岸国际化水平。以天竺综保区为依托，积极争取汽车整车、钻石珠宝、文化贸易等进口口岸，提升口岸国际化水平。

（3）强化航空产业支撑功能

围绕争创国家航空经济示范区，大力推动临空经济发展，研究发展航空客货运输、通用航空、航空制造与维修、航空金融、航空旅游、航空物流和依托航空运输的高附加值产品制造业，打造航空经济产业链。

①着力打造航空九大中心。以建设具有国际影响力的全球航空资源配置中心为目标，积极推进航空运营中心、行政管理中心、租赁中心、培训中心、维修中心、适航审定中心、研发中心、信息中心、航材供应中心建设，提升航空大都市的控制力和影响力。

②支持基地航空公司做大做强。依托国航股份、大新华航空、北京航空、首都航空等基地航空公司，着力提升管理水平，开拓国际市场，增强国际竞争能力，成为能够提供全球化服务的国际航空公司。鼓励基地航空公司与首都国际机场集团以相互参股形式实现首都国际机场和基地航空公司的一体化发展。

③着力吸引知名航空企业总部。立足东北亚，放眼国际，吸引航空公司总部运营基地、外国航空企业办事处、国际航空联盟及航空运输保障单位加速汇集，打造航空公司总部运营基地的聚集地，外航办事处的汇聚点以及航空运输保障服务的中枢。

④大力培育发展航空制造业。依托中航工业北京航空产业园，大力推进航空发动机研发、航空复合材料研发、航空系统研发、航空新能源研发等项目发展，打造具有世界专业特色的航空研发中心，为航空大都市建设提供有力的技术支撑，保障全球航空资源配置功能的有效实现。

（4）强化交通枢纽保障功能

按照"快捷、大运量、公共交通出行为主"的要求，不断优化首都机场周边高速路网结构，加大轨道交通出行比例，重点推进以下交通工程建设。

①规划建设综合交通枢纽。推进 L1 线北延和 M15 号线东延，在首都国际机场南部

选址建设综合交通枢纽，实现轨道交通集中换乘，兼顾自驾车、出租车和公交车换乘功能。

②优化机场周边高速路网结构。拓展机场周边高速公路服务半径，改善周边快速路承载量严重不均的问题。机场北线、机场南线两条高速路向西延至海淀后山地区；机场第二高速向西进入四环，向南延长过京通快速至京沪高速，切实缓解机场高速、六环路、东五环和北五环交通压力，显著提升机场与市区及周边重点城市规划建设区和经济功能区的通达性。

③完善机场周边道路交通环境。规划建设机场货运专用循环通道。在机场东西两侧规划专用货运通道，与北侧顺平辅路，南侧府前二街二纬路等构成围绕机场四周完整的环形货运通道。发挥东侧龙塘路、双河路货运功能，减轻京密路、顺平路交通压力。实施李天路、四纬路东延工程。加快落实国展至机场南线联络线工程。加快推进落实天柱东路南延至中央别墅区工程。

（5）强化公共服务功能

加强首都机场周边公共服务设施建设，提升服务保障能力，实现"港区"全面对接和融合发展。

①大力发展商贸会展服务业。立足机场周边，规划建设一批大型购物中心、高端商务酒店、商务会所等商务配套设施，不断提升机场周边新型高端商业业态比重。大力推进新国展二、三期建设，着力打造具有区域特色会展品牌。

②着力引进优质教育医疗资源。积极引进国际知名教育机构入驻，满足区域国际化教育服务需求；围绕航空运输、商贸会展、金融保险等区域龙头产业发展，引进优质培训教育资源。加快引进北京友谊医院等优质医疗资源入区，满足核心区医疗服务需求。

③完善休闲娱乐文化设施。高标准建设图书馆、博物馆、美术馆、音乐厅、展览厅、文化艺术中心、体育场馆、文化公园等公共文化体育娱乐设施，引进高端国际文化、教育、体育、健康、主题娱乐等多功能服务设施。

（6）强化统一规划管理功能

①调整行政区划，统一机场区域行政管辖权。对首都国际机场行政管辖权进行改革，调整行政区划，撤销朝阳区机场街道、成立顺义区机场街道，统一机场区域行政管辖权。顺义区机场街道行政管辖范围不仅包括 T1、T2、T3 航站区、机场办公区和家

属区，还包括以后建设的第四跑道用地范围。只有实现顺义区机场街道的统一管理，才能有效解决多年来朝阳、机场方面的问题，有利于解决即将建设的首都机场第四跑道拆迁补偿资金的缺口问题。

②调整机场南部规划，统一机场配套设施的规划建设。

目前，在机场南部至通州、朝阳区界，东至机场东路、西至机场高速，总占地面积约12平方公里（以下简称"该区域"）。该区域涉及天竺镇（天竺村、岗山村和楼台村）、李桥镇（半壁店村）部分行政区域。该区域地处T3南部，处于航空枢纽门户位置。建议将该区域调整给机场集团，由机场集团统一规划、用作机场配套设施用地，机场规划控制范围可由现状的27平方公里增至40平方公里左右。这既能帮助满足机场方面家属宿舍用地、机场免税购物中心等服务设施用地、空港综合交通枢纽用地等三大需求，又能解决顺义方面区域规划建设停滞、樱花园地区噪音污染、半壁店村和楼台村拆迁安置等三大问题。

③成立北京空港城规划建设委员会，统一首都航空大都市的建设和管理。积极推进市政府成立"北京空港城规划建设委员会"（以下简称"空港委"）。空港委为市政府在首都航空大都市设立的市政府派出机构，代表市政府统一行使首都航空大都市（包括天竺综合保税区、空港经济开发区、林河经济开发区、空港物流基地、国门商务区、国展产业园等园区）的规划、建设和管理职能，由顺义区人民政府代管，为推进首都航空大都市建设、进而实现世界空港城目标提供体制保障。

五、京津冀航空大都市建设的重大战略举措

（1）以实现共赢为目的，全力支持机场三项重点工程建设

①积极促进机场第四跑道规划早日落实。引导首都机场优先建设第四跑道（西跑道）。我区成立专门的领导机构统筹解决该地区拆迁资金筹措、土地一级开发和农民转非安置问题。该跑道的建设不仅将有效缓解首都机场运力不足的矛盾，同时，将为空港工业区和综保区提供千余亩产业发展用地，实现经济功能区扩区增容。

②积极促进机场家属区扩建用地的调整。为使首都机场全力配合我区取得一、二

号航站楼及所属办公区和家属区共计 12km² 行政管辖权，每年增加 10 亿元左右属地税收。顺义区政府与机场集团共同向北京市政府提出规划调整申请，待取得批复后将蓝天苑东西两侧 800 亩可开发建设用地开发权划归机场集团，主要用于其家属居住区扩建，满足其多年诉求。

③积极促进一号航站楼前平面交通设施改造。为方便顺义地区社会车辆出行，解决与一号航站楼旅客进港形成交叉，通过建设地下隧道或立交等方式，打通机场高速与机场北线间的连接，彻底解决 1 号航站楼前交通拥堵状况。

（2）全力打造空港地区立体综合交通体系

参照国际航空枢纽应具备的"快捷、大运量、公共交通出行为主"的标准，全力打造机场立体综合交通体系。

①强力提升轨道交通体系规划水平。一是深度规划建设 L1 延长线。一期从机场 T3 航站楼出发沿李天路过东六环左转沿通顺路进入顺义城区并与 M15 衔接，在地铁 M15 顺义站实现零距离换乘。到达马坡、牛栏山组团，远期可延长至怀柔、密云城区。二是规划增加机场至朝阳高碑店 L2 轨道交通线。沿机场第二高速一直南行并与八通线形成换乘衔接。使北京城区旅客多一条进入机场的快速通道。三是规划增加一条北京城区东北部半环形轨道交通线。由海淀后山科技城至回龙观、天通苑、未来科技城和空港城地区，进入 T3 轨道换乘中心后向东南方向引出至通州、亦庄；将首都机场和北京几个最重要的城市功能区联系起来。四是建议将以上三条轨道交通线尽早列入全市轨道交通规划。随着新轨道建成通车，将使轻轨承担总客流量由 9% 上升到 30% 以上，不仅缩短了旅客进出机场的时间，也更好地体现了"绿色出行"的发展理念，显著缩小与国内外枢纽航空港的差距。

②加快机场南线等三条高速路外延规划落实。逐步完善机场周边快速城市路网设施，拓展机场周边高速路的服务半径，优化空港城地区道路交通环境。一是深度规划机场南线、机场北线两条高速分别西延至西六环路和海淀后山科技城。二是深度规划机场第二高速向南延长过京通快速直至京沪高速，缓解机场高速、东五环和北五环交通压力。

③加快机场环形货运通道建设。在机场东、西两侧规划专用货运通道，与机场北侧顺平辅路，和机场南侧府前二街、二纬路等构成围绕机场四周完整的环形货运通道。并连通机场东侧龙塘路、双河路货运功能，减轻京密路、顺平路交通压力。

④加快六环内空港城地区六条断头路和联络线建设。一是打通机场东路与通州国宾大道最后1公里的断头路。二是实施李天路东延至任李路，西延连接榆阳路至京密路工程。三是加快实施四纬路东延至通顺路工程。四是加快落实国展至机场南线联络线工程。五是加快推进落实天柱东路南延至中央别墅区工程。

(3) 重点提升"三个园区产业规划、政策功能"和深度论证"三个重点功能项目"的可行性

①重点提升三个园区产业规划和政策功能。一是全力提升综保区政策功能优势目前国内综合保税区越来越多，传统保税区功能逐步呈现相对弱化趋势，综保区在积极探讨发展"离岸金融"和"汽车口岸"的同时须突破现有保税模式，向中国特色的"自由贸易区"方向积极探索。第一，突破传统的生产性保税模式，拓展服务性保税。第二，突破传统保税空间，建立"泛保税园区"，实现虚拟扩义。第三，突破传统保税方法，拓展信息网保税。二是突出抓好国门商务区（A组团）国际航空商务服务功能落实。该地块紧邻首都机场南大门，区位优势明显，天竺村拆迁已基本完成，重点引进集管理、培训和服务等功能为主的国际航空企业。鉴于巨大的财务成本压力（拆除天竺村已投资60亿元），目前工作重点是加大定向招商力度，争取波音、新华航等重点在谈项目早日落地开工。三是深度论证罗马湖地区国际商务功能定位，尽早启动详细性控制规划。国际商务功能将成为空港城承载城市创新经济功能的核心内容。高端商务总部职能将呈现出向空港城集聚的态势，并成为该区域未来的主导性功能。罗马湖国际商务区产业功能定位为：商务办公、商业服务、文化娱乐和文化创意。重点吸引各类型跨国公司区域性总部和科研机构入驻。同步建设国际化的文化、教育、体育、医疗和高端商业配套设施。

②深度论证三个重点功能项目的可行性。一是深度规划论证"空港免税购物中心"项目。配合"国际中转旅客72小时过境免签"政策落实，规划论证在T3航站楼南侧兴建空港免税购物中心，地点建在T3航站楼前原岗山村村址，占地约100～130亩，建筑面积5万～6万m^2。二是深度规划论证"航空科技展览展示中心"项目。为突出航空大都市域的国际影响力和门户形象，规划论证在T3航站楼南侧兴建航空科技展览展示中心，地点紧邻"空港免税购物中心"，占地约300亩，建筑面积约10万平方米。三是深度规划论证公务机机场建设项目。探讨机场地区空中管制条件放宽和调整，深

度探讨在机场南线北务镇至大孙各庄镇之间建立公务机机场（北务镇政府所在地东侧）。有效解决首都机场因航班时刻紧张、机位不足造成1000多万流量不能实现的矛盾，满足公务机市场飞越式发展需要。

（4）深度规划论证空港城功能定位，增加其城市承接能力和国际服务功能

以建设"高端产业新城"为目标，以"一城、两业、多园"为基础，围绕顺义区六环以内约150km^{2}区域——天竺空港城已确立的保税服务、航空物流、国际商贸、文化创意、特色金融、高端商务等临空型现代服务业和高新技术产业，高效利用24km^{2}可用于开发建设土地，重点发展以管理—服务、技术研发、总部结算为主的航空服务、商业贸易和科技金融产业。

把"天竺空港城"做为全国首家真正意义上的机场城市，向社会进行广泛的宣传、推广、引领京津冀航空大都市的形成与发展。

胡杰，北京顺义区政府临空经济办公室主任；谷芸芸，中国民航大学临空经济研究所毕业，曾先后在北京天竺综合保税区、北京顺义临空经济办公室、北京市新机场办工作，长期从事临空经济研究和实践工作，曾参与《临空经济理论与实践探索》《空港自由贸易区理论与实践探索》《临空经济：速度经济时代的增长空间》等专著的编写，并发表《中国临空经济发展现状和趋势》《顺义区建设国际航空中心核心功能区》《电子商务：网上自由贸易园区的新方向》等署名文章。

上海临港新城的兴起、发展和前瞻

沈 杰

  开发建设临港新城，是上海市委、市政府着眼 21 世纪全球经济社会发展新趋势，提振上海制造业，主动对接国家加快培育和发展战略性新兴产业指示而做出的重大战略决策，是上海进一步优化产业布局，提升产业能级，提高城市国际竞争力的战略举措。"十三五"期间临港新城开发建设进入政策聚焦、功能优化的快车道，同时，国内外发展环境变化、城市建设理念迭出，也给临港新一轮的城市开发赋予了新机遇新使命。本报告梳理归纳了国内外临港新城建设的基本情况和发展模式，分析研究临港新城开发建设十多年来的体制沿革、生成的发展模式以及当前发展面临的困难瓶颈，进而从就业资源拓展、多样化设施服务、区域联动发展、城市形象宣传等角度提出临港新城战略升级的路径。

一、国内外临港新城建设基本情况

  学术界对临港地区的产业结构、更新发展等方面的研究很多，而对于临港新城的定义、发展模式等研究很少。本报告所指的临港新城，是具备港口资源的新兴发展区域，或者是已有的港口城市在新的内外部环境下再造再生以获得新的发展动力的区域。

1. 国内临港新城建设情况

进入 21 世纪，国内不少城市为了开辟新的战略发展空间，启动了临港新城的开发建设，如上海临港新城、南京龙潭新城、江阴临港新城等，但由于建设时间还较短，只有几年或十多年的时间，有的新城总规才完成不久，因而开发效应和模式经验总结还需要假以时日。而国外一些传统港口城市顺应时代发展要求不断在产业结构、港城关系等方面进行有益的实践。

①上海临港新城。开发建设临港新城，是上海市委、市政府着眼 21 世纪全球经济社会发展新趋势，提振上海制造业，主动对接国家加快培育和发展战略性新兴产业指示而做出的重大战略决策，是上海进一步优化产业布局，提升产业能级，提高城市国际竞争力的战略举措。临港新城位于上海东南角，距上海市中心 75 公里，北临浦东国际航空港，南接洋山国际枢纽港，拥有 13 公里长的海岸线，总面积 315.6 平方公里（不含洋山保税港区），其中填海造陆 133 平方公里，是上海沿海大通道的重要节点城市和中国（上海）自由贸易试验区建设的直接腹地。

②南京龙潭新城。龙潭新城位于南京东门户的位置，紧邻长江，西靠栖霞山，南拥宝华山，距南京市约 35 公里，属于城市边缘地区，是宁镇扬三市交界的特别区域。2009 年南京市总体规划纲要明确龙潭新城是南京市八大新城之一，是长江下游重要的港口工业新城。2010 年公示《南京市龙潭新城总体规划（2010~2030）》[①]，2015 年 12 月，公示了《龙潭新城总体规划（2015~2030）（修编）成果草案》[②]，明确龙潭新城是南京市海港枢纽经济区的核心组成部分和标志性区域。规划形成"横向布局、组团推进"的"港"、"产"、"城"三大功能板块的弹性生长结构，构建港产城协调发展的总体空间格局，总用地面积约 112 平方公里，发展定位为长江经济带最重要的海港枢纽新城，具体内涵包括中国连接全国的江海转运枢纽，长江国际航运物流服务中心，长江经济带港产城融合发展示范区，南京都市圈同城化发展先行区，南京枢纽型经济

---

① 《2010 年南京市龙潭新城总体规划（2010~2030）（公众意见征询）》，http：//www.njghj.gov.cn/ngweb/Page/Detail.aspx? InfoGuid = 8e0d3ae4 - 7286 - 40f4 - 877b - b447579382e0，2010 年 11 月 15 日。
② 凤凰网资讯：《龙潭新城总体规划征询公众意见》，http：//news.ifeng.com/a/20151205/46539521_0.shtml，2015 年 12 月 5 日。

发展的核心载体及标志性区域。龙潭新城还将重点发展现代物流、航运服务和以装备制造和电子信息为主的先进制造业，适度发展综合服务和以新材料和新能源为主的新兴产业，限制重化工业的发展。

③乐山临港新城。临港新城是乐山市"双百"大城市建设四大重点片区中的产业城，2010年启动建设。2013年，总投资38亿元的第一个产业项目——中国西部远成商贸城项目正式开工[1]。2015年12月，《乐山市临港新城分区规划》公布，以进港大道作为交通发展轴线，以乐山港、航空港作为两翼依托，行成了"一轴、两港、三区"的城市结构。规划面积约195平方公里，居住人口约32.3万，功能定位为两化互动的示范窗口、产城一体的实践区域，集高新技术产业、高端商贸、居住为一体的城市新区，是集高新产业、新技术、科研、居住、综合交通枢纽为一体的多功能的城市新区[2]。

④江阴临港新城。位于江阴市西部，东临主城区，北枕长江，西面和南面与常州接壤，下辖"两街、两镇、一办"，总计行政区划面积188平方公里，总人口约20万人。2005年12月，临港新城被列入无锡在"十一五"期间重点建设的五大新城之一，2006年1月开发建设正式启动，2006年9月被国家发改委正式核准同时被省政府批准为省级经济开发区。临港新城始终坚持"以港兴城、港以城兴、港城共荣、互动发展"的战略，全力打造苏锡常都市圈临港产业中心和江阴城市副中心，以港口码头、临港产业、国际商务、现代服务、绿色生态为重点，加快实施《临港新城培育四大千亿产业集群纲要》，推动经济与城市全面转型、同步提升[3]。

表1　　　　　　　　　　国内若干临港新城基本情况

名称	启动建设	面积	功能定位	目标人口
上海临港新城	2004年	315.6平方公里	独立运转辅城、科技未来之城、长三角滨海节点新城	至2020年，规划人口规模达到80万人
南京龙潭新城	2009年	总用地面积约112平方公里	长江经济带最重要的海港枢纽新城	常住人口为35万人

---

[1] 乐山市府网：《[乐山]临港新城正式"起航"》，http://www.msxh.com/content/2013-6/19/2547_126087.htm，2013年6月19日。

[2] 乐山新闻网：《乐山临港新城未来啥样？定位：多功能城市新区》，http://www.scpublic.cn/system/20151211/000031823.html，2015年12月11日。

[3] 360百科：《江阴临港新城》，http://www.scpublic.cn/system/20151211/000031823.html

续表

名称	启动建设	面积	功能定位	目标人口
乐山临港新城	2010 年	规划面积约 195 平方公里	两化互动的示范窗口、产城一体的实践区域，集高新技术产业、高端商贸、居住为一体的城市新区	规划居住人口约 32.3 万
江阴临港新城	2006 年	188 平方公里	苏锡常泰都市圈临港产业中心、江阴城市副中心	约 20 万人

资料来源：根据相关资料整理。

2. 国外临港新城发展模式

在经济全球化和区域经济一体化进程不断加快的背景下，国际上一些港口城市立足于现实环境，在城市规划、空间布局、产业结构、港城关系等方面进行了有益的探索，并成功跃上发展新通道。分析当前国外港口城市发展模式，本报告认为一般有工业集聚型、转型更新型和升级扩容型，但其最终目标都是港城互动发展，共生共荣。

①工业集聚型。在工业化中后期和后工业化阶段，许多港口城市开始建设大型专业化码头，大量依赖水运的工业不断在临港地区集聚，如炼油、造船、钢铁等重化工业。如横滨是京滨工业带的重要城市，发展以炼油、造船、钢铁、汽车和电机为主的滨海工业，成为世界港口型工业建设的典范，同时又是世界上屈指可数的国际贸易港、著名的滨海旅游与休闲城市。从 20 世纪 50 年代至今，横滨已两次成功地进行产业结构的大调整，适时推进产业结构的升级。第一次是在五六十年代，横滨从传统纺织工业为主的轻型工业向重工业升级；第二次是 1973 年世界石油危机后，从大耗能型的重化工业向电子信息、机械、交通运输等技术资金密集型产业转化。并依托港口建立现代化的工业区，先后开发了综合物流系统，成为日本现代物流的核心与枢纽[1]。

②转型更新型。近三十年，一些港口城市经历了大规模的去工业化和经济结构调整的过程，原有的港口功能被完全置换，转而利用与老城区毗邻的区位优势，以发展休闲旅游、商业、文化服务业为主，居住与商业文化功能混合安排。转型更新意味着调整港口地区的功能性质、空间布局等，引入文化、创意等新的城市发展触媒，实现

---

[1] 钟昌标："宁波、横滨港城工业比较借鉴"，《宁波大学学报》，1996 年第 1 期。

向精细化发展、精明增长的转型。汉堡临港新城曾是"水上城市"汉堡的主力港,在陷入半废弃状态后,1987年,"易北河北岸开发导则"推出,提到"将工作、居住、购物、自由活动设施、文化、旅游互相联系在一起,混合功能使用(Mix Use)以避免功能单一化和中产阶层化","珍珠项链"项目、汉堡鱼市项目与仓库城项目开始建设、1999年,汉堡市政府举行了港口新城总规划的国际竞标,2000年3月港口新城规划总图获批,旧港口迈入"港口新城时代"[1]。港口新城从规划开始就极力避免变成功能单一的产业园区,而是着力打造一座宜居宜业的都市新区,甚至对区内的每座建筑都要求功能融合,其必须具备办公、住宅和对外营业的餐厅、商店、休闲娱乐场所等公共开放空间,使每座建筑都成为一个功能完善的小社区。

③升级扩容型。随着经济发展,港口功能也发生了演变,传统临港地区的一些优势逐渐丧失。出于提升国际和区域竞争力的迫切需求,对临港地区原有功能的不断升级和完善也是普遍采取的一种发展模式。按照联合国贸易与发展委员会的界定,"港口"经历了从第1代至第4代的演变:即运输枢纽中心、装卸服务中心、贸易和物流综合中心和港口及港际联盟[2]。近年来,南非德班港对城市内部空间规划及结构影响日益增强,逐渐向港城网络化的港际联盟阶段发展,对城市内部的城乡区域、产业集聚、土地空间利用及交通、基础设施等方面产生影响。一方面,德班计划建设一座港际协作、组合港模式的新人工港,建成后将成为南半球最大港口及非洲最大的深水集装箱码头;另一方面,公共交通网络的完善将逐步使以港口为核心的城市 CBD 与主要城市节点、机场间建立高效、快捷、安全的公共交通体系[3]。

二、当前上海临港新城发展的基本模式

作为上海重点发展区域和重点建设新城,临港新城自 2004 年正式启动建设以来,城市面貌、区域环境有了极大改善,已成为上海面向未来的重要发展引擎和战略新空间。对比国内外临港新城建设案例,可以发现处于上海尽端的临港新城具有独特性,之前几

---

[1] 陈昌勇、黄逸鸣、熊丽芳:"国内外临港地区更新发展研究",《南方建筑》,2016 年第 4 期。
[2] 钟浩:"国内港口城市建设全球采购基地研究——以宁波市为例",《科技与管理》,2014 年第 3 期。
[3] 邹琳等:"港口城市空间格局、发展趋势及借鉴——以南非德班为例",《世界地理研究》,2015 年第 1 期。

乎没有大体雷同的经验可循，开发建设过程中经历了一系列探索和创新，是一个真正意义上的新城，从而为国内其他新城建设树立了一个比较好的样板。

（1）禀赋导向模式

临港新城濒临海、空两大国际港口，南离洋山国际深水港32公里，北离浦东国际机场25公里，是上海通往沿海各大岛屿的重要门户和中国沿海大通道的节点。根据上海市政府于2004年1月批准并实施的《上海市临港新城总体规划（2003～2020年）》，其发展定位明确为：上海国际航运中心的重要组成部分，依托集装箱国际深水枢纽港和国际航空枢纽港发展成为社会、经济、文化和生态环境高度协调、功能完善、充满活力的综合型滨海新城和具有辅城地位的战略重点发展区域，并成为以现代装备制造业为核心的重要产业基地之一。临港新城长期以来一直是作为产业区来进行大开发，从产业定位和城市定位的演变特征看，都是围绕"港为城用，城以港兴"的思路，重点发展大规模制造和相关服务业，上海电气、上汽集团、沪东重机、中船等一批大型企业相继入驻临港重装备产业园，发电及输变电设备、大型船舶关键件、海洋工程装备、汽车整车及零部件、大型工程机械制造等装备产业已形成一定规模。近年来，瞄准"高端制造、极端制造、自主制造"领域，新能源装备、汽车整车及零部件、船舶关键件、海洋工程、工程机械、民用航空配套和战略性新兴产业的"6+1"先进制造业格局基本形成。

（2）主城区带动模式

临港新城面积达315.6平方公里，主城区（即南汇新城）面积达68平方公里，在这么大尺度建设一个新城，势必要集中力量办大事，因而规划伊始就确立了以主城区为主导发展城市功能，集聚功能性的服务项目提升区域发展环境，增强城市的服务能级，同时也为周边泥城镇、万祥镇、书院镇等老镇区中大量产业园区人口提供良好的生活居住配套条件。目前，主城区基础设施建设稳步推进，城市供水和污水系统、电讯工程、防汛大堤等重点工程基本完成，河港、交通枢纽建设稳步推进，公交线网覆盖率提高，轨道交通16号线开通运营，在主城区有两个站点；不断导入优质教育资源，临港实验初级中学、明珠临港小学、冰厂田滴水湖幼儿园、民办沪港学校、上海外国语大学临港外国语学校等相继建成开学，海事大学、海洋大学、电机学院和建桥学院入驻开学，电力学院开工建设；医疗卫生服务体系不断健全，市六医院东院投入运营，芦潮港社区卫生服务中心开工建设；航海博物馆建成，上海天文馆、极地海洋世界等一批重大文化项目落户。此外，商业、电信、邮政等配套设施逐步建立。

（3）重大政策导入模式

2012年，市委、市政府在临港地区建立特别机制，实施特殊政策。市、区两级进一步简政放权，统一开发建设的机制基本确立，设立市级临港地区专项发展资金，主要用于符合临港地区产业发展方向的企业扶持、人才引进、人才培养、研发资助、创业扶持、基础设施和公共设施建设等，土地出让收入市级返还、土地指标单列和耕地占补平衡全市统筹等政策推动临港新城活力进一步增强。"双定双限房"、"公共租赁房"、居住证加分等全市特有的人才政策有效促进创新创业人才集聚。2016年新一轮"双特"政策公布实施，设立超百亿元基金支持产业发展，为临港未来发展带来新动力，临港新城成为上海市集全力、投巨资建设的重要发展空间。从战略层面上，针对临港新城开发，上海市提出了"东进战略"（市区联手、合力推进，市属大企业对接临港开发），浦东新区也制定了"南下战略"（浦东新区金桥、陆家嘴、外高桥、张江四大开发公司挥师南下、决战临港）。经过多年的政策引导，特别是"双定双限房"、"公共租赁房"、居住证加分等全市特有的人才政策，有效促进了创新创业人才集聚。不少年轻的创新创业人才，特别是外地人才，逐步在临港沉淀下来，开始选择在临港区位较好的地区安居乐业。

图1　申港社区（主城区）人口增长折线图

资料来源：根据申港社区办提供资料整理。

三、上海临港新城面临的困境与突破口

临港新城的发展是在特定历史条件和发展背景下，经历了由围绕港口到关注产业再到聚焦城市发展这样一个开发建设历程，总体上表现出"大产业、大空间、小城市"的特征，根据"十三五"期间建设临港地区成为创新特色鲜明、高端资源集聚、城市形态领先、生态环境优越的独立运转辅城、科技未来之城、长三角滨海节点新城的定位目标，当前临港地区城市建设仍然面临城市服务功能不足、品质不高，功能性项目较为缺乏，人口导入慢以及对创新创业人才的吸附力不强等问题，亟待用以人为中心的新思路来创新城市开发建设机制和管理模式。

1. 开发建设的困难瓶颈

（1）港、产、城之间相互割裂

"港口、产业、城市"是临港新城发展不同阶段围绕的核心主题元素，无论是"以港兴城"还是"以产兴城"的开发建设路径，其最终目标都是围绕临港作为"城"的概念而展开。从"港"的层面看，目前依托两港得天独厚的区位优势尚没有充分发挥，致使航运、物流、保税、出口、贸易等产业关联没有建立；因港口产生的加工、配送、货代等一系列增值业务还发育不够；流通加工、再制造物流以及完整的物流供应链服务等高端业务涉及不多；贸易型企业、跨国公司采购中心、物流总部型企业落户较少；港口直接就业带动城市关联就业作用不明显。从"产"的层面看，产业区与主城区之间缺乏产业互动和人流互动，现有产业对提升临港城市功能的促进作用不明显。从"城"的层面看，大尺度的规划开发，缺乏城镇体系的支撑，单一功能的块状区域定位，不足以支撑主城区一城独大的城市发展模式。"港口、产业、城市"之间割裂，造成港口的门户作用更多体现在货物、物流方面，缺乏对城市高端产业、就业人口的带动；产业的核心作用受到产业门类、业态形式的限制，对城市化发展所必需的人流、商流、信息流等的支撑作用不明显；城市化发展中基础设施建设与城市框架的快速拉大与城市综合服务功能的提升以及城市人口规模的提升不相匹配，受制于城市化产业

的滞后发展，临港地区的城市综合服务功能得不到充分体现。

（2）服务配套远滞后于规划，总量缺、碎片化布局

至2020年临港规划人口规模为80万，"十二五"期末只有31万，现有人口和规划人口之间的巨大落差直接导致大量规划设施无法启动建设，而设施配套不完善又直接导致人口导入偏慢，因之成为长期困扰临港新城发展的重大瓶颈。目前临港新城已建成的配套设施总量不足、能级偏低，教育、文化、体育、医疗、社区行政服务中心、交通等基本公共服务设施以及餐饮商场、超市等商业性设施在临港全域明显缺失。不仅地区级设施和社区级设施均较为缺乏，现有设施的能级也明显不足，如综合性三甲医院仅在主城区有一个，大型购物中心目前还在建，致使城市的整体服务能力偏弱。新建设施配套主要分布于主城区核心区域，主城区的大部分区域及重装备产业基地等工业园区大多依托于老镇区的社区级配套，设施呈现局部集中、覆盖率低的特点。且各片区的设施服务半径小，在自身格局中尚且运转不灵，区块之间联系更是不便捷。碎片化布局导致临港新城内设施难以成网，没有形成设施分级设置、互联互通的格局。从《临港地区工作、生活感受度调研问卷》结果也可充分显示设施的缺失情况[①]。

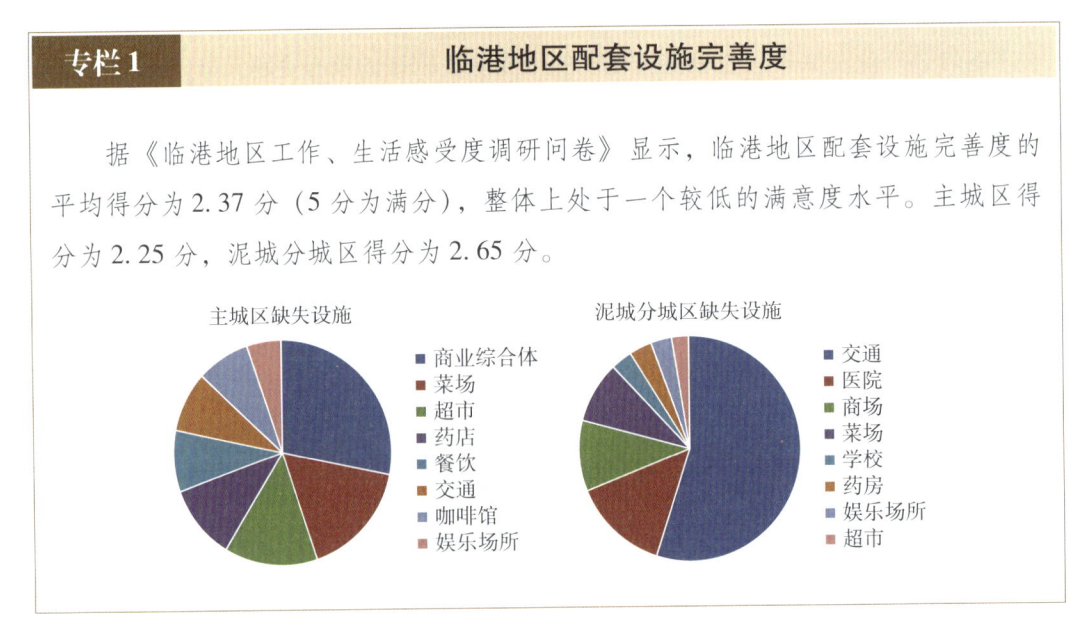

专栏1　　　　　　　　　　临港地区配套设施完善度

据《临港地区工作、生活感受度调研问卷》显示，临港地区配套设施完善度的平均得分为2.37分（5分为满分），整体上处于一个较低的满意度水平。主城区得分为2.25分，泥城分城区得分为2.65分。

主城区缺失设施：商业综合体、菜场、超市、药店、餐饮、交通、咖啡馆、娱乐场所

泥城分城区缺失设施：交通、医院、商场、菜场、学校、药房、娱乐场所、超市

---

① 《临港地区工作、生活感受度调研问卷》系上海市发展改革研究院课题组所撰，以创新创业人才为发放对象，样本量为819个。

(3) 产业城市融合不足，粗放式管理特征明显

临港新城空间大，主城区是滩涂造城，社会事业一片空白，没有根基，如位于主城区的申港社区区域面积 67.76 平方公里，整个作为一个基本管理单元，配套设施严重不足，社区事务受理中心、社区文化中心等三个中心尚未配全。而分城区各个镇由于地处偏远，长期以来在上海郊区也属财政收入弱势镇，生活配套处于下游水平。临港地新城开发后，主要的资金和用地指标投入了征地动迁安置和产业发展，而难以兼顾考虑普通产业工人的生活配套，重产业、轻配套，粗放式管理特征明显，产和城脱节的现象一直没有得到有效解决。此外，浦东新区、临港管委会、各镇与各开发主体之间的体制机制未理顺，开发主体众多，增加了政策扶持、项目推进等方面的难度。目前有控规的区域基本都有开发主体，包括临港集团、港城集团、临港城投公司、闵联临港公司、金桥临港公司等十多个开发主体，致使统筹开发的大局观不足，沟通成本较高。各镇与临港集团成立联合开发公司，但双方在配套设施建设的项目选择、空间布局方面沟通不足。而原先代建制的开发模式由于先期需投入大量资金，开发主体积极性不高。

2. 转型发展的突破口

(1) 以前瞻发展理念为引领，以人为中心创新城市服务模式

现代城市建设中，绿色紧凑、住职相近、人文关怀等前瞻性理念不断涌现、更新，既涵盖地区性政策如 TOD 开发、公共空间与街道设计，也涉及全球性议题如"人居 III"（Habitant III），包括绿荫步道、公交枢纽场站的品牌设计等细节。特别是在共享经济、虚拟现实等新技术日新月异的当下，城市规划、政策制定与城市治理的传统角度也被重新审视。临港作为新开发城市，公共设施建设没有和社会管理相结合，空间虽大但集聚式提供公共服务设施的中心区域少、公共活动空间少，绿化覆盖面积较高但植物缺乏多样性、与人的契合度低，因而需要把以人为中心的城区建设和以功能为中心的开发区建设相互融合，首先要满足在这个城市居住的人的需求，包括医疗、交通、教育、公共卫生等等，要注重社区里人的导入、人的服务、人的管理模式。

(2) 适度超前布局，从单纯以政策引人转向配套设施和政策双管齐下

临港新城自 2006 年进入大开发至今已有十年，特别是 2012 年发布"双特"政策

以来，对于吸引人才起到了一定作用，商品房、公租房、双定双限房居住人口逐年增加，但实有人口远滞后于规划人口、人气不足、设施不全、没有商业氛围等瓶颈始终难以突破。从目前临港新城设施现状来看，主城区特别是行政中心这一区域的设施配套相对完善，大型购物商场、娱乐场所都将在"十三五"期间建成，其他地区如各分城区、重装备产业区等的设施盲点区域很大，主城区科技创新城、综合区还处于建设启动阶段，需要在评估上一轮设施建设的基础上结合规划修编，根据各区域人口分布导向和预测，抓紧弥补基础设施欠账，加快启动紧缺设施建设，并针对创新创业人才的分布区域提供特色设施服务。

（3）奠厚社区基础设施和服务基石，定向服务创新创业人才

创新创业人才是支撑临港新城未来发展的主要产业群体，满足其多样化的工作、生活需求以及精神文化需求，可以发掘其更大的创新活力，因而需要针对居住、科研、商务与产业等不同类别的社区，细化社区设施配置要素和标准。从硅谷案例可以看到，硅谷从事创新信息产品服务和商业服务的人才约有四十万不到，而为社区基础设施及服务的工作人口达70多万，说明满足科技创新人才的需求，需要各类大小不一、细化的设施作为支撑。Google、Facebook等科技公司为员工提供了大量运动娱乐设施如沙滩

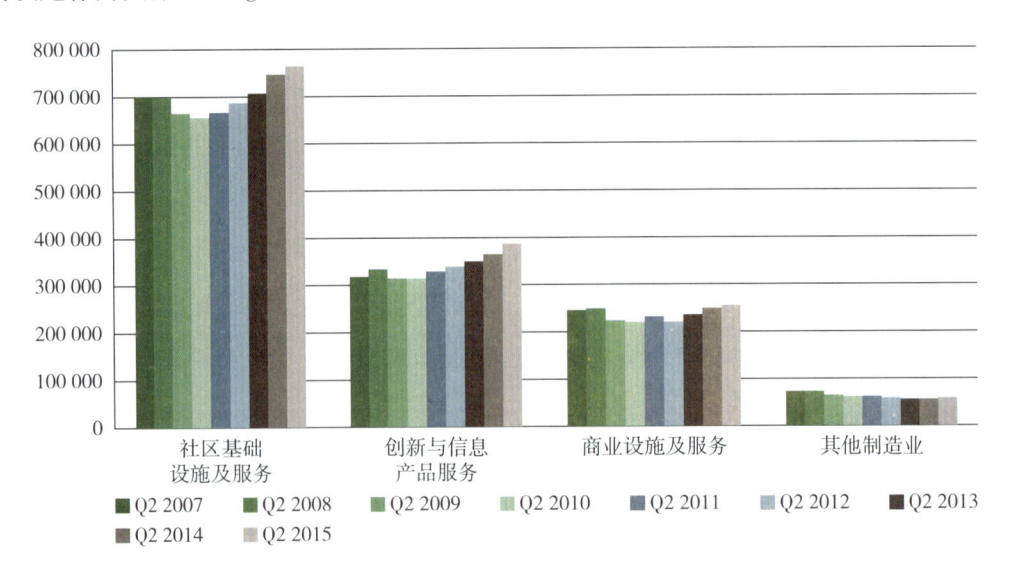

图2 硅谷主要经济活动就业情况（2007~2015年）

资料来源：2016硅谷指数报告（silicon valley index2016）。

排球场、激流勇进式游泳池等，还有随处可见的各国美食餐厅、洗衣房、汽车充电柱等生活服务设施。并且对于一个新兴地区而言，设施建设和投入是一项长期的工程，临港未来的设施建设不能靠政府一己之力，而是需要通过合理的机制积极引入市场资源，创新社会化、多元化、市场化投入机制。

（4）高强度打造城市形象，提升城市认知度

继重装备产业园、奉贤园区等一批产业园区建设持续推进以及重点产业项目的导入，临港新城进入了着力丰富城市文化形态和内涵的新阶段，滴水湖、城市公园、道路绿化等环境建设成效明显，张江、金桥、陆家嘴三大集团的文化项目、商业项目有序开展，文化世博、摄影、书画、帆船等一批知名文体活动的影响力不断增强。随着地铁十六号线建成通车，聚人气工程加快推进。但临港在上海的整体形象还是比较模糊，缺乏文化定位，与上海中心城区的文化特征几无关联，除了周末和假日，城市还是显得过于冷清。"十三五"期间上海天文馆、极地海洋世界、冰雪世界等重大文化项目和主题乐园将陆续建成，临港应该把握契机，充分发挥世界级文化旅游项目集聚地的效应，以文化旅游项目和文化内涵打造为重点，推动临港在上海乃至全国的形象加快提升，从而增加城市的文化辨识度，吸引来自全国的青年创新创业者。

专栏2　　　　　临港地区城市认知度调查

据《临港地区工作、生活感受度调研问卷》显示，对"您身边的朋友或同学（在上海其他区域）对临港地区的认知度"题中，选择认知度越低者对公共设施完善度的评价也越低，对"是否愿意推荐同学、朋友来临港工作"持否定态度比例越高，即三者呈正相关。

认知度	很不了解	不太了解	一般了解	比较了解	非常了解
愿意推荐人来临港地区工作的比例	38.31%	59.63%	67.28%	88%	90%
对公共设施完善度的评价（满分为5）	1.97	2.33	2.51	3.11	3.46

四、未来上海临港新城的发展战略选择

"十三五"期间临港新城将正进入加速发展阶段,从局部开发战略向全域开发逐步拓展,因而需要把临港的诸多优势资源转化为经济社会发展的动力,着力提升政策运用能力、社会管理能力,形成以城市化拉动工业化、以工业化促进城市化的良性循环格局。

1. 加快优质企业引进,为创新创业人才量身定制特色设施

一是以良好的就业资源加快导入创新创业人才。结合上海科创中心建设重要承载区和国际智能制造中心目标,加快制订符合产业导向的重点企业目录和招商引进方案,充分依托国内外相关行业的高端展会和中介机构开展渠道招商,围绕产业发展趋势不断创造新的就业岗位,充分运用、细化"双特"政策中有关人才的政策点,并加强对不同群体的服务以及家属工作岗位的考虑,从而吸引一批具有行业领先水平的创新创业人才在临港落户生根。二是细化研究创新创业人才的设施需求。临港地区作为一个新兴城市,吸纳的人才来自全国各地和世界各地,多元文化特征明显,需要根据产业、生活人口的不同需要配置相应服务,并创新对特定人才群体的服务方式。如针对临港创新创业人才相对外地化,可引入各地风味的餐馆、健身场所等设施;针对创新创业人才适学孩子数量上升,可设置儿童艺术培训机构、儿童游乐城;针对临港空间尺度大、交通不便,可多设自行车、电动车租赁点;针对国际人才和国外留学生的文化习俗,可以多设咖啡馆、西餐厅,并在环境良好的综合区建造一座教堂(可把邻近的书院镇宗教用地批标进行迁移)等等。三是打造多元的公共文化空间。目前临港一批重大文化设施在建,但生活在其间的创新创业人才日常更需要方便就近、不同规模、不同类型的公共空间。因而,要依托临港户外空间大的优势资源,着力拓展户外文化空间,做足公园、绿地、步道、滨湖地带文章,同时图书馆、画廊、个性化书店、剧场等现代都市不可或缺的文化设施也要及时跟上,以营造丰富多彩的城市生活。

2. 加强与高校、企业资源互动，推动合作共赢

一是搭建与高校、企业的产业对接平台。借鉴奉贤大学城与当地经济社会联动发展的相关经验，深化与本地高校的合作路径，由政府牵头，搭建与高校、企业资源互动的平台，助推高校和企业的深入合作。一方面要加快引进与临港产业匹配度高的国际专业学院、国际产业高端论坛等；另一方面，要结合临港重点企业需求，争取在高校或在民营高校设置相关课程或举办短期培训班。二是积极争取本地高校学生转化为临港产业人才。面对本地企业就业岗位相对单一、与临港高校毕业生专业关联度小等现状，在企业和高校之间架设合作平台，鼓励企业为本地高校学生提供培训基地、实习机会，建立管培生制度。同时未来通过科技创新城等载体引入的大量中小型创新创业公司，将突破临港产业的单一性，为本地高校学生提供选择度更宽的就业岗位类型。三是多途径实现设施共享。鼓励高校为创新创业人才开放体育馆、图书馆、会议室等各类文体设施，可以研究出台相关办法，限定创新创业人才的范围和身份，企业可以通过在高校购买服务的方式，作为福利对员工发放设施使用卡，先期政府可以进行一定补贴，从而多途径打通企业和高校的交流渠道，提升各类设施的利用率。

3. 深化临港文化的开发和宣传，提升城市辨识度

一是深度研究临港文化的构成和特质。临港处于上海尽端区位，与上海的传统文脉相对疏离，与上海的海派文化几无瓜葛，对临港文化的研究一方面需要挖掘书院、泥城等镇传统文化资源，做好文化遗产的活化利用，运用相关元素创设一批文化节庆；另一方面要博采海洋文化、外来文化、新兴文化等众长，创设一种全新的融合的文化，从而形成临港的多元文化体系。二是发挥大型文化旅游设施效应。围绕极地海洋馆、冰雪世界等大型主题公园项目建设，先期挖掘其与临港的关联度，启动项目的宣传和产业链的研究、设计，把主题公园的文化融入临港的城市宣传中，以期在短时间内迅速提升临港的知名度。三是不断开拓宣传推介渠道。扩大海外和全国的宣传力度，与本地企业营销团队合作，赴国内外高科技重要展会宣传城市品牌、企业品牌；积极引进国际知名展会和高峰论坛；运用高科技手段，多维度在线

上线下开展宣传推介,并结合重大节庆活动加强传播效果;充分利用公共空间,周末、假期在滴水湖周边人流集聚地点增设临港城市风貌、企业产品展示、大型活动预告等宣传窗口。

沈杰,高级经济师,上海市发展改革研究院信息咨询中心主任。

武汉阳逻：沿江崛起的临港工业新城

王 磊 李成丽

伴随着我国各地区新城新区的快速发展，我国港口及港口城市发生着错综复杂的变化。港口的快速建设、城市的高速发展、产业结构的优化升级，推动着港口城市朝着现代化方向发展，即逐渐由单纯的航运码头、物资集散地演变为一种具备集贸易、信息、物流等综合功能的经济增长极。武汉阳逻拥有着长江中上游唯一天然深水港，是国际与内地经济交流、南部沿海"经济北上"、东部沿海"经济西进"的桥梁和枢纽。作为武汉东北部一座沿江崛起的临港新城，阳逻在其发展过程中出现了产业集群效益低、集疏运不畅、现代物流不强等问题，阻碍了其增长极作用的发挥。随着"长江经济带"战略和"一带一路"战略的实施，如何通过港产城的协调发展来增强其辐射能力和城市综合服务能力成为其发挥经济增长极作用的关键。

一、长江经济带发展的助力与临港新城崛起的机遇

改革开放以来，我国总体经济发展取得了令人瞩目的成绩。国家给予沿海地区大量的优惠政策、扶持资金，促进了沿海地区的各类基础设施的发展和各种流量的集聚，经济发展水平大幅度提高。而内陆临港地区开发开放较晚，前期受国家投资、优惠政

策的直接影响小，与沿海地区之间的经济差距大，其经济发展呈现一定的封闭性、滞缓性。随着国家经济进入深度转型期，沿海地区产业结构亟需转型升级，整体经济增速放缓。国家经济增长优势和政策逐步向中西部倾斜。内陆地区，尤其是作为我国国土开发和经济建设中极其重要的开发轴线的长江经济带，迎来新一轮发展机遇。2014年，国务院印发《关于依托黄金水道推动长江经济带发展的指导意见》，更将长江经济带的发展上升为国家战略。在这一背景下，各类产业和要素快速向沿江地区集聚，临港型城市逐渐崛起。截至2016年，长江沿江地区已批准设立108个国家级经济开发区，45个高新技术产业开发区和10个保税区以及一大批省级经济技术开发区，这些园区作为沿江地区开发开放的前沿阵地，吸引了生产要素向沿江地区转移、集聚，逐渐形成装备制造、化工和冶金等三大临港型产业集群。且沿江地区港口建设也进入新一轮扩建期，沿江主要港口如泸州港、重庆港寸滩港区、涪陵港、宜昌港云池港区、武汉港阳逻港区等都在进行扩建或新建集装箱专用码头泊位，完善集疏运体系，以更好的承接产业转移和发展临港经济。

  作为国际航运中心建设的重要内容之一，如何增强第四代港口功能的空间辐射效应和实现港口城市自增长一直备受关注。而随着港口功能的多样化和集疏运体系的不断完善，港口的空间辐射范围不断扩大且辐射作用不断增强，其不再局限于本地与外地间的航运物流来往，而是为整个区域甚至国家范围的经济贸易活动服务。相比之下，港口城市的自增长效应进程较慢，具体来说，在港口不断集装箱化和自动化发展趋势下，港口本身的运输及中转功能得到不断强化。但其对所在区域培育经济自增长极，带动本地就业较为不明显。呈现出"留得住钱，留不住人"的现象。目前我国港口的吞吐量增长很快，但港口对城市就业的作用没有得到相应发挥。据估算，深圳港及相关行业对深圳市就业贡献率大约为5%，厦门港及相关行业对厦门市就业贡献率大约为4%。[①] 因此，在我国内河港口大型化国际化和各类新城新区崛起发展的背景下，临港新城不仅要利用港口实现控制与服务功能的提升，更要借助港口及相关产业，引导各类人才流入，提高本地就业水平，实现港口的本地社会效益最大化。

[①] 孙德红："港口与城市就业"，《港口经济》，2005年第5期。

二、阳逻新城建设的现状与优势

1. 武汉阳逻的建设概况与发展状况

(1) 阳逻的概况与定位

阳逻经济开发区隶属于武汉市新洲区，开发区成立于1996年。自2000年开始进入快速发展的时期，2006年6月，国家发改委公告批准其为省级开发区，是湖北省、武汉市重点开发区之一。开发区规划面积为20平方公里，常住人口7万。地处长江中游北岸，武汉市东北部（新洲区最南端），距武汉中心城区20公里，与工业发达的青山地区通过阳逻长江大桥紧密相连，是武汉通向沿海地区的水路咽喉和华中地区对外联络的水上门户和长江经济带的重要组成部分。优势的地理位置，发达的水、陆、空交通网络，良好的产业基础，成就了阳逻独有的发展优势，是武汉市最具有发展潜力的地区之一，被喻为武汉的"浦东"。

在武汉市新一轮总体规划中，阳逻地区是东部新城的核心组团，远期总规划面积约100平方公里，规划人口约60万。未来发展主要以"一带、一心、双轴、十片"的总体功能结构拓展："一带"，以深水港区为依托，以武钢、武船、亚东水泥等大型产业项目为基础，发展长达12公里的沿江产业带。"一心"，以柴泊湖为中心，完善行政、商业、教育培训、居住等综合服务功能，构成阳逻新城的核心区。"双轴"，阳逻新城构成"十"字形发展轴。沿外环公路、平江路延长线形成产业拓展轴，是未来重型工业产业主要发展方向。同时依托汉施公路现有良好的基础设施条件向东适度推进，建设轻工（塑化）、轻纺产业园区。新洲区"十二五"规划中，要以阳逻开发区为主体，建立打造武汉东部产业新城、长江中游航运中心、先进制造业基地以及国家级循环经济试验区。阳逻新城规划（2006~2020）中，立足于建设华中地区集装箱主枢纽港和物流基地，打造武汉最具潜力的重工产业基地，成为武汉东部适宜居住的新城，远景目标是建设辐射华中、面向全国的区域型港口经济产业区和现代港口工业新城。这些规划和定位都为阳逻开发区描绘了宏伟的蓝图，成为开发区发展进程中的历史性机遇。

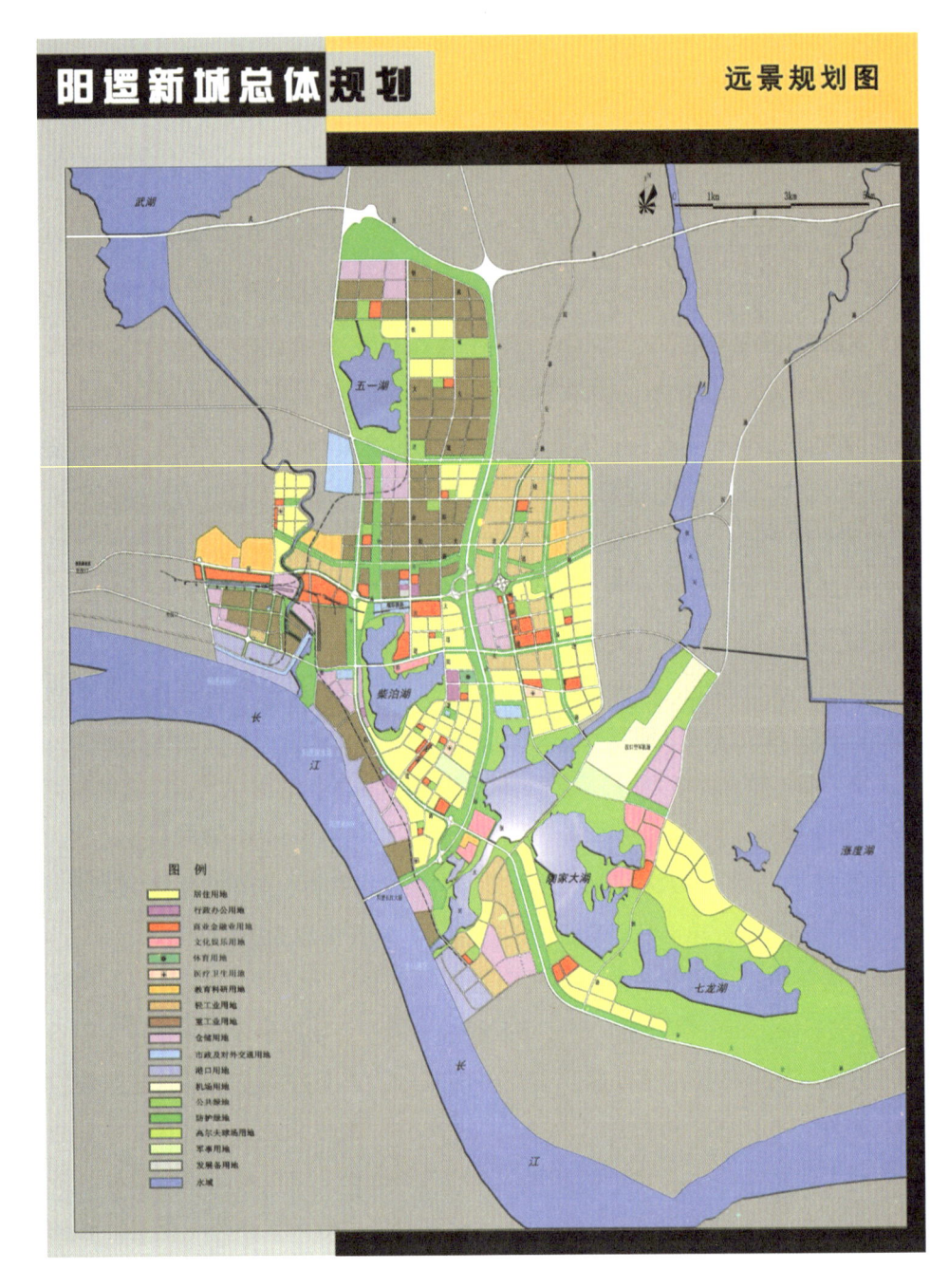

图1 阳逻新城总体规划图

图片来源：阳逻在线 http://www.yangluo.cn/ad/guihua/

（2）阳逻的经济发展总体状况

近年来，随着政府政策、财政和资源的大力支持，阳逻经济技术开发区的经济发展十分迅速。从经济发展总体状况来看，在"十一五"期间，阳逻地区的综合经济实力迅速增强，2009年，实现国内生产总值到57.26亿元，五年年均增长速度达到23%；在整个"十一五"期间，阳逻地区共实现固定资产投资额61亿元，五年年均增长速度达到57.16%；地区财政收入稳步提高，共计10.02亿元。同时，在"十一五"发展和积累的基础上，阳逻地区在"十二五"期间以"工业兴城"为发展战略，统筹安排，进一步优化产业布局，合理调整三大产业的比例关系，有力地推动了阳逻经济技术开发区的经济发展。2014年全年完成规模以上工业总产值460亿元，规模以上企业净增11个；实现全口径财政收入10.45亿元；实现出口创汇1.84亿美元；实际利用外资1.93亿美元；实现社会消费品零售总额8500万元；完成招商引资实际进资完成130亿元。工业发展方面，阳逻地区近年来的工业企业数量和工业产值增长迅速，发展较快（表1）。港区建设方面，2014年，阳逻港完成货运吞吐量1590万吨，集装箱吞吐量100.65万标箱，平均增幅15.61%，占全省集装箱总量的80%，川、渝、湘、豫等省外贸集装箱从阳逻港的中转箱占比由2009年不足10%提高到2014年的41%（图2）。武汉新港腹地集装箱需求以外贸为主，包括外贸箱、内贸箱和中转箱，主要源于武汉市、湖北省其他地区以及以上海、南京为中心的华东地区的进出口和中转集装箱集需求。其中，出口箱货源来自武汉市和湖北省其他地区，主要流向上海、南京等下游地区，约占总量的85%~90%；进口箱货源中80%~90%来自上海、南京为中心的地区，其余的10%~20%集中于重庆、岳阳、九江等腹地的大型港口。

表1　　　　　　　　"十二五"期间阳逻开发区经济发展状况

指标名称	2010	2011	2012	2013	2014
工业总产值（亿元）	144.09	211.49	281.86	392.34	473.06
工业增加值（亿元）	45.39	68.73	84.57	109.85	80.72
固定资产投资（亿元）	92.25	121.03	163.57	172.70	200
财政收入（亿元）	5.78	6.30	8.40	9.00	10.45
实际利用外资（万美元）	5885	6350	9320	16500	19300
年销售收入过1亿元企业（个）	15	17	20	25	25
年销售收入过10亿元企业（个）	5	7	7	7	7

数据来源：武汉年鉴（2014）和新洲区统计年鉴（2015）。

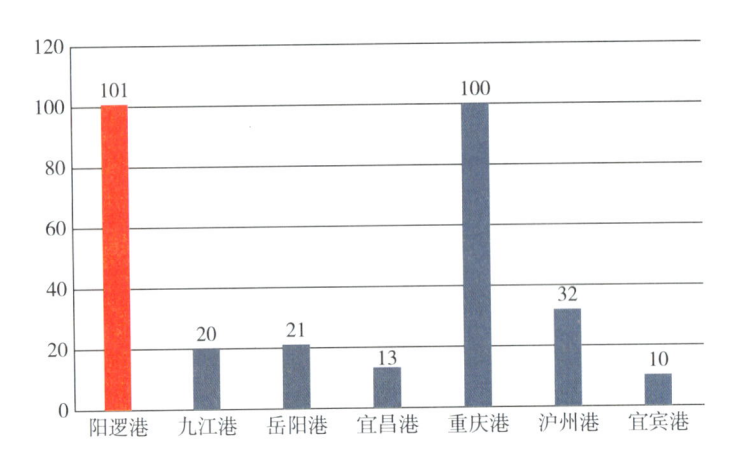

图2 2014年长江中上游主要港口集装箱吞吐量比较

数据来源：各港口港务局。

2. 阳逻新城发展的优势条件和重大机遇

（1）新城建设的优势分析

阳逻具有地理、交通、能源、深水港等禀赋，是新城开发建设的优势和动力。

地理优势。阳逻港位于长江中游的武汉东大门，居中国中部腹心区，处于长江黄金水道中游和南北纵横交叉地带，上通巴蜀、下抵江浙、南连湘粤、北接陕豫，是国际经济与内地经济交流、南部沿海"经济北上"、东部沿海"经济西进"的桥梁和纽带。市场与腹地广阔，可覆盖中部6省和西部5省市区，为其提供现代物流服务。这是临港产业聚集最理想的区位，也是物流集散最便宜的地方，是临港工业新城建设最佳区域。

交通优势。阳逻地区具有水、铁、公、空汇集一地的立体交通优势，可顺利地实现多种运输方式无缝对接。水路有长江通往沿海，湖北省正在以阳逻港为核心打造长江中游航运中心；铁路有京广、京九两条大动脉夹境而过，直通阳逻港的江北铁路已开工建设并在阳逻开发区设有货运编组站；公路有阳逻大桥与京珠、沪蓉高速公路连为一体，可四通八达；航空有已搬迁至阳逻的空军汉口机场，距天河机场也只有30分钟的车程。这种水、铁、公、空汇集一地的立体交通可以实现多式联运。发达的交通是港口物流发展的先决条件，更是临港新城建设的基础条件。

资源优势。从自然资源方面来看：①水资源丰富。境内湖泊纵横交错。工业用水充足，目前供水总量远远超过用水总量，新洲区的用水量才占到25%，因此为企业的迁入提供了宽裕的用水条件。②农产品资源丰富。阳逻东临盛产水产品、奶制品、蔬菜瓜果和粮食的鄂东地区和大别山地区，西靠经济发达的汉口、武昌等地区，经济腹地实力强大。③能源丰富。作为武汉市重要的重工业基地，阳逻新城境内拥有华中规模最大的阳逻发电厂和中南石油公司等重要的能源企业。为阳逻新城的建设发展奠定了坚实的物质条件、电力保障和能源基础。

深水港综合优势。阳逻港是武汉新港和长江中游航运中心建设的核心部分，是新兴现代化集装箱港区，是长江中上游第一深水良港，港区前沿水深常年 7 米以上。阳逻港2004 年开港运营以来发展迅速，集装箱中转业务遍及重庆、四川、湖北、湖南及河南等省市。2010 年 7 月 20 日，阳逻集装箱二港区开港运营，杨泗港即将搬迁至阳逻，使阳逻港区集装箱通过能力达到 75 万 TEU，成为长江中上游最大的集装箱港口。阳逻三作业区17 个 5000 吨级集装箱泊位已投入使用 4 个，其通过能力为 106.14 万 TEU。

（2）新城建设的战略机遇

从国家层面来看，一是《国务院关于加快长江等内河水运发展的意见》提出建设武汉长江中游航运中心，武汉航运中心首次纳入国家战略。武汉航运中心定位为中部地区主要的集装箱运输基地、船舶制造基地、航运综合服务基地、物流及商贸基地、航运科技与教育基地、信息服务基地，我国重要的水运交通枢纽、物资集散枢纽、港口经济枢纽，具有国际影响力的现代化、规模化内河航运中心。此后，武汉航运中心不断纳入新的国家战略，在国家战略体系中的地位和重要性不断提高。阳逻集装箱港区是长江中游航运中心建设的重要依托，要充分利用阳逻深水岸线资源和集铁、水、公、空于一体的立体交通优势，依照规划建设能够承载"一个中心、三个枢纽、六个基地"的阳逻临港新城。二是国家促进中部崛起战略进入新十年带来新机遇。随着"中部崛起"战略进入第二个十年，武汉率先上升为"国家级中心城市"，武汉长江中游航运中心的国家战略地位不断强化。而正处于武汉东部发展轴线上的阳逻新城，是中部地区对外开放的"前沿阵地"和东部沿海地区经济向内陆辐射的重要窗口。在武汉市扩大辐射影响力、联络沿海地区、建设国际性都市的进程中承担着东部桥头堡的作用。

从省市层面来看，一是武汉市实施工业倍增计划和经济发展战略"四大板块"划分的机遇。武汉在谋求建设国家中心城市过程中，促进产业集群的合理布局、土地效益的集约提升,提出"四大板块"综合规划(图3)。作为"四大板块"之一的临港经济区,是武汉市的重化工基地板块,可以充分利用这一机遇,依托临港优势,进行新型工业示范园区建设,加大招商引资力度,吸引临港产业聚集,为临港新城建设奠定产业基础。二是武汉新港和长江经济带建设带来机遇。2016年3月,国务院正式批复设立武汉新港空港综合保税区。武汉新港空港综合保税区采用"一区两园"的模式,即毗邻阳逻港的阳逻港园区和依托武汉东西湖保税物流中心的东西湖园区。正在建设的阳逻港园区,将以推进长江流域开发开放、加快武汉长江航运中心建设为重点,将立足于港区联动发展,重点开展水路口岸物流和保税物流、国际采购、分销和配送,进出口贸易、航运金融租赁等新型服务业,有效地促进区域经济的快速发展。阳逻临港新城更是新港空间发展规划中"五城"的重中之重,优先发展建设。这些都是阳逻产业新城建设不可多得的重大机遇。

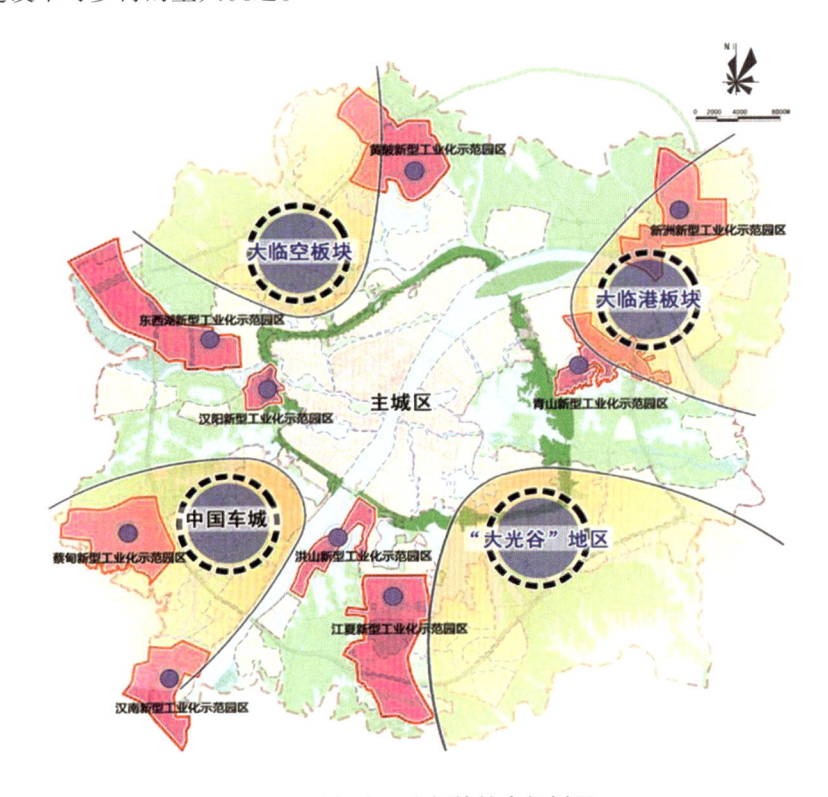

图3 武汉市四大板块综合规划图

资料来源:武汉市国土与资源规划局网站。

3. 阳逻新城发展战略与产业定向

发展定位为"长江中游水运枢纽、武汉市综合物流基地、以先进制造业和重工为特色的现代化临港产业新城"的阳逻，主要以港口为依托，产业为支撑，物流为基础，体现港产、港城互动，以保税物流、钢铁及深加工、重型装备制造等为主导产业，着力构建重装工业基地、重化工基地，打造中等规模的临港产业新城。随着阳逻一期作业区投入运营，2008年，华中最大钢铁物流基地——华中国际钢铁物流基地在阳逻开建，力图打造物流"千亿元产业"。2009年，在"十一五"期间，坚持"抓港口、带物流、促工业"，发展十分迅速。2009年，实现国内生产总值到57.26亿元，五年年均增长速度达到23%；实现固定资产投资额61亿元，五年年均增长速度达到57.16%；地区财政收入稳步提高，共计10.02亿元；实现规模以上工业总产值104.8亿元，年均增长89.88%；规模以上工业增加值33.01亿元，年均增长56%，规模以上企业工业产值突破100亿，阳逻港集装箱吞吐量突破25万标箱，比上年增长57%，增幅高居长江沿岸各港口榜首。钢材深加工、电力能源、纺织服装、新型建材、机械装备制造5大产业形成集群发展，钢铁制品产业集群被列为全省优势产业集群。经济发展不断加快。在"十二五"即将结束之时，阳逻新城共引进投资项目180多个，协议投资额1000多亿元。其中，西门子、阿尔斯通、武钢和中粮集团等世界500强11家、中央直属企业13家。建成项目120个，在建项目30个，拟建项目41个。港口项目大发展，带动着阳逻港口经济、先进制造业和现代物流业等聚集发展，并形成港口物流、钢材深加工、重工机械装备、输配电设备、新型建材、电子电器、纺织服装和食品加工等八大主导产业，逐步构建以阳逻港建设为核心；以沿江经济带为拓展；重点发展港口物流片区、重工业制造产业片区、核心生活区八大综合片区（图4）的发展布局和功能结构。

在新城自身发展的同时，2016年9月，武汉市新洲区提出"十三五"发展思路和2030年发展总体规划建议。打造长江中游航运中心门户地区，武汉城市圈的综合性节点城市，武汉先进制造基地的重要载体，着力构建"一环引领、双城联动、三轴辐射、多板块支撑"的产业发展格局（图5）。重点优化产港城联动服务功能带、长江中游航运中心核心港区、阳逻之心等地区，进一步强化阳逻新城建设在新洲区产业发展中的重要地位。

图4 阳逻新城八大分区布局

资料来源：www.rexian.net.cn

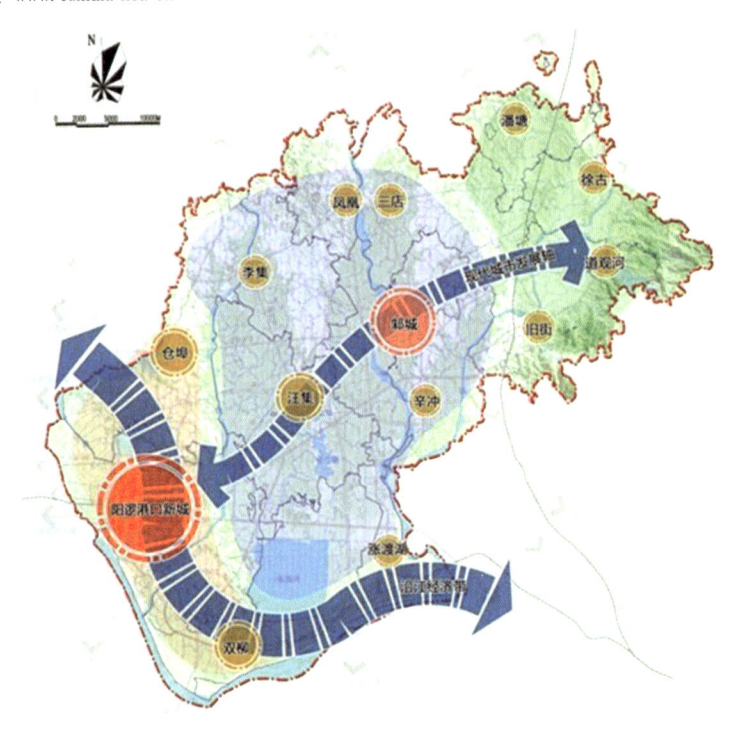

图5 武汉新洲区产业发展格局

资料来源：武汉市国土资源和规划局网站。

三、阳逻新城建设面临的困境与挑战

促进港与城、港与产、产与城之间的有效融合，形成港产城有效互动和一体化发展，才是港口城市实现城市功能效益最大化的有效途径。而处于起步阶段的第四代港口城市，更是存在着产业集聚杂乱化、港产融合水平较低；集疏运通道不畅、内外通达度不高；物流业发展滞后、基础设施建设不足，港产城融合困难等问题。长江流域上游有重庆两路寸滩保税港区，下游有上海洋山保税港和南京港。阳逻新城地处长江中游，起步晚，与这些快速崛起的港口相比，不具有先发优势，也存在着上述问题。

1. 港口综合功能不全，产业集群效益低

产业集群是指在一个经济区域内生产某种产品的若干个同类企业以及为这些企业配套的上下游企业和相关服务业高密度聚集在一起的产业现象和经济过程。港口产业集聚的形成之初主要是由于港口主导产业的先天性集聚特征，与之相关的其他产业为追逐良好的生产环境，也会随着港口城市经济的发展自发的集聚在周边区域。随着各产业之间联系不断加强并向外扩散，集聚区域逐渐由传统的港口区向港口城市的商业区转移，最终扩散到整个城市范围。这一经济过程能使某一产业领域内相互关联的企业及其支撑体系在一定区域内大量聚集发展，并形成具有持续竞争优势的"经济部落"。采用集群式发展，有利于在产业聚集区形成有机的产业链，构成产业聚集各专业分工间良性互动，提升产业聚集区整个产业的竞争力，推动区域经济发展。

截至2015年，阳逻新城内主要分布的企业及重要设施有武钢江北基地、武钢江北基地配套码头、香炉山货运站、华能电厂货运站、华能阳逻电厂、阳逻水厂、阳逻保税物流园、亚东水泥、龙发物流、招商物流、阳逻一期二期三期等（图6），其中由核心企业带动形成七大产业集群：以阳逻国际集装箱转运有限公司、京东华中物流园为代表的物流产业集群；以武钢江北加工基地、一冶钢构项目为代表的刚才深加工产业集群；以西门子、阿海珐输配电项目为代表的电力设备制造加工产业集群；以重冶连铸、中冶连铸项目为代表的重工机械设备产业集群；以亚东水泥、北新建材项目为代

表的新型建材产业集群；以武汉一棉、江南集团为代表的纺织服装产业集群；以中百食品、升阳食品为代表的食品加工产业集群。但在各产业集群内企业间的关联度并不高。一是每个产业的产业链不够完善。二是同质竞争广泛存在，企业间几乎很少合作。除去几大集团公司，大多是独立的地区性一批中小企业，以及依靠优惠政策吸引企业进区而形成企业的空间集聚，没有形成真正成熟的产业集群，或者说产业集群效益不足。在阳逻企业的聚集过程中，政策吸引仍起主要作用，区域功能尚未形成优势。阳逻的大部分企业之间并没有形成真正的专业化分工，相互协作、相互依存的协作网络尚未形成，区内企业之间，在业务上的关联度低，中小企业在某些产业环节上为大企业提供专业化供应配套的也不多。此外，各板块的功能分区也较为混乱，且大部分企业都是属于非物流、港区功能型的企业，周围多被阳逻老城及工业园所包围，新城的拓展范围具有局限性，没有更多的用地进行扩展，无法形成综合性、系统性的港口功能创新型产业集群体系。

图6 阳逻新城产业分布状况

资料来源：《长江中游航运中心：阳逻港区概念性规划》。

2. 集疏运通道不畅，铁水公交通优势不强

港口物流的运输过程包括海上运输、码头卸载和内陆运输（集疏运）三个环节。区域港口集疏运体系是由铁路车辆、汽车、转运船舶或其他运输工具，将货物从腹地集中到港口交船舶运出，或将船舶运进港口的货物疏散到腹地的运输体系。其高效运行对提高港口装卸效率、促进临港工业区与腹地经济发展发挥重要的作用①。而阳逻港与主城区联系的汉施公路不堪重负，江北快速路建设滞后；现状平江路与沿江岸线平均距离约为 1 公里，阳逻港岸线达到 6.8 公里，仅有 4 条垂江道路相互联系，且平江公路客、货运混杂，承载着港区生产车流与社会车流两大压力，影响港区集疏运效率及居民出行体验，道路通行能力难以满足发展需要，疏港交通系统建设不足。同时，江北铁路仅延伸至阳逻电厂地区，与主要港区、工业发展区联系不够紧密，综合利用效率偏低。道路"连而不畅"，如平江路功能叠加，等级偏低；道路"畅而不廉"，收费公路未实施减免费用等措施；最后 1 公里"互不连通"，未实现有效的铁水联运（图 7）。

图 7　沿江地区综合交通系统分析图

资料来源：《长江中游航运中心：阳逻港区概念性规划》。

---

① 刘沛、穆东、苏捷："区域港口集疏运系统资源整合的动力学机理"，《系统管理学报》，2015 年第 3 期。

在港口与城市之间尚未实现有效的联通的情况下，更谈不上扩大其腹地范围和辐射效益，发挥其在武汉新港空港综合保税区的功能定位。

3. 现代物流业发展滞后，综合服务能力较弱

港口物流是典型的环境友好型、资源节约型基础产业，具有绿色、低碳特征。现代港口物流业不仅包括运输、港口装卸、仓储等基本业务，同时也会引发加工、装配、陆上运输、物流服务、造船、贸易、金融结算，甚至酒店餐饮、旅游观光等多个产业在港口周边地区配套发展，形成由现代港口物流业所引领的经济圈，这种经济辐射面广，带动性强，逐渐成为港口城市经济增长的重要一极，如美国以纽约港为中心的东海岸经济圈和日本太平洋沿岸经济圈。目前，阳逻仅发展基本的港口航运产业，并且存在着岸线开发碎片化和港口运营多主体两大问题。阳逻二期上游为华能阳逻电厂煤炭进口码头及亚东水泥厂配套码头；阳逻三期下游后方陆域被城镇体系发展所占用，开发难度较大。受港区发展历史影响，目前港区内岸线碎片化开发导致港口物流产业集约化程度不高；港口运营管理多主体也不利于总体效益发挥。港口现代物流发展起步，37家物流企业年税收不到1000万元，宝湾、万物等4个物流项目建设进展缓慢，其他临港产业发展十分滞后。港口物流所衍生的航运配套服务如航运金融、海事保险、海事法律咨询、海事仲裁、船舶和航运交易、公估公证、船舶注册登记等功能较弱，部分航运服务门类存在着企业数量多、规模小、服务不规范或标准较低、服务资源不能共享等问题。

现代物流业的快速发展将会带来物流、人流、资金流、信息流的集聚。港口需提供积极有效的配套服务设施来更好地吸收这种集聚效益，为实现自增长创造环境。对于阳逻而言，航运交易所和航运服务区发展滞后影响了其竞争软实力。武汉航运交易所虽已于2011年11月挂牌，但与上海、重庆等航交所相比，其促进中游地区航运要素整合和相关权益交易的功能远未有效发挥。同时，阳逻港区航运配套服务设施建设进程缓慢，航运服务中心建设迟迟未能启动。因此，在现代物流发展不强的情况下，阳逻的综合配套服务能力又较弱，无法为阳逻实现城市的自增长提供充足的动力。

四、阳逻新城未来发展应对

1. 国内外临港新城发展的经验

上海临港新城。新城位于上海东南角，地处长江口和杭州湾交汇处，距上海市中心75公里，北临浦东国际航空港，南接洋山国际枢纽港，拥有13公里长的海岸线，具备得天独厚的码头资源，是上海沿海大通道的重要节点城市和中国（上海）自由贸易试验区建设的直接腹地，规划面积314平方公里。自2003年启动规划建设以来，坚持产业开发、基础设施、城镇建设、生态环境、产城融合"五位一体"全面发展，开发建设取得显著成效。累计完成固定资产投资1370亿元（产业投资近1000亿元），引进产业项目230多个，工业总产值保持45%的年均增幅，税收收入保持22%以上的年均增幅。临港新城由主城区、重工装备产业区、物流园区、主产业区、综合区5个功能区组成。上海临港新城利用东临东海、毗邻中国第一座跨海大桥以及第一个国家级保税港区等优势，进行基础设施（城市景观人工湖、填海造地工程）、生活设施建设，发展临港产业，重点发展装备制造业基地，主要有航空产业配套、汽车整车制造、船舶关键件制造、发电设备、海洋工程设备制造、工由程机械等。经过近15年的建设发展，一座集金融、商贸、科教、旅游、休闲、居住功能为一体的新型滨海城市已经初步建成，成为上海国际航运中心的重要组成部分和核心功能区，在上海新一轮发展中具有举足轻重的地位和作用，也是未来上海中心城区的重要辅城。

新加坡裕廊新城。裕廊新城是临港新城建设成功的典型范例之一。裕廊新城规划为功能分明的五大分区：中心区（居住、商业、办公）、新兴工业和无污染工业区、轻工业和一般工业区、港口和重工业自由贸易区、石化区。其发展经历了五个阶段：一是政府主导阶段，1961-1968年期间，政府重点建设港口、码头、电力、铁路等配套设施项目，并为投资者提供低吸贷款和优惠的税收政策，先后有150家企业入住。二是重化工业主导阶段。直至90年代初，石化工业是工业区最先发展的产业，先后78家石油、石化和特种化学品公司进驻园区，通过发展"化工簇群"，形成上下游产业一体化的发展模式,直接刺激了区域城市的发展。三是产业转型阶段。进入新世纪之前,新城产业综合制造成本急剧上升,其优势逐步削弱,总体上已经开始转型,园区设立了专门的科技工业园区和国际商务区,支持高科技企业和高附加值企业优先发展。四是管理转型阶段。在新世纪交际之时,面对经济和产业转型,新城的管理重心从对业务的管理转变到服务上来,如降低土地租金等。改善运输系统,为外来人员提供有竞争力的住房租金。通过配套服务提高园区竞争能力,宜居城市逐渐形成。五是创新发展阶段。2000年以来,整个园区开始从制造基地、服务基地向创新基地转变,使园区成为创新的源泉。随着创新的推进,裕廊城市化进程提速,成为新加坡经济和社会高质量、高速度发展的重要支撑。

2. 阳逻"港产城"互动策略

港口是一个港口城市发展至关重要的战略资源,港口的功能越强,对区域发展的作用越大,对一个城市发展的影响也越大[①]。现代化港口建设同时也离不开现代化港口所要求的现代产业体系和现代化城市。纵观国内外沿海发边城市,其港口、产业、城市的发展都紧密相连、存在良性互动。海港的基本运输中转功能使得其成为湛口城市成长最重要的动力,对工业、贸易、金融和其他行业具有吸引和集聚作用,催生发展了一系列的产业群。产业集聚能够为城市化提供经济支撑,而城市化反过来能为推动港口和产业的进一步发展提供优良的服务。三者之间能够实现协调、互补、互动发展(图8)。

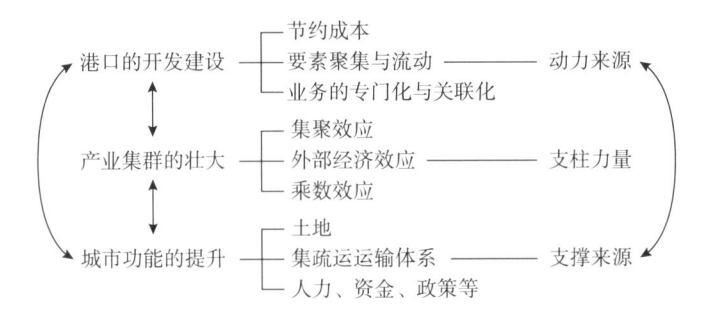

图 8 港产城互动机理示意图

---

① 孟力强:"一带一路背景下连云港市港产城融合发展研究",《连云港师范高等专科学校学报》,2014年第4期。

（1）港口功能产业的组织细化

临港产业集群化发展不仅是提升园区产业整体效益、降低各类成本、推进港口产业结构优化升级的有效途径，也是实现产业本土化发展、更好地与城市功能融合的必要手段。港口直接产业与关联产业构成的良好城市基础设施条件产生空间集聚引力，吸引与港口无直接关系的产业在港口城市集聚；临港工业的发展产生协作引力，也不断吸引前、后向关联产业在港口城市集聚，港口城市的产业体系渐趋完善，构成多元经济发展格局，港口周边的城市功能体系逐步形成。阳逻新城的临港产业存在着功能不全和集群水平较低等问题。在功能提升上，要积极培育核心，补齐短板。一方面要加快推进阳逻港综合服务中心建设。加强对港口码头建设、物流产业发展等的综合服务，加强与阳逻新城功能培育和建设发展的总体协调，按照以港带城的思路，加快阳逻中心区的建设发展，培育发展临港型服务中心，加快推进阳逻港核心功能区建设，打造阳逻港综合服务中心。另一方面要注重依托港区主导职能培育新功能。当前阳逻港仍主要以货物集散为主，功能相对单一，要充分发挥阳逻港具备的区位交通条件、经济发展腹地、港航基础设施、航运资源聚集和科技人才等各个方面的优越条件，注重提升和完善港口功能，补齐短板，重点围绕临港服务业，积极发展港口中转服务功能，培育生产性服务功能、生活配套、工业等相关功能，打造功能复合区，形成功能完善的综合性、现代化港口。在产业集群上，要强化产业板块，实现港产互动。突出"港口经济"特色，以宜港岸线资源开发为基础，强化长江沿岸的分段产业布局规划与建设开发，为阳逻港核心区引进"嵌入型"产业，发展产业集群，打造规模经济，进行板块化布局，近期以港口带动周围产业区发展，中期以周围产业反哺港口发展，远期达到港产互融。加强"产业协作"，充分考虑总体产业发展战略，按照"适度竞争，有序发展"的原则，明确产业发展思路。

（2）交通用地空间的布局优化

集疏运体系是港口赖以生存和发展的重要赢家基础，与港口服务业一起成为港口城市建设、临港产业发展的重要基础。港口的集疏运体系作为港口连接腹地的重要纽带，随着腹地范围的扩大和腹地经济的发展，要求"纽带"数量的增加和质量提高；而"纽带"数量增加和质量提高，又直接关系港口的腹地范围和经济的集聚扩散作用①。因此，在整个港口、产业和城市（腹地）互动的过程中，完善的集疏运体系能够充分带动区域发挥集聚效应和扩散效应。一方面其基础设施状况会提高区位吸引力，强化区域经济活动的集中，加强不同区位之间的经济联系；一方面，集疏运功能的集中可以为周边企业提供更有效的专业化配套服务。而阳逻新城要立足其临港优势实现产业升级和城市发展，其必须加紧打造系统化综合交通网络，完善集疏运体系，为港产城良好互动"牵线"。具体策略为：以平江路及汉施公路为两大发展轴线，引导、拓展布局多式联运体系及现代物流聚集区；依托多式联运体系建设，以港区西北侧铁路基础为突破口，一路向北拓展，直抵天阳公路；以天阳公路为延伸，积极对接武汉天河机场，努力构建水铁公空多式联运格局，丰富港区物流体系结构；充分利用柴泊湖的生态环境，布局航运总部服务区，拓展航运保险、金融等服务功能。具体措施：按照区域一体化的原则，改造平江路，实现港区生产车流与镇区社会车流的合理分流；新建港区对外通道，服务港区存量及增量集装箱运输需求；加快建设平江路及疏港路北延长线，强化与外部高速网络连接；盘活周边存量资源，利用港区周边的公路、铁路系统，积极推进多式联运体系建设，提高港区辐射能力。加强港口集疏散运输体系建设，强化"多式联运"，构建以水运为核心，铁路、公路等多种交通方式紧密衔接的集疏运网络体系。以港为中心，以东为城，以西为产，实现"水陆铁空"多式联运发展和港产城和谐共融，优化用地空间布局。

（3）现代物流产业的主导强化

现代港口物流产业是港产城一体化发展的有力推动因素。在加快发展现代物流产业，建设城市型物流中心的过程中，港口以其大进大出的集疏运能力和在物流网络中的组织作用，已成为现代物流业的主导和重点内容②。现代物流业与传统港口物流不同之处在于，现代物流业是在港口的基本物流功能基础上，结合金融保险、信息服务和技术创新等进一步扩大其服务范围和功能，具有综合性服务功能的现代生产性服务业。武汉市"十三五"规划纲要中，明确提出"实施现代服务业倍增计划，建设国家商贸物流中心"。阳逻拥有水、公、铁、空于一体的立体交通优势，是发展现代物流业的理想之地。一是强化传统物流产业发展基础，围绕港口综合运输和贸易服务，以煤炭、

---

① 俞晓晶："国际航运中心的集疏运体系"，《水运管理》，2009 年第 7 期。
② 张林："抢抓机遇发挥优势加快建设武汉阳逻新城"，《学习与实践》，2007 年第 2 期。

钢铁、谷物、化工、建材、机械等大宗货物运输为主，以仓储、装卸、配送、流通、加工为重点，加快稻米交易物流中心、钢铁物流中心、商贸物流中心、煤炭物流配送中心四个物流中心和中建集团物流基地、纺织服装基地、钢材深加工及装备基地、新型建材物流基地、农副产品加工基地、钢管仓储物流基地六个物流基地建设。二是开展现代物流综合智慧服务。积极发展第三方物流和电子商务，尽快形成以港口为端点、以内陆物流中心为集散点的与国际接轨的综合物流网络，大力推进物联网、云计算、大数据等新一代信息技术在港口物流的推广应用，依托物联网、云计算、光网络、移动通信等技术手段对港口管理、物流发展、配套服务等领域的各种需求做出智能的响应，健全港口在物流产业上的服务功能。三是加大企业和人才的引进力度。大力培育、引进国内外知名第三方物流企业，加快发展一批现代物流的龙头企业；要培养和引入一批物流技术骨干队伍，加强物流从业人员培训，提高专业技能，依靠创新与人才推动港口物流业发展。此外，还要借助武汉新港空港综合保税区"一区二园"建设，规划建设好占地1平方公里的阳逻港园区。推进阳逻保税港区建设，按照开发区建设模式滚动发展，以企业经营为主导，重点开展国际采购、分销和配送，进出口贸易服务（含展览展示）、航运金融（含金融、保险）、船舶租赁、航运交易等新型服务业，实现内陆型海关特殊监管区域由货物贸易为主向货物贸易和服务贸易并举的转型升级。充分发挥两大保税区的保税功能，积极发展仓储物流，对外贸易，国际采购、分销和配送，国际中转，加工、制造，商品展示等业务，使阳逻港成为内陆地区知名保税港区，华中地区出口的重要通道。

阳逻临港新城的建设既是建设长江中游航运中心的需要，也是在城镇化背景下城市空间扩展的需要。武汉中心城的发展空间有限，为避免分层级的市域城镇体系过度依赖中心城，临港新城在发展过程中要逐步增强自身的反磁力。在前一背景下，临港新城应在依托阳逻港，发展保税港区、物流等航运服务业和重装备产业的基础上，争取"多式联运海关监管中心"及相关配套政策的落户，以此吸引国内国际航运企业在新城的集聚，为新城导入高端人才，增强新城活力。在后一背景下，阳逻临港新城作为市域重点发展的新城之一，是培育新经济增长极和人口导入的重点区域，其作为沿江崛起的临港新城，不同于仅具有"运输和中转站"功能的传统港口城市，而是一个综合型城市，除通过发展主导产业提高港口空间辐射范围之外，也要重视相关配套服务业的培育，注重对新城周边区域服务功能的培育，通过综合功能开发加强临港新城的吸引力，创造多元的工作岗位和多样化的城市生活，提高人口集聚能力，真正实现港口、产业与城市的协调联动发展。

> 王磊，武汉大学中国中部发展研究院区域经济学专业教授，美国哥伦比亚大学城市规划博士，中国区域经济学会副秘书长、中国区域科学协会理事；李成丽，武汉大学中国中部发展研究院硕士研究生。

广州科学城自主创新发展战略

魏 成 邓海萍 张 俊 黄 铎

广州科学城作为广州高新技术开发区核心区,其创新驱动与辐射带动作用对于珠三角地区产业发展具有重要战略意义。本报告在对广州科学城发展历程进行简要回顾的基础上,梳理了广州科学城在推动高新技术产业的既有政策创新与相关发展经验;同时在新时期国家大力推动自主创新的背景下,探讨了作为珠三角高科技园区领头羊之一的广州科学城的科技创新与发展等问题。针对新时期珠三角国家自主创新示范区核心区的定位目标,广州科学城可充分借鉴国内外高科技园区的发展经验,突破"多区合一"的政策束缚,以自主创新体系建设为主线,以产学研一体化为原则,实现从"单功能组团"向"多功能组团"的转变,并加强土地利用的高效投放与精细化规管,进一步推动广州科学城的升级转型与创新驱动发展。

广州科学城(GSC,Guangzhou Science City)地处广州市东部黄埔区中西部,西接广州市天河区,是一个在珠江三角洲具有重要影响力的高科技产业园区。广州科学城范围西起大观中路、南至科林路、东至北二环高速、北至开创大道,部分用地在广深

---

* [基金项目]本研究为国家自然科学基金面上项目(No.41371138)、亚热带建筑科学国家重点实验室开放课题(No.2016KD21)阶段性成果。

高速公路以南，规划面积21.89平方公里（见图1）。

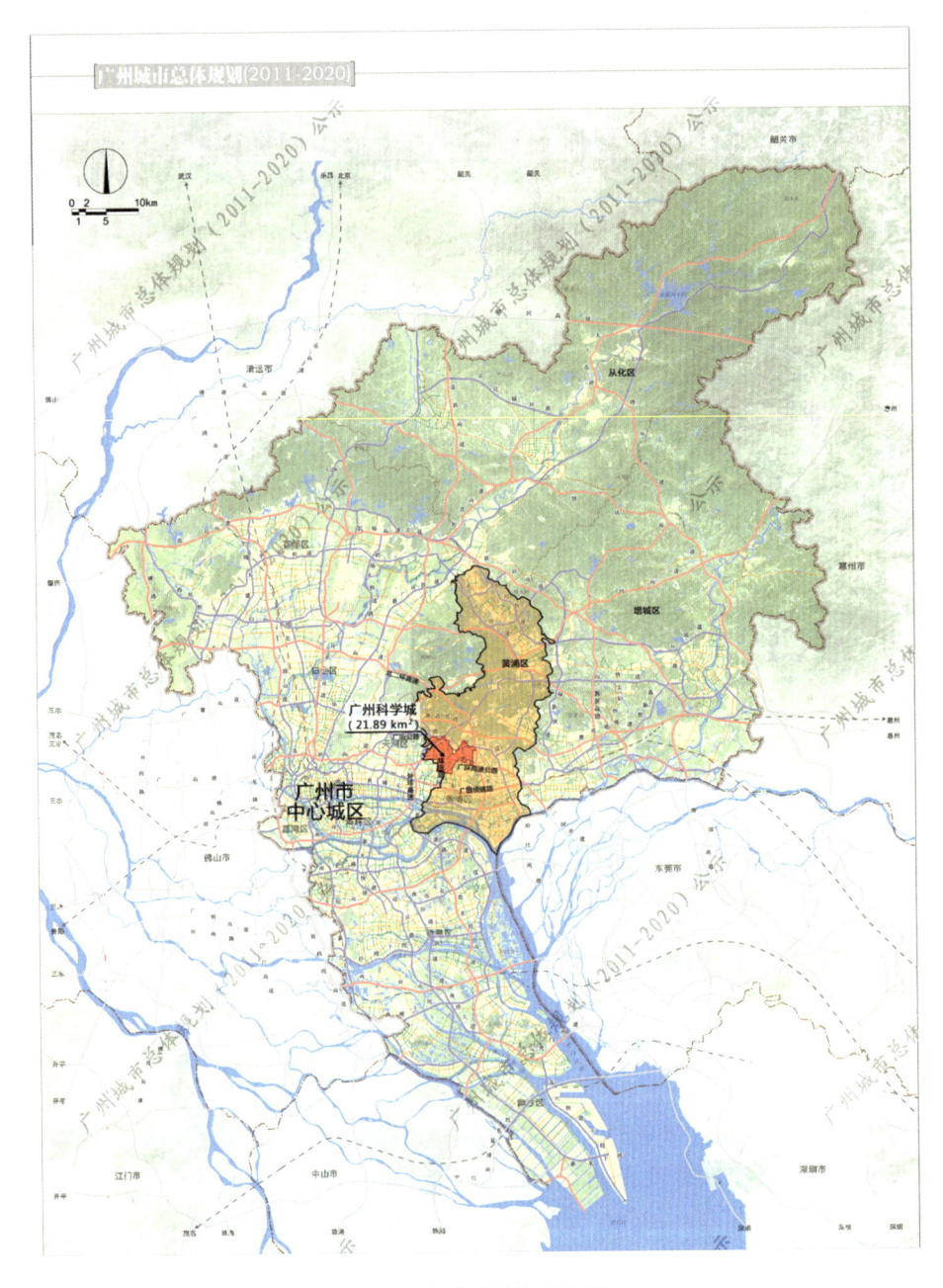

图1　广州科学城区位图

资料来源：本研究绘制。

广州科学城始建于1998年，是广州高新技术开发区[①]的核心园区、珠三角重要的科技研发和产业化基地。自开发建设以来，广州科学城累计投入建设资金1484亿元（截至2015年上半年），已聚集了3200多家科技企业，440多家研发机构，拥有科技企业孵化器360万平方米。2015年，实现营业总收入3500亿元，占广州高新区的65.2%；实现规模以上工业总产值2428.6亿元，占广州高新区的61.6%。广州科学城已成为广州开发区产值贡献最大，增长动力最强，高端要素最为密集的核心区域。

广州科学城主要发展新一代信息技术、生物医药康、新材料及节能环保等战略性新兴产业和生产性服务业，已建成生物、电子信息等11个国家级产业基地，4个广东省战略性新兴产业基地。以广州科学城为中心，1.5小时的车程半径覆盖整个珠江三角洲，是广州发展高新技术产业的重要基地和标志性园区。

一、广州科学城发展现状

经过近20年的快速发展与建设，近年来，广州科学城的经济发展势头较为平稳，建设用地已几乎开发殆尽。"十二五"期间，广州科学城营业总收入累积超过1.4万亿元，工业总产值累计总量突破9000亿元、固定资产投资累计总量突破1000亿元。产业结构逐步形成以电子信息业、生物医药、新材料及节能环保、现代服务业等战略性新兴产业为主导的高端化格局。

1. 经济发展概况

截至2015年，广州科学城营业总收入为3500.9亿元（占广州高新区营业总收入超65%），较2014年增长约12%，"十二五"期间年平均增长超10%。2015年广州科

[①] 广州高新技术开发区是1991年国务院批准成立的首批国家级高新技术产业开发之一。其前身为1988年由国家科委、广东省和广州市人民政府批准成立的广州天河高新技术产业开发区。1996年，广州市政府将广州天河高新技术产业开发区更名为广州高新区。1998年，为了加速广州高新技术的发展，广州市对高新区管理体制进行了调整，形成由（黄埔区）广州科学城、（天河区）天河科技园、（越秀区）黄花岗科技园和（白云区）民营科技园组成的"一区多园"的格局。此后，（南沙区）南沙资讯科技园和（海珠区）广州生物岛也被纳入广州高新区统一管理。

学城工业总产值为2428.6亿元（占广州高新区工业总产值超60%），较2014年增长21%，"十二五"期间广州科学城工业总产值年平均增长约16%。"十二五"期间，广州科学城累积固定资产投资超1000亿元，实际使用外资累积21.86亿美元，"十二五"期间批准各类投资企业859个，其中外商投资企业156个（见表1）。2015年，广州科学城实现税收收入超80亿元，人均GDP约50万元。

表1　　　　　　　　广州科学城"十二五"时期主要经济情况表

年份	营业总收入（亿元）	工业总产值（亿元）	固定资产投资 合计（亿元）	#基础（公共）设施（亿元）	批准项目合计 合计（个）	#外商投资项目（个）	合同利用外资（亿美元）	实际使用外资（亿美元）
2011年	2328.2	1693.9	131.6	57.6	92	43	2.87	3.67
2012年	2413.3	1350.5	145.8	62.4	118	29	12.31	2.43
2013年	2778.8	1843.2	255.8	65.9	180	31	2.01	6.23
2014年	3126.0	2004.8	278.0	71.2	178	29	5.14	4.89
2015年	3500.9	2428.6	312.8	39.3	291	24	1.89	4.63
"十二五"时期	14147.2	9321.0	1123.8	296.3	859	156	24.24	21.86

资料来源：广州开发区、黄埔区2015年国民经济统计公报

2. 产业发展现状

经过近20年的有选择性的培育与快速发展，广州科学城已逐步形成以电子信息、生物医药、新材料及节能环保等产业为主，现代服务业近年来在园区转型升级的探索中发展迅猛，并逐步形成了中部以现代服务业及总部经济为主，北部以生物医药为主，新材料及节能环保产业主要布局在广深高速以南，电子信息业则主要分布在西部、南部以及东部园区的总体产业分布格局（见图2）。

①电子信息技术产业。目前，广州科学城电子信息产业规模最大，广州开发区80%的平板显示产业及其配套企业目集聚在广州科学城，是广州市平板显示产业最为集中的区域，汇聚了索尼华南电子（手机摄像头）、乐金显示（LG Display）、台湾光宝科技等一批跨国公司的研发和生产基地，涌现了视睿科技、威创日新、京信通信、海格通信、粤晶高科等一批具备较强研发能力的本土民营科技企业。电子信息技术产品

涉及计算机外围设备、通信设备、主机板、软件、集成电路及新型电子元器件、汽车电子及其他专用电子设备、家用视听设备等领域，在移动通讯天线、高清晰大屏幕显示技术等领域处于全国领先水平。同时配套有方欣科技、广东软件园（国家级863软件孵化基地）等科技配套企业。2010年，广州科学城电子信息及相关联企业的工业总产值达1350亿元，形成了较大规模的电子信息技术产业集群，已成为国家电子信息产业基地、国家新型工业产业化（工业设计）示范基地、广州新一代通信设备和终端产业基地等多个战略性产业基地。

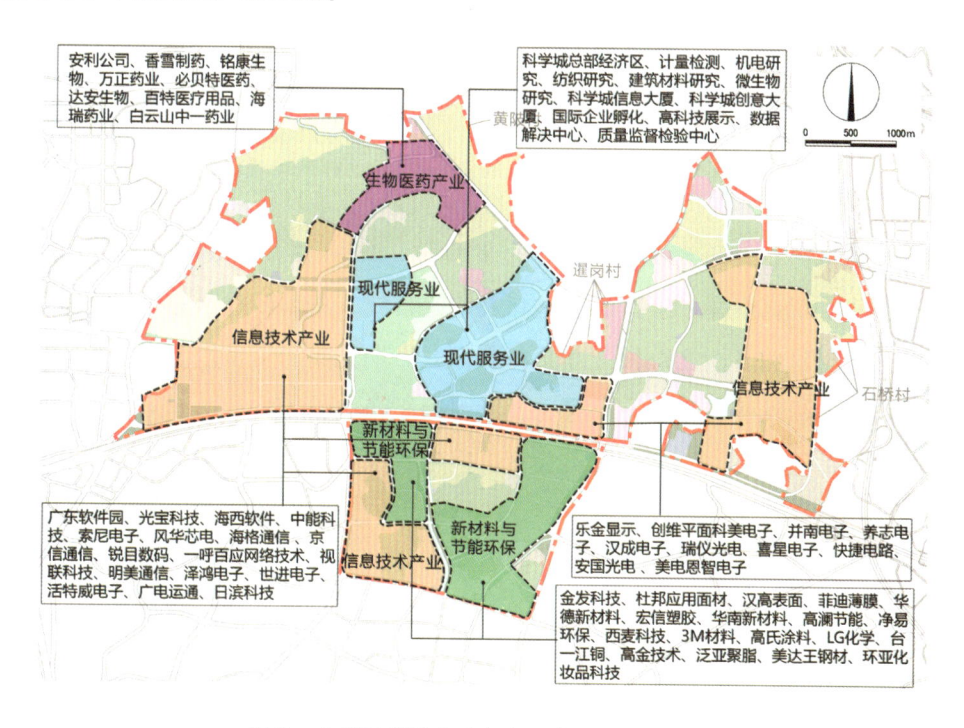

图2　广州科学城产业与主要企业现状分布图

资料来源：本研究绘制。

②生物医药产业。广州科学城的生物医药产业集聚了一批以自主创新为特色的较具实力的科技企业，如香雪制药、达安基因、扬子江药业、中一药业、海瑞药业、万孚生物、益善生物等等。中山大学达安基因设立了卫生部医药生物工程技术研究中心，成为中国基因诊断行业的龙头企业；广州益善生物技术有限公司作为国内个体化医疗产业的开拓者和先导企业，是亚太地区规模最大的专业从事液相芯片系列产品开发的

企业，承担了国家重大新药创制科技重大专项产业化项目。广州科学城孕育了 3 个国家级的生物产业研究中心，包括中国科学院广州生物医药与健康研究院、基因工程药物国家工程研究中心、中山大学达安基因股份有限公司等，为生物医药产业集群的创新发展提供了坚实研发基础。2006 年，广州科学城获批为国家生物产业基地，是首批批准的三个国家生物产业综合基地之一。在生物疫苗、基因诊断测试、再生医学工程材料等技术领域位居国内或国际先进水平。一批重大生物医药品种开发和产业化技术研发取得了明显成效。例如，个体化医疗与生物医药在时间分辨荧光抗体诊断技术（达安基因）、乳哺乳动物表达系统工艺（铭康生物）、干细胞 IPS 技术（中科院广州生命健康院）、医用组织工程技术（冠昊生物）、人类全长基因 CDNA 高效中介载体技术（复能基因）等等。

③新材料及节能环保产业。广州科学城新材料及节能环保产业主要以广深高速以南的新材料创新产业组团为支撑，拥有金发科技、3M（广州）新材料、杜邦应用面材、高金技术、泛亚聚酯、宏昌电子材料、儒兴科技、华德新材料等一批行业龙头企业，在轻合金材料和高性能特种工程塑料方面具有明显优势。例如，金发科技在改性塑料领域拥有多项发明专利，公司组建了以国家级企业技术中心为核心的，包括院士工作站、博士后流动站、国家认可实验室、广东省重点工程中心和产学研合作研发中心的自主创新体系，是国内产品最齐全、产量最大的改性塑料生产企业。目前，新材料创新产业组团已建成塑料改性与加工国家工程实验室、聚合物材料应用安全评价中心、广东省特种工程塑料重点实验室、聚合物新型成型装备国家工程研究中心等公共服务平台，成为新材料及节能环保产业发展的重要带动力量，在新型环保材料、电子信息材料、高分子材料、金属新材料和化学新材料等领域形成了较具特色的产业集群。

④现代服务业。随着广州科学城现代制造业的快速发展，以及轨道交通规划的逐渐接驳，广州科学城近年来正大力推进现代服务业集聚区和总部经济区建设，随着一批大型国际现代服务业项目和总部项目的入驻，广州科学城中心区的现代服务业聚焦效应明显。广州科技创新基地、广州国际企业孵化器、广州科学城创意大厦、创新大厦，以及信息大厦，科学城商业广场、总部经济区等的陆续建成运营，使得广州科学城的科技研发与服务、总部经济、信息服务、商品检验检测、金融保险等生产性服务业已初具规模，占地 1.6 平方公里集办公、科研、金融、商贸、博览、文化、娱乐、

休闲等多项功能为一体的科学城中心区逐步显现（见图3）。现有的科技企业孵化器，如广州科技创新基地、广州国际企业孵化器、广东软件园（一期）、留学人员广州创业园、国家863计划成果转化基地、中国科协广州科技园等，都在不断优化服务环境，提高孵化能力。同时，随着万达广场、大壮国际等商业广场的逐步建成，以及配套公寓、居住楼盘的完善，生活性服务业也得到明显改善。

图3 广州科学城中心区的科学城广场

资料来源：广州开发区网站。

3. 土地利用现状

广州科学城总用地面积21.89平方公里，随着近20年的快速发展，除了占比为35%的生态林地以及城市绿地外，广州科学城约16平方公里的建设用地几乎开发殆尽。其中，一类工业用地主要布局在广州科学城的西部、北部、南部以及东部。公共管理与公共服务用地、商业服务业设施用地主要布局在园区中部，形成"1+3"（中心区、西区、南区、东区）的组团分布格局（见图4、图5）。

在广州科学城约16平方公里的城市建设用地中，工业用地面积最大，为759公顷，占建设用地面积近一半左右；其次是占地2.4平方公里的城市绿地，占城市建设用地比例约15%。广州科学城选址于广州中心城区外围的丘陵缓坡地带，生态植被良好，广州科学城在规划建设过程中采用生态优先的设计理念，保留了14个小山峰、部分生态林地，形成了园区与自然相互融合的生态型科技园区。

图 4　广州科学城土地利用现状图（2015）

资料来源：华南理工大学建筑设计研究院：《广州科学城片区提升规划》，2016。

图 5　广州科学城卫星影像

资料来源：google 地图。

居住用地、商业服务设施用地、公共管理与公共服务用地占广州科学城建设用地比例分别为10%、9%以及6.6%，服务业用地合计面积占建设用地面积约26%。另外，广州科学城号保留了黄陂村、暹岗村、石桥村等一部分村庄，村庄建设用地面积48.68公顷，主要为村庄居住用地（现状土地利用情况见表2）。

表2　　　　　　广州科学城现状土地利用汇总表（2015年）

序号	类别		用地代码	面积（ha）	城市占建设用地比例（%）	占总用地比例（%）
1	城市建设用地		H11	1605.24	100.00	73.33
	居住用地		R	162.75	10.14	7.43
	公共管理与公共服务用地		A	106.23	6.62	4.85
	其中	行政办公用地	A1	8.06	0.50	0.37
		文化设施用地	A2	2.85	0.18	0.13
		教育科研用地	A3	72.82	4.54	3.33
		体育用地	A4	13.04	0.81	0.60
		医疗卫生用地	A5	9.24	0.58	0.42
		文物古迹用地	A7	0.22	0.01	0.01
	商业服务业设施用地		B	145.72	9.08	6.66
	工业用地		M	759.05	47.29	34.68
	物流仓储用地		W	1.38	0.09	0.06
	交通设施用地		S	178.34	11.11	8.15
	公用设施用地		U	11.19	0.70	0.51
	绿地		G	240.58	14.99	10.99
	其中	公园绿地	G1	81.69	5.09	3.73
		防护绿地	G2	148.10	9.23	6.77
		广场用地	G3	10.79	0.67	0.49
2	村庄建设用地		H14	48.68	——	2.22
3	非建设用地		E	535.08		24.44
	其中	水域	E1	48.17		2.20
		农林用地	E2	486.91		22.24
	总计			2189.00	——	100.00

资料来源：华南理工大学建筑设计研究院：《广州科学城片区提升规划》，2016。

二、广州科学城发展经验

广州科学城经过近20年的发展,逐步探索出"一区多园"与"四区合一"的管理体系,并利用多元化的政策优惠体系对吸引企业进驻与集聚创新发展起了重要的推动作用。近年来,为推动创新驱动发展与转型升级,广州开发区逐步实施"1+7"科技政策体系和"1+9"人才政策体系,对于加快企业的科技创新发展与吸引人才提供了较好的经验。

1. "一区多园"与"四区合一"的管理机制

为加速广州高新技术产业的发展,广州高新区逐步实施"一区多园"的管理模式,即由广州科学城、天河科技园、黄花岗科技园、民营科技园和南沙资讯园等园区共同组成一个广州高新区,并实行统一管理。1998年起,为简政放权与整体统筹,广州经济技术开发区先后与广州高新区、广州出口加工区、广州保税区合署办公,实行"四区合一"(即"四块牌子,一套管理机构")的管理体制,率先实行大部制改革,形成精简高效、务实创新的独特管理体制,并实行"一站式服务"。广州开发区管委会统一管理四区事务,是全国唯一享受四个国家经济功能区的政策区域。

"一区多园"与"四区合一"新型管理模式使得广州科学城得以充分享受区域经济资源共享,实现优势互补与联动发展模式的创新,在国土、规划、项目审批、建设及投产手续报批等方面行使市一级管理的权限。一方面,广州科学城也在广州开发区管委会的统筹安排与管理下,按照"资源共享,优势互补,协同发展"的思路统筹开发建设,可以有效地利用与共享其他园区的招商引资资源、政策资源和服务资源,强化资源整合与创新,形成招商引资合力,极大地促进了广州科学城的快速发展,特别是对于广州科学城的起步培育与拓展完善阶段起到了重要的推动作用。同时,也可更好地发挥广州科学城在资源集聚、产业发展等方面的辐射带动作用,对于区域经济的发展也有着不可忽视的促进作用。

2. 多元化的政策优惠与产业促进措施经验

在"四区合一"的管理模式下,广州科学城得以充分享受广州开发区的整体多元政策组合与优惠政策,从而构成相对完整与丰富的政策体系,可供选择的投资政策空间大,可以充分满足和适应各类投资者的个性化和多元化需求,充分享受专业化优质服务体系。多元化的优惠政策与产业促进措施主要包括企业落户、企业税收优惠、经营贡献奖励、高管奖励、楼宇政策奖励、上市奖励、瞪羚企业奖励、创业发展奖励、股权投资奖励,以及促进高新技术产业、总部经济、现代服务业和先进制造业奖励,等等(详见表3)。

表3　广州科学城可享受的多元优惠政策与产业促进措施一览表

序号	奖励类型	奖励内容
1	企业落户	给予一次性200万元落户奖励(企业注册资本1.5亿元以上)。
2	企业税收优惠	(1)外商投资企业,经营期在十年以上者,从获利年度起,前两年免征、后三年减半征收企业所得税;高新技术企业自认定之日起,减按15%的税率征收所得税;出口产品销售额占当年销售总额70%以上的,减按10%的税率征收所得税。 (2)企业列入国家或省及广州市计划的高新技术产品,自销售之日起,国家级新产品三年内,省级新产品两年内,将所得税和增值税两个税种的地方留成部分返还给企业。 (3)企业用于高新技术开发而进口的国内不能生产的仪器设备,经批准后免征进口关税;为生产出口产品而进口的原材料和零部件免领进口许可证,来料加工出口产品免征进口关税和增值税。
3	经营贡献奖励	(上一年度统纳税额达到1500万元)给予年营业收入3‰经营贡献奖励,连续奖励3年。
4	高管奖励	(个人所得税在8万元以上)给予最高10万元/人奖励,每个企业10名高管,连续奖励3年。
5	楼宇政策	(纳税达1000万元)给予100万元/年的场地租金补贴,连续补贴3年。
6	上市奖励	对于上市企业最高给予300万元资助。
7	瞪羚企业	(1)对于认定的瞪羚企业按本年认定的研发费用总额的20%的额外奖励,最高不超过50万元。 (2)获得银行贷款的,分别给予认定当年5%一次性贷款贴息,单次最高50万元封顶。

续表

序号	奖励类型	奖励内容
7	瞪羚企业	（3）对备案的投资机构投资的认定及培育瞪羚企业，给予企业获得投资额的10%的补贴，最高50万元封顶，每年每个企业可享受1次补贴。对于瞪羚企业投资引进的企业，按照瞪羚企业投资额10%给予补贴，最高50万元封顶，单个瞪羚企业200万元封顶。 （4）对获得认定及培育的瞪羚企业，两年内首次认定为高新技术企业，给予20万元的一次性奖励；对新引入的高新技术企业，两年内获认定的瞪羚企业给予20万的一次性奖励，对培育的瞪羚企业3年内获得首次认定瞪羚企业给予20万元的一次性奖励。
8	创业发展奖励	对新建、改造提升创客空间，或引进国际创客实验的，经认定后，总共予以最高不超过500万元的资助。
9	股权投资奖励	给予最高2000万元落户奖励（股权投资基金，实收注册资本达20亿元，非上市科技型中小企业4亿元）。
10	促进高新技术产业奖励	直接股权投资扶持、科技项目配套奖励、研发机构奖励、金融扶持奖励、知识产权奖励、国家高新技术企业落户奖励、重点项目扶持等。
11	促进总部经济发展奖励	项目落户奖、经营贡献奖、高管人才奖励、办公用房补贴、企业上市奖励、重点项目扶持，等。
12	促进现代服务业奖励	项目落户奖、经营贡献奖、高管人才奖励、资金配套、产业联盟发展奖励、企业上市奖励、重点项目扶持，等。
13	促进先进制造业奖励	项目落户奖、经营贡献奖、高管人才奖励、转型升级奖励、产业联动发展奖励、资金配套、重点项目扶持，等。

资料来源：根据广州开发区网站以及相关政策文件整理。

3."1+7"科技政策体系

2016年，为贯彻落实国家、省、市关于全面深化科技体制改革，加快创新驱动发展的相关政策要求，广州开发区全面实施创新驱动发展战略，加快推进建设珠三角创新驱动发展示范区、与国际创新资源聚集区建设，以发挥在广州建设国际创新枢纽主引擎、珠三角自主创新示范区核心区的作用。广州开发区管委会在原有的科技政策基础上进一步完善和创新，以《关于加快建设创新驱动发展示范区、国际创新资源集聚区的决定》为统领，细化落实7个具体扶持政策，形成了"1+7"的科技政策体系（见表4），主要强化重大创新平台的支撑作用、强化企业创新主体地位、建设知识产权示范区、打造协同创新枢纽、打造国家级科技金融核心功能区、完善人才引进及培养和激励机制、推动科技与产品融合发展、营造良好的创新创业环境，以及强化组织领导和体制机制创新等九大方面内容。

新的政策给予高新技术企业研发经费10%－20%的补贴（最高不超过300万元），对获得科技部门立项资助的各类科技项目采用后补助的方式予以配套（对国家级科技项目给予100%资金配套，最高500万元的配套资助）。对获得市级以上重点新产品、火炬计划项目、星火计划项目或其他科技立项项目，给予贷款贴息补贴（最高不超过50万元）。同时，实施"瞪羚企业八条"专项支持政策，对于认定的瞪羚企业按本年认定的研发费用总额的20%的额外奖励（最高不超过50万元），为瞪羚企业提供综合融资支持，加大企业融资补贴力度等政策支持。此外，为推进各类孵化器集群化、专业化、品牌化、国际化发展，还制定了加快各类孵化器的发展实施措施，以提升各类孵化器的孵化能力，成为培育科技型企业、促进科技成果产业化的核心载体。

表4　　　　　　　　"1+7"科技政策体系一览表

政策类别	政策名称
"1+7"科技政策体系	关于加快建设创新驱动发展示范区、国际创新资源集聚区的决定
	科技发展资金管理办法
	瞪羚企业认定扶持办法
	促进科技、金融与产业融合发展实施办法
	知识产权专项资金管理办法
	创客空间认定和扶持办法
	大学生科技企业扶持办法
	进一步加快各类孵化器发展实施意见

资料来源：根据广州开发区网站以及相关政策文件整理。

4. "1+9"人才政策体系

除了"1+7"科技政策外，为贯彻落实国家和省、市关于实施创新驱动战略、推动大众创业、万众创新的重要精神，广州开发区按照珠三角国家自主创新示范区核心区的建设目标，制定了《创新创业人才"558"发展纲要》，并配套实施九类人才办法，形成"1+9"人才政策体系（见表5），以优化人才存量、扩大人才增量、提高人才质量。新的人才政策给予领军人才最高不超过1500万元资助，给予院士创业团队最高不超过2000万元的资助；并提供购房补贴、贷款贴息、办公场所租金补贴，租房、交通、安家费等补贴，并给予领军人才、院士创业团队最高不超过500万元的参股投资。经评定为广州开发区创新创业骨干人才和紧缺人才，给予每月薪酬补贴2000～3000元（可享受12个月）。同时，推进"创新创业领军人才引领、国际金融投资人才聚集、企业经营管理人才带动、骨干和紧缺人才支撑、专业技术人才保障"等五大人才工程；完善人才引进、培养、评价、激励、服务五大工作机制，以争取实现人才流动、国际人才合作、职称评审、股权激励、成果转化、平台建设、创业投资、金融支撑八个方面的政策突破，从而为建设创新驱动发展示范区、国际创新资源集聚区提供坚实的人才保障。

表5 "1+9"人才政策体系一览表

政策类别	政策名称	备注
"1+9"人才政策体系	创新创业人才"558"发展纲要	纲领性文件
	创新创业领军人才聚集工程实施办法	人才引进
	高层次人才个人扶持办法	人才引进
	加快聚集创业英才实施办法	人才引进、人才激励
	高级管理人才奖励办法	人才激励
	创新创业骨干人才和紧缺人才薪酬补贴实施办法	人才激励、人才培养
	技能人才资助和奖励办法	人才激励
	鼓励创业投资基金参股人才创新创业项目办法	人才引进
	博士后管理工作实施办法	人才激励
	人才引进奖励办法	人才引进、人才培养

资料来源：根据广州开发区网站以及相关政策文件整理。

三、自主创新背景下广州科学城发展问题

经过改革开放近三十年的快速经济发展，我国的产业结构构成与科技发展水平发

生了重大的变化，自主创新能力薄弱已日益成为区域经济发展的制约瓶颈。面对日益强化的资源环境约束与激烈的国际竞争形势，加快提高自主创新能力，推动产业结构升级成为"十一五"时期我国转变经济增长方式的迫切需要。2006年，《国家中长期科学和技术发展纲要》把增强自主创新能力作为科技发展的战略基点和调整产业结构的中心环节[1]。党的十六大把优先发展科学技术，增强自主创新能力、建设创新型国家作为未来国家发展战略的核心，以充分发挥科技在转变经济发展方式和调整经济结构中的支撑引领作用。

而高科技园区作为我国科技发展与实现自主创新的重要载体，扮演着技术创新引导者和组织者的重要角色[2]，很大程度上决定了国家创新能力的关键，成为我国自主创新战略重点关注的焦点所在。我国高新技术开发区的大规模设立是在1990年代初期，是国家实施"863计划"、"火炬计划"，培育自主知识产权，推动高新技术产业化发展的重要内容。与国家经济技术开发区主要是以吸引外资和大型企业，推动外来技术的本地化不同，高新区的主要功能与政策目标是培育和促进本土高新技术产业发展为根本，加速科技创新与成果转化，发展高新技术产业化基地，以促进我国产业结构的升级和更新换代[3]。

在国家愈加强化自主创新的背景下，尽管作为高科技园区的广州科学城在近二十年的快速发展中取得了较为瞩目的经济成就，但一定程度上仍属于高新技术加工制造类型，与广州开发区各园区之间的差异化程度并不明显。在强调自主创新的新时期，广州科学城在管理体制、土地利用与产业布局、创新网络培植，以及规划管制等方面则累积了与创新并不匹配的路径依赖问题。

在全球技术变革和产业结构调整的关键时期，以科技创新为核心生产力的新型文明形态正在形成，高新技术产业正在技术体系、产业形态等方面发生深刻变革，战略性新兴产业蓄势待发。目前，我国已进入提高自主创新能力、建设创新型国家重要阶段，面向经济社会发展的重大需求，以科技创新引领产业转型升级是深入贯彻落实科学发展观，推动经济社会进入科技引领、创新驱动、内生增长、低碳绿色的发展轨道

---

[1] 刘国新、李兴文："国外技术创新过程中的政府作用分析——对我国实施自主创新战略的启示"，《当代经济管理》2006年第1期。

[2] 徐冠华："提升自主创新能力开创国家高新区建设和发展的新局面"，《科技与经济》2005年第5期。

[3] 中华人民共和国科学技术部：《中国高新技术产业发展报告》，科学出版社1999年版，第202页。

的核心路径。

在持续多年快速发展的同时，广州科学城也面临着新的问题，主要表现为：环境和资源紧约束，发展空间急需拓展；创新载体建设不足，创新质量有待提高；产业结构不尽合理，产业层次差距较大；产业发展后劲不足，战略性新兴产业亟待壮大；社会发展滞后，人居环境、产业配套设施急需完善。

(1) 管理体制的惰性："四区合一"的管理体制对于广州科学城的起步与崛起时期起了重要的推动作用，但在广州科学城转型升级时期，囿于路径依赖难以"因区施策"

众所周知，广州开发区以实行独特的"四区合一"管理体制而闻名全国，尽管这种高效的整合各类资源条件、共享招商引资信息等管理模式对于广州科学城的起步培育与快速崛起起了重要的推动作用，但不可忽视的是，对于新时期而言，广州科学城的转型升级更需要结合自身的发展基础而"量身定做"针对性的应对策略。例如，合理解决组团分隔交流、配套服务政策滞后所带来的创新氛围不足问题；在建设用地开发殆尽的条件下，如何基于创新升级制订针对性的精细化规划管制议题，以及广州科学城的创新网络培植等问题。

但在广州开发区的"四区合一"管理体制约束下，难以对广州科学城实行"因区施策"。近年来，尽管为适应宏观自主创新与"双创"（大众创业、万众创新）环境，广州开发区管委会制定了一系列的科技政策与人才引进政策，但显然，基于广州开发区整体名义颁布实施的统一性政策，难以满足广州科学城的空间独特性与实操性的具体化需求。例如，广州开发区管委会所管理的众多园区，包含了不同性质的园区类型（经开区、高新区、出口加工区、保税区等），这些园区的区位条件、发展阶段、产业状况以及企业创新需求等都面临了较大的差异，依赖统一而较为抽象的整体性政策显然解决不了科学城"近渴"。目前，对于经济发展与产业状况的具体统计信息，广州开发区也几乎都是以开发区整体或广州高新区名义对外公布，而鲜有针对广州科学城园区的经济信息披露与产业问题剖析，而在广州开发区总体"光鲜的统计数据光环下"，几乎看不到广州科学城的创新不足问题。

（2）产业特性的误判：尽管生态环境与空间品质较为优越，但在功能分区与生态美学的规划理念下，广州科学城"有机疏散"的空间结构掩盖了使用效率欠佳以及对高科技园区产业发展特性预判不足等问题

广州科学城选址于城郊丘陵缓坡地带，生态植被良好，加上地形地貌的限制，广州科学城一开始就定位为高标准生态科技园区。在以工科背景为主的城市规划师主导下，规划基于功能分区与生态美学的理念，保留了较多的生态林地与小山，和建设用地交替楔入的方式，并结合主次干道的划分与组团隔离，形成"有机疏散"的空间结构①，以科学城中心区为核心，四个工业组团分布在商业服务中心区的四周，规划初衷是充分利用自然山体资源，借助高品质的生态环境营造较好的园区景观，以塑造绿色、生态、高端化的高科技园区形象②。"不适宜高强度开发，高新技术企业用地的净容积率控制在1.0以下"等规划指引，成为广州科学城对产业用地供给的规划管控基础。

但基于功能分区的"有机疏散"空间结构，实际上被高快速路、主干道以及块状生态绿地所分割，形成了以主次干道划分的大地块功能区和以对外交通为主的土地利用和道路交通特点。不仅各组团之间的联系较为不便，生态空间可进入性不佳，支路网密度也较为不足。同时，由于广州科学城选址远离广州中心城区，虽说依托母城，但其发展建设也基本上属孤岛式开发，人气有限。严密的功能分区、不便的组团分隔、偏低的开发强度等不仅导致广州科学城工业生产与研发服务的相互阻隔，也缺乏便捷的交流空间与活跃的创新氛围，从而对于处于发展初期阶段的高科技园区产业发展的特性预判不足。例如，高新技术产业特点对周边环境影响较小，但对居住和公共服务设施等需求较高，特别是对混合用地供给与兼容性开发有较强的需求，而追求过分单一功能的空间布局显然无法满足高新技术产业的发展需求。在新时期，广州科学城需要积极加以检讨，转变规划管制思路，为新的用地功能、空间需求制定有效的规管指引，以适应广州科学城的转型升级需要。

---

① 黄光宇、陈勇、田玲等："生态规划方法在城市规划中的应用——以广州科学城为例"，《城市规划》，1999年第6期。

② 其有机疏散及生态化的规划设计理念，使得广州科学城总体规划获得2001年度全国城乡规划设计三等奖。

(3) 创新网络的局限：广州科学城招商引资设置的门槛较高，早期注重对跨国公司与大型企业的引驻，对中小微企业的扶持与优待以及企业创新网络的培植等方面尤显不足

诚然，企业创新网络在高科技园区中发挥着重要的作用，扮演着技术创新引导者和组织者的重要角色，越来越多地体现在大中小型企业、上下游企业之间高度分工与密切协作的生产网络组织之上。企业间的关系由此普遍由阶层式转向网络式并增强水平联结，大量中小型企业的集聚对创新有着极为重要的影响，是技术创新的主要推动力量，具有不可替代的作用（Porter，1990）[①]。如全球闻名的企业集聚区"第三意大利"（the third Italy）就特别注重对中小企业的扶持。大中小型企业网络、共享的园区知识，以及网络组织间的信任互惠联系与高度互动（interaction）是地区创新与经济发展的关键所在。

在广州科学城发展历程中，"四区合一"的管理体制与政绩导向使得广州开发区并未真正意识到中小企业对于高科技园区创新网络的重要性，其招商引资设置的门槛较高，并过于关注对跨国公司与大型企业的引驻，如广州开发区投资促进局明确的招商重点是"世界500强企业、注册资本达1亿元以上等大项目"[②]，所出台的相关政策优惠与奖励也都设置了前提条件，即为有一定发展基础、产值贡献大与利税较高的大企业"量身定做"，优惠政策关注点仍十分局限，在市场准入、优惠政策、土地供应等各方面对中小微企业的扶持与优待则尤为不足，忽略了中小微企业在创新网络组织中的重要作用，使得广州科学城的创新氛围不佳[③]。由此，完善创新政策与服务，合理搭建创新平台与网络组织是广州科学城所转型升级所面对的重要议题之一。

---

① Porter, M. *The competitive Advantage of Nations*, New York: Free Press, 1990.
② 即使对于大型企业，招商引资时也往往对其是否具有创新研发环节视而不见。如入驻广州科学城的索尼华南电子、乐金显示（LG Display）、广州创维等大型企业均都属于加工组装工序，并不涉及创新研发。生产手机摄像头的索尼华南电子甚至是"两头在外"的"飞地型"进料加工基地（其生产的手机摄像头往往通过"香港一日游"的形式以规避税费）（2016年1月28~29日的访谈）。
③ 如在广州科学城较为知名的、以液晶显示板卡设计为主的本土民营高科技企业视睿科技开发部技术经理就明确指出，"科学城的创新氛围不太好，公司有时候会自发组织技术交流"。

（4）精细规管的缺失：过于关注短期内的快速增长，缺乏长远战略性计划，较为粗放的规划管制应对不及，给广州科学城的转型升级及产城融合发展带来了较大的挑战

一方面，广州科学城的开发较为注重短期内的快速经济增长，缺乏长期的战略远见，忽略了其发展阶段的可塑性。在 GDP 导向与政绩工程激励下，粗放的规划管制对于部分项目的进驻应对不及，对未来的空间优化与转型升级带来较大的影响。例如，作为广州最大的外资投资项目之一，占地面积达 33 万平方米之多的乐金显示（LG Display）尽管属于高新技术行业门类，但其实际在广州科学城仅是显示屏加工基地（无研发部门），并带有一定程度的环境污染挑战①，不仅偏离了原先科学城设定的高新技术产业化与创新驱动发展目标，也为未来广州科学城的转型升级带来了极大的挑战。

另一方面，粗放式的规划管制还体现在土地投放与土地利用绩效的应对上。在开发建设早期，广州科学城对招商引资及入驻的企业把关并不十分严谨（如用以"装点门面"但经营欠佳的国有企业），且后续性政策缺失，不仅导致广州科学城建设用地在短期内被迅速投放，也未预留长远发展空间，不仅对未来潜在的高成长性企业入驻带来较为不利的影响②；而且对公共服务设施预留空间也极为有限，导致公共服务设施配套建设较为滞后（如幼儿园、小学等基础教育设施缺乏）③，实质上也影响了广州科学城的产业关联绩效。2014 年，广州开发区整理出 345 宗、总量 344.9 公顷的低效企业用地中，有 46.5% 的面积（约 160 公顷）位于广州科学城，其中低效工业用地近 118 公顷，低效商业服务业设施用地有 34 公顷之多④。此外，为树立高科技园区对外形象，广州科学城对用地的兼容性开发规定较为刚性和生硬，甚至无法满足员工的日常饮食与生活需求，企业对此意见很大。例如，多个企业反映，其工业用地内不能建设员工

---

① 乐金 8.5 代液晶显示屏在加工过程中使用的化学品种类繁多，其中多种主要原辅料属于危险化学品（为可燃易燃品、腐蚀性物质和有毒物质等），其加工生产环节涉及到的生产废水包括含氟废水等 6 类，酸性及有害等废气有 4 类。

② 国际上的高科技园区往往预留充足的空间给予未来不可预见的高成长科技型企业。如新加坡纬壹科技城，就预留了大片的"留白"空间给远期的潜在高附加值产业，可使之保持可持续性的区域竞争优势。

③ 访谈得知，广州科学城在员工住宿、优质基础教育、文化娱乐及医疗卫生设施的供给问题突出，部分企业（如视睿科技）甚至自建幼儿园以满足员工的基本需求。

④ 而近几年来，部分低效用地变性与再开发甚至带来了国有资产流失与"套利"争议：即，部分科技企业将早年"瓜分"到的廉价工业和科研用地，开发为商业、住宅等房地产项目。参见：刘力图："广州科学城的开发盛宴"，《华夏时报》，2013 年 8 月 31 日第 026 版。

食堂①，但广州科学城并未有实质性的相关规划措施以应对。

四、广州科学城发展展望

针对当前广州科学城正加快转型升级步伐，迈向产城融合的关键时期，广州科学城迫切需要走出广州开发区"多区合一"的政策束缚，其科学化创新体系、开放式共享布局、精细化规划管制等"因城施策"将成为广州科学城未来需要面对的核心议题。

（1）突破"多区合一"的束缚，以自主创新为主线，构建科学化的创新体系

广州科学城作为广州高新区的核心园区，承担着创新引擎和带动珠三角产业发展的重要责任。但正如前文所述，经过了近20年的快速发展，广州科学城建设用地所剩无几，但目前广州科学城无论是知识创造和企业创新能力、产业升级和结构优化能力、国际化和参与全球竞争能力、自主知识产权产品产值、企业培育、单位产出、可持续发展能力等方面在国家高新园区中并不具有明显的优势。尽管自2002年广州实行"多区合一"的开发区管理政策对于广州科学城的发展初期起了重要的推动作用，但广州开发区实施"多区合一"后，其决策及管理政策文件多以"合一"的方式在"多个产业园区"统一实施，而针对高科技园区，特别是针对广州科学城的管理与政策创新消失殆尽。由此，广州科学城的自主创新体系构建一直并不彰显。

在新的时期，广州科学城迫切需要针对自身发展现状和区位特点，突破"多区合一"的束缚，正确处理自主创新体系与高科技园区发展的关系，在广州开发区，甚至是广州高新区中实施"差异化"的发展，摸清家底，以自主创新为主线，对广州科学城的创新发展进行积极的规划检讨，制定出"因区施策"的高科技园区转型升级方案，改造存量与挖掘增量空间，合理确立企业需求与功能布局的关系，加强产学研一体化平台建设，加大中小微企业的培育，同时匹配完善的配套设施、人才引进、科技金融等政策要素，推动广州科学城自主创新体系的建构，优化管理体制，提升管理水平，提高管理效率，引领广州科学城迈向一个新的发展阶段。

---

① 2016年12月8日的访谈。

(2) 以产学研一体化为原则，实现从"单功能组团"向"多功能组团"的转变，形成开放式共享布局

产学研一体化、注重人与人之间的交流空间和创造机会，是高科技园区布局的一个重要特征。高科技园区的产业发展特性是以高新技术产品为主的生产及研发，对周边环境影响较小，而空间的邻近性可给上下游企业之间的交流与合作带来十分便捷的正向影响，可有效促进特色产业从研发到量产的全产业链的形成，并可与办公、公寓、会议会展、酒店、休闲等高度兼容和混合，以形成多功能组合的多元化空间布局形态。例如，新加坡纬壹科技城就以"活力社群"理念，构建融生产、办公、居住、休闲娱乐、教育学习于一体的多功能社区，同时配备专业化的办公、实验与研发共享设施，可减小中小微企业的运营成本，并通过开放式带状公共空间的连接，以形成多功能组团的开放式布局与链接结构。

广州科学城自发展之初则过于强调生态对于高科技园区的作用，忽视了产学研及生活一体化布局的正向效用，逐步形成了"1个中心组团+3个产业组团"的四个"单功能组团"，即中心组团以现代商务服务业为主，西、南及东三个组团都以工业生产为主，且中心组团和三个产业组团被城市主干道、高速公路以及生态型林地所分隔，彼此之间的交流与合作较为不畅。同时，除中心组团外，三个产业组团内部的生产布局也较为粗放，多数企业以传统的"单个厂区地盘划分"的形式，各自为政，几无预留配套共享设施，较大地影响了广州科学城整体用地效能的发挥。因此，广州科学城应以产学研一体化为布局原则，加大对单功能组团的用地盘整与逐步优化重组，逐步植入从科研、生产到共享设施、生活配套设施等，加大开发强度，建筑强调多功能垂直整合（如"一栋建筑就是一个社区"），形成开放式共享布局形态，以满足高科技园区多功能一体化的需要。

(3) 积极盘整土地资源，加快低效用地的处理，实现产业用地的精准投放与精细化管理

为有效扭转目前土地利用绩效不佳以及规划管制粗放的状况，广州科学城应积极盘整土地资源，加快低效用地的清退与处理，加大管委会对产业资源配置的主动权。针对广州科学城土地资源有限的现状，防止圈地、土地变性与炒卖房地产，广州科学城可借鉴国内外高科技园区的成功经验，如，强化集约节约化用地，提高项目准入门槛，加快建立企业"进入"机制和"退出"机制，转变土地使用权出让制为土地租赁制，以使企业有进可出，严设"准入关"，严把"监管关"，严格"退出"关，保持资源的动态配置，以保证稀缺的产业用地严格用于高端产业。

在土地存量有限、产业函待升级的背景下，广州科学城必须转变土地投放模式：通过产业筛选，保证引入产业的质量，建立一定的产业"门槛"，对产业的门类、产业链条所处的位置以及规模进行筛选，剔除不符合科学城片区发展定位的产业项目；通过产业评估明确产业的实际需求，将供地量与投资额、产出效益等指标挂钩，最终实现用地指标、空间规模与产业需求的精准匹配，实现土地的高效投放。同时，建立产业用地监管机制，严格管制土地用途和动工、竣工期限，依法处理和收回闲置用地，动态监管用地类型，防止商业目的的"土地变性"；建立产业绩效考核机制，对连续不满足考核的低效企业进行"用地清退"，提升土地的使用效率，实现对实施产业用地精细化管理（见图6）。

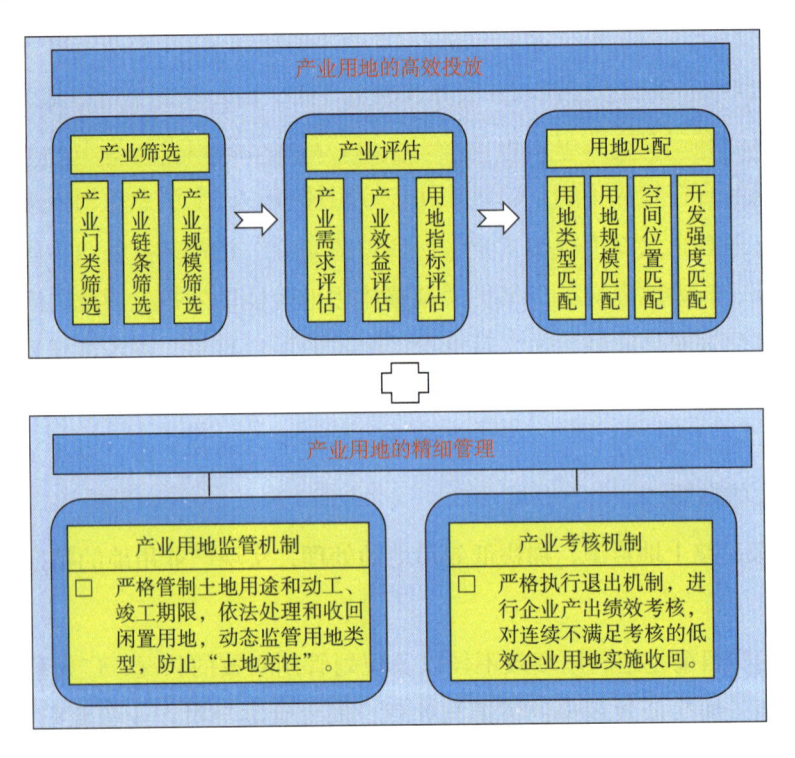

图6 产业用地的高效投放与精细管理示意图

资料来源：本研究绘制。

魏成，博士，华南理工大学建筑学院、亚热带建筑科学国家重点实验室副教授，硕士生导师。邓海萍、张俊，华南理工大学建筑学院、亚热带建筑科学国家重点实验室硕士研究生。黄铎，博士，华南理工大学建筑学院、亚热带建筑科学国家重点实验室，讲师。

东莞松山湖（生态园）文化创意产业发展研究

陈能军

　　本报告首先从六个方面分析了松山湖（生态园）文化创意产业的发展现状：一是新兴文化业态发展趋势明显，但配套力度还需加强；二是文化融合发展平台层次完整，但服务作用未能彰显；三是品牌授权产业发展逐渐起步，需协同优化统筹推进；四是文创产业孵化平台推进快速，入驻企业数量还偏少；五是动漫影视游戏产业雏形显现，发展模式仍面临挑战；六是文化创意企业数量逐渐增多，对区域总体贡献不高。其次阐释了东莞松山湖（生态园）文化创意产业创新实践的四大路径：一是实现版权产业跨越式发展，扶强做优动漫游戏产业；二是加快"文化+科技"融合发展，推进 VR 产业大发展；三是优化文化创意产业发展平台，提升文化贸易发展水平；四是集聚发展文化创意设计产业，促进新兴文化业态发展。最后从四个方面提出了东莞松山湖（生态园）文化创意产业创新实践的政策建议。

　　松山湖（生态园）位于广东省东莞几何中心，坐落于"广深港"黄金走廊腹地，南临香港、深圳，北靠广州，园区总面积 103 平方公里。园区着力打造东莞的科技中

---

　　* 本报告调研与撰写得到东莞松山湖（生态园）管委会、管委会文体宣传局支持，特此感谢。

心和创新中心，致力发展循环经济、建设生态文明。是东莞致力于发展模式创新，推进结构调整和产业升级，提升城镇化质量，打造"一中心四组团"城市格局的重要组成部分，全市创新驱动发展的集聚区、生力军和加速器。2016年，松山湖（生态园）主要经济指标实现了"四个突破"，跃上一个新台阶。预计GDP突破300亿元，达303亿元，同比增长16%；园区税收总额突破100亿元，达100.86亿元，同比增长24.3%；固定资产投资总额突破100亿元，达118.47亿元，同比增长24.5%；规模以上工业总产值突破2000亿元，达2119.15亿元，同比增长16%；在全国高新区的综合实力排名升至第29位，在全省高新区中排名第三，地级市中排名第一。

一、东莞松山湖（生态园）文化创意产业发展现状

近年来，松山湖（生态园）的文化创意产业以粤港澳文化创意产业实验园为载体，紧密呼应东莞市文化创意产业发展战略，大力引进创意设计、品牌授权项目，服务东莞传统优势产业转型升级；重点发展原创动漫、网络游戏等文化内容项目，拓展东莞文化创意产业新型发展业态；大力引进文化领域中战略性新兴产业项目，丰富东莞文化创意产业发展领域。具体分析如下。

1. 新兴文化业态发展趋势明显，但配套力度还需加强

①新兴文化业态发展趋势明显。随着文化科技融合趋势的进一步加快，松山湖（生态园）的新兴文化业态发展趋势愈发明显。无论是互联网娱乐产业还是互联网资讯产业都获得了迅速的发展。在东莞市两批市级重点文化企业中，松山湖（生态园）的广东艾力达动漫文化娱乐有限公司、广东115科技有限公司和广东瓦力网络科技股份有限公司成功入选。2015年，广东艾力达动漫文化娱乐有限公司实现收入3141万元，税收84.39万元，广东115科技有限公司实现收入6477万元，税收358万元，广东瓦力网络科技股份有限公司实现营业收入1.17亿元，税收28.3万元，广东葫芦堡文化科技股份有限公司实现营业收入近2亿元，税收321.8万元，广东悠派智能展示科技股份有限公司营业收入2.4亿，税收770万元，值得指出的是，广东悠派智能展示科技股份

有限公司、广东葫芦堡文化科技股份有限公司和广东瓦力网络科技股份有限公司还顺利入选新三板创新层企业名单。2016年11月，广东酷乐互娱科技股份有限公司也顺利登陆新三板挂牌成功。具体见图1。

图1 2013~2015年松山湖（生态园）文化创意产业新三板公司净利润（单位：万元）

数据来源：万德数据库。

②新兴业态配套力度仍需加强。调研发现，围绕新兴业态发展的一系列配套设施需要进一步完善和提升。例如文化创意紧缺人才在东莞的落地，如何更好地吸引、留住和用好人才，政府的政策要及时出台并可以具体操作。事实上，新兴文化业态发展过程中最大的支出项目是对人力资源的开支，尽管人力资源间接引领带动的税收不可估量，但是人力开支又很难直接体现在票据行为上，形成不了直接的税收。另外，园区配套如餐饮、休闲等服务如何更好地满足园区企业的需求，需要引起重视并加快解决。

2. 文化融合发展平台层次完整，服务作用未能彰显

①发展平台层次完整齐全。松山湖（生态园）管委会已形成以文化创意内容为核心，以文化为基础，以其他要素支撑的平台构建。积极搭建"文化+科技"、"文化+设计"、"文化+金融"、"文化创意企业孵化平台"等各类顺应产业融合发展需要的功能要素平台，各类载体围绕上述功能要素平台积极布局，把科技、设计、金融、孵化等功能要素价值体现其中，总体而言，平台层次齐全完整。

②平台服务作用目前还未显著彰显。例如，东莞松山湖IOS移动众创空间以"文化+科技"、"文化+设计"为引领，依托松山湖高新技术产业开发区和东莞蓬勃发展

的制造业产业前景，形成了文化创意产业新型业态发展的服务平台和培训中心，2016年3月26日举办了苹果IOS应用开发大赛发布会，首次采用了全新的"创客模式"，但由于企业数量总量还较少，因而集聚效应和各类平台的作用还未明显显现。

3. 品牌授权产业发展逐渐起步，需协同优化统筹推进

①品牌授权发展迅速。被誉为"世界工厂"的东莞有着十分完善的制造产业体系，拥有生产加工各种类型、各种层次产品的强大的制造能力。据统计，年产值超百亿元的制造业产业门类就有19个，其中文化品制造业（包括印刷、文具、动漫衍生品、产品包装工艺品、演艺设备等文化产品与设备制造业）是东莞文化创意产业主打的优势产业门类。松山湖（生态园）积极争取上级政府支持服务品牌授权的发展，最终获得东莞市政府5年拿出1.8个亿支持品牌授权业务，把东莞品牌衍生品的开发、生产、销售优势进一步做大做强的政策扶持。其中9000万元将资助被品牌授权的企业，每家符合条件的东莞企业可获授权保底费30%～50%的资助，单一企业每年最高可获200万元资助。其余9000万元将资助松山湖博泰创意服务中心开展品牌引进与授权、研发设计、产品销售、培训与咨询等四大业务板块。根据调研得知，目前松山湖博泰创意服务中心已通过各类推介活动与奥飞、梦之城、腾讯及大嘴猴等12家国内外知名品牌公司超过50个品牌形象建立了战略合作关系，通过此类服务中心获得授权的东莞企业已达8家，品牌授权产业得到逐渐发展。

②品牌授权需协同优化总体推进。调研过程中受邀参加品牌授权推介活动时发现，推介会的总体设计构架较好，但仍存在一些问题，需总体推进确保实际效果。以2016年6月15日的推介会为例，尽管东莞市版权协会秘书长苏宁林、博泰创意服务中心执行总监赵国宏、副总裁梁碧君和广州律师协会知识产权法律专业委员会委员赵俊杰、北京大学美学博士郭羿承分别为前来参会的企业和嘉宾解读了东莞版权保护相关政策和版权登记资助办法，介绍了东莞市品牌授权资助项目相关问题，分享了版权在现代企业发展中的重要作用，交流了企业版权品牌授权商业模式及艺术授权等内容，也较好地阐释了版权保护和品牌授权的价值和意义。但是对于企业的价值宣传方面还显得不足，台下的企业在散会后很少与主办方博泰创意服务中心进行交流，因此，如何让更多的企业真正实际参与到对接环节还需要举办方优化活动流程，统筹推进，实现既定目标，还值得深入研究。

4. 文创产业孵化平台推进快速，入驻企业数量还偏少

①文创产业孵化平台建设快速发展。调研中发现，生产力大厦、大家艺术区、光大 WE 谷、中科创新广场、互联网产业园、华南工业设计院以及武汉大学文化创新研究中心等各类载体根据自身定位，积极呼应松山湖（生态园）的战略要求，大力推进，建设发展迅速，目前七大载体的硬件建设已基本完成。

②文化创意类企业入驻载体数量偏少。目前，生产力大厦积聚了 32 家各类文化创意企业，主要涉及互联网文化、创意设计企业，较好的产生了集聚效应。大家艺术区目前有意向入驻的文化创意企业 28 家，现阶段已经入驻的 14 家企业，除了一家是电子企业外，其余的都是创意设计企业，针对的是室内、工业设计、影片导演、服装设计、工艺品、服装；光大 WE 谷一期主要是泛家具和文化创意产业，在这个基础上利用时代发展趋势，打造一个 VR 产业的孵化器；中科创新广场主要以吸引动漫、影视、在线教育与机器人互动类企业为主，入驻的 50 家企业中，文化创意类企业只有 2 家，互联

图 2　主要文化创意产业园分布

网产业园主要是互联网+文化创意产业，2016年集聚企业约30家，也是松山湖（生态园）唯一的东莞市重点文化创意产业园区。就实地调研情况看，各大载体和相关平台的基础设施和软条件配置的供应与目前集聚的企业数量不成比例，入驻企业数量目前才100家左右，总体而言偏少。

5. 动漫影视游戏产业雏形显现，发展模式仍面临挑战

①形成了行业集聚效应。近年来，松山湖（生态园）对于动漫产业发展进行了大力推进，扶持发展了一大批动漫企业，取得了一定的成绩。培育了包括咏声、艾力达、虹虹、漫彩、天成、和丰、海霖、葫芦堡、智高等在内的一批动漫原创企业，其中艾力达、天成、漫彩、咏声等动漫企业先后获得国家级动漫企业资质认定，逐渐产生了行业集聚效应。

②动漫产业发展模式面临较大挑战。受整体发展环境的影响，目前松山湖（生态园）动漫产业发展模式面临较大挑战。以作为东莞动漫协会会长单位的广东艾力达动漫文化娱乐有限公司为例，尽管该公司2015年全年实现营业收入3141万元，但主营业务利润却是亏损453.92万元。前期围绕动漫衍生授权和代工制作的经营模式并没有达到预期效果，版权授权的收益更多是让利给予了制造商，而逐渐自营的动漫衍生品开发和销售还需要时间逐渐培育，总体发展模式仍然面临较大挑战。

③从事影视文化的企业数量不多，且经营模式也需要调整。针对影视产业发展情况，调研组调研了作为松山湖（生态园）影视协会会长单位的广东印记文化创意产业发展有限公司，根据提供的入会名单统计，松山湖（生态园）从事影视产业发展的企业数量为33家，但实地调研却发现，目前真正从事相关行业业务的不到10家。由于面临人才、技术、项目成本等问题，相关业务很难开展。尽管一些围绕企业专题片等短片制作有较好的市场需求，但也正在前期开拓期，需要时间逐渐培育，前期计划的经营模式也需要进行调整。

6. 文化创意企业数量逐渐增多，对区域总体贡献不高

根据实地调研统计数据显示，目前松山湖（生态园）拥有文化创意企业约450家，

基本涵盖国家统计局文化创意产业分类标准（2012）的各个类别，2016年入园的文化创意企业约150家，整体增幅达50%，呈现快速增长的态势。尽管文化创意企业数量增幅较大，但规模以上的企业数量还不多，文化创意产业总产值对区域总体贡献还不高。2015年，规模以上企业仅有11家，具体为：广东艾力达动漫文化娱乐有限公司、东莞市功夫龙影视传媒有限公司、广东华南工业设计院、东莞市松山湖酒店有限公司、广东雨林木风计算机科技有限公司、东莞市松山湖旅行社有限公司、广东一一五科技有限公司、东莞水木动画衍生品发展有限公司、广东瓦力科技有限公司、东莞市恒天文化传播有限公司和东莞市漫步者科技有限公司。据不完全统计，松山湖（生态园）文化创意增加值占其国内生产总值比不会超过2%，远远低于东莞市的总体指标（2015年，东莞市文化创意产业增加值为320亿，占比5.11%）。

图3　2011～2015年东莞市文化创意产业增加值及占比

数据来源：《东莞市统计年鉴》。

截至2015年底，东莞市开展的两次市级文化创意产业园、基地和重点文化企业认定评选活动中，两次评选共入围24个重点企业，5个园区，7个基地。其中松山湖（生态园）入选重点文化企业3个，分别为广东艾力达动漫文化娱乐有限公司、东莞市东游网络工程有限公司和广东一一五科技有限公司，仅有互联网产业园入围文化创意产业园，没有入围文化创意产业基地的名单。详细名单见表1。

表1　市级文化创意产业园、基地和企业认定评选活动入围名单

类型	镇街	企业名称	类型	镇街	企业名称
5个园区	南城	东莞市艺展工艺品中心有限公司	24个企业	高步	东莞市唯美文化陶瓷有限公司
	莞城	东莞市中天华诚实业投资有限公司		莞城	东莞市漫彩文化传播有限公司
				茶山	东莞市悠派智能展示科技有限公司
				寮步	东莞当纳利印刷有限公司
	南城	东莞市溢源动漫城投资有限公司		松山湖	广东艾力达动漫文化娱乐有限公司
				南城	东莞市绿洲文化艺术有限公司
	莞城	运河创意公社		常平	东莞金杯印刷有限公司
				松山湖	广东一一五科技有限公司
				南城	东莞市出入界文化艺术有限公司
	松山湖	互联网产业园		东城	东莞市永正电子图书科技有限公司
7个基地	塘厦	东莞塘厦松雷音乐剧剧团有限公司		莞城	东莞市东湖文化传播有限公司
				南城	广东典范文化传媒有限公司
	东城	东莞保利文化演艺团有限公司		松山湖	广东瓦力网络科技有限公司
				松山湖	东莞市东游网络工程有限公司
	凤岗	东莞嘉利度假休闲有限公司		南城	东莞市虹虹动漫文化传播有限公司
				莞城	东莞市蜜尔室内陈设设计有限公司
	莞城	森晖古玩城．自然博物馆		南城	东莞市捌毫米影视制作有限公司
				南城	东莞市天雅火乡文化传播有限公司
	横沥	逸颐艺舍博物馆		塘厦	东莞市海霖动画制作有限公司
				塘厦	东莞美景实业有限公司
	莞城	21空间当代艺术产业基地		大朗	东莞市三基音响科技有限公司
				虎门	敬业（东莞）印刷包装厂有限公司
	莞城	广东中和堂艺术品有限公司		万江	东莞市万达国际电影有限公司
				南城	广东心域广告传媒有限公司

资料来源：根据调研收集相关资料汇总整理。

二、东莞松山湖（生态园）文化创意产业创新实践的路径分析

如果说"十二五"期间松山湖（生态园）文化创意产业发展主要是打基础的话，那么提升品质、优化内涵成为全国文化科技融合示范区、粤港澳服务贸易自由化示范区、新兴文化业态培育发达区则是"十三五"期间松山湖（生态园）文化创意产业创新实践的主要任务。按照东莞市第十四次党代会提出的"奋力在更高起点上实现更高水平发展"战略目标，大力发展松山湖（生态园）文化创意产业。报告认为，有必要从以下四个方面进行推进。

1. 实现版权产业跨越式发展，扶强做优动漫游戏产业

文化创意产业的核心在于内容，而内容价值的衡量标准就是其版权价值，核心版权产业（出版、电影、广播电视、软件、网络等所有产值来自版权的产业）是对版权依赖度最高的产业，也是最直接体现版权价值的产业。

①要进一步加大对版权的保护和资助力度。加快松山湖（生态园）文化创意产业的发展，当务之急是要进一步加大版权保护和资助力度。一方面表明了主管部门的重视和决心，另一方面有利于鼓励当地企业进行原创作品的研发。具体来说，一方面，加大宣传力度，提高版权保护的宣传力度和版权保护意识。比如，相关部门可以将常规化的版权宣传和不定期的一些讲座和培训结合起来，将强制性学习和自愿性选修结合起来，为企业单位工作人员、社会大众和文化创意产业企业员工的版权意识提高提供学习的机会。另一方面，加大执法力度，维护好原创文化企业合法利益。假以时日，必将实现文化创意产业集群从创意内容上的优化发展。

②大力拓展新兴版权交易形式，实现版权交易类型的多样化和版权盈利模式的立体化。必须意识到好的版权提供不等于就能获得对等的版权交易利益。因此，下一阶段松山湖（生态园）更需要发展网络资讯、数字传媒、动漫玩具授权等多样化的新兴版权交易形式及构建立体化的版权盈利模式，促进既有中国特色又有融合国际风范的优秀版权作品（工艺设计、美术设计等）与东莞传统制造业进行融合发展。

③谋求重点突破，扶强做优示范动漫企业。如前所述，松山湖（生态园）动漫游戏产业逐渐形成集聚效应，但由于其产业特征所决定，不能做大做全，不能面面俱到，而应该重点扶强做优示范动漫企业，围绕动漫游戏产业的某些环节开展动漫游戏产业发展。与广州、深圳等地相比，松山湖（生态园）动漫游戏产业不具备综合竞争优势，除前些年的政策扶持优势以外，在优秀创意人才的引进、在动漫游戏各环节的市场推广、在各类设计创意环境制作等方面都处于劣势。因此，与其在一种劣势下竞争，还不如一方面主动积极承接先进地区发展经验，就整个行业链条中的某个环节进行重点突破。另一方面，围绕现有的优秀的动漫制作企业，借助新的品牌授权政策与东莞大批优秀的制造企业进行互动，从动漫形象如何与制造企业产品需求有效衔接的过程中开展合作，实现共赢。对于松山湖（生态园）管委会而言，更应该从品质提升角度上开展对动漫游戏产业的扶持，制定具体的动漫游戏产业扶持办法来引导做强做优。

2. 加快"文化+科技"融合发展，推进VR产业大发展

①松山湖（生态园）文化创意产业发展需要科技支持。当今世界已进入经济全球化和信息化、数字化时代，促使文化事业特别是文化创意产业的发展必须依靠文化和科技的融合。而推动文化和科技的融合，需正确认识文化和科技融合发展趋势，从而找准推动文化和科技融合发展的着力点，发挥出文化和科技深度融合所产生的创新作用、引领作用、转化作用和驱动作用。综观国内外文化和科技融合的态势，文化与科技融合呈现出新的发展趋势。

②进一步助推具有时代特点的先进文化与科技融合发展。先进文化具有悠久的优秀传统文化和丰厚的民族文化底蕴，而文化与科技的融合将追求推动传统文化和先进文化的辐射力、吸引力和影响力的效果。如文化与科技融合加快构建传输快捷、覆盖广泛的现代传播体系，不断推动广播影视、动漫、手机传媒功能的新飞跃，让文化创意产品和服务更新颖丰富，使文化传播更快速有效，实现文化消费更便捷广泛，让广大消费者更多地享受科技进步带来的多样文化产品和新颖的公共文化服务，从而提升传统文化的新魅力和现代先进文化的表现力、吸引力、感染力和影响力。

③冲刺国家级的文化和科技融合示范基地目标。除了引进数字出版、数字音乐、新媒体、动漫网游、影视制作、移动互联网等各类文化载体、基地，搭建各类文化科

④虚拟现实（VR）发展日新月异，抢抓机会谋求发展。简单地说，VR 技术就是借助于计算机技术及硬件设备，实现一种人们可以通过视听触嗅等手段所感受到的虚拟幻境，故 VR 技术又称幻境或灵境技术。黑客帝国和幻想神域就是人们想象中的成熟 VR 表现。自 2014 年 Facebook 以 20 亿美元收购 Oculus 开启全球 VR 时代，Oculus、索尼、HTC 已成为 VR 三大巨头厂商，中国市场也紧随其后，在众多产业资本的积极涌入的情况下，国内 VR 产业热度已仅次于美国。目前国内暴风魔镜、乐相科技、3Glasses 等均有代表产品发售，2016 年 1 月 21 日暴风魔镜宣布 2.3 亿元 B 轮融资，融资完成后估值已达 14.3 亿，成为国内目前估值最高的 VR 公司。

⑤松山湖（生态园）要在现有 VR 产业发展基础上高起点布局。2016 年，已有两个载体将 VR 产业作为重点突破产业进行布局，且已经与国内顶级的中国传媒大学教育部数字技术重点实验室合作进行 VR 技术，符合东莞企业需求面向 VR 技术人员提供展示平台，逐渐从呼应国际产业发展趋势来推进 VR 创意产业大发展。具体来说，首先，松山湖（生态园）要顶层设计，从战略高度上统一发展思路，从抓住 VR 创意产业发展趋势来规划好产业发展布局。其次，建议与世界一流 VR 创意产业进行具体对接，邀请来松山湖（生态园）考察或者直接去进行拜访，重点引进国内优秀的投资 VR 企业来松山湖（生态园）入驻，力争将东莞的传统产业借助于世界一流 VR 技术来进行转型发展。再次，要获得包括国家科技部、文化部相关部门的支持，力争 VR 创意产业获得国家的政策和相关专项支持，围绕"东莞制造 2025"战略来思考 VR 硬件设施的配套生产。

表 2　　　　　　　　　　中国主要规模企业投资 VR 概况

排序	公司	布局情况
1	阿里巴巴	成立 VR 实验室；7.94 亿美元投资 Magic Leap
2	腾讯	公布 Tencent VR SCK，研发投资 VR 硬件
3	百度	上线 VR 视频频道
4	触控	2016 年推出 5-6 款 VR 游戏；与 ARM、高通、Intel 合作
5	游久	千万美元投资 Pulse EvdutionCoportion

续表

排序	公司	布局情况
6	游族	参与以色列 VR/AR 公司 akingAPP
7	完美世界	制作 VR 游戏
8	巨人	《3D 征途》将涉足 VR 开发
9	盛大	参投 EverstVR、UploadVR、LcedandcVR
10	乐视	发布超级头盔、制作 VR 内容、投资灵境
11	小米	投大朋 VR；筹建 VR 实验室
12	龙图	VR 硬件、尝试内容制作
13	华谊兄弟	投资暴风影音；收购圣威特股权、布局 VR 主题公园

资料来源：根据调研汇总相关资料整理而成。

3. 优化文化创意产业发展平台，提升文化贸易发展水平

松山湖（生态园）立足打造粤港澳服务贸易自由化示范区，各类文化创意产业平台正在积极发展，但为了聚焦服务贸易自由化示范作用，更应该从优化平台功能来进行，以避免重复发展和浪费资源。围绕粤港澳服务贸易自由化发展的承接，松山湖（生态园）最大的优势是利用优美的生态环境和正在逐渐形成的文化创意产业产生的文化产品和服务，来对接港澳地区的经济交流。具体说来：

①优化文化创意产业发展平台。松山湖（生态园）以文化为基础进行的"文化+科技"、"文化+设计"、"文化+金融"、"文化创意企业孵化平台"等多重平台的构建。总体而言平台层次齐全，但需要从结构上进行优化发展，要制定相应的考评机制对平台的运营进行监管。

②提升文化贸易发展水平。现阶段文化贸易发展水平较低，松山湖（生态园）要跨越式的将一批优秀的高科技企业里面的文化创意元素进行提炼，利用现有的版权交易经验从优秀的文化贸易产品的角度来激励企业出口。

4. 集聚发展文化创意设计产业，促进新兴文化业态发展

从国内外文化创意产业发达地区（城市）的发展经验来看，以智力资本、高科技与产业资本为主要生产要素的文化创意设计产业在文化创意产业结构中要占主导地位。

①文化创意和设计服务,对于"东莞制造"转型升级的作用不言而喻。多年来,文化创意和设计服务与其他相关产业的发展始终处于"两张皮"状态,由于诸多原因,融合进展缓慢,不仅使文化创意和设计服务的发展步履维艰,也使制造业的附加值难以提升。

②切实提高文化创意和设计服务发展水平,使其与松山湖(生态园)相关产业更好地融合。松山湖(生态园)落实工信部等 11 部委联合发布《关于促进工业设计发展的若干指导意见》、全面贯彻实施国务院《关于推进文化创意和设计服务与相关产业融合发展的若干意见》,从产业扶持政策角度制定具体政策来确保真正的落到实处。

③打造出新兴文化业态培育发达区。要千方百计有效促进人才、技术、资本以及企业的集聚,培育一大批文化科技骨干、领军企业。松山湖(生态园)要快速发展,赶上发达城市,必须整合资源,搭建平台,促进要素集聚,花大力气引进、培育文化科技骨干、领军企业,重点应该放在互联网(移动互联网)信息服务(增值服务解决方案)发展、动漫游戏、全媒体服务、数字出版、基于互联网(移动互联网)内容开发、网络教育、3D 及 VR 展示(增值服务解决方案)、影视后期制作以及演艺等业态方向、促进文化新兴业态持续发展。

三、东莞松山湖(生态园)文化创意产业创新实践的政策建议

1. 强化文化创意产业和人才规划指引和统筹管理

充分发挥松山湖(生态园)管委会的职能,切实加强文化创意产业和人才统筹管理,理顺文化创意产业管理职权配置,形成文化创意产业统筹发展、高效服务的管理机制。加快制定并文化创意人才和产业支持配套政策,强化松山湖(生态园)管委会对产业和人才发展的规划指引。不仅要制定完整详细、目标合理清晰的中长期文化创意产业和人才发展规划,还要出台文化与科技、载体、平台及制造业等相关产业融合的一揽子专项政策及其实施办法,并编制接地气的融合发展项目(招商)目录。

2. 加大文化创意产业园区平台载体建设力度

要按照专业化、规模化、链条化、差异化等指标对文化创意产业园区进行整合，鼓励有实力的园区运营商（尤其是国内外知名园区运营商）进行并转，集中资源扶持园区建设一流的公共服务支撑平台，在创意设计、文化科技、文化制造、品牌授权等领域创建出有影响力的文化创意产业园区（基地），打造一批在全国有重要影响的园区（基地）品牌。要以空间换（引）项目，以域外优势产业（企业、项目）带动本地弱势产业发展。松山湖（生态园）管委会应充分把握自身发展空间，以及深圳因发展空间限制、高房价、即将开通的地铁将打通与广深空间距离等因素带来的产业外溢效应机遇，积极主动腾出笼子，迎接凤凰，并主动探索与深圳、广州以及其他文化创意产业发达城市的协同发展模式。对于引领产业发展的市场主体以及要素市场要开出有竞争力的优惠与奖励菜单，重点扶持鼓励优先发展的、有竞争优势的文化创意产业门类中具有示范带动作用的企业，文化企业与大学科研机构"产学研"以及文化艺术培训咨询等项目。

3. 重视国家文化科技融合示范区（培育）建设

一方面，要以文化东莞建设为杠杆撬动文化创意产业发展，吸引和引进更多知名文化创意企业扎根松山湖（生态园），引导社会资本投入文化创意产业，培育做强文化创意产业主体，定好目标积极瞄准文化科技融合示范区（培育）建设。另一方面，积极利用政府财政资金，要以"文化消费补贴"政策引导松山湖（生态园）大众文化消费，培育文化消费市场。

4. 提升文化创意产业和人才发展的外部氛围

为吸引更多的业内精英、创业者以及专家学者关注、献策并参与松山湖（生态园）管委会文化创意产业建设，建议松山湖（生态园）管委会举办文化创意产业融合发展峰会，打造产业发展高端舆论与智库平台。利用该平台可以让松山湖（生态园）文化企业了解产业发展前沿、趋势，紧跟产业发展步伐；第二，讲好松山湖（生态园）故事，使更多的人才了解松山湖（生态园），进而到松山湖（生态园）发展；第三，倡导新理念，推广新技术、新模式，培育公民创意生活与创意环境，为文化创意产业创新发展提供不竭的驱动力。

总之，文化创意产业发展需要得到政府的大力支持，尤其在与科技融合、在原创版权和创意设计等方面更需要相关产业发展专项资金给予前期支持和引导。本报告认为，松山湖（生态园）在推动文化创意产业发展的过程中，更应把握好政府、市场和平台（中介组织）的互补性，各司其职，各尽其责，理清三方的边界，形成合力，共同推进文化创意产业的蓬勃发展。

陈能军，中国人民大学经济学博士，深圳大学文化产业研究院理论经济学博士后。

南京河西生态低碳新城
技术变革与体制创新

于 涛　陆天华

　　本报告以南京河西低碳生态新城为例，从建设技术和管理体制两方面系统梳理总结了其在低碳生态新城建设方面的先进经验，并提出低碳生态新城建设应着重从"技术变革"和"体制创新"等方面入手进行创新实践，从而进一步推动低碳生态新城的快速发展。

　　21世纪以来，随着全球能源问题日益凸显，气候危机日渐严峻，低碳生态城市已经成为降低资源消耗，转变城市增长方式的全新发展路径。中国对于低碳生态城市的关注经过学术界短暂而热烈的研究讨论也终于付诸实践，成为一种政府主导的全新的新城开发模式。2009年住房和城乡建设部副部长仇保兴在国际城市规划与发展论坛上首次在国内提出了低碳生态新城的概念，并迅速受到城市规划业界乃至全社会的广泛关注。这一全新的发展模式顺应了我国产业结构与经济发展模式由传统能源消耗到绿色、低碳可持续发展转变的浪潮，经过近10年的摸索和试点，取得了令人瞩目的成

---

* 基金信息：国家自然科学基金项目"制度变迁视角下的扩权强镇及其地域空间效应研究——以长三角地区为例"（41101142）、国家社会科学基金项目"中国城市增长模式转型研究"（09CJL046）、中央高校基本科研业务费专项资金（1118090207）资助。

果，对指导未来中国低碳生态新城建设积累了大量成功案例与宝贵经验。

在低碳生态新城建设方面，珠三角与长三角地区走在了全国前列，自2010年以来，深圳、无锡等城市先后签署了推进低碳生态新城建设的框架性合作文件，其中深圳成为全国首个"国家低碳生态示范市"，无锡也成为环太湖地区低碳生态城市的代表，同时江苏省与美国、英国、德国和新加坡等发达国家签署了合作备忘录，组织研究低碳生态城市的发展规划、政策建议、指标体系和示范技术等工作，引导国内低碳生态城市的健康发展[1]。

南京河西低碳生态新城属于江苏省内启动早、定位高的一批新城，建设过程中经过了反复规划论证以及管理制度探索，已在华东地区树立了一定的示范作用。近年来南京河西低碳生态新城先后获得了国家智慧城区、国家绿色商务区、江苏省建筑节能和绿色建筑示范区等荣誉称号，是江苏省市共建的唯一绿色生态示范城。

一、南京河西生态低碳新城发展历程

1. 南京河西低碳生态新城发展概况

南京河西低碳生态新城位于南京老城西南，是南京主城的西片区，陆域面积71平方公里，分为北部、中部、南部、江心洲四个区域。其中北部地区为基本建成地区，主要以完善配套，改善环境，提高整体环境质量和综合服务水平为主；中部地区是"十五"期间重点建设地区，目前也已基本建设完成；南部15平方公里和江心洲15平方公里是河西建设的重点地区，也是创建国家低碳生态智慧城的重要示范区（图1、图2）。

河西南部地区规划定位建设成为国家级绿色生态示范城区、现代化国际性城市新中心、现代文明与滨江特色交相辉映的现代化新南京的标志区。目前，已开发形成四个组团，现状道路骨架已经形成，各类基础设施和工程项目有序推进。江心洲地区立足南京跨江和长三角一体化发展战略，未来将打造成多功能复合的"生态科技城、低碳智慧岛"。目前开发建设主要在河西中部地区，道路和工程项目正在逐步推进。

---

[1] 李迅："中国低碳生态城市发展的现状、问题与对策"，《城市规划学刊》，2011年第4期。

南京河西生态低碳新城技术变革与体制创新 | 249

图 1　河西新城在南京市的区位图

图 2　河西新城城区范围图

图片来源：南京河西新城区建筑节能和绿色建筑示范区实施方案[①]

---

① 南京河西新城区开发建设指挥部：《南京河西新城区建筑节能和绿色建筑示范区实施方案》，2012。

2. 南京河西低碳生态新城建设历程

2011年，南京市第十三次党代会明确要将河西新城建设成为"现代化国际性城市新中心"，河西新城坚持以"人文、宜居、智慧、绿色、集约"为理念，以国家绿色生态示范城、国家智慧城为目标，积极探索实践我国低碳生态城市发展之路。2012年初，河西新城开始因地制宜打造低碳生态城市，并于2013年1月以排名第一的综合成绩通过了国家住建部组织的专家审查，进入创建国家级绿色生态示范城的新阶段。同时，河西新城的低碳生态建设工作已经取得了国家相关行业的普遍许可，并先后在智慧城市、绿色建筑和节能环保等领域获得了一系列荣誉称号[1]。

二、"技术变革"——南京河西低碳生态新城建设的技术经验

1. 合理规划确定低碳生态新城定位

南京河西新城建立了以法定规划为主体、低碳生态专项规划为技术支撑的全新规划体系[2]。从2012年开始，河西新城编制了综合类、专项类和实施类等一系列低碳生态专项规划，包括低碳生态城总体规划研究、核心示范区低碳生态实施方案、绿色建筑、绿色能源、绿色水资源、绿色交通、智慧城区、土方平衡、有轨电车、综合管廊、公共自行车、智能电网等规划，几乎涵盖了所有低碳生态城市建设的核心要素。另外创新控制性详细规划编制内容，形成"一个规划"即控制性详细规划、"三个图则"即土地利用图则、城市设计图则和低碳生态图则的法定文件，从源头上保证了低碳生态新城建设的实施，同时，科学的规划设计也确立了新城的定位，保障不同基础与条件的地区可以因地制宜、有侧重地实施针对性的低碳生态新城建设。

---

[1] 中国城市科学研究会：《中国低碳生态城市发展报告》，中国建筑工业出版社2015年版。
[2] 南京河西新城区开发建设指挥部：《南京河西新城区建筑节能和绿色建筑示范区实施方案》，2012。

2. 完善低碳生态新城建设指标体系和技术导则

①健全的低碳生态新城建设指标体系。健全的指标体系是低碳生态新城的工作总纲，是保证低碳生态理念落实到空间的重要载体，河西新城基于绿色发展理念构建了一套涵盖低碳生态新城建设各领域的综合指标体系。指标体系按照："一级指标、指标层、二级指标、指标要求、指标说明、指标类型、时序、实施部门"九个指标因子对各级指标进行控制，包括9个一级指标、66个二级指标，以更好地指导低碳生态新城未来的实施建设①（表1）。

表1　　　　　　　　　河西低碳生态城指标体系部分内容一览

一级指标	指标层	二级指标	指标要求
1. 低碳经济可持续发展	产业结构	第三产业占GDP比重	≥80%
	产业能耗	单位GDP能耗	≤0.2吨标煤/万元
		单位GDP用水量	≤70立方米/万元
2. 紧凑混合用地模式	开发强度	新城建设用地人口密度	≥1.4万人/平方公里
		建成区净容积率	≥1.5
	混合用地	混合用地面积比例	≥15%
		职住平衡指数	≥100%
	地下空间	地下空间	1. 城市过街通道与周边基地地下空间的联系度100% 2. 城市中心区形成连续的地下商业街，形成1～2处地下商业城 3. 地下停车数量占停车总数量的比≥80%
3. 友好绿色生态环境	生态基底	自然湿地等生态保育区净损失	≤10%（中南部地区）江心洲零损失
		水面率	≥4.5%
	绿化环境	绿地率	≥35%
		人均公共绿地	≥12平方米/人
		本地植物指数	≥70%
		立体绿化	制定立体绿化鼓励政策
	地表生态化处理	生态化河道驳岸	100%
		室外地面透水率	≥45%（住宅） ≥40%（公建）
	声环境	环境噪声平均值	≤55DB（A）

---

① 郑晓华、陈韶龄："南京河西低碳生态城指标体系的构建与实践"，《规划师》，2013年第9期。

续表

一级指标	指标层	二级指标	指标要求
4. 绿色资源能源利用	水资源利用	日人均生活耗水量	120升/人·日以下
		非传统水源利用率	≥35%（江心洲）
		节水灌溉普及率	100%
	绿色能源利用	可再生能源利用率	≥85%（建筑数）
		分布式能源站建设以及同变电站、公交站的综合利用	2处及以上
		建筑垃圾再利用率	≥80%
5. 健康宜居生活模式	开放空间可达性	开放空间500米覆盖率	100%
	公共设施可达性	社区中心500米步行覆盖率	≥90%
		社区中心复合利用率	100%
		幼儿园300米步行覆盖率	≥90%
		小学500米覆盖率	≥90%
	住房保障	住房保障比	≥90%
	无障碍设施	无障碍设施率	100%
	智慧社区	智慧社区覆盖率	100%
6. 绿色高效便捷交通	绿色交通	绿色交通出行率	近期≥65% 远期≥75%
		公共交通分担率	≥60%—70%
		公交线网密度	≥3.5千米/平方千米
		公共交通站点覆盖率	500米覆盖率达到100% 300米覆盖率≥70%
		公共交通站点步行可达率	100%
		步行、自行车慢行交通系统规划	建成较为完善的步行、自行车专用道和公用自行车租用系统；方便自行车安全出行的三块板以上道路≥60%；开放空间内独立慢行交通路网密度≥4.2KM/平方千米
	智能交通	智能交通系统覆盖率	智能交通系统覆盖率≥90%；实施绿波系统的道路总长度≥20KM
	道路质量	城市道路完好率	近期80% 远期90%
7. 绿色节能环保建筑	绿色建筑	新建绿色建筑比例	1. 新建建筑100%，其中30%达国家绿建二星以上 2. 远期100%达国家一星，国家二星≥60%，国家三星≥20%，超国家三星的示范建筑1~2幢

续表

一级指标	指标层	二级指标	指标要求
7. 绿色节能环保建筑	建筑节能	新建建筑实施节能65%设计标准的比例	100%
		新建公共建筑应用浅层地热能等项目比例	近期10%，远期15%
		新建建筑节水器具普及率	100%
		既有建筑节能改造率	50%
		公共建筑能耗分项计量率	100%
	住宅装修	商品住宅全装修比	≥60%
	绿色施工	绿色施工达标率	15%的工地达到省级标准；3%的工地达到绿色施工工程标准
8. 低碳市政设施配置	市政管廊	综合管廊	实施2条及以上
		市政管线地下敷设率	100%
	低碳市政	智能电网	100%
		供水管网漏损率	≤8%
		雨水泵站与引水设施同步建设	2处及以上
		雨污分流率	100%
		污水集中处理率	100%
	土方平衡	场地控制实施就近实现土方平衡	≥45%
	绿色照明	绿色照明高效节能灯具应用率	近期85%；远期100%
		绿色照明智能化控制比例	100%
	数字城市	数字城市	数字化城市管理全覆盖比例100%
9. 管理保障机制健全		管理机构和管理办法	成立河西低碳生态城领导小组及专家委员会，组建南京新城生态技术工程中心，制定河西低碳生态城年度行动计划，明确行动目标、任务、实施主体、考核主体
		资金保障	实施河西低碳生态城必需的配套资金和专项引导资金
		各项任务完成率	100%

资料来源：南京河西低碳生态城指标体系的构建与实践[1]

---

[1] 郑晓华、陈韶龄："南京河西低碳生态城指标体系的构建与实践"，《规划师》，2013年第9期。

②专业的低碳生态新城地方技术导则。2009 年,河西新城建设之初就颁布了《河西新城南部地区生态城区建设技术导则》,保障新城项目从规划设计到工程实践的合理衔接。2012 年至 2015 年,针对实施建设具体问题,先后颁布与试行了 6 项主要技术导则,如《南京河西低碳生态城绿色道路设计导则(试行)》[①]、《南京河西低碳生态城生态堤岸设计指南(试行)》、《河西低碳生态城照明技术导则》、《南京河西新城绿色施工导则》等。以专业化、地方化的技术导则,并结合示范项目建设,合理引导低碳生态技术在河西新城的落地生根。

三、"体制创新"——南京河西低碳生态新城发展的管理经验

创新体制机制是破解城市资源环境约束、促进经济发展方式转变的重要途径。低碳生态新城建设不能只流于表层的物质空间环境的营造,而应当以健全工作机制为抓手,积极探索出一套符合绿色生态理念的有效制度。河西低碳生态新城结合自身特点,建立了一套新体系、新模式和新机制,因地制宜地打造低碳生态新城。通过不断实践探索,建立了"指标、规划、技术、管理、市场、策略、行动"等七位一体的规划建设管理运行体系,推动了低碳生态新城建设各项工作的全方位深入推进。而与之形成对比的是我国老工业基地存在着较为特殊的产业结构,资源与生态环境破坏相对严重,因此在其低碳生态新城建设中,也应首先重点进行制度完善:如制定明晰的环境产权制度、完善的环境经济政策体系、环境与经济发展综合决策和全社会参与机制、高效有力的生态城市监督机制等。

1. 成熟管理模式保障低碳生态新城运行高效有序

①创新的管理体制模式。河西新城结合地方实践与经验积累,主要从组织建设、审批制度以及资金管理方面创建了一套系统化的生态城市管理模式:组织建设方面,河西新城从上级部门抽调形成领导小组、工作小组、专家小组等,成立了专门机构

---

① 南京河西新城区开发建设指挥部:《南京河西新城区建筑节能和绿色建筑示范区实施方案》,2012。

（南京新城生态技术工程中心），并负责推动低碳生态智慧城工作；审批制度方面，河西新城制定了《南京河西绿色生态示范城区绿色建筑管理办法》，涵盖了立项设计、施工验收、运营管理等重点环节；项目资金管理方面，出台了《专项资金使用办法》、《专项补助资金使用管理办法》、《补助资金项目实施管理办法》，以专门化的专项资金及项目的使用管理办法保证建设资金的合理支出[1]。

②权威的法规政策引导。有效的法规政策引导是低碳生态城发展的坚实基础。首先，新城积极推动《河西新城区低碳生态城条例》、《河西新城区共同管沟管理办法》等立法工作，在宏观上指导新城发展；其次，新城制定了《河西绿色生态示范城区实施方案》，建立了包括完善四大体系，推动八大行动的项目实施计划[2]；最后，江苏省住建厅与河西指挥部联合共建了江苏省绿色建筑和生态智慧城区展示中心，加强低碳生态发展的宣传和指导工作，力争将河西新城建设为全国低碳、生态与智慧城市展示交流、科普教育和产品推广的示范基地。

③开展低碳生态新城后评估工作。在中国新城建设中，真正将低碳和生态融合在一起建成的低碳生态新城极少[3]。主要原因在于缺乏严密动态的评估工作，仇保兴也曾指出规划实施、过程监管工作滞后是低碳城市面临的重要问题[4]。为了有效评估河西生态新城的建设，南京市针对河西新城区自身特点，制定了《南京河西低碳生态城指标体系实施导则》（以下简称《导则》），并且明确了导则实施的主体。《导则》中提出建立数字化管理与监控系统，对各个部门、验收部门所负责工作进行动态跟踪、定期评估和公开发布，并据此作为南京市、指挥部、建邺区各有关部门年度工作考核的重点依据。

2. 完善运营机制提供低碳生态新城持久生命力

①长效的市场运营机制。建立以政府为导向，企业为主体的长效市场运营机制是生态新城建设的重要途径。河西新城在建设实践中引入了 PPP（Public – Private Partner-

---

[1] 中国城市科学研究会：《中国低碳生态城市发展报告》，中国建筑工业出版社 2015 年版。
[2] 南京河西新城区开发建设指挥部：《南京河西新城区建筑节能和绿色建筑示范区实施方案》，2012。
[3] 方创琳、王少剑、王洋："中国低碳生态新城新区：现状、问题及对策"，《地理研究》，2016 年第 9 期。
[4] 牛笑："浅谈中国发展低碳城市规划所面临的问题"，《辽宁工业大学学报（自然科学版）》，2013 年第 3 期。

ship）模式，将投资、建设、运营主体进行整合，与企业共同搭建利益分享的长效平台，既提高了相关项目的投资建设能力，又保障了相应的后续维护成本。如在河西冷热电三联供工程以及河西公共自行车工程的建设项目中，政府与远大、宝冶等企业合作，创建了河西远大能源公司和河西公共自行车公司，以市场化运作模式推动公共设施的建设、运营和管理①。

②持续的绿色实施行动。河西新城立足自身资源禀赋，将低碳生态理念由蓝图走向现实，深入开展了涉及 8 个方面（即八大绿色行动）、34 个领域的低碳生态工程实践。这 8 个方面包括了绿色复合空间、绿色建筑、绿色能源、绿色水资源、绿色市政、绿色交通、绿色生活和绿色环境等具体内容②。

建构绿色复合空间。河西新城借鉴国外城市规划经验，采取紧凑混合用地模式，具体包括了地上空间和地下空间的绿色复合利用。地上空间主要是提高混合用地比例，综合利用城市资源，混合安排住宅及配套的公共用地、就业、商业和服务等多种功能设施，规划建设交通综合体 6 处、市政综合体 6 处、中心社区综合体 4 处、小型社区综合体 12 处，以此有效地提升城市的服务能力，减少交通负荷。地下空间主要是依托轨道交通地下街的建设，串联单体建筑地下空间，形成点、线、面结合的网络状地下空间结构③，2015 年河西新城的混合用地比例已达到 15%，基本完成了规划目标（图 3）。

图 3　河西新城多种混合用地模式示意图

图片来源：南京河西新城区建筑节能和绿色建筑示范区实施方案。

发展绿色建筑。河西新城中北部地区已取得绿色建筑设计标识的项目超过 100 万 m²，

---

①②③　南京河西新城区开发建设指挥部：《南京河西新城区建筑节能和绿色建筑示范区实施方案》，2012。

南部地区从2012年开始大力发展绿色建筑，到2015年底，该区已建绿色建筑面积约350万 m²，其中二星建筑达到70%、三星建筑达到10%。

推广绿色能源。河西新城基于自身能源禀赋和滨江特点，以及周边紧邻热电厂的区位条件，提出以利用电厂余热实现热电冷三联供和江水源热泵为主，辅以太阳能光热光电、土壤源热泵、污水源热泵等的可再生能源系统，力争实现可再生能源和清洁能源占比30%~40%的能源结构目标[①]（图4、图5）。

图4　河西新城地下空间太阳能光伏利用图　　图5　河西新城青奥能源中心图

资料来源：南京河西新城区建筑节能和绿色建筑示范区实施方案[②]。

利用绿色水资源。河西新城立足本地资源条件，从优化配置供水资源，合理开发污水资源，实现城市雨洪管理等三个方面推动绿色水资源的综合利用。规划近期非传统水源利用率不小于7%~10%[③]；采取低冲击开发模式，减少城市降雨径流量，涵养地下水，尽可能地收集利用雨水，采用渗、滞、蓄、净、用、排等措施构建低影响开发雨水系统，建设雨水自然存积、自然渗透、自然净化的海绵城市（图6）。

普及绿色市政。河西新城统筹考虑区域竖向关系，基本实现了区域内部的土方平衡。在道路规划中采用低冲击开发的绿色道路设计模式，并全面推动了生态堤岸和绿色照明工程建设，广泛应用 LED、LEO、高效发光的荧光灯及紧凑型荧光灯，展厅及室外照明等一般照明宜采用高压钠灯、金属卤化物灯等高效气体放光电源（图7、图8）。

①②③　南京河西新城区开发建设指挥部：《南京河西新城区建筑节能和绿色建筑示范区实施方案》，2012。

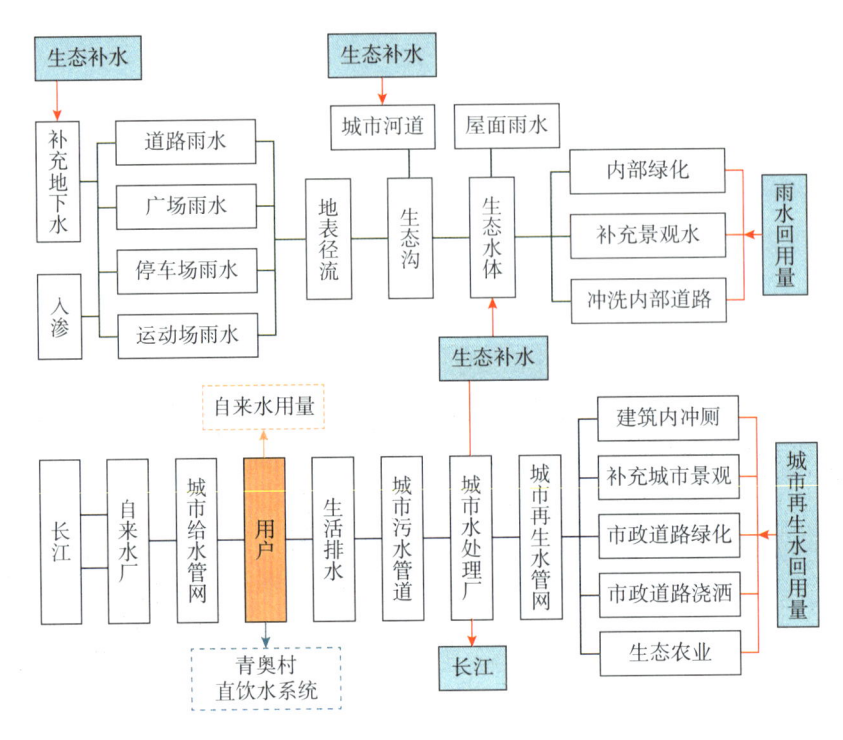

图 6　河西新城水资源总体规划方案示意图

图片来源：南京河西新城区建筑节能和绿色建筑示范区实施方案①。

完善绿色交通。河西新城建立了包括地铁、有轨电车、常规公交、公共自行车等在内的绿色交通体系，并推动多种交通方式之间的"零换乘"系统建设。规划绿色交通出行率远期达到80%，公共交通站点300米覆盖率达到70%，区域内独享路权的慢行交通路网密度达到4.2公里/平方公里，支路网间距150～200m①。（图9、图10）。同时，新城根据智能交通的先进技术和手段，全方位建立实时、准确、高效的综合交通管理与出行服务系统，提升路网交通运行效率，有效降低机动车污染物排放量。

融入绿色生活。河西新城规划形成了以"5分钟便民圈、10分钟生活圈、15分钟就医圈"为目标的幸福都市三年行动计划，全力推动绿色社区、绿色校园、绿色医院等公共服务设施的建设，使绿色融入居民的日常生活。

---

① 南京河西新城区开发建设指挥部：《南京河西新城区建筑节能和绿色建筑示范区实施方案》，2012。

图 7　河西新城太阳能 LED 灯示意图 　　　　图 8　河西新城综合管廊示意图

图片来源：南京河西新城区建筑节能和绿色建筑示范区实施方案①

图 9　河西新城有轨电车站点图 　　　　图 10　河西新城公共自行车站点图

图片来源：作者自摄。

③建立生态低碳城区展示教育基地。江苏省绿色建筑与生态智慧城区展示中心是由江苏省住房和城乡建设厅联合南京河西新城区开发建设指挥部共同打造。旨在有效贯彻低碳生态的建筑理念，推动绿色建筑、生态智慧城市建设和住宅产业化的发展①。展示中心本身就是生态节能技术方面的典型示范，并且免费对公众开放，是宣传绿色低碳生态理念的有效平台。通过该低碳生态新城展示教育基地的建设，向公众普及生态城市的生活理念，促进居民低碳绿色的消费观与生活习惯的形成，提

---

①　"浅谈江苏省绿色建筑与生态智慧城区展示中心的绿色设计"，《绿色建筑》，2014 年第 4 期。

高社会公众在生态城市建设中的参与度。

> 于涛，南京大学建筑与城市规划学院副教授、博士、注册规划师。主要研究方向：城市与区域规划、城市空间发展研究；陆天华，南京大学建筑与城市规划学院，硕士研究生。主要研究方向：城乡规划原理与方法。

中国海绵城市新城新区建设实践与发展

张 伟 车 伍

本报告结合我国雨水系统和水环境等方面的实际问题和重大需求,梳理了我国海绵城市建设政策支撑和试点城市建设的总体情况,简要总结一些发达国家雨洪管理的经验和探索,论述了我国海绵城市建设系统构成、目标以及实施途径,概要介绍部分新城新区海绵城市建设的前期实践与探索,结合我国目前海绵城市建设进展,对我国新城新区开展海绵城市建设的前景进行了展望。

一、城市水环境问题及海绵城市建设背景

近三十年,我国城市化建设持续有效推进,在取得巨大建设成就的同时,也面临着城市生态、环境、资源、安全等一系列的问题,即所谓"大城市病"。在城市水环境领域尤其显著,受到各级政府管理部门的重视和人民群众的极大关注。其中最为突出

---

* 基金项目:国家自然科学基金资助项目(51608026);国家标准委科研项目(562016B-4811);高精尖创新中心科研项目(UDC2016040100);北京建筑大学科研基金资助项目(00331616049)。

的就是城市内涝、水体黑臭等问题。近年来，每到雨季，各地频繁"看海"的报道频频见诸报端，严重城市内涝威胁人民生命和财产安全；作为城市居民生活休闲娱乐重要载体的城市水体——河道、湖泊、景观水体、坑塘等，其水体黑臭已成为一种普遍存在的"常态"，对城市居民生存环境和生活质量造成了极大影响。这背后的"根源"之一就是城市开发建设严重影响、改变了城市原有生态、水文条件。图1给出了城镇化发展对城市水文过程的量化影响[①]。

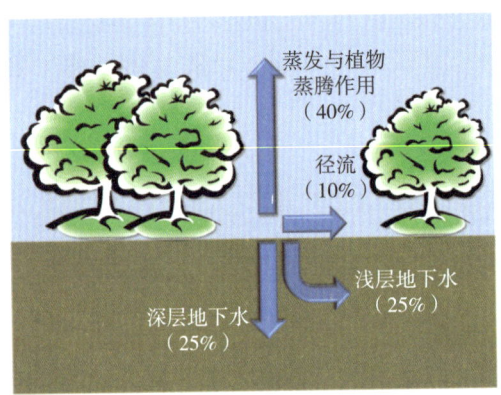

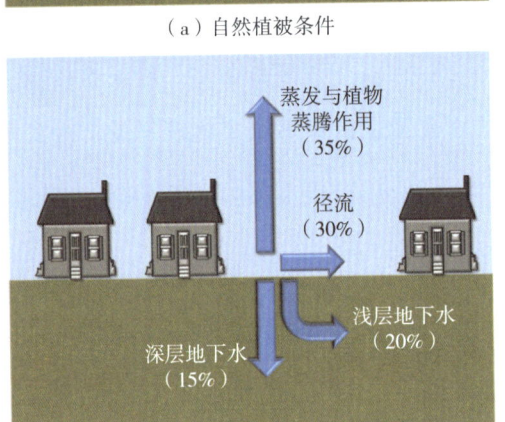

(a) 自然植被条件：蒸发与植物蒸腾作用（40%）、径流（10%）、浅层地下水（25%）、深层地下水（25%）

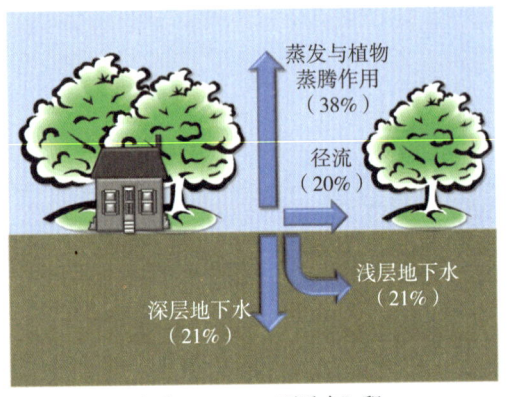

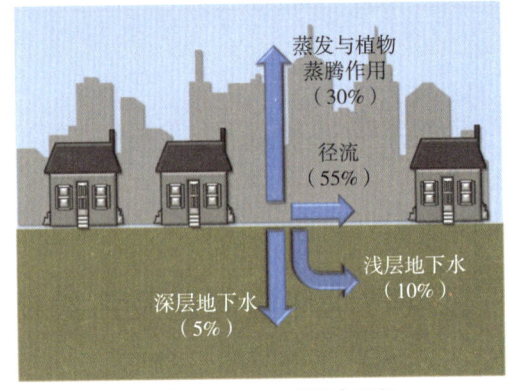

(b) 10%~20%不透水面积：蒸发与植物蒸腾作用（38%）、径流（20%）、浅层地下水（21%）、深层地下水（21%）

(c) 35%~50%不透水面积：蒸发与植物蒸腾作用（35%）、径流（30%）、浅层地下水（20%）、深层地下水（15%）

(d) 75%~100%不透水面积：蒸发与植物蒸腾作用（30%）、径流（55%）、浅层地下水（10%）、深层地下水（5%）

图1 城镇化发展对城市水文的影响

资料来源：在Arnold和Gibbons（1996）数据基础上绘制。

① Arnold Jr C L, Gibbons C J. Impervious surface coverage: the emergence of a key environmental indicator [J]. Journal of the American planning Association, 1996, 62 (2): 243-258.

城市开发建设破坏了城市原有自然水文条件，是城市水生态破坏、水环境污染、水资源紧缺、水安全缺乏保障等一系列问题重要诱因。更为重要的是，这些现象在我国很多城市已十分普遍。

海绵城市建设正是在此背景下提出的应对上述城市水环境问题的重要举措之一。自2013年海绵城市理念提出后，从国务院到各部委发布了一系列重要文件，为海绵城市的建设与建设实施提供重要政策支撑。针对中国新型城镇化发展要求，提出要建设自然积存、自然渗透、自然净化的海绵城市。2014年10月，住房城乡建设部印发了《海绵城市建设技术指南（试行）》，启动了我国海绵城市建设工作。2015年1月，财政部、住房城乡建设部、水利部发布了《关于开展中央财政支持海绵城市建设试点工作的通知》，7月，住房城乡建设部印发《海绵城市建设绩效评价与考核办法》。10月，国务院办公厅印发了《关于推进海绵城市建设的指导意见》（简称《指导意见》），明确了海绵城市建设是城市发展的方式，并确立了未来我国推进海绵城市建设工作目标和基本原则，是我全国推进新型城镇化建设的一个重要行动纲领。2015年12月召开的中国城市工作会议上，将"海绵城市"划入我国未来城市建设的重点之一，进一步明确了海绵城市在我国新型城镇化建设工作中的定位和重要意义。

2014年末，财政部、住房城乡建设部、水利部三部委联合组织海绵城市试点城市建设工作，目前已经开展了两批共30个试点城市建设工作，覆盖了我国大多数省、自治区和直辖市，并按照城市级别以每年4亿~6亿给予中央专项资金支持。

海绵城市的提出是建立在过去二十年我国城市雨水管理的研究和实践基础上，尽管已经有一些工程实践探索和经验，但各地实践经验参差不齐、差异显著，当时在业界也还未形成一套普适性、完备的建设模式，还没有成为新型城镇化建设国家战略的一个重要组成部分。开展海绵城市国家试点城市建设目的和初衷就是要通过试点城市建设，从实操层面探索海绵城市建设模式，发现问题、进而解决问题，为今后更好地全面开展海绵城市建设提供有益参考和借鉴。

《指导意见》（国办发〔2015〕75号）中明确提出了2020年和2030年海绵城市建设的总体目标和要求。海绵城市建设不仅仅是试点城市要求，而是所有城市都应该开展的重要工作之一。应该说，海绵城市试点城市建设的重要目的和意义也就在于，在国家专项资金和相关政策的支持下，以试点的方式探索适合我国不同地区和条件的海绵城市建设模式，为其他城市海绵城市建设提供重要参考和借鉴，这正是海绵城市试点建设的出发点和重要意义所在。此外，在江苏、山东、河南、湖南、陕西等省份，结合当地特点和经济条件，当地省政府还开展了海绵城市建设省级试点工作，同时也从省政府财政给予一定资金支持，进一步探索不同类型地区、不同条件下的海绵城市建设模式，是结合当地实际条件、深入贯彻落实海绵城市建设的一种有益探索和实践。

截至2016年，海绵城市建设试点已开展两年有余，第一批试点城市也即将面临验收。客观地讲，通过近几年海绵城市试点建设，取得一些较为显著的成效、探索了一些实用的模式、也取得了一定的成果。但也应清醒地认识到，通过试点建设暴露或发现的问题也不少，如部分工程一线从业人员对海绵城市内涵的理解仍有不足，相关理论研究和专业人才缺乏，专业间的协同配合效率有待提高和专业间缺少必要的理解和敬畏，海绵城市建设专项规划的定位和规划可实施性等多方面问题，限于篇幅，本报告不展开论述。当然，通过实践发现问题原本也是"试点建设"的主要初衷之一。正视问题、探索解决问题的有效途径和方法，进而解决问题，将海绵城市"试点区"真正建设成为海绵城市"示范区"，才是海绵城市试点城市的重要成效和深远意义。

二、海绵城市建设的核心和关键

1. 发达国家海绵城市（雨洪管理）经验借鉴

发达国家在城镇化发展过程中，也曾出现过城市水环境领域的诸多问题，通过及时调整城市规划、建设和管理理念，完善相关政策法规，并在长期理论研究探索和工程实践基础上，提出了诸如美国的最佳管理措施（Best Management Practice，BMP）、低影响开发（Low Impact Development，LID）和绿色雨水基础设施（Green Stormwater Infrastructure，GSI），英国的可持续排水系统（Sustainable Urban Drainage System，SUDS），澳大利亚的水敏感城市设计（Water Sensitive Urban Design，WSUD），新西兰的低影响城市开发与设计（Low Impact Urban Development and Design，LIUDD）等雨洪及相关水系统管理理念和技术措施[①]。通过对城市雨水及水系统进行综合管理，有效应对或缓解了上述问题。

值得注意的是，不同国家的雨洪管理体系大多强调源头、绿色、生态、多目标、多尺度、实现良性水文循环等特征。各国雨洪管理体系称谓不同也具有各自的特点，但更重要的是具有共性特点，在其背后也有着内在科学的基础和合理的发展逻辑。不同发达国家是在各自认识其问题的本质基础上，寻求科学的解决途径过程中，相互学习和借鉴，逐步形成的一种内在的默契和一致性。应该讲，现代雨洪管理体系的共性特征、甚至其主要理念和内涵，具有显著的普适性，这也是检验其系统决策及方案优劣的统一标准。通过系统梳理国外发达国家城市雨水和水环境问题以及解决途径，包括上述雨水及水系统管理的技术体系特点，以及系统剖析这些国家已开展相关工作基础和技术体系的发展历程、区别、共性和本质，将对解决我国面临的城市雨水问题和海绵城市建设提供重要的参考和借鉴，所谓"他山之石，可以攻玉"。也要充分发挥我们"后发国家"的优势，在城市建设和管理、水环境治理方面为国际上提供我们自己的宝贵经验和智慧。

2. 海绵城市的系统构成与目标

海绵城市是在系统总结我国过去二十年现代雨洪管理领域长期研究和实践基础上，结合我国城市水环境系统的实际问题提出的以城市现代雨洪管理为核心的理念和技术体系。在近几年各级政府的高度重视和大力推动的大背景下，今天海绵城市的概念已经初步成型，具有明确和全面的目标和指标体系，以及较为完备的规划设计方法和相关体制和机制。

海绵城市建设就是要建设和完善包括源头径流控制系统、城市雨水管渠系统、超标雨水径流排放系统以及城市水利防洪系统的城市雨洪综合管理系统，以解决径流总量控制、径流峰值控制、径流污染控制和雨水资源利用等一系列城市雨水问题，进而为城市"水生态、水安全、水环境、水资源"等问题的解决提供重要的支持和保障，这也是海绵城市建设最为重要的核心和关键。

[①] 张伟、车伍、王建龙、王思思："利用绿色基础设施控制城市雨水径流"，《中国给水排水》，2011年第4期。车伍，闫攀，赵杨，Frank Tian："国际现代雨洪管理体系的发展及剖析"，《中国给水排水》，2014第18期。

3. 海绵城市建设的实施途径

在清晰、明确的系统构成和目标体系的基础上，海绵城市的科学建设与有效实施就成为海绵城市建设成效的重要保障。海绵城市建设的实施一定是多专业、多部门、多层次协同统筹推进的系统工程。恢复城市原有水文特征、恢复城市"海绵"功能是海绵城市建设的重要内容，体现了海绵城市建设的"初衷"，但海绵城市建设内容和实施远不仅限于此。

海绵城市建设是以实际问题和目标为导向，以城市水环境、水资源、水安全、水生态和水文化"五水"为总体建设目标，结合当地实际问题、因地制宜的有所侧重的构建以城市雨水管理为核心目标及指标体系，并以"规划引领"等基本原则为指导，厘清"水质和水量、分布与集中、景观和功能、生态与安全、绿色与灰色"五大关系，协同"绿灰结合、地上与地下结合、源头与末端结合"三大"结合"，综合采用"渗、滞、蓄、净、用、排"六大类技术措施，通过建筑与小区、道路与广场、公园与绿地、水系整治与修复等几类工程以及非工程项目和建设模式构建，区分新建区和建成区的特点，分别在"规划——设计——建设——运行"全过程持续有效的推进海绵城市建设。

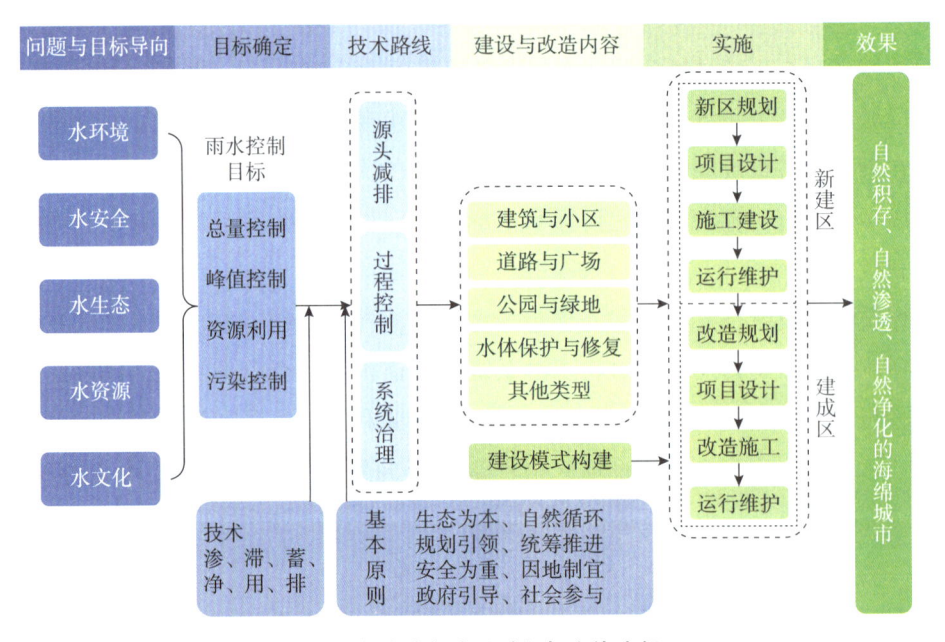

图 2　海绵城市建设过程与实施途径

三、我国新城新区海绵城市建设实践及其展望

1. 中国新城新区建设中海绵城市建设前期实践与探索

海绵城市的提出，其背后有着长期的研究和实践背景以及极其清晰和明确的内在逻辑。在城市雨洪管理，尤其是对新城、新区的雨洪管理，国内已有二十年的探索和实践。上世纪 90 年代末，北京、上海、深圳、西安等地已经开始城市雨水利用、城市径流污染等相关理论研究和探索，进而在区域雨水规划、绿色建筑、景观设计等领域展开，逐步形成了目标明确、系统清晰、较为完善的具有中国特色的城市雨水控制利用理论和工程技术体系，相关研究成果也结合国家重大水专项、科技支撑计划等国家课题进行了工程示范，以及实际工程项目的建设与实施。其中，一些较为代表性的项目为今天的海绵城市建设提供重要的前提探索和经验积累。

在新城建设方面，十余年前，宁波东部新城、北京昌平未来科技城等在新城的规划阶段就已经意识到雨洪控制利用系统规划的重要性和迫切性，较为前瞻性地编制了当地"雨水控制利用专项规划"，为其新城总体规划和系统建设提供了方向性指导和技术上参考。图 3（a）给出了宁波东部新城雨洪控制利用专项规划的主要规划内容。客观上说，限于当时国家或行业对城市雨水管理并没有形成如今天海绵城市建设这些相关要求和具体规定，这类雨水控制利用规划在目标全面性、规划定位等还不够全面，但确实为今天海绵城市专项规划的编制和实践提供了有益的探索并积累了很好的经验。在尺度相对较小的一些新区、地块开发层面的雨水控制与利用，过去二十年也不乏成功案例，如北京东方太阳城雨水系统规划和工程实施项目就是其中典型代表，该项目从区域多目标系统规划设计、多专业结合、工程建设、运行维护全过程采用现代雨水控制与利用的理念和技术体系，是一个典型的新建的"海绵化"大型住宅园区。万科总部的绿色建筑三星和 LEED 铂金认证项目也比较典型，是 LID、非传统水资源利用、开放空间设计、多目标的跨专业结合的成功案例，图 3（b）。

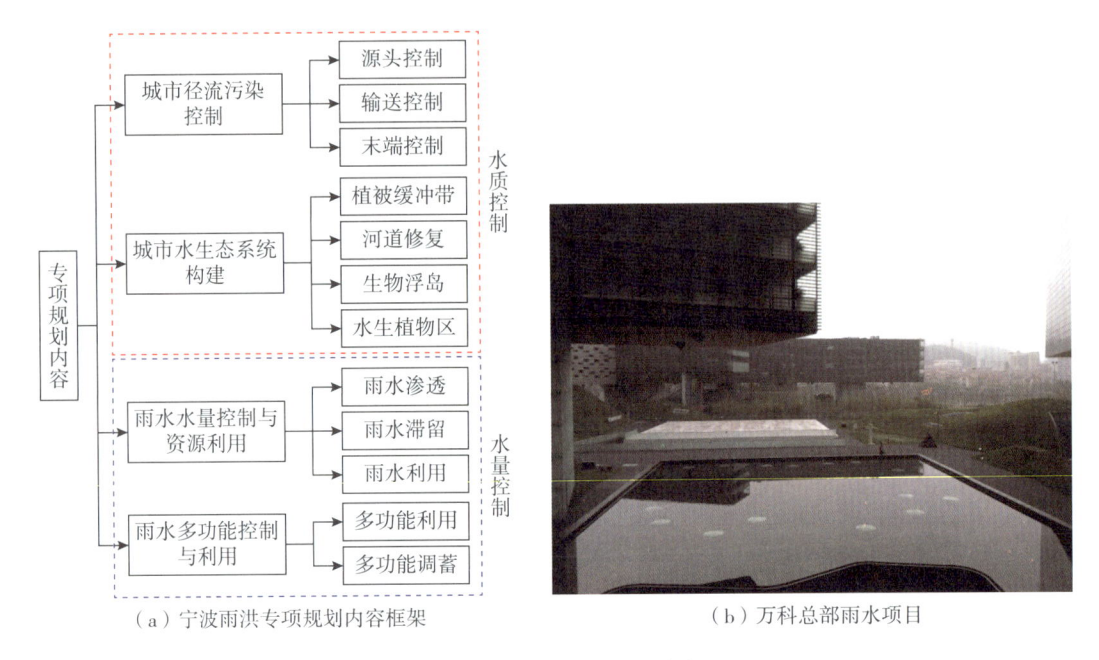

（a）宁波雨洪专项规划内容框架　　　　（b）万科总部雨水项目

图3　部分典型雨水项目案例

过去二十年在新城、新区雨水控制利用规划建设的探索和实践，正是今天海绵城市建设的前期研究基础和重要实践背景，也是为今天海绵城市建设提供了不同尺度、不同类型的成功案例和经验（图4）。

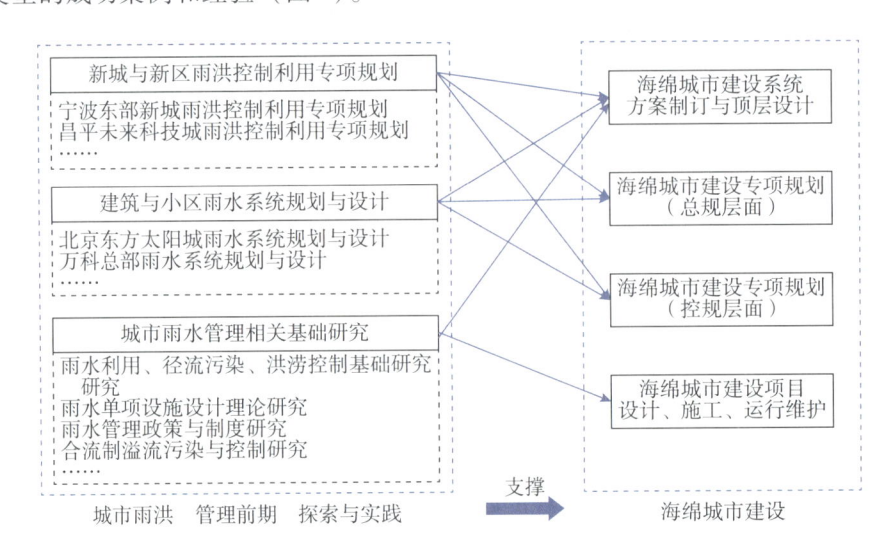

图4　城市雨洪管理前期探索实践与海绵城市建设的关系

尽管前期已经在城市雨水控制利用领域开展了长期研究和工程实践，但城市雨水和水环境问题仍是一个长期存在而又重视不够的重大领域，而海绵城市建设就是在国家层面应对城市开发建设以及气候变化等多种社会和自然因素产生的严重的雨水和水环境系列问题，进而在全国范围、较大规模地调动国家和社会的资源，调动多专业和多领域力量，从城市规划、市政与环境工程、水利工程、建筑、园林景观工程、道路交通工程等多专业和多部门来统筹协调开展城市现代雨洪管理及大量相关工作，是集中整治水环境领域的"大城市病"、改善城市环境的重要举措。

2. 我国新城新区海绵城市建设展望

目前如火如荼的海绵城市建设热潮需要冷静思考，笔者在《海绵城市建设热潮下的冷思考》一文中已经做了深入阐述[1]。更为重要的是，今后海绵城市建设如何发展，尤其是在我国新城新区在海绵城市建设大背景下如何建设，更值得深入思考和展望。

今天的海绵城市建设热潮是否会持续"热下去"，能够"热"多长时间？海绵城市是否也会如生态城市、园林城市等成为一定时期特定的"城市名片"？其实，热度过后的常态化有序发展和可持续推进更为重要。一种可能是海绵城市继续在清晰的雨洪管理领域内深入推进和发展。以城市现代雨洪管理为核心的海绵城市，未来将在已有基础上继续保持并完善我国城市雨洪管理体系，协同污水处理、工农业污染防治及水利等，共同担负起解决水体黑臭、洪涝灾害及水生态修复等综合性任务，同时相关专业也在自己的专业领域内开展相关研究和探索，在海绵城市建设中发挥各个专业应有的作用。

另一种发展态势，是海绵城市内涵的进一步外延，可能与国际上的"弹性城市（或韧性城市）"接轨，具有更广泛的内涵。但必须指出的是，即使海绵城市的内涵外延，城市现代雨洪管理的核心体系及边界依然清晰，并必将继续深入发展。

新城新区建设是我国未来一定时期内城市建设领域的重要工作之一。结合目前海绵城市建设在老城区或建成区改造中面临的种种实际困难和限制，新城新区建设一定不能再走老城区建设的"老路"，积累大量的问题再付出巨大的代价来"修补"和治

---

[1] 车伍、赵杨、李俊奇："海绵城市建设热潮下的冷思考"，《南方建筑》，2015年第4期。

理。基于此，笔者一再强调：海绵城市建设的理念、方法和系统性要求，在我国新城新区建设中必须进行"最严格"的控制和实施。

在今后新城新区建设与发展过程中，突出"规划引领"的作用，编制切实可行的海绵城市建设专项规划，结合目前"城市设计"、"城市双修"的最新要求，与黑臭水体治理等工作协同推进，解决好我们城市目前面临以及新区将来可能会遇到的突出问题，发挥和突出中国的海绵城市概念及其建设的独到之处，在新城新区建设方面为国际上提供重要的"中国经验"。

张伟，博士，北京建筑大学环境与能源工程学院讲师，主要从事城市雨水管理、海绵城市建设等相关教学与研究工作。近年来主持和参与国家自然科学基金、国家科技支撑计划子课题、水体污染控制与治理科技重大专项子课题等研究项目近十项，参与城市雨洪控制与利用、海绵城市建设工程项目十余项，发表各类学术论文20余篇，研究成果获上海市优秀工程咨询成果一等奖等。车伍，男，北京建筑大学环境与能源工程学院教授，担任中国城市科学研究会绿色建筑与节能专业委员会委员、中国城市科学研究会景观学与美丽中国建设专业委员会委员。主要研究方向城市雨洪控制与利用、海绵城市、水环境保护与修复、新型排水系统等。近年来，发表各类学术论文百余篇，完成各类科研及工程项目百余项。

新型智慧城市，引领新型城市发展

郑明媚

　　智慧城市是当今世界城市发展的趋势，是推动以人为核心的新型城镇化、促进城市持续健康发展的新理念和新模式。互联网及移动端网络的普及，为居民随时使用智慧城市各项服务提供了良好的载体，是推进智慧城市建设的基础。智慧城市建设聚焦于提升公共服务效能及管理水平两个方面。各地以多种方式推进智慧城市建设，经过多年的持续推进，我国的智慧城市建设工作已迈入一个新时期，随着"十三五"新型智慧城市标杆的建设，智慧城市将成为引领全国乃至全世界的城市朝着新型城市模式转变。从总体上看，当前我国智慧城市建设正逐步从理念走向实践、从无序走向有序、从注重形式走向追求实效、从单一自建走向合作共赢。

一、中国新型智慧城市发展战略

1. 新型智慧城市的内涵与意义

　　党的"十八大"报告指出，中国要坚持走中国特色新型工业化、信息化、城镇化、农业现代化道路。信息化和工业化深度融合、工业化和城镇化良性互动、城镇化和农业现代化协调发展，是工业化、信息化、城镇化、农业现代化同步发展的关键所在。当今时代，全球经济互联互通，新一代信息技术革命突飞猛进，物联网、云计算、"互联网＋"、大数据等新的科技产物正在快速渗入社会生产和生活中，这将重新塑造产业格局。在新的历史时期，信息化将是推动工业化、城镇化和农业现代化的基本手段。国家首次发布《国家新型城镇化发展规划纲要》，明确提出了"一融两新"[①] 是决定中国新型城镇化成败的重要任务。而由信息化催生的智慧城市成为新型城市发展核心模式之一。

智慧城市是当今世界城市发展的趋势，是推动以人为核心的新型城镇化、促进城市持续健康发展的新理念和新模式。它以新一代信息技术为基础，通过智慧感知、分析、集成和应对各类社会活动与公共需求，有助于为公众提供更加便捷、高效、灵活的公共管理和社会服务，对于增强城镇的综合竞争力和承载力、提高群众的生活质量、提升政府的宏观调控和公共服务的水平，协同推进新型工业化、信息化、城镇化、农业现代化具有重要战略意义。

推进新型智慧城市建设，是党中央、国务院立足于我国信息化和新型城镇化发展实际，为提升城市管理服务水平，促进城市科学发展而做出的重大决策。习近平总书记指出，要让创新成为城市发展的主动力，发展民生服务智慧应用，释放城市发展新动能，实现"科技让城市更美好"的目标。李克强总理多次强调要充分运用"互联网＋"和大数据，让政府服务变得更"聪明"。

2. 新型智慧城市发展的背景

（1）经济新常态

新常态是对我国经济发展阶段性特征的高度概括，是对我国经济转型升级的规律性认识，是制定当前及未来一个时期我国经济发展战略和政策的重要依据。我国经济发展进入新常态后，增长速度从高速增长转向中高速增长，经济发展方式从规模速度型粗放增长转向质量效率型集约增长，经济结构从增量扩能为主转向调整存量、做优

[①] 一融两新：一融是指农业转移人口融入城市，两新是指发展新型城市和培育一批新的中小城市。

增量并存的深度调整，经济发展动力从要素驱动、投资驱动转向创新驱动。

（2）新型城镇化快速推进

自进入 21 世纪以来，中国城镇化率每年提高 1.3 个百分点，每年进城人口达 2000 多万，2015 年中国城镇化率已达到 56.1%，超过世界平均水平。中国城市的变化已经不仅仅是城市数量的增加、城市规模的扩大、城市人口的剧增，从本质上看来，它不仅已经改变了中国的经济社会结构，对现代化进程产生了并将继续产生深刻影响，而且对世界商贸、政治关系也有着巨大的影响力。毫无疑问，城镇化已成为中国新的增长引擎、世界的一大经济影响力核心。

快速推进的城镇化进程一方面给中国经济发展做出了重要贡献，另一方面，城市也面临持续发展的瓶颈，特别在一些相互影响的重要领域内，对于城市如何能够突破经济转型发展的制约、解决城市环境面临的威胁、提升城市生活质量的问题仍在困扰着政府官员和城市学者。针对这些问题，智慧城市提供了新的解决方案，它使用高科技手段对有限的资源进行最优调配、平衡各方需求，推动城市转型发展，努力实现城市经济、社会和环境的和谐。

城镇化是自然历史过程，是人类社会发展的客观趋势。智慧化是城镇现代化的必由之路，也是促进社会全面进步的必然要求。建设智慧城市，是保持经济持续健康发展的强大引擎、加快产业结构转型升级的重要抓手、推动区域协调发展的有力支撑。

（3）互联网发展迅猛

互联网正在扮演革命引擎的角色，以其强大的辐射力、穿透力和包容性，可与几乎所有传统产业进行跨界融合、对接、渗透，催生商业模式更新。它将支离破碎的个体互联起来，将这些独立的系统整合到一个基于单一开放式系统的网络中，拓展了创新的外延和内涵，释放了生产力的增长活力，促进经济结构调整和产业转型升级。

中国当前的互联网发展水平已位居前列，是最大的电子信息产品生产基地和最具成长性的信息消费市场，也是全球网民数量最多的国家。互联网及移动端网络的普及，为居民随时使用智慧城市各项服务提供了良好的载体，是推进智慧城市建设的基础。

互联网和信息技术的发展为开展智慧城市建设提供核心技术支撑。它们在中国引发的变革效应提供了开展智慧城市建设的基础。智慧城市将充分利用互联网平台，强化社会各个领域之间互联互通，实现城市生活的智能化和公共服务的便捷化。

3. 国家出台多项政策、举措，聚焦智慧城市及有关领域发展

我国政府明确提出推进智慧城市建设是在 2014 年 3 月由中共中央、国务院印发的《国家新型城镇化规划（2014－2020 年）》文件中，它明确指出，智慧城市是推动新型城市建设的核心理念之一，即统筹城市发展的各项资源利用，推动新一代信息技术创新应用，实现与城市经济、社会发展的深度融合。并提出六大建设方向，即信息网络宽带化、规划管理信息化、基础设施智能化、公共服务便捷化、产业发展现代化以及社会治理精细化。关于智慧城市的具体指导性文件是同年 8 月由国家发展改革委等八部委联合发布的《促进智慧城市健康发展的指导意见》，明确提出我国智慧城市的发展思路、建设原则、主要目标以及信息安全保障等要求，以加强对各地智慧城市建设实践的引导。

2013 年 8 月，国务院发布了《关于促进信息消费扩大内需的若干意见》，明确提出在有条件的城市开展智慧城市试点示范建设。2014 年 8 月，国家发展改革委等八部委联合印发《关于促进智慧城市健康发展的指导意见》，明确提出中国智慧城市发展思路、建设原则、主要目标以及发展重点。为落实此《意见》，在同年 10 月，以中央网信办为特约指导单位，国家发展改革委为组长单位，工业和信息化部、科技部、公安部等 25 部委成立了"促进智慧城市健康发展部际协调工作组"，建立起了智慧城市领域重大事项、重点工作的跨部协调机制。2016 年 3 月起，为了进一步加强跨部门工作协调力度，经请示国务院同意，将"促进智慧城市健康发展部际协调工作组"更名为"新型智慧城市建设部际协调工作组"，将原有工作机制从司局级层面升级为相关部门部级领导参与。同时，国家发展改革委加强与各地区合作开展智慧城市重大问题的研究，会同各部门指导各省区统筹推进智慧城市建设。目前已有广东、江苏等 20 个省区市编制了本省区的智慧城市建设工作方案，初步形成了从中央到地方有序推进智慧城市建设的工作格局。

二、新型智慧城市发展的目标与路径

中国未来城市发展必须要解决的是发展模式和路径选择的问题。智慧城市作为信

息化与城镇化的最佳契合点，是符合中国未来发展趋势的选择。智慧城市作为关注城市整体发展的新型战略，将成为经济转型、产业升级、城市提升的新引擎，达到提高民众生活幸福感、企业经济竞争力、城市可持续发展的目的，体现更高的城市发展理念和创新精神。

1. 新型智慧城市建设的核心理念

第一，新型智慧城市建设要以人为本。首先要创新发展理念，把以往将围绕政府为主的信息化转向以人为本的智慧城市。一方面，民生乃善治之本。解决城市发展问题，根本上是要解决民生问题。另一方面，要善于运用互联网思维推动智慧城市建设。互联网的精髓就是用户至上，注重社会参与和服务体验。智慧城市建设可紧紧围绕老百姓实际需求，将公共服务拓展延伸到网上，让信息多跑路、让市民少跑腿，为公众提供同城通办、一证通办、就近办理、主动服务等高效便捷服务，让信息化造福百姓，共享社会改革发展成果。

第二，新型智慧城市建设要用新机制，注重统筹协调。首先是管理机制上，要加大统筹力度。在全国层面加强顶层设计和整体布局，强化部门协同，形成政策合力。二是建设机制上，要坚持市场主导。充分发挥市场配置资源的决定性作用，积极引入社会资本参与智慧城市建设的投融资新模式。三是运行机制上，要倡导服务外包。通过服务外包，让企业的优秀人才、专业技术、先进理念为政府所用，降低政府运行成本，提高运行效率。加强信息共享、设施共用，激发市场力量参与智慧城市建设，形成智慧城市建设和管理体制改革互促共进的良性循环。推动城市间公共服务一体化、社会管理协同化、市场监管联动化、产业集群协作化，支撑区域协同发展。

第三，新型智慧城市建设要确保安全可控。一是注重系统安全。在重要信息系统设计上，要同步设计安全防护方案，对金融、能源、交通、电信、公共安全、公用事业等重要信息系统要确保安全可控。二是注重设施安全。在智慧城市建设中，要加强关键信息基础设施安全防护，做好智慧城市产品和服务的可靠性及安全性评测和风险评估。三是注重数据安全。建立数据安全管理制度，强化数据资源在采集、存储、应用和开放等环节的安全管理，加强个人信息保护。安全和发展是一体之两翼、驱动之双轮，安全是发展的保障，发展是安全的目的。网络安全要求贯穿智慧城市建设的全过程。

2. 新型智慧城市建设目标和路径

智慧城市建设聚焦两大目标：一是提升公共服务效能，主要是以坚持惠民作为智慧城市发展的核心，通过释放数字红利，实现无处不在的惠民服务，建设和谐、宜居、富有活力，更具特色的现代化城市。二是提升管理水平，主要是通过体制机制创新，和城市资源的整合，促进城市管理、精准化、透明化和高效化，推进城市治理体系和治理能力现代化。

做好两个结合：一是与新型城镇化发展相结合。现代化发展中，城镇化是平台载体，信息化是动力引擎，两者互促共进、同步发展，将加速促进现代化进程。通过新型智慧城市建设，推进城市基础设施智能化、公共服务普惠化、产业发展现代化、社会治理精细化，增强城市人口吸纳力、产业承载力和人才吸引力，促进"以人为中心"的新型城镇化发展。二是与区域协调发展相结合。加强智慧城市群的总体设计，强化城市群的数据汇聚应用，通过数据流带动人才流、资金流和物质流，促进城市群的"同城化"。围绕中心城市统筹部署数据中心、云平台、信息系统，强化对周边中小城市的服务，缩小数字鸿沟，带动区域发展。立足中小城市在城市群中的定位，发挥自身优势、强特色、补短板，积极发展现金制造、电子商务与现代物流，强化中小城市融入现代产业分工体系的能力，促进产业合理扩散和下移，充分发挥中小城市在城市群中的节点、支撑和补位作用。

从四方面建设好智慧城市：一是构建多元普惠的民生服务。加快推进互联网+政务服务，推动部门间信息共享和业务协同，打破信息孤岛，畅通公共服务渠道，简化群众办事环节，优化政府服务效能，实现群众办事"一号"申请，公共服务事项"一窗"受理，多渠道服务"一网"通办。二是打造智慧高效的城市管理。将大数据、物联网等新一代信息技术引入城市管理，汇聚城市人口、建筑、街道、管网、环境、交通等数据信息，建立"用数据说话、用数据决策、用数据管理、用数据创新"的城市管理新方式，提升城市治理水平。三是发展融合创新的产业经济。推动互联网、低碳、节能、环保等新技术应用，促进互联网产业从"消费服务型"向"生产服务型"延伸，加快经济结构调整和产业转型升级。四是集约统筹的基础设施。继续加大信息基础设施的统筹力度，构建统一的网络、数据和安全基础设施，加快建设推进基础信息库和共性系统建设和应用,加大对现有数据资源整合利用力度,避免盲目建设和重复投资。

三、各地方以多种形式推进智慧城市建设

随着中国经济发展进入新常态,以及印度、越南等新兴经济体对中国低成本竞争优势的替代和欧美发达国家"再工业化"战略的实施,原来高资本投入、高资源消耗、高污染排放、低成本竞争、低效率产出的产业发展模式难以为继。在新形势之下,应对国际日趋激烈的产业竞争和发展动力转换的背景下,加快新兴产业布局和传统产业改造,推动产业经济实现由粗放型向集约型转变、由价值链中低端向中高端转变,才能为城市可持续发展和迈上更高的台阶提供新的动力。智慧城市建设在很大程度上带动了智能技术相关产业的发展和变革,智慧经济和智慧产业快速发展,带动了一批智慧园区的建设。

我国智慧城市建设进展显著。据有关部门统计,截止到2016年上半年,我国100%的副省级以上城市、89%的地级及以上城市、47%的县级及以上城市提出了建设智慧城市的方案。各地普遍依据政府主导、企业主体、社会参与、市场运作的原则,围绕搭建城市大数据中心、电子政务、城市管理、民生服务等重点服务平台,推动建设智慧城市。

一是信息基础设施建设明显改善。信息基础设施作为智慧城市的基础支撑,自2014年以来,在光纤网络覆盖、移动网络部署、北斗终端设备普及、智能终端拥有率方面呈现不断提高的发展势头。随着"宽带中国"战略的实施,光纤网络部署、入户率及宽带速率都实现明显提高。截至2016年上半年,互联网宽带接入端口突破5亿个,同比增长20.7%。网民规模达6.88亿,互联网普及率达到50.3%,较2015年底提升了2.4个百分点。宽带提速明显,8Mbps以上接入速率的宽带用户总数达到9469.6万户,占比达到46.4%。光纤宽带接入FTTH/0端口快速增长,达到2.4亿个,比2015年末净增8000.8万个,占互联网宽带接入端口总数比重由2015年末的40.6%提高到51.7%。智能电网加速投资,国家电网在"十二五"期间投入约1.6万亿用于加强智能电网建设。公共服务方面,通过网络化、移动化的技术运用,传统的模式正逐步被

取代，已实现通过移动终端将公共服务之间面对居民，实时互动。城市基础设施、公共服务逐步智能化，大数据中心、智能服务系统逐渐成为城市新的基础设施，信息和数据已经成为城市重要的资产。如无锡市依托其信息化基础设施和物联网产业优势，因地制宜建设，大力推进"无线城市、光网城市、宽带提速、三网融合"四大基础设施工程，着力改善信息基础设施。

二是地方政府加速推进，顶层设计备受重视。我国智慧城市的开展过程中，地方政府较为积极。纷纷将建设智慧城市作为"十三五"城市信息化发展的重要目标。建设智慧化应用的覆盖面已扩大至几十个领域。其中，信息化基础设施、电子政务、社会治安、智能交通、市政管理、智慧医疗、社区服务等领域的关注程度较高。较为先行的城市都往往高度重视智慧城市的顶层设计，同时秉承"多规合一"理念，应用各种新技术，提升城市认知、规划、管理的水平，着力实现全流程规划的智慧化。如，北京市将智慧城市建设分为政府主导领域和市场主导领域，从市级、部门和区县三个层次，系统的开展全市的顶层设计。武汉市投入1000万元，在全球范围内招标，开展10个重点领域的顶层设计。上海市投入200万元，开展"智慧闵行"基本框架顶层设计等等。无锡市创新体制机制，成立了市级层面的信息技术发展领导小组，打破部门"信息孤岛"。武汉市面向全球招标，整合国内外一流机构的规划理念和技术优势编制《武汉市智慧城市建设总体规划与设计》方案。计划用10年打造"智慧城市"。威海市目前已实现200多个部门使用统一技术平台、统一运算存储、统一内外网络、统一互联网出口、统一安全防护、统一运行维护。

三是城市治理得到持续创新。国家发展改革委与民政部等12个部门组织实施了信息惠民工程，在全国80个城市开展了信息惠民试点工作。智慧城市建设明显带动了城市治理水平的提升，"互联网+"正在深刻改变城市的管理模式和服务方式。如：福建省建成了电子证照库，推动了跨部门证件、证照、证明的互认共享，初步实现了基于公民身份号码的"一号式"服务；广州市的"一窗式"和佛山市的"一门式"服务改革，简化群众办事环节，优化服务流程，提升了办事效率；上海市、深圳市通过建设社区公共服务综合信息平台和数据共享平台，基本实现了政务服务事项的网上综合受理和全程协同办理。户籍管理的智能化技术运用、城市道路监测、应急系统等都是城市治理智能化的典型体现。电子政务助力打造高效的政府，山东、浙江、广东等地推广应用网上办事平台，促进政府不断优化创新公共服务，推进了行政权力程序化、规范化和透明化运行，改善了行政权力的监督效率。运用互联网、大数据等手段，实现政府部门之间的数据共享，加快加大政府信息开放程度，增强了公共服务的主动性、精准性、便捷性。

四是建设成果更加惠及民生。各地在建设智慧城市过程中，更加注重以民生需求为导向，重点解决社保、医疗、教育、就业、养老等领域的突出问题，用信息化建设成果惠及民生。坚持以人为本，把有限的资源投入到亟须解决的问题上，推动社会事业改革发展，打破信息孤岛，简化群众办事环节，把群众的重点关切摆到第一位，充分利用信息资源发展便民、惠民。同时，更加注重推进互联网与实体经济的渗透融合，促进互联网产业从"消费服务型"向"生产服务型"延伸，加快促进城市产业转型升级。武汉市基于"数据整合"理念打造市民之家，采用云服务技术，构建全市统一网上行政审批平台，集合政务服务、规划展示、教育培训、商务洽谈、文化休闲等多项功能，突显"服务、高效、规范"的城市管理理念，实现行政审批网络通、数据通、业务通，更好地方便群众。

五是新城新区成为智慧城市建设突破点。新区相对老旧城区在开发成本、协调难度、土地资源等方面具有优势，智慧城市建设可从规划阶段与基础设施建设同步开展、实施，能够实现有效的整合。从国际经验来看，日本的柏之叶、韩国的松岛等智慧城市的建设都是以新城新区的开发为切入点的。随着我国新型城镇化的加速，智慧城市已成为新城建设的必备内容。同时，促进产城融合是中国当前城市智慧城市建设中的一个突出特点。新城新区是一个载体，在一开始建设新城的时候，把智慧家居、智慧社区、智慧园区等社区服务、政府公共服务以及市场化服务等所有要素植入其中，成功以后会对老城区的更新与改造有一个映射的影响。

国际案例　　　　　　　　**日本柏之叶建设智慧城市**

柏之叶市位于日本千叶县西北部，距离东京约30公里，距离东京国际机场（成田机场）30公里，通过轨道相连，是东京的卫星新城之一。作为在新城新区建设智慧城市的典型代表，其主要做法是：

一、以人为本，使生活更方便、更舒适为重点

日本的智慧城市建设，很多技术直接针对家庭和人的生活习惯，与人的需求贴

合紧密，生活实用性较强。比如，采用能源消耗可视化软件，方便需求管理。通过卡通冰块面积的变化显示家庭总用电量，很直接；通过智能操作系统，实现离开房间后可自动断电，3秒内自动启用，外出状态下也可提前调控空调；利用IC磁片人体感应器控制的办公位空调温度调节系统，人走到哪个区域，相应区域的空调都会自动调节至之前设定的温度；将电动车的充电系统与家庭电网对接，便于人们把车里多余电量供给家庭应急使用。

二、以民营企业推动为主，更加注重把握市场需求

以三井不动产为主要代表的日本民营企业基于自身专业技术，以开发减少能源资源节约的综合智能解决方案为重点，综合考虑降低成本、实现多样性选择，服务家庭社会需求。在柏之叶智慧城市，通过智能终端系统，可以将每个家庭、每栋楼、整体社区的预测用电量和实际使用量信息及时传递给业主，便于家庭和社区的自我管理。对于节约用电量超过一定标准的家庭，按照节能分值发放可兑换社区内商店的地域贡献积分，由此提高了居民节电的积极性。

三、探索智能城市和社区更广泛的服务路径

柏之叶市提出的智慧城市三大建设理念：环境共生，健康长寿，新产业创造，并细化出地域能源一元化管理、低碳型交通体系、地区医疗养护网络、创造个体价值的社会参与、开发个人创业空间等9大具体应用主题，充分体现了政府、企业和社区在环保和公共安全方面的关注、居民在个人健康和创业的利益诉求、学术研究机构对研发空间的需求，这些信息为开发企业建造有吸引力的城区提供了非常大的帮助。使得智能城市的概念从低碳、降低能源消耗转向更多的社区服务内容。

六是智慧城市的经验交流日益增多。据IDC（互联网数据中心）2015年的统计数据，全球目前已经启动或正在兴建中的智慧城市达1000多个，每年的复合增长率达到20%。我国在现阶段建设智慧城市更加注重着眼国内、国际两个市场开展相关工作。一方面，通过智慧城市发展联盟等行业组织，推动国内企业与各地政府对接，加强政策的宣传与贯彻落实，于2014至2016年分别举办了三届中国智慧城市（国际）创新大会和两届中国智慧城市（国际）博览会等一系列活动，为国内城市和企业的智慧城市案例提供了向国际展示的舞台。另一方面，利用美、欧、日、韩、印等各类双边和多边合作契机，积极推进智慧城市国际合作，支持我国相关企业拓展海外市场。如，

在中欧城镇化合作伙伴关系的机制中开展了中欧智慧城市经验交流；深圳市和印度吉吉拉特邦金融科技城达成了智慧城市合作意向，并写入了《中华人民共和国和印度共和国联合声明》。

> **国内案例** **宁波千人计划产业园与机器人小镇建设情况**
>
> 宁波千人计划产业园成立于2012年9月，是全国首个千人计划产业园。园区下设孵化基地、中试基地和产业化基地（机器人小镇），围绕新装备、新材料、新能源与节能、电子信息、医疗器械与生物医药等五大战略性新兴产业，重点引进一批千人计划专家和高新技术项目。2013年4月，经浙江省委人才工作领导小组批复，正式定名为"浙江千人计划余姚产业园"。目前，千人计划产业园累计注册项目82个（其中投产项目31个），引进"国千"专家50位，"省千"专家2位。
>
> 孵化基地位于市科创中心，总投资2.62亿元，占地81亩，建筑面积10.7万平方米，由一幢高27层的科创大厦和4幢孵化楼组成，重点引进企业总部、研发机构和处于孵化期的高科技项目。目前已引进孵化项目61个，涉及电子信息、医疗器械、软件开发、节能环保等领域。
>
> 中试基地毗邻孵化基地，占地125亩，规划建设电子新材料产业基地，重点围绕半导体新材料产业的上下游，整合余姚新材料产业，打造集聚式生产基地，培育中国乃至全球新材料产业的余姚板块。同时，也为处于中试期的科技企业提供加速成长的平台。
>
> 产业化基地位于三七市镇，毗邻宁波江北区，总规划面积约10平方公里，也是宁波智能经济示范区的建设载体。目前，正在举全市之力打造3平方公里的机器人小镇。
>
> 千人计划产业园围绕招才引智这一首要任务，牢牢把握智能经济这一重大机遇，用足用好"国千"专家这一独特资源，全力打造智能经济新引擎。目前，园区累计注册项目86个，投产31个，引进"国千"专家50人，"省千"专家2人。去年10月，机器人小镇入围宁波市级特色小镇第一批创建名单，为小镇发展注入强大活力与动力。

(一) 围绕基础配套提升优化小镇功能。千人计划产业园建设重点在机器人小镇。坚持高起点规划、高标准建设，在功能布局、基础配套上体现国际视野、世界眼光。一是在调整千人计划产业园产业化基地总规的基础上，重新调整了机器人小镇的四至范围，北至61省道，西至魏家浦河，南至杭甬高速铁路，东至规划浦宁路，优化小镇"一核、五区、一园、一路"功能布局，使小镇的区位、交通优势更加明显，功能更加完善。二是加快小镇城市客厅建设，在已建10平方米标准厂房的基础上，抓紧建设综合服务中心、二期标准厂房、专家研发楼、长三角千人创业中心等配套建筑，进一步完善小镇生产、研发、展示、会议、商业等功能。三是推进道路、排水、供水、供电、网络等外围配套设施建设，全面提升小镇整体形象，同时引入智慧城市管理系统，在公共设施中植入云计算、大数据、物联网、机器人等智能技术、理念和元素，实现对接和共享，体现科技感、未来感和时尚感。四是争取国家开发建设银行的支持，一次授信24.8亿元用于保障小镇3年的基础设施建设。

(二) 围绕招商引资攻坚加快项目落地。坚持全产业链招商，定向精准引进一批国内外顶尖的智能装备和机器人领域重大项目。已建成的10万平方米厂房内落户企业14家，重点抓好中兴宁波兴业港、中信重工机器人产业基地、宁波智能研究院产业基地、启迪智能经济产业基地、江丰材料研究院、瀚普智慧能源产业基地和川崎机器人产业等七大板块的落地建设。一是向上攀亲。围绕招大引强，深化与民企500强、央企的联系对接。与中兴通讯集团达成总投资50亿元的中兴·宁波智能科技产业园项目，重点培育和发展物联技术、人工智能、节能环保、新型材料和智慧城市建设，打造中国制造2025的样板。二是向下补链。依托科创中心、宁波市智能制造产业研究院等平台，开展链式招商。签约的瀚普智慧产业基地项目，由"国千"专家甘中学博士领衔，通过建立国家重点研发实验中心，打造智慧能源产业和高端人才的聚集区。三是向外借力。立足中国、面向全球，与全球机器人"四小家族"之一的日本川崎达成合作，签约智昌川崎机器人研发工程中心项目，计划在3年内销售机器人1000台。四是向内挖潜。充分挖掘现有企业资源，发挥其熟悉产业发展趋势和民间资本关注点的优势，深化"以企引企"工作。如通过易拓智谱，已累计引进智畅等运营的机器人企业14家。

（三）围绕高端人才发力强化智力支撑。围绕"人才+"战略，充分发挥高层次人才优势和作用，不断强化小镇人才优势和智力支撑。目前引进的50位"国千"专家中，机器人领域有23位，占比46%。一方面，充分尊重和发挥现有高端人才或团队的技术和优势，加快这些人才或团队自身项目和企业的成果孵化及产业化，争取早出成效。目前，已有14家机器人企业投入运营，生产的机器人系列产品和核心零部件开始进入市场，受到消费者广泛欢迎。另一方面，注重引导人才树立服务本地企业发展的理念，鼓励高端人才与本地企业间的嫁接，促成人才与本地企业的全方位合作。目前，已有10多家本地企业与"国千"专家达成合作，实现"人才、项目、资金、市场"等互补互惠，有力推动全市"机器换人"进度，加速本地企业转型升级，助力全市经济再发展。

（四）围绕核心技术突破提升创新活力。以机器人产业为重中之重，围绕关键部件和核心技术进行自主研发、成果转化及产业化，取得重大技术突破。小镇现已攻克国家《机器人产业发展规划（2016~2020）》十大标志性产品中的7项和五大核心零部件中的2项，机器人领域的核心技术达到国内一流、国际领先水平。目前机器人云控制器、一体关节和伺服电机等核心零部件、河姆渡系列机器人产品开始走进市场，部分产品得到广泛好评。2016年面世的双臂十八轴机器人是全球首款，与全球机器人领域"四大家族"美国ABB公司同类双臂机器人相比，双臂十八轴机器人单臂负载3KG，而后者只有0.5KG。同时，鼓励龙头骨干企业和科研机构参与国内外技术标准和技术规范的制定，掌握机器人话语权。探索"产业联盟+创客空间"的新型孵化模式，打造新型创新创业平台。

（五）围绕增值服务拓展完善综合环境。一是瞄准价值链高端环节，重点发展一批为机器人企业提供工业设计、技术评估、解决方案、检测认证的第三方专业化服务企业及公共服务平台，构建"制造+服务"一体化发展体系。二是与浙江大学开展合作，加快建设浙江大学（余姚）机器人学院，打造国内第一家基于创新基因的学院，已达成浙江大学（余姚）机器人研究院的合作意向，40余名机器人领域专家愿意担任专职或兼职客座教授。三是发挥田螺山遗址、杨梅基地等山水人文资源优势，结合机器人产业主题公园，打造穿越历史、迎接未来的智能科技工业

> 旅游线路。四是继续深化妈妈式服务。成立创业创新服务联盟，为项目或企业派驻"一对一"助创专员，项目注册、审批、落地、开工落实"一条龙"代办服务，为人才提供拎包入住的人才公寓200余套，开通家庭医疗、子女教育等"绿色通道"，真正把机器人小镇打造成高端人才集聚区。

四、未来展望

自2008年底智慧城市的概念提出以来，我国智慧城市建设快速发展，近四百个城市先后提出建设智慧城市，各地在资金、设施、应用、人员等方面进行了大量投入，对经济社会发展发挥了很大的作用。

经过多年的持续推进，我国的智慧城市建设工作已迈入一个新时期，随着"十三五"新型智慧城市标杆的建设，智慧城市将成为引领全国乃至全世界的城市朝着新型城市模式转变。从总体上看，当前我国智慧城市建设正逐步从理念走向实践、从无序走向有序、从注重形式走向追求实效、从单一自建走向合作共赢，已经吸引越来越多国家的关注。

> 郑明媚，本报告副主编。

国 际 篇

欧洲当代新城开发对于我国
新城特色建设的启示

易 鑫 李伊格

一、欧洲当代新城的基本特征

欧洲国家（特别是西欧国家）属于发达的经济体，已经达到较高的城市化水平。与我国处于工业化中后期不同，欧洲国家已经迈入了后工业社会，城市与区域发展也随之经历了深刻的转型与更新过程，机动化和信息技术水平的不断提高，人口在区域之间的流动速度也明显加快。根据联合国人居署发布的《全球人类住区报告 2009：规划可持续的城市》（Global Report on Human Settlements 2009：Planning Sustainable Cities)[①]，欧洲等发达国家和地区的城市发展具有以下 4 个特点。

①实现整合和公平的城市环境成为一项重大挑战。现有居民区的恶化与新的大型

---

* 基金项目：国家自然科学基金青年基金项目（项目批准号：51508086）；江苏省自然科学基金青年基金项目（项目批准号：BK20150608）。

① UN – Habitat. Global Report on Human Settlements 2009：Planning Sustainable Cities — Global Report on Human Settlements 2009 [M]. London · Sterling, VA, 2009.

开发项目并存。房地产驱动的城市开发使许多城镇出现分化，产生了大量精英聚集地和蔓延的中产阶级郊区；与此同时，劳动力市场结构的变化使许多城市居民陷入贫困和失业困境。

②城市与区域的蔓延引起大量环境问题。低密度的郊区蔓延引起的资源消耗较大且侵蚀农用地，居民对汽车的依赖水平提高，还产生了大量的废弃物和排放，这些都成为严峻的规划问题。

③人口下降引起城市的萎缩。欧洲城市人口的增长率较低、老龄化趋势明显，产业结构调整和向海外的产业转移使得许多老的工业和矿业城镇缺少必要的经济基础，大量人口从贫困地区向繁荣地区迁移，引起许多城市出现萎缩。在这样的背景下，规划需要针对人口流出、大量居民区遭到废弃、经济活动减少和提供公共服务制定新的战略；与此同时，迁入人口的区域则面临增长的压力，同时必须考虑多元人群的需求。

④培育整合式的发展方式：城市政府各部门亟须整合各自的政策，随着城市政府的任务越来越复杂，各职能部门之间以及不同级别政府之间整合的问题增多，因此就需要调整不同职能部门和层级之间的关系，以实现空间的连贯性和整合式发展，以应对经济发展乏力、社会资源短缺和环境恶化等多方面挑战。

在此背景下，面对城市与区域内部郊区化的挑战，欧洲城市有必要挖掘现有区域内部建设用地的潜力，对大量因为经济转型出现的废弃地进行再开发，减少对于非建设用地的消耗，"新城"的区位也往往就选在区域的建成区内部。因此，当前欧洲"新城"的发展也就从属于整个城市和区域的更新与再开发战略，这些新的大型项目虽然在空间上相对独立，但是在经济、社会和交通方面与整个区域保持着极为密切的联系。这方面情况与正经历快速城市化的国家明显不同，后者空间发展主要以向城市外围扩张为主，"新城"的开发建设更倾向于帮助疏解城市空间的发展压力，调整区域空间结构。

二、新城发展的目标构想

1. 基本类型

随着全球化的不断深入,欧洲的城市发展政策从维持社会公平转向更加强调城市竞争力和吸引外国投资,私人资本成为城市开发项目的主要推手,受其影响,城市和区域空间越来越呈现出社会差异化和空间破碎化的趋势。与此同时,随着郊区化的进一步发展,欧洲城市之间基于功能方面的分工逐渐发展成为一系列的大都市区。

这种背景下,虽然仍然包含调整城市结构等区域规划的目标,当前欧洲的"新城"发展也采取了与以往截然不同的策略。与传统的新城相比,当代欧洲新城建筑的形式、目标群体和融资方式都不尽相同。

当前欧洲的新城项目已经普遍放弃了以前现代主义的新城模式,虽然保持了系统和大范围整体规划的方式,不过极少是完全依靠国家投资,项目也只是有限地体现了社会福利方面的目标,政府一般通过提供"补贴"等方式,确保项目能够提供一部分的可负担住宅和社会住宅。当前新城的不断兴起,主要是依靠私有经济推动。在功能上,开发目标倾向于让新城与核心城市的职能实现差异化发展;在规模上,当代新城规模一般较小,开发商倾向于能够尽快落实项目,以减少宏观经济动荡带来的影响;这些新项目的建筑形式也非常多样,部分项目注重体现乡村面貌或当地的历史风格,还有的则倾向于面向全球用户、不考虑地方认同感的国际化风格,主要包括以下四种类型:

①全球市场导向的城市开发。在全球化的背景下,大量基于市场导向的新城得到发展机遇,这些新城非常强调与全球基础设施网络的联系,比如机场、港口或者位于经济特区内部,这些新城因为与全球经济有着良好的联系,往往也会安排高品质的文化和教育设施,建筑形式一般采用国际流行的建筑样式,兴建高档的公寓塔楼或者别墅。

②基于"生活方式城市主义"(Lifestyle Urbanism)的新城更新。在 20 世纪初,欧洲各国开展了一系列早期新城的实践,兴建了一批花园郊区。面对当前生活方式的多

元化，以前的花园郊区在作为历史遗产加以保留的同时，人们开始根据使用人群和空间布局的需求变化，重新对这些历史建筑加以更新改造。

③新城作为构建社区多样性的试验场所。当前的新城开发强调避免传统新城因为缺乏场所感而遭到诟病的缺陷，不少城市近年来面临建设用地有限、资金匮乏的问题，但是同时当地的住宅需求仍然很旺盛，因此鼓励居民尽早参与新城的开发建设，在实现资金来源多元化的同时，参与新城建设的人群本身既是投资者也是使用者，广泛的参与可以帮助构建社区感和场所感。

④新城作为生态规划和技术的展示项目。气候变化和生态方面的要求对公众有越来越大的影响力，不少新城建设从可持续发展的角度，强调利用现有的工业废弃地，在运用与能源效率有关技术的同时，给新城项目贴上"低碳城市"、"生态城市"等标签，实现城市营销的目的。

2. 巩固和提高区域的生活质量与特色营造

基于这种发展趋势和任务特点，有必要使新城的开发与区域的整体发展结合起来，强化和改善自身的区位条件，达到较高的空间质量水平、适合民众生活、同时保持相对独立的地位，因此新城的可持续发展也就更加强调文化认同并稳定社会纽带。人们认识到，新城的规划与建设工作并不只是单纯的物质空间建设，工作重点应转到构建与人们的社会、经济和文化活动相匹配、具有长期稳定性的物质空间结构上去。

《德国联邦政府全球环境变化咨询委员会》（German Advisory Council on Global Change）对人居环境的"特色问题"进行专门的探讨，将其作为可持续发展的一个新的尺度："特色一方面指每个城市根据自己的社会空间和实体结构、社会文化特征和地方城市实践形成的典型内涵（描述性特色），另一方面也是城市转型的目标或导向标尺，强调在提高生活质量和培育认同感方面，城市社会文化的多样性、城市的结构和城市居民的独立自主性是以人为中心的城市转型的核心组成部分（规范性特色）……特色概念的引入要我们关注空间占有，以此为创造空间社会的前提条件，从而也是我们关注创造城市生活质量、社会凝聚力和居住地认同感的前提条件"[1]。

---

[1] German Advisory Council on Global Change（WBGU）. Humanity on the mover: Unlocking the transformative power of cities [M]. Berlin: WBGU. 2016.

为了提高新城内部居民的工作、生活水平和空间质量，新城特色的营造主要包括两个方面的内容。

①在尊重规划地区现有设施和历史信息的基础上，通过塑造与维护当地的景观来加强区域的认同感和特色水平。

②基于未来导向的目标构想来推动新城发展，将满足新城居民的社会、经济和文化需求的各方面努力整合成系统性的发展与更新策略，注重通过社会参与来提高新城的可持续发展水平。

与传统的工业社会相比，后工业社会条件下的公共部门制定相关政策必须充分考虑到社会内部结构的多元化和异质化问题，除了尽可能根据人群变化趋势满足各方需求以外，重要的举措就是要基于人们生活所在的共同区域构建文化认同，特别是在社会的机动性水平提高引起人口不断迁移的情况下。通过构建文化认同将有助于加强社会凝聚力，维护地方社区的稳定性。因此新城的建设也要充分考虑发挥公众参与的作用，动员当地居民参与并支持新城的发展工作，通过居民和相关者之间的广泛接触增强他们对于自身家园的认同感。

3. "紧凑型城市"理念与区域空间特色维护

当前欧洲新城的政策很大程度上反映了基于"紧凑型城市"（Compact City）理念的空间发展视角。面对城市与区域结构在20世纪、特别是后期出现的剧烈变化，"紧凑型城市"理念提出了一种整体性的空间发展构想，强调城市和居民点的发展应当保持相对较高的人口密度和建筑密度，以便能够更好地利用资源，形成混合的土地利用关系，维持多样性。这种构想的提出旨在克服城市和区域内部的蔓延问题。在专业性的讨论过程中，紧凑型城市在某种程度上被认为代表了"欧洲城市"的方向。

"紧凑型城市"理念关注的并不只是那些历史上发展起来的城市和居民点，在区域尺度上有人还专门提出了"分散的集中"构想，对于新城地区的发展有着重要的意义，并成为新城发展的重要规范性目标，从而在不同的居民区之间、居民点与景观之间建立有机的联系。新城地区相对较高的开发强度可以避免在交通用地、能源、水源等项目的建设和长期运营方面出现过高的成本，同时取得较好的生态和环境效益。有研究显示，位于城市边缘的联排居民区（Berlin-Spandau）其人均能耗是内城建成地区水平（Berlin – Moabit）的两倍。内城地区家庭的能耗只是城市边缘地区家庭的64%，交通方面甚至只有后者的37%[1]。此外，新城发展同时也要强调内部居民点建设的质量，重视改善当地居民的休闲活动质量，并减少大规模通勤活动对社会、经济和生态问题带来的负面影响[2]。

三、新城发展的工作程序

1. 与战略空间规划相结合

在1980年代至1990年代期间，以项目为基础的城市开发方式开始在欧洲城市中处于主导地位，但同时也造成城市发展存在着缺乏整体和长期的空间发展框架的问题。为此在西欧最先采用了战略规划的工具，以便为城市再开发与复兴项目提供基本框架，而这些项目往往是通过私营部门主导或通过合作关系分配任务内容来实现。在当前的许多欧洲国家，战略空间规划已经得到广泛应用。规划方案往往支持更加紧凑、土地混合使用和可持续的城市形态。在战略规划的基础上，实际的新城开发项目会通过建筑竞赛等方式确定用于实施的总体规划方案，以适应市场主导的特点，再由建筑师与开发商负责完成[3]。

战略规划的形成既经过了广泛的沟通过程，又得到主要决策者的支持，因而就具有了较强的政治合法性，为城市与区域的可持续发展一方面提供较强的政治基础和可行性，此外这一工具也能够把发展目标进行系统化梳理，用于对以后的具体规划和建设实践提供指导意义。

从系统角度出发进行新城地区的开发建设，决策者和规划人员就要依靠战略规划确定的框架，使新城地区的建设项目除了服务于自身需要，同时尽可能在功能和空间结构上与城市和区域发展的整体相互协调，因此具体的规划措施就需要谨慎地处理现

---

[1] Frick, Dieter. Theorie des Städtebaus [M]. Thübingen/Berlin, 2010.
[2] Sieverts, Thomas. Zwischenstadt. Zwischen Ort und Welt, Raum und Zeit, Stadt und Land [M]. Braunschweig/Wiesbaden: Vieweg, 1998.
[3] Trialog. Themenheft New Settlements [J]. Heft 75. Darmstadt. 2002.

状,并维持现状条件与周边地区的相互关系。新城地区的规划应当发挥战略规划的作用,规划的制定者和参与者(居民、社区政府和区域其他部门)首先就要明确规划的基本定位,并在此基础上确定具体的实施路径和目标,提出进一步的子目标和实施措施,对地区内部与空间有关的各种生产和生活相关的活动进行综合调控,从而使建设地区能够保持长期稳定。战略规划工具还必须同时考虑社会、经济和生态等多方面的要求。根据具体的规模和影响范围,各种措施中既包括针对局部空间对象的修缮和造型方面的任务要求,也包括社区乃至区域层面的基础性政策与战略,以实现整体性的行动[1]。

2. 整合式的新城开发及其基本原则

根据战略规划的安排,新城的规划工作致力于构建以需求为导向的工作框架。除了要注意把握一般性问题以外,还必须高度关注新城所在地区在历史文化、经济社会和空间环境规模的特殊性。新城所在地区的这种特殊性,可以帮助当地居民之间实现更紧密的接触,人们对当地问题和自身需求的认识也更为明确,这些特点也就使他们有可能参与新城地区的规划实践。通过协调的过程尽可能避免各方在建设活动中出现相互干扰或损害的情况,在保证规划目标实现共同利益的同时,也将有利于当地的每个人,实现空间的协同效应,取得整体大于局部的效果[2]。

根据以上讨论的内容,在整合式的新城开发中需要注意以下的基本原则:

①新城规划要注意兼顾规划地区的现状,这就意味着要有针对性地把握居民的需求,注重发掘和维护地方特色。

②考虑到新城地区实际的空间发展过程较长,应当明确开发时序,对现有的设施采取有选择性保留乃至保护性更新的措施,以节约开发成本,加快项目进度。

③强调相对独立性原则,应当考虑强化和维护目标人群的结构特征和场所类型,支持当地居民根据自身的动机参与新城的规划与建设,并且鼓励由当地居民来负担起

---

[1] UN – Habitat. Global Report on Human Settlements 2009: Planning Sustainable Cities — Global Report on Human Settlements 2009 [M]. London · Sterling, VA, 2009.

[2] 易鑫, Klaus Kunzmann 教授访谈: 为空间发展进行规划: 德国是中国的榜样么? (Planning for spatial planning: Germany, a model for China?) [J]. 城市 空间 设计. 2013. Vol. 29, No. 1. pp. 9–15.

具体的建设和维护责任。

④根据以上讨论的工作框架和基本原则发展整合性的规划措施，追求尽早提升新城地区的总体性功能利用水平，并实现空间的协同效应。

3. 新城发展的工作程序

根据新城地区的基本特点和规划的程序要求，新城规划的程序分为以下各个阶段：

①现状调研—粗略定位。初步的现状调研和评价。这一阶段的判断还不足以进行决策，但是可以用于确定是否开展新城开发工作，同时大体上把握相关的问题和工作领域。

②目标规划—战略规划。区分长期和潜在的愿望性质的目标与基本用于实施、与新城的空间结构、开发和功能有直接关系的目标各自的内容。战略规划要能够帮助把握新城地区的发展哲学和愿景，并由此进一步发展出具体化的目标。

③目标规划—具体目标。根据城市和区域的战略规划与新城有关的子目标讨论存在问题的专业领域。由此确定哪些是必要的目标，哪些是愿望性的目标。同时注意在重视现实目标与关注于理想方面之间的平衡。

④现状把握—详细的定位。基于之前的粗略定位和目标规划，同时结合与后面规划阶段的反馈，对规划地区内部的现状要素进行仔细分析，由此判断规划当中的具体需求情况。

⑤分析现状。确定规划地区发展的优势和劣势，通过各部分的仔细调研，深化对于规划信息的理解。

⑥缺陷分析。根据目标设想在应然和实然状态之间进行比较，并评价目标内容。

⑦措施规划。调整现存的缺陷，要求每个专业领域提出具体的措施，包括居住区规划、农业、交通、绿地格局、水利、土地整治等各个方面。这些内容都需要分别提出各自规划目标的定位和选择性的构想。

⑧评价。在考虑整体规划的情况下，首先考虑专业内部的评价。规划完成之后再对整体规划结果的一致性进行准确的考察。

⑨新城规划方案。基于之前的规划成果，组织规划设计竞赛，通过与社会各界的沟通，确定一个整体性的构想，将新城的功能、空间结构和其它的造型要素结合在

一起。

⑩实施。将竞赛方案转换为法定规划，明确具体的承担者，确定具体实施的资金和时间安排。

四、案例与实践

1. 英国伦敦奥运新城

伦敦的奥运新城位于伦敦东部的斯特拉特福德（Stratford）附近，该新城利用2012年奥运会举办这一战略性工具的重大契机，成为利用节事营销活动进行废弃地再开发的典型案例①。

伦敦作为世界金融中心成为该项目的重要背景，与其他仅具有区域影响的城市不同，伦敦的金融业比例非常高，全球层面的经济需求引发了整个城市区域层面的绅士化过程，生活成本越发提高，弱势阶层受到的空间分异压力越来越大，最终导致当地社会和全球层面之间矛盾越发尖锐。在这一背景下，伦敦出台了2004年"伦敦规划"（London Plan 2004），对城市的发展方向进行了调整：作为全球城市，伦敦在推动经济发展的同时，也致力于缓和全球层面同地方社会的矛盾（图1）。同时在开发模式上也有调整：规划认为伦敦在延续过去撒切尔政府提出的内城开发和城市复兴政策的同时，应将原来由私人部门主导的城市开发模式转变为由政府主导，同时与私人部门合作，进而在推动经济发展的同时缓和地区内部越发扩大的发展不平衡问题，以维持地方社会的稳定性。但为了实现规划及其社会目标，政府除了自身的引导外，还需制定相关的城市营销策略来增强其对私人开发者的吸引力，引入旗舰项目，并对基础设施特别是环境和交通基础设施进行投资②。

---

① 易鑫："伦敦奥运会举办作为城市发展战略的启示"，《国际城市规划》，2013年第2期。
② Baccini, Peter/Oswald, Franz（Hrsg.），Netzstadt. Transdisziplinäre Methoden zum Umbau urbaner Systeme [M]. Zürich: vdf Hochschulverlag AG an der ETH, 1998.

图1 2004年伦敦规划

图片来源：Mayor of London. The London Plan: A Summary [R/OL].

基于以上背景，伦敦政府参照了巴塞罗那的城市发展模式，决定利用举办奥运会这一战略性工具，希望将最为落后的东伦敦地区开发成具有混合功能的新城区，同时结合基础设施的投入，一方面通过住宅、办公等设施满足投资者和经济增长需求，另一方面希望以公共开放空间为核心，并结合一部分社会住宅建设，来构建更加稳定的社会关系。项目选址位于斯特拉特福德附近，规划希望该地区在未来成为东伦敦地区发展的重要极核，其选址及主要目标包括以下内容：

①斯特拉特福德是连接英国和欧洲大陆的欧洲之星线路的高铁换乘站之一，作为全球性的交通节点，充分体现出项目希望加强与全球层面联系的意图。

②斯特拉特福德与附近的金丝雀码头金融区有良好的交通联系，通过对该地区建设可为具有较强经济能力的金融部门从业者提供高质量居住和休闲设施，从而促进该地区金融业的发展（图2）。

③斯特拉特福德与伦敦中心之间有一大片工业废弃地，未来该地区基础设施的建设将促使更多的私人开发商参与废弃地的城市更新。

除了战略性层面的考虑外，斯特拉特福德的建设将提供就业机会，同时改善该地区较为严重的住房短缺问题①。

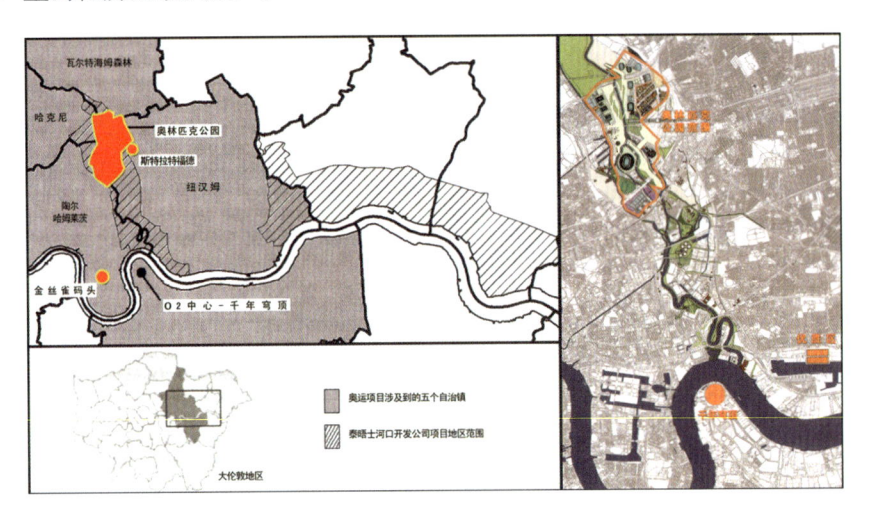

图 2　奥运公园区位以及与金丝雀码头的关系

图片来源：左侧：Imrie，R，Lees，L，Raco，M. Regenerating London：governance，sustainability and community in a global city［M］. London：Routledge，2009. P. 57.

右侧：Lloyd，S. Der Olympiapark［J］. Garten + Landschaft，2006，116（10）：17 – 19. P. 17.

在 2005 年伦敦赢得了 2012 年第 30 届奥运会的主办权后，中央政府授权成立具有开发公司性质的奥运实施委员会（Olympic Delivery Authority），负责实施奥运相关设施尤其是奥运公园地区的一系列规划和建设活动，与同样作为核心机构的伦敦奥运组委会（London Organizing Committee of the Olympic Games，LOCOG）和地方政府部门进行合作。整个开发分为 4 个阶段：

①第一阶段：制定相关规划（2006 年 4 月至 2007 年 4 月）。

②第二阶段：征地、土地整理以及设计阶段（2007 年 4 月至 2008 年夏季）。

③第三阶段：集中建设阶段（2008 年夏季至 2011 年夏季）。

④第四阶段：场地试运行阶段（2011 年夏季至 2012 年 4 月）。

决策者主要是希望通过奥运公园开发获得投资收益，因此伦敦奥运公园建设的着眼点就在于基础设施，75% 的投资都在基础设施项目中，该地区的大片废弃地将得到改造。并且出于减少赛后体育设施维护费用的考虑，包括主会场在内的大部分用于竞

---

① Imrie，R，Lees，L，Raco，M. Regenerating London：governance，sustainability and community in a global city［M］. London：Routledge，2009. P. 57.

技体育的场馆，都将作为临时性结构建设。正因为如此，规划对该地区在奥运期间和之后用地结构的安排明显不同。比赛结束后，体育设施用地以及部分开放空间将被各种以住宅为主的新用地类型取代，部分竞技体育设施需要改造，以服务于日常体育活动。结合前期选址对于金融区的考虑，奥运结束后，该地区将具有高质量的环境，为金融业阶层提供相关高水平的居住、休闲和商业设施（图3）。

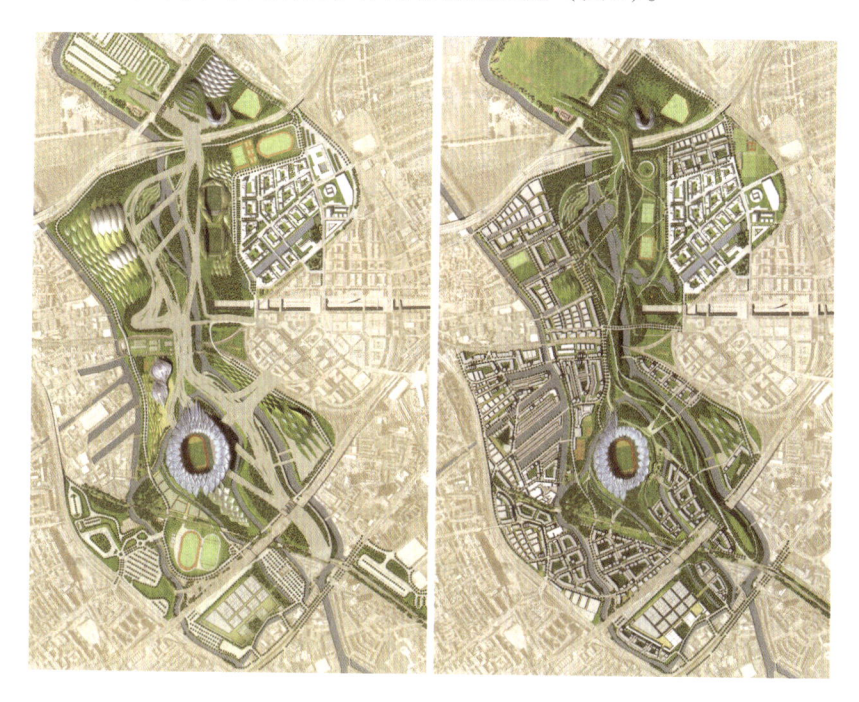

图3　奥运公园赛中和赛后用地规划对比图

图片来源：Lloyd, S. Der Olympiapark [J]. Garten + Landschaft, 2006, 116 (10): 17-19. P. 19.

不过新城建设的实际效果与目标仍然有较大差距。首先是奥运申办成功后，由于地方政府与中央政府并未达成一致，出现了融资危机致使公共资金缺乏，大量服务社会目标的建设无法开展。大规模先行启动的房地产开发使得该地区的大量经济弱势群体处于十分不利地位，不得不离开该地区，从而造成伦敦城内的绅士化进程进一步向外蔓延。此处该地区开发并未明显改善当地的就业问题，并且在开发过程中直接拆除的设施严重影响了当地居民的生活。其次，由于奥运公园等新城项目更具有市场吸引力，致使原本"泰晤士门户"（Thames Gateway）复兴项目的资金被大量占用，从而明显打乱了整个区域发展的计划。而这实际与伦敦规划初衷相反，进一步加剧了全球层面和伦敦地方社会之间的矛盾①（图4）。

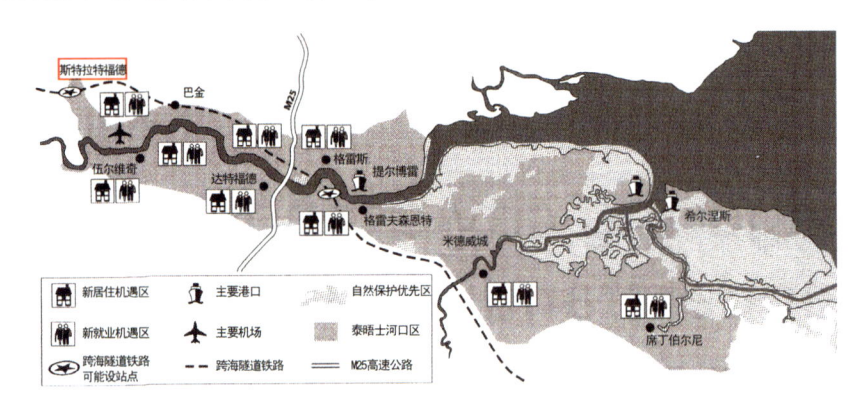

图4　泰晤士门户的范围（最左端为斯特拉特福德）

图片来源：Imrie, R, Lees, L, Raco, M. Regenerating London: governance, sustainability and community in a global city [M]. London: Routledge, 2009. P. 348.

伦敦的经验体现出，在城市利用奥运会加强与全球层面的联系的同时，往往也意味着和地方社会各个领域的张力变大的过程。不可否认的是，奥运会这一旗舰项目对新城的规划建设产生了重大影响，吸引了大量的私人资金，对该地区的废弃地进行了改造利用，通过建造金融业的配套服务设施的方式促进了该地区的再开发。但是在新城建设过程中，组织者忽视了地方政府与中央政府的沟通，执行过程中也忽视了施工者与当地居民的沟通，致使出现了融资危机和居民对奥运的抵制。公共设施不到位也是新城建设较为失败之处，对高收入阶层的重视以及社会住宅开发的延迟违背了伦敦规划的初衷，反而加剧了地区发展不平衡和社会的不稳定性。

2. 法国勒普莱西-罗宾森的"花园城市"再开发

勒普莱西-罗宾森（Le Plessis - Robinson）位于巴黎西南，拥有28000人口的小镇。该地区原本是基于建筑师培勒-多尔帖（Payret - Dortail）的方案，在1928年至1956年开发成为花园城市。从1990年代初开始，已有几十年历史的"花园城市"的局部得到保护性更新，大部分则经历了重建和再开发。项目完成后在社会目标和房屋质量上与以前都存在较大差别。

---

① Mayor of London. The London Plan: A Summary [R/OL].

该地区在城市设计、建筑和社会学领域具有重要意义,被作为城市新居住区开发的范例。在原本的规划方案中,在下城部分规划了 241 套住宅,上城部分则安排了 1960 套住宅,不过当时的住户主要是社会中下层,居住面积很小,已经不适合今天的居住需求。在对这一地区进行评估后,城市政府最终认为不会在大部分地区使用保护性更新的方式,其中主要原因是成本过高,而且如果扩大住宅内部的单元,还会减少单元总数,进而造成住宅数量短缺。其次是建筑本身质量也不能满足技术要求,建筑主体部分必须替换①(图 5)。

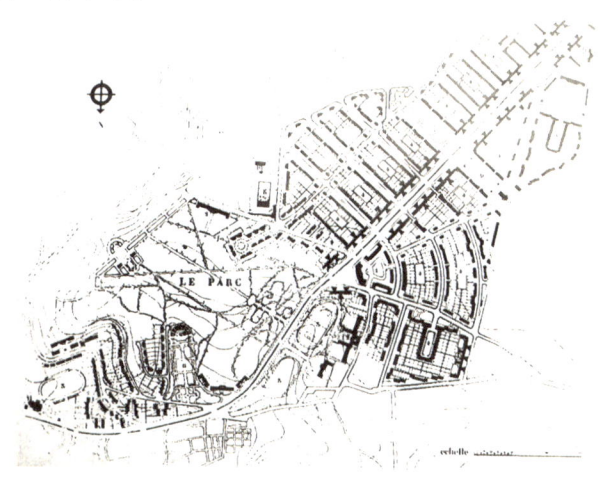

图 5 1928 年编制的勒普莱西 – 罗宾森的花园城市规划图

图片来源:建筑师培勒 – 多尔帖,Payret – Dortail。

基于以上的历史背景以及当代居住要求,勒普莱西 – 罗宾森实施了两个相互独立的项目:除了要新建一个"属于 2000 年的花园城市"以外,还要对现有部分城区进行保护性更新。两个花园城市虽然名字相同,但是却代表了两种不同质量的建筑群,前者强调满足当代卫生和生态标准,希望抓住这一新建机会,创造出 21 世纪花园城市,而后者则强调保留记忆,对原有建筑群加以保护。

城市新建和改造工程从 1990 年代初开始竞赛竞标,建筑师阿鲁尹·莫杜伊(Alluin – Mauduit)的方案被采纳。根据规划,上城区有 1375 套住宅房将被拆除,在原地将会新建 1400 套住房,而下城区则会耗巨资对 275 套住宅加以整修,这算得上是"法国

---

① Jouffroy, Pascale. De l'utopie à la réalité [J], Le moniteur architecture AMC. 1991 (09), pp. 5 – 6.

最昂贵的房屋整治项目"。然而，因经费遭到削减，在实施第一阶段该项目原规划中的露台花园就受到了影响，后又因反对该项目的人数增加，第二、第三阶段逐渐停止。社区管理部门重新推出了新的花园城市构想，在2001年夏，维尔·波尔（Xavier Bohl）的新花园城市设计得到采纳，该构想代表了一种追求精巧和新传统主义建筑的潮流，在一定程度上受到美国新城市主义的影响。依照这个设计在2005至2008年间建造了新的居住街区。最终方案的居住区选择了符合当代社会要求的高密度城市设计方案，同时采用了古典或传统的建筑语汇。不过新的尝试也对花园城市的某些特征重新进行了诠释：在现有的空间内部增设了一个步道网络，同时把居民的共享花园与公共空间相互连接起来，街块内部的院落空间也保持了开放与可渗透的特点等（图6）。

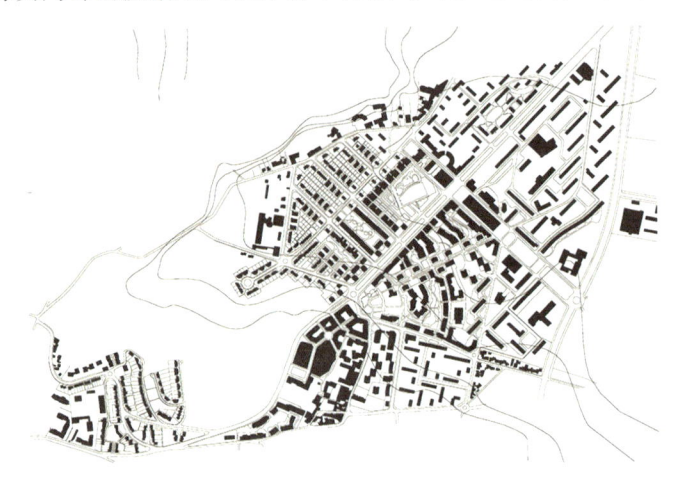

图6　勒普莱西-罗宾森的花园城市规划图，2007

图片来源：勒普莱西-罗宾森市政府，Ville du Plessis-Robinson。

最终确定的城市设计形式以及所选择的传统建筑外观，是与人们对城市新的"解读"保持一致的。在原有花园城市建筑群的再开发过程中，体现了人们对城市文化遗产和过往历史的一种新的态度。其目的是希望把这座历史短暂的城市与久远的过去联系起来。同时新的花园城市也应体现出20世纪的巨大变革，并且融入当代价值：使舒适性、经济上的吸引力、生活品质、安全、爱护环境和强调高密度这些要求能够相互协调起来。市长认为花园城市的建筑师应使民众把注意力集中在某个项目上，并激起他们对营造某种"形象"的热情。但是这些新建的城市设计同时包含了某些旧的风格形式，使人难以确定其所属的年代，而这有可能招致"人为造作"甚至"迪斯尼化"

的批评，引起人们对新的花园城市表达各种非议①（图7）。

图7 勒普莱西-罗宾森的"新"花园城市

左侧是在这个风景宜人的新小区中的一座旧建筑，2009年。
图片来源：Valérie Foucher-Dufoix 拍摄。

回顾勒普莱西-罗宾森花园城市项目，该项目采取了分片区处理城市文化遗产保护和新城再开发问题，新开发的项目收获了大量城市设计奖项，还被城市政策的制定者当做示范项目，而且对其他衰败近郊居住区更新改造产生了重大影响。为了符合当今的需要，人们根据今天的标准对历史上的花园城市内涵进行大量再诠释的工作，不过也因此出现了广泛的质疑。

3. 德国弗莱堡生态新城

弗莱堡市位于德国西南部，新城区丽瑟菲尔德（Rieselfeld）位于弗莱堡市西侧，占地共有320hm²，在1990年代初开始开发建设，包含住宅和混合功能，是城市扩张新建居住区的典型案例②。

在1980年代末，弗莱堡城市的人口增长导致当地住房短缺问题日益严峻，城市规划部门开始为城市扩张寻找可能的用地。至1991年，城市政府决定开发城市西侧的一

---

① Les cités-jardins. Un idéal à poursuivre [J]. Cahiers de l'Institut d'Aménagement et d'Urbanisme n°165，2013（04）

② 卡罗利妮·布罗姆巴赫："弗赖堡（布雷斯高）的丽瑟菲尔德区——德国城区开发的典范"，《国际城市规划》，2016年第4期。

块用地，由于该区在一百多年以来，一直被用作处理污水的漫灌区，所以被叫做"丽瑟菲尔德"。在总共320hm²用地中，大部分需要采取景观保护措施，其中只有70hm²用地可以被用来进行住宅和混合功能的开发。政府计划在这里建设一个容纳11000个居民的"丽瑟菲尔德"新城区。

开发之初，城市行政管理部门为"丽瑟菲尔德"制定了雄心勃勃的目标：

①发展弹性的城市设计结构，计划安排4200套住宅，约1000个工作岗位，以及满足本地需求的各种公共和私人服务设施；②开发多种住房类型，重点开发容纳多个家庭住宅以及不超过五层的多层住宅；③建设应符合生态要求，采用包括低能耗的供热系统、公共交通优先的交通系统、可循环利用的能源系统等等；④满足各类人士需求，发展相应的城市结构和公共空间，实施功能混合开发；⑤鼓励市民和未来居民参与开发过程。

1991年开始进行规划方案的征集与竞赛，"丽瑟菲尔德项目共同体"（Projektgemeinschaft Rieselfeld）（一个由建筑师和规划师组成的区域合作团体）获得了一等奖（图8）。该规划方案的建筑密度相对较高，通过安排包括中央绿地、一系列小型公园和广场以及若干公用庭院，很好地减轻了高密度建设对环境感知的影响。并且方案将规

图8 丽瑟菲尔德城市和景观设计竞赛的优胜方案

图片来源：Humpert, K. Humpert Stadterweiterung：Freiburg – Rieselfeld [M]. Stuttgart, Avedition Verlag, 1997, pp. 45
建筑师/规划师：Böwer, Eith, Murken, Spiecker（Freiburg）/ Güdemann（Lörrach）/ Morlock（Schallstadt）/ Meier（Freiburg）

划区西南侧的湿地和周围的森林保留下来，保护了周边的生态环境。在社会层面，该方案清晰地体现出社会融合邻里的目标：在确立一个整体空间架构的同时，还制定了综合性的社会基础设施和公共交通体系建设方案，同时也充分考虑了居民前往外部开放空间的要求。在生态层面，方案则尽可能减少了建设所造成的土地密封性问题：地块收集到的雨水将被汇集到公共绿地的洼地中，经处理后再排放到附近自然保护区的湿地，实现雨水的再循环（图9）。

在对规划方案进行少许调整后，1993年，丽瑟菲尔德项目的土地出让工作开始，并成立了一个合作机构——丽瑟菲尔德项目组（Projektgruppe Rieselfeld），主要负责组织该地区的推广和销售活动。土地出让的收入将被用来支付公共道路和基础设施的建设费用。项目对地块进行了细分，保证了项目组能够在实施过程中满足社会融合以及相应的空间分布要求。为避免当地

图9 丽瑟菲尔德的鸟瞰图（2012年5月）
图片来源：www.freiburg.de/pb/，Lde/208560.html

的建筑结构和社会结构过于单调，每个建筑商能够获得地块的规模有限，并且土地出让对象还包括私人和被称为"建造合作社"（Baugemeinschaften）[①]的团体。在丽瑟菲尔德最初的开发目标中，希望在整个住宅项目中有50%为政府补贴住宅（租赁公寓），30%为私人开发的租赁公寓，还有20%为业主自有住房。并且为了达到可持续方面的标准，项目组还向建造商提出了一系列关于能源使用的要求，指导原则是追求"交流而非压制信息"：各方都有权获得关于可再生能源的各种信息，帮助促进可再生能源的开发利用。

[①] "建造合作社"是一种新型的私人合资企业，最早于1990年代中期在德国的弗莱堡和蒂宾根兴起。建造合作社指的是由几个人或几个家庭集体购买土地，并由他们合作以比较划算的方式建造自己的公寓住宅。通过（与建筑师一起）参与房屋的设计和建造过程，建造合作社的成员在入住之前就可以很好地了解彼此，而且他们可以实现一些房地产市场无法提供的特殊居住构想（例如加强调可持续性、社交导向的街区、特殊设计或需要等）。通常情况下，合作的成员会成立一个（民法意义上的）私营建筑公司，然后在合同中明确规定合作的各种细节（融资、个人和共有财产、义务和权利）。近几年，建造合作社的做法已经在德国得到广泛传播，这种模式被认为是家庭以及其他团体在城市内获得可负担住房的重要途径。此外城市规划师也强调，建造合作社对改善城市环境和加强邻里凝聚力也有好处。在德国部分城市的住房市场上，建造合作社虽然占比有限，但已经形成了很稳定的客户群。

在丽瑟菲尔德的社区建设方面，一开始组织者就希望把公共和私人基础设施的建设整合在一起进行。1993年开始建设公共基础设施，至1997年新的有轨电车线路已经正式投入使用，保障了公共交通的服务。并且陆续建设学校、教会中心等公共建筑来吸引人群。1996年还专门成立了一个邻里管理团队，并逐渐发展为一个正式的市民协会，下设16个社区志愿服务小组和一个负责青少年事务的专业团队。

在实际的建造过程中，由于1996年可负担住宅的公共补贴被大量削减，再加上减免税收和贷款条件的吸引力降低，私人投资商放弃了对租赁公寓的投资，结果占丽瑟菲尔德开发总量50%的可负担住宅目标再也无法达成。如今，大约有20%的住宅得到补贴，有10%是私人开发的租赁公寓，此外还有大约70%是业主自有住宅。在丽瑟菲尔德所有的4 000套住宅中，有800套以上是依靠建筑合作社建造完成。

时至今日，丽瑟菲尔德已经发展成为一个"正常"的邻里，是人们在弗赖堡生活的一个高品质地区。依靠众多的家庭、高质量的城市空间和公共建筑、对于儿童和行人友好的环境、对公共交通系统的重视以及丰富的社区生活，这个地区也形成了自己的特色和认同感（图10、图11）。

图10　社区服务设施　　　　　　　　　图11　普世派教会的教堂

图片来源：Brombach拍摄。

在丽瑟菲尔德区的开发过程中，弗赖堡市当局极具前瞻性和有序发展的思路发挥了积极的作用。弗赖堡市实施的新城市政策和法规，主要就是希望在维持由市场推动的住宅开发同时，引入更多社会方面的政策。所以丽瑟菲尔德区的可持续发展理念、建筑和城市设计的品质，以及在规划建造期间模范的社区建设工作，使得丽瑟菲尔德被德国规划师是为居住区开发的"示范区"。尽管丽瑟菲尔德在很多方面都很成功，但它对解决当地住房短缺问题的帮助十分有限，尤其是针对中低收入家庭的住宅仍然不够，这也是弗莱堡市面临的挑战：开发新的可负担住房，以容纳数量在不断增加的居民。

4. 德国慕尼黑会展新城

慕尼黑"里姆会展新城"（Messestadt Riem）位于慕尼黑东部近郊，距城市中心越7km，占地约560公顷。自1995年开始，经过近20年的筹备，现已基本完成，供1.6万人居住和1.3万人工作，成为以会展业为核心，集展览、办公、居住以及公园为一体的、多功能的新城区。①

慕尼黑里姆会展新城原为1939年落成的慕尼黑里姆机场（Flughafen Riem）旧址，随着城市发展，原机场与城市的距离过近，机场于1992年搬至城市北部的埃尔丁（Erding）（图12）。早在老机场关闭之前，七个专家小组就对老机场的今后的用途进行了详细的调研和论证。经过对慕尼黑的经济和社会状况的分析，专家小组认为老机场可以

图12　慕尼黑原有里姆机场航拍图，1994

图片来源：慕尼黑规划局

作为新的会展中心和居住区来建设，并制定目标：充分利用原有的基础设施；走可持

---

① 丁一巨："德国慕尼黑雷姆会展城"，《建筑与文化》，2004年第10期。

续的生态城市发展道路；建成具有地域特色的城市景观空间①。政府希望通过此项目的开发，为城市提供数量匹配的居住空间和就业机会，并且使其成为城市与自然和谐，具有丰富文化内涵的城市新城区。

1990 年开始了里姆新城的规划建设，法兰克福的弗劳菲尔德建筑事务所的方案获得了第一名，方案中新城区 1/3 用地（北侧）为会展中心与商务办公区，1/3（中部）为居住区，1/3 的用地（南侧）为城市景观公园（图 13）。慕尼黑市政府在该项目中依据"21 世纪议程"，努力确保实现平衡和注重生态的城市开发。里姆新城中最重要的公共建筑（会展中心建筑群）由丹麦哥本哈根 BBP 建筑事务所中标设计。会展中心自建成以来，已经成功举办了包括 BAUMA、ELECTRONICA、IEPO 等世界级的大型国际

图 13　慕尼黑里姆新城规划图

图片来源：慕尼黑规划局。

---

① 王向荣、林箐："里姆风景公园"，《风景园林》，2007 年第 3 期。

博览会①。各大会展的举办为新城吸引了大量企业资金的投入，并且大量的服务产业随之发展，促使城市更完善的基础设施建设，进而提供更多的就业岗位，使得里姆新城迅速焕发城市活力，带动了周边地区的发展②（图14）。

根据规划，伴随着里姆会展新城的建设，慕尼黑还在位于新城南部 200hm² 的土地上建设了里姆景观公园，设计由法国景观公司北纬工作室（Latitute Nord）承担，老机场周围地形平坦，土地是块状的农田和林地，一种典型的水平向延伸的农业景观③。公园的设计既均衡又有强烈的透视，其中直线的道路、直线的种植方式、直线的湖岸线为公园带来了强烈的视觉指向和深远的视景线。里姆景观公园的规划建设特色鲜明，成为了里姆会展新城的又一亮点，该公园也成为了慕尼黑第三大城市公园。

图14　慕尼黑会展中心
图片来源：慕尼黑会展中心。

在里姆会展新城项目中生态与可持续规划是项目的重点，新城在各方面建设上均凸显了该原则。新城的绿化系统强调了开放绿色空间设计，通过改善区域微气候，降低能源和资源的消耗。新城还对旧机场的废弃土地进行改造利用，并保护和重新利用部分原有建筑，将其有机融入新城规划建设之中。新城还设计将雨水进行回收利用，降低 1/3 的自来水消耗量。新城的交通系统通过加强公交通的方便性和可达性，减少私家车的使用量等方式努力实现新城区居民"无汽车化生活"，进而降低交通噪声和尾气污染。同时住户也受益于公共交通的普及，目前 90% 住户使用公共交通。最重要的是，新城项目大力推行可持续发展的日常生活准则，倡导居民按照可持续发展的观念生活，保护生态和环保（图15、图16）。

---

① 乔小燕、胡平："中德会展中心城市的比较分析——以上海、慕尼黑和法兰克福为例"，《上海经济研究》，2010 年第 10 期。
② 卢求："德国可持续城市开发建设的理念与实践——慕尼黑里姆会展新城"，《世界建筑》，2012 年第 9 期。
③ 丁一巨："德国慕尼黑雷姆会展中心绿色空间设计"，《园林》，2008 年第 12 期。

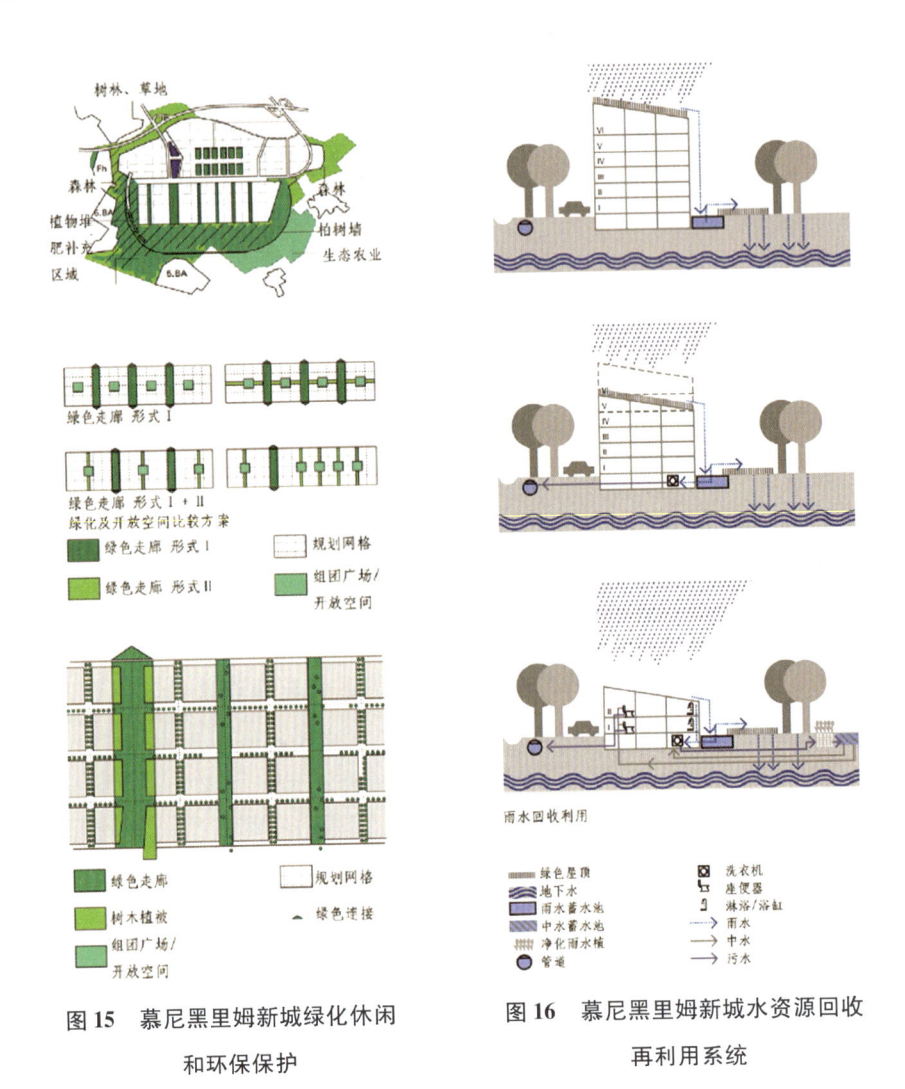

图 15　慕尼黑里姆新城绿化休闲和环保保护

图 16　慕尼黑里姆新城水资源回收再利用系统

图片来源：慕尼黑规划局。

德国慕尼黑里姆会展新城利用旧机场搬迁这一城市结构调整的机会，进行新城开发，成功将该地区建设成集办公、居住和景观公园为一体的混合功能新城。同时该项目还利用举办德国国家景观展的时机进行城市营销，将可持续发展理念贯穿在城市建设方方面面，在保护生态环境的同时，也促使居民产生了自然、舒适的生活方式。里姆新城在过去20年的不断建设和完善过程中，保持和实现了最初的规划理念，代表了德国这一时期新城建设的较高水准。

表1　项目概况

	英国伦敦奥运新城	法国勒普莱西-罗宾森的"花园城市"再开发	德国弗莱堡生态新城	德国慕尼黑会展新城
城市结构	将发展导向衰败地区，重点开发以滨水空间为代表的开放空间所在地区，为附近金融区提供配套建设	立足于整个巴黎区域的城市发展，希望摆脱社区各自为政的局面	确立一个整体的空间结构，安排各种住宅类型，构建综合社会基础设施和公共交通体系	规划为集会展、办公、居住及公园为一体、多功能的会展新城
现有设施	该地区为伦敦发展最为滞后地区之一，住房短缺且质量较差，存在大片工业废弃地	1930年代以后兴建的住宅内部单元面积过小，功能和建筑质量已不合标准，主体部分需要替换	该地区一直为作为污水漫灌区尚未被开发，且大部分需采取景观保护措施	为原慕尼黑里姆机场所在地，后经过整体拆除
节事营销	以市场为导向，通过主办2012年奥运会等一系列城市活动，促进该地区再开发，为金融行业的从业者提供高质量的居住空间	政府为主要投资者，进行房屋整治项目，同时开发符合当今需求的新花园城区	政府为主要投资者，主要为当地城市扩张及居民服务	以市场为导向，举办2005年国家景观展，通过开发会展中心，大力发展会展产业，提高地区经济活力
环境生态	进行大规模改造，使该地区具有高质量的居住环境	居民区周边配有大量公园及广场，在建筑周边增加种植植物以提升居住品质	尽可能减少土地密封性问题，通过雨水收集设施收集雨水并处理排放，实现雨水再循环，且住宅须满足低能耗要求	进行了生态可持续规划，突出重视绿化景观设计，结合景观设计雨水收集自然渗透设施，采用低能耗建筑等
社会政策	主要为高收入的金融业阶层提供高水平的居住、休闲和商业设施	主要为周边居民提供舒适的居住环境，提升原"花园城市"品质，从而加强居住者的社区认同感	为解决城市人口增加导致的住房问题，进行城市扩张，希望建设邻里友好社区，加强社区认同感	开拓适合居住和工作的绿色场所，尽量满足社会各阶层需求
功能产业	除了奥运期间提供比赛场地，赛后依靠周边金融业提供高端商业、娱乐等服务产业	主要为居住区，具有相应的配套服务设施	主要为居住区，配有相应基础服务设施	以会展业为主，周边有大量住宅，并配有办公、休闲等服务产业及基础服务设施

	英国伦敦奥运新城	法国勒普莱西-罗宾森的"花园城市"再开发	德国弗莱堡生态新城	德国慕尼黑会展新城
开发方式	政府主导成立具有开发公司性质的奥运实施委员会及各类组委会，与当地政府进行合作，政府承担资金主要部分，同时吸引企业投资及消费者	以政府为主导，保护性更新由政府完全投资进行修缮，新开发部分采用市场方式开发	政府主导成立项目开发团队，部分住宅得到补贴，大部分土地出让给开发商、私人及"建造合作社"团体，后者拥有优先的地位	政府主导开发，投资建设会展中心，对周边地块进行招商、出让进行开发建设

资料来源：作者总结。

五、启示与结论

处于后工业社会的欧洲新城的发展已经与整个区域的空间发展紧密的协调在一起。当前欧洲新城发展的框架乃至规划建设的认识和定位与我国目前的新城开发有着较大的区别。首先就反映在根据特色和可持续发展要求，将新城地区看成是具有相对独立性、同时与区域把持紧密联系的空间单元上。"紧凑型城市"理念特别强调生活品质与特色的问题，这些问题被当作新城地区发展的核心资源。当前欧洲新城开发的核心内容恰恰在于从目标人群的需求出发，构建高质量的生活环境，在尊重和强化当地相对独立性的同时，把新城的开发与整个城市与区域的发展统一起来[1]。

基于近年来经济的高速增长，我国目前的新城建设获得了前所未有的发展机遇，一系列的资金和项目将给城市和区域的整体发展带来巨大的变化，但是新城项目和重要基础设施很少会关注规划地区现有条件的特殊性，对于目标群体的把握也非常简单化，造成许多投资的浪费，部分地区的新城甚至成为"鬼城"。对于后工业化时期的城市和区域发展来说，维护规划地区在景观、社会和经济方面的特殊性，被作为克服郊区化和社会不平等问题的重要战略举措。在郊区化的过程中，新城开发往往只是兴建

---

[1] Merlin, P. New town: Regional planning and development [M]. London, 1971.

了大量市政和物流方面的配套设施，但是人们几乎无法体验到这些地区的空间关系，更谈不上生活质量和特色的营造。人们无法与这样的场所之间建立起合适的认同感，也就无法保证这些新城区在未来发展中保持稳定和延续性。

作为发展中国家，我国正处于城市化的中后期，近年来随着城市的快速扩张，城市的外围地区出现了大量的非正规建设区，尽管这些建设区的配套设施明显不健全，仍然聚集了大量的低收入人群和非正规经济形态，对于城市和区域的可持续发展带来负面影响。联合国人居署出版的《全球人类住区报告 2009：规划可持续的城市》中指出："据预测，到 2025 年，中国 40% 的城市增长将位于半城市化地区，这一区域从中心城市向外延伸 150 公里或以上"[①]。在未来的新城开发中，肯定会涉及到此类地区，这就有必要结合当地居民的情况，考虑未来目标人群的组成结构，采取未来导向的发展策略。

在这方面，从欧洲城市基于战略规划的新城开发模式当中可以使人获得启发。首先就需要明确考虑开发地区的现有情况，通过多方面的交流，尽早使未来的目标人群参与到新城的开发建设中来。通过构建整合式的新城规划框架，能够有助于来自不同层级的公共部门、当地居民和投资者之间进行充分的沟通和协商，构建起真正能够促进地方发展的战略和具体目标，同时根据相关的程序要求，保证规划过程能够逐步落实整体的规划构想。

易鑫，东南大学建筑学院城市规划系副教授，中国建筑学会工业建筑遗产学术委员会委员，"城市愿景 1910 | 2010 柏林·巴黎·伦敦·芝加哥·南京·北京·青岛·广州·上海"百年城市规划·城市设计国际巡展（Stadtvisionen 1910 | 2010）创始策展人，研究方向为城市设计理论、中欧（德）城市比较研究、后工业经济条件下的城市更新，在国内外发表期刊和会议论文 40 余篇，以中文、英文和德文出版著作 6 部；李伊格，东南大学建筑学院城市规划专业本科生。

---

① UN – Habitat. Global Report on Human Settlements 2009：Planning Sustainable Cities — Global Report on Human Settlements 2009 [M].London · Sterling, VA, 2009.

亚洲新城新区发展案例

李 芬 彭 锐 张 晗

  亚洲地区的新城新区以产业转型、发展高科技产业为主要建设方式,在日本、韩国等国家都取得了理想的结果。本文以日本、韩国新城新区建设为例,详细阐述亚洲新城新区的发展形式和特点。日本为了顺应发展,提出了一系列的产业转型计划,为日本的经济复苏与持续发展提供了重要的保障,并实施技术立国的战略,大力发展知识产业。为缓解人口压力,在城市外围建造新城,提高闲置土地的使用率,限制城市中心的发展同时促进站点周边高密度、高强度发展,为首都地区经济均衡发展做出贡献。韩国通过改造传统产业,鼓励官民合作,引进和开发关键性技术,并借鉴美国的区划体系,采取"绿带政策",成功吸引中心城人口,缓解城市压力,并实现新城的多元化。同时注重高等教育的发展及人才资源的培养,发展高新技术产业,打造绿色可持续发展的环境友好型城市。

一、日本：筑波科学城和多摩新城

1. 筑波科学城：技术立国，发展研究学院

  ①概况。筑波科学城位于日本东京东北约60公里和成田国际机场西北约40公里

处，由茨城县 6 村町组成，分别为筑波町、大穗町、丰里、丰里町、谷田部町、樱村和茎崎町，总面积 28400 公顷，包括研究学园区和周边开发区两大部分。其中包括国家研究与教育机构区、都市商务区、住宅区、公园等各功能区。周边开发地区约 257 平方公里。

筑波是日本政府第一个尝试建立的科学城，完全由中央政府资助，以基础科研为主，属国家级研究中心。有国家级研究与教育院所 48 个，分别隶属于多个政府部门和机构。

自 20 世纪 80 年代末以来，日本全国 30% 的国家研究机构及 40% 的研究人员都集聚在筑波，国家研究机构全部预算的 50% 左右投资在这里。

②背景。

其一，"贸易立国"转向"技术立国"。日本国土狭小，人口众多，资源贫乏，长期以来主要通过效仿吸收欧美各国技术，依靠获取的大量美国近代技术研究成果的精华，实现了经济迅速增长，为日本工业赶超世界水平创造了条件。

然而，这种引进技术战略具有一定的缺陷，且引发出一系列问题。首先，大量购买科技专利成果导致对本国科研的放松，对基础研究的忽视导致其受外国工艺的控制，必须不断购买专利维持发展，不仅费用日益昂贵，甚至出现让出部分股份或联营等不利于经济发展的态势；其次，随着技术竞争的加剧和各国加强知识产权的保护，大规模引进技术的方式已不能适应日本的发展，严重阻碍工业进一步发展；第三，国内产业结构由钢铁、汽车、机械、化工等传统企业向以电子信息产业为主的新兴产业转变时，缺乏必要的科学技术支撑和储备。

据此，日本成为以技术为主导的国家，研究重点由应用研究逐步转向基础研究，从技术模仿转向技术创新，筑波科学城计划是其中一项重要的措施。为了适应"技术立国"的需要，日本政府将所属 9 年部（厅）的 40 多个研究机构迁到筑波科学城，形成以国家试验研究机构和筑波大学为核心的综合性学术研究和高水平的教育中心，促进大型科学项目的研究。

其二，东京环境恶化，人口拥挤。由于日本经济持续高速增长，城市化水平迅速提高，人口大量涌向城市，尤其是三大城市都市圈（东京都市圈、大阪都市圈和名古屋都市圈）。以东京都市圈为例，15 年间共增加人口高达 431.6 万人。人口的大量增加导致城市中住宅短缺现象严重，许多设施不完善的住宅区开始在郊区蔓延。住宅区向城市郊区急速蔓延，无序开发带来了一系列的问题。为了解决巨大的住宅缺口并克服以往小规模土地开发效率偏低的问题，阻止城市的无序蔓延，日本政府决定有计划地在城市外围进行大规模的土地开发，同时可以提供量大价低的住宅用地，为此，政府专门制定了"新住宅市街地开发法"。自此，新城开发进入实质阶段，筑波科学城就是其中之一。

③建设目标。日本建立筑波科学城的目的主要有两个：一是创造适宜研究和教育的环境。为了满足科学技术革命和教育改革时代的需要，为实现高水平的研究和教育建立一个基地。建立筑波大学，从东京及其周围地区迁来国家级实验性的研究机构和教育机构，创造一个适宜实验性的研究和教育机构发展的环境。二是缓解东京人口压力。为了应付和减轻东京过度拥挤的环境，将国家级实验室、研究与教育机构迁入筑波科学城，以一个有序的方式减轻首都密集地区的人口过度集中的压力，同时适当提高闲置土地的使用率，为首都地区经济均衡发展做出贡献。

④规划。

规划理念。一是科学城的建设应该尽可能地使各种活动有机的联系在一起，与此同时，通过保护自然环境和历史遗产使科学城的建设能让居民保持健康文明的生活。二是科学城的两个区域将在尽可能保留原有特色的基础上，达到综合和统一的风格。在研究教育区研究机构和教育机构的布置上，将根据研究教育不同领域的特征进行功能、区域的划分和安排，考虑其相互联系和功能互补；积极引进与国家级实验性的研究机构具有同等水平的私立大学，以及与政府研究活动密不可分、以研究功能为立足点的私人研究机构。大学城的公共设施应该提前建设，以便使科学城的设施有效运作并发挥其功能。

区域规划。筑波科学城区域包括两个部分：研究学院地区和周边开发地区。研究学园地区有27平方公里，位于筑波科学城的中心，其中包括国家研究与教育机构区、都市商务区、住宅区、公园等各功能区。周边开发地区有约257平方公里，用于私人研究机构的落户，在都市化的同时，实现对自然和田野环境的保护，都市化设计将沿着铁路新干线逐步得到推进和实施[①]。

——用地规划和功能布局。

首都规划委员会提出新城规划基本构想的方案，并具体制定出台了第一次的新城

---

① 赵勇健："高技术园区生活性公共设施内容、空间布局特征及借鉴——以日本筑波科学城为例"，《现代城市研究》，2015年第7期。

总体规划方案。该方案在听取政府各厅省、研究所和大学关于筑波未来发展的硅谷模式的意见后，修改出台了第二次新城总体规划方案。然而，此项规划在新城规划基本构想公布时，遭到了当地土地所有者的强烈反对，后经多次协商与常年交涉，缩小了原方案的用地估摸，同时强化了建设的可实施性。综合前两次的规划方案，第三次新城总体规划方案编制出了现今范围南北细长型的第四次新城总体规划方案。

现在筑波新城的土地利用规划是在第四次总规划方案的基础上，进一步根据实际需要指定的详细规划方案，见图1。

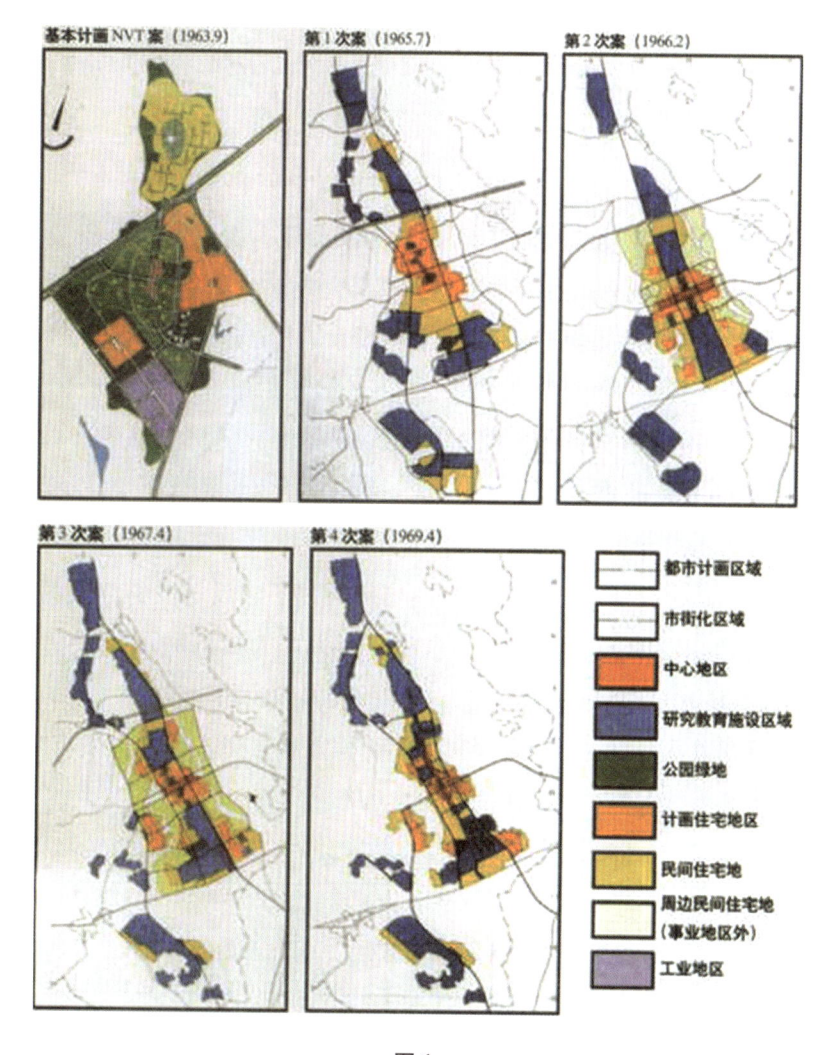

图1

——研究学院园区用地规划。

研究学院园区根据用途分为三个区域：

城市中心区。城市中心区面积大约在80公顷左右，与东京的副中心Shinjuku面积相当。中心区位于研究学院园区的中部，计划建设能为20万城市居民提供办公楼、购物中心、汽车终点站等服务设施。再加上正在计划或建设中其他用于文化活动、公共管理、商业和研究交流目的的设施，该区域正在逐步地发展成为真正的城市中心。

居住区。列入住宅项目计划的地区占整个居住区（总计670公顷）面积的25%，被划分成3个群落，分别是Hanamuro（Takezono，Azuma），Sasagi（Namiki）和Teshirogi（Matsushiro）。政府为研究机构和大学员工建设的住宅（7701个单元）和公共住宅（2829个单元）都位于这个区域。剩下的用于建设私人住宅和商店的75%土地被开发建设，这部分建设区是保证将来城市人口增长的关键所在。

研究和教育设施区域。该区域面积大约1465公顷，面积占整个研究学院园区的54%。为了便于研究机构之间的相互协作，提高研究效率，46家研究和教育机构按照专业领域进行规划安排，包括文学艺术和教育，科学和工程，建筑工程，生物和一般设施。

人口规划。筑波科学城原计划人口为22万人，其中研究与教育区10万人，周边都市区12万人。1998年修订计划，拟定未来2030年将达到35万人口，其中研究学院地区10万人，周边开发区25万人。

⑤发展阶段。

第一阶段：基础建设期。这一阶段日本内阁通过了建设筑波科学城的决议，明确了城市的基本性质、功能、建设方针和措施，购买了大量的城市建设土地，制订了《筑波科学城建设法》，实现国家教育研究机构的转移和设施建设。

这一阶段存在以下缺点：城市发展目标过于偏重科技研发，造成城市功能不完善，城市知名度低，其吸纳人口、减轻东京都压力的作用降低。

表1　　　　　　　　　　第一阶段重要事件

	内容
1	东京的大都市发展规划中，日本政府内阁设想建立一个东京的卫星城市，并且决定城区所有的国家研究和教育机构及其人员由东京迁来
2	内阁决定就政府集体搬迁有关事宜召开部长级会议。内阁指定将筑波地区建设学术新城，占地面积大约4000公顷，并委托日本住宅公司运作土地开发

续表

	内容
3	日本内阁决定新科学城应在1967年开始建设，10年之内完成；同时，在首相办公室成立学术新城建设促进委员会指挥部，确定委员会成员
4	内阁指定43个科研机构的搬迁必须在1975年完成；政府工作人员搬入新居；国家无机物研究院完成搬迁，成为首家搬入新城的科研机构
5	筑波大学成立
6	内阁确定1979年作为43家科研机构迁入新城的截止日期，在这些科研机构搬迁和建设过程中，允许有变动。指挥部阐明"关于承担筑波科学新城财务负担特别措施的基本原则"
7	1978内阁递交关于筑波举办国际科学技术博览会的申请

第二阶段：城市整治期。《第三次国土综合开发计划》实施期间，开发政策的核心思想是加强居住环境建设。筑波世界博览会在此召开，主题为"人类居住与科技"，主会场选择在研究学园区。为保证博览会顺利进行，日本投入大量资金加快了筑波科学城的开发建设。投入的资金主要用于会场建设、环境整治和基础设施建设，其目的正是丰富其科技研究色彩，提高国际知名度，形成具有综合完善的城市功能的科学新城，并带动周围地区的发展。博览会举办之际，共建成了中心交通枢纽、宾馆、筑波中心大厦、科技馆、商业街等设施，基本完成了城市中心街区的建设，促进了筑波从原来的科技卫星城向地区中心城市的转变。

第三阶段：推动基础设施建设。第四、第五次国土开发规划提出的政策思想包括形成多级分散型国土开发格局、提高竞争力、复合功能开发等。这一阶段作为国土开发基本政策的延续，继续推动筑波科学城基础设施建设，启动了轨道交通、高速公路等交通网络建设。大型的国际会议交流中心、外国研究员宿舍等相继落成，随着定居环境改善，人口逐渐增多，以科技为核心包括文化、教育、国际交流、管理、交通、商业等的复合功能得到开发，巩固了筑波科学城作为地区中心城市和世界性科技基地的地位，见表2。

表2

五次综合开发计划	背景	目标	手段
第一次全国综合开发计划	经济恢复并开始高速发展、收入差距扩大	区域均衡发展	据点城市开发

续表

五次综合开发计划	背景	目标	手段
第二次全国综合开发计划	经济高速发展、产业和人口向大城市聚集严重、技术革新、信息化时代到来	全国性开发	大规模开发项目实施
第三全国综合开发计划	稳定经济成长、资源紧缺	人口居住综合环境整治	定居圈建设
第四全国综合开发计划	东京首位度过高、产业结构变化、国际化进展	形成多级分散型国土开发格局	交流网络建设
第五国综合开发计划	经济出现负增长，竞争力下降，产业外移	提高区域竞争力，促进区域的可持续发展	小型城市群符合功能开发、城市更新

⑥建设特征。

新城建设纳入日本政府"技术立国"的发展战略框架，拥有健全的立法保障和大量优惠政策。

筑波科学城的初期计划是日本从贸易立国转向技术立国过程中的措施。为了适应技术立国的需要，日本政府将所属9部（厅）的40多个研究机构迁到科学城，形成以国家试验研究机构和筑波大学为核心的综合性学术研究和高水平的教育中心基地。

政府通过制订专门针对高新技术产业地区的法律、高新技术产业区相关的国家科技经济乃至社会方面的法律法规以及优惠政策引导人口与产业的集聚，另外政府对参与筑波"脑力立城"实施计划的企业给予减免税外，还给每个企业划拨一定的经费来吸引企业进驻。

遵循生态型科学城的规划理念，保护环境协调发展。以建立人与自然协调发展的生态型城市为目标，筑波科学城内的山地、森林、平地、人工林、农田以及公园绿地等占其总面积的65%以上，由山地自然林保护区、天然河岸林和湿地植被保护区、平地人工林和自然原野、公园片林、道路河流沿线等形成了多带式复层结构的绿色廊道。

大事件助推科学城发展，提高国际级高科技研究中心声誉。通过举办"筑波世界博览会"推动了基础设施建设，完善了城市功能，促进城市环境的美化，由公园绿地与步行专用道路、广场形成的人性化开敞空间系统，提高了城市知名度，奠定了其作为国际科学交流基地的地位。

交通基础设施完善。筑波科学城与东京之间通过快速轨道交通线、高速公路、一般公路等连通，形成了完善的区域交通网络。

⑦城市发展。

人口。筑波的人口数曾以平均每年12.7%的速度快速增长，筑波科学城及都市周边地区人口增长迅速。1998年日本政府重新制定了筑波科学城的人口规划，计划到2030年总人口达到35万，其中研究与教育区保持原规划10万人不变，都市周边区从12万增加到25万。截止到2004年3月，筑波科学城的总人口达到19.8176万，接近原规划人口数。

筑波在2003年的总人口有170836人，每年增长1%。由于对人口增长的速度相对较快，部分原因在于对新开发的铁路系统的期望。"筑波快线"将连接筑波和东京，行程缩短到45分钟。

交通。筑波科学城内有三条国家级高速公路通过，围绕东京建设了半径为40到60公里的环线。筑波的道路系统呈梯子形网络状，由三条南北走向的干道和6条东西向的干道组成。筑波快线连接筑波和东京（Akihabara）火车线路长59.3公里，沿线计划设置20个车站。列车由筑波到东京只需45分钟，使两地往返更加便捷。

首都城间快速道在建成之后将有300公里长，以40至60公里为半径，环绕东京一圈。这条快速干道为城市之间的往返提供交通便利，促使其进一步融合。此外，这条道路还连接了多条其他高速公路，有助于缓解交通堵塞，改善环境质量，促进经济发展。

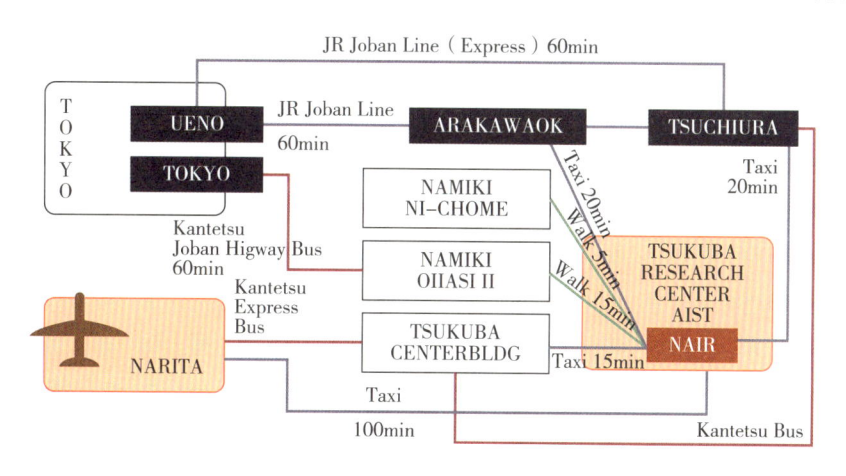

图2

基础设施：地下水系统、公园和居住系统的开发和建设。在城市中心地区建设先进的都市基础设施，如高效用的地下隧道、公共中央供热制冷系统、有线电视系统、步行街道。筑波市中心的标志性建筑有筑波中心大楼、筑波会展中心、筑波公共图书馆、筑波文化中心和筑波艺术博物馆等。

全面建设了研究学院园区，系统化地发展管道排污系统，公园和居住区。在城市中心区域，已建设完成先进的城市基本设施，包括市政功能隧道、有线电视系统、行人步行道、筑波中心大厦（城市的象征）、大规模的商业中心、图书馆、博物馆和社区活动设施。

科研。

其一，国家研究和教育机构。筑波科学城内研究机构的研究活动可以大致分为教育，建筑工程，科学和工程，生物以及通用研究。大约 13000 人在这些国家研究机构工作，其中 8500 人是研究人员。筑波集中了日本国家研究机构 40% 的科研经费和人力。其二，私营研究机构。很多私人研究机构在工业园设立了分支机构，也有其他私营研究机构设置在城市边缘区。其研究领域主要包括制药、化学、电子和电力、机械工程和工程建设。大约 4500 名研究人员在这些私营机构中工作。

⑦筑波科学城成功的要素。

其一，筑波大学成为联系各个科研机构的纽带。根据日本众院文教委通过"筑波大学法案"，筑波大学新校区占地 3700 亩，大大拓展了学校的办学空间。

在实际城市发展中，筑波大学很好地发挥了作为各个科学研究机构纽带的作用。科学城以筑波大学为中心，加强科学园内各研究机构的相互合作和有机联系，从而使筑波地区成为一个综合的研究都市。

其二，用健全的立法保障和大量优惠政策。筑波科学城建设的法规相当健全，立法数量在世界范围内名列前茅。这些法律法规可分为两类：一是专门针对高新技术产业地区制定的法律；二是与高新技术产业区相关的国家科技经济乃至社会方面的法律法规，前者更集中有力，是筑波科学城建设的一个突出特点。

其三，保护环境协调发展的规划理念。筑波科学城建设之初的规划理念就是"科学城的建设应该尽可能地使各种活动达到有机的联系，与此同时，通过保护自然环境和历史遗产使科学城的建设能让居民保持健康和文明的生活"，并且一直以建立人与自然协调发展的生态型城市为目标，经过 40 多年的建设和发展，筑波科学城现有绿地面积 10318.47 公顷，人均绿地水平达到 5958 公顷，成为公认的生态型科学城。

其四，筑波世界博览会促进了筑波的城市发展。筑波通过举办了主题为"居住与环境"的世界博览会。目的是提高该市作为"筑波科学城"的声誉，使筑波成为国际级高科技研究中心。吸引全世界的目光，建立和完善城市的基础设施，也有助于该市发挥潜能，逐步成为日本乃至亚洲科研机构和企业的研究与开发中心。

较快推动基础设施建设。基础设施具有投资大、建设周期长、成本回收慢、受经济发展形势影响大等特点，如果按照正常建设周期，基础设施的完善需要较长的时间，从而影响到城市发展的速度，甚至会使城市错过发展的契机。因此，基础设施完善度对城市的发展起着至关重要的作用。

筑波科学城建设初期，因为基础设施建设跟不上，导致居住工作环境不完善，城市发展缓慢，难以发挥预期作用。通过举办世界博览会，集中国家大量资本，在短时间内建成了一批对城市发展至关重要的基础设施，为城市进一步完善创造了基本条件。

城市功能的完善。城市功能之间具有相辅相成的关系，功能过于单调不利于城市健康发展。筑波科学城是科学研究的基地，在建设初期因为商业等配套设施少，对研究人员的居住吸引力很小。因为常住人口少，商业、饮食业不发达，形成恶性循环，这也是筑波科学城起步比较慢的原因。博览会举办之际，建成了商业街、百货大楼、食品街、信息中心、宾馆等设施，刺激了商品消费，促使筑波科学城功能结构趋向合理化、多样化。

城市环境美化。除了室内场馆以外，筑波世界博览会还占用了大量室外用地用于陈列产品和进行相关活动。博览会结束后，所占用的室外用地除了一部分被用于企业发展用地外，大部分建设为公园绿地。这些公园绿地与步行专用道路、广场一起，形成了城市的开敞空间系统。开敞空间与商业、交通、文化、食宿设施相连接，在景观、绿化设计方面下了很大工夫，形成了高度人性化、优美的城市环境。

城市知名度和国际交流。筑波世界博览会极大地推动了筑波科学城的国际化，提高了城市知名度。筑波科学城因此成为国际闻名的科学城，并且奠定了其作为国际科学交流基地的地位。

⑧筑波科学城需要提升的方面。

一是没有达到缓解东京人口压力的目的。城市基础设施和配套设施缺乏，对居住人口没有吸引力。世博会的举办在一定程度上完善了筑波的基础设施建设，但是随着城市的发展，人口的增多，原先的设施急需进一步完善，以满足居民需求量的增长。由于缺乏政府和私人投资的强有力支持，筑波的配套设施建设严重滞后于社会的发展。

根据一项筑波市居民对生活环境满意度调查报告，考虑通常的生活情况，70%的居民满意他们每日的生活，65%的居民满意他们的工作。关于生活环境的抱怨主要包括"不良的交通方式"，"购物不方便"和"娱乐设施的缺乏"，见表3。

表3　　关于生活环境的抱怨

分类	选择比率（%）
工作	12.6
工作时的人际关系	12.2
家庭人际关系	2.1
同家庭成员分居	5.1
儿童抚育和教育	10.6
居住区人际关系	4.3
交通方式	37.3
疾病	7.8
家务	4.7
购物	15.9
孤独	4.5
娱乐设施	19.7
文化设施	15.3
其他	5.7

与东京较近的交通距离阻碍了人们离开发达的东京。由于筑波科学城在建设之初将部分设施布局在东京之外，同时筑波城离东京较近，而且与东京有高速列车相联系，这项优势成为了筑波科学城发展的主要限制因素。

很多人虽然在筑波工作，但是在筑波居住的愿望却并不强烈。政府职员和职业工人以及他们的子女都不愿意离开东京，因为东京有丰富的教育资源、工作机会，毕业后可以在企业或政府中找到好职业，因此筑波只能成为暂住之地。

二是投入产出不成比例。筑波的产值并不高，主要靠农业产出。在筑波科学城，科研不追求成果与工业界的联系，即不追求其成果的产业化和商业化。虽然筑波的智力资源闻名世界，筑波大学也建有自己的大学科技园，但是智力资源没有得到充分的利用，科研成果不能很快地投入生产和使用，导致了产品的高新技术含量低，市场竞争力不足，而且进行研究同样需要大量的成本，而成果无法得到转化，巨大的成本也会极大的限制科学城的进一步发展。

三是高新技术开发机制落后。由于筑波科学城是由政府主导建立的，其科研机构绝大多数都是政府的下属部门，带有浓厚的政府管制色彩，技术开发首先要立项、审批，经过层层官僚机构，然后才能进行。在筑波，从具有开发意向到最后出成果一般需要10年，过长的时间导致研发速度远远落后于世界科技发展的速度。而且在筑波，政府作为投资主体，对市场了解过少，作为投资代理人的政府官员也没有激励机制去了解市场、了解技术。再加上在筑波所有的一切都是隶属政府的，包括研究成果，该项成果创造的价值与研发人员本身的收入并无直接的联系，研发人员缺乏激励动机关心其成果的产业化与应用价值。在这种机制之下，研发人员缺乏一定的激励机制，科研项目得不到应有的重视，科技水平下降。

四是政府直接管理模式的弊端。筑波科学城采用的是政府直接管理的模式，政府直接管理，给科学城提供庞大的资金支持，提供给科学城赖以生存的基础研究和培训所需的设施，制定一系列的政策吸引公司到园区来，在必要的情况下，政府还参与科学城的工业生产，和私人资本一起建立合资公司。日本政府给予了筑波科学城大力的支持，从很大程度上推动了科学城的发展，可以说没有政府的大力支持，筑波科学城是不可能建立起来的。但是，这种不以市场模式为主的管理模式是一种简单机械的政府嫁接，没有和当地很好的融合，也没有促成科学城与当地经济的和谐发展，筑波的经济来源依然以农业为主。

科学城里缺乏健康的园区文化。管理模式的单一，政府的过度规划使得科学城对政府的过度依赖，而技术开发机制的不健全又导致了激励机制的不完善，从而形成了一种不太健康的园区文化，从总体上抑制了科学城的进一步发展。

2. 多摩新城：以铁路为导向，工作居住平衡

多摩新城位于东京新宿副都心的西南方向，距离横滨市中心西北部约25公里的多摩地区的丘陵地带，东西长14公里，南北宽2～3公里，是日本最大新城，包括了东京都多摩市、稻城市、八王子市和町田市的一部分。

由于经济活动和就业迅速向东京都的中心区域集中，造成了地价飞涨，市内的房价非常昂贵。住房需求不得不向郊区转移。为了应对这种状况，日本政府采用了以铁路为导向的新城发展计划，多摩因此得以发展起来。

多摩新城的规划最初目标就是为了满足东京人口的居住需求，其中土地使用构成中住宅面积占47%。后期新城的发展目标调整为建设工作居住平衡的都市。

土地利用政策整体限制城市中心的发展，同时促进站点周边高密度、高强度发展。

通过限制私家车发展和鼓励铁路捷运系统的使用实现交通需求的有效的管制，增强社会对于公共捷运，特别是快速铁路的依赖性。

政府和铁路投资运营商共赢的开发模式。以铁路捷运系统为中心的交通网络和节点整合来保证TOD站点的强大辐射力和吸引力。

开发时机应该在经济发展初期：房地产开发先于铁路保证客流量。

首先，住宅分区以初中校区为核心，以干线道路为住宅区边界，基本实现人车分离。第二，商业设施布局合理，根据规模有"近邻中心"、"地区中心"、"都市中心"。第三，注重生态和文化教育建设。多摩新城绿化率为43.6%，公园绿地超过200个，人均公园面积约14平方米，人均绿地面积居东京都之首。多摩新城内有一所公立大学和15所私立大学，并有多个复合型文化设施和市民文化活动中心。第四，以铁路和轻轨为中心的交通网覆盖新城域内和新城到首都圈的交通。各个地区的重点商业设施一般也分布在车站周边，可以最大限度方便居民出行利用[1]。

多摩新城人口的持续减少和结构的老龄化趋势对于新城的持续开发造成了非常大的负面影响。多摩新城从70年代早期开始吸纳居住人口。从90年代中期，人口逐渐减少和流失17000人。萎缩的住宅销售给建设开发实体造成了很大财务问题。

——宏观来看，东京人口结构和数量发生了质的变化。

——传统的家庭组织架构发生了变化。

——终生雇用制度与基于年龄的薪金制度造成不合理的居住区人口结构。

——住房产品和结构的不合理，使得新城住房的性价比下降，失去对目标人口的吸引力。

---

[1] 张贝贝："日本的'卧城'建设：多摩新城的案例研究"，《国际城市规划》，2015年第6期。

二、韩国的三个新城

（1）首尔新城

①建设背景。韩国借鉴美国区划体系，颁布了《城市规划法》。开展五年经济发展计划。该计划直接推动了劳动密集型产业的发展，导致大量的农村人口涌入城市地区。快速的人口增长引发了城市的无序蔓延，致使住房状况恶化及基础设施严重不足，整个城市呈现出失控的局面。同一时期，韩国其他城市也出现了类似的情况。因此，如何控制城市蔓延、保护农业耕地免遭侵蚀成为了韩国政府亟待解决的问题。韩国至今已建设了25个新城，其中14个建在首都圈，11个分布在其他地区。

绿带政策。韩国政府的绿带政策内容包括：降低人口和工业向首都集聚的速度；阻止城市蔓延和城市之间连片发展；减少空气和水污染；保护自然环境；提供休闲空间；保护国家安全。该政策被称为绿带政策，是城市规划法修改内容的"限制开发地区"（RDZ）的延伸概念，严格限制城市周边开发。直到绿带改革政策对14个城市的绿带边界进行了调整，包括首尔在内的7个大城市的部分绿带土地将被用于城市建设，对于保留的绿带区域内的土地开发活动仍将严格控制。在保护绿带内的自然资源的同时，采取各种措施来扶持保留绿带区域内的居民和业主，并予以补偿。

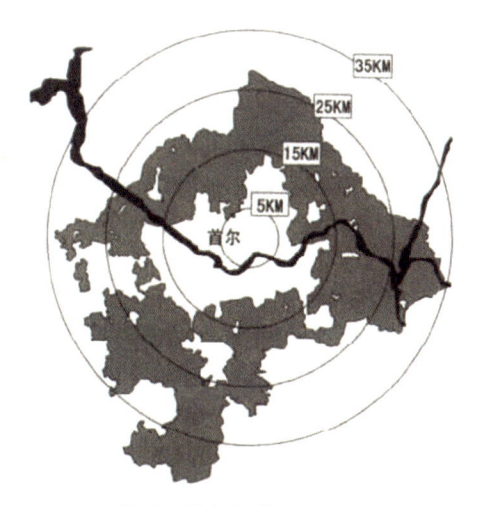

图3 首尔绿带区域图

首尔都市圈的新城政策。面对严重的住房短缺，同时住宅市场的投机现象严重，韩国制定了大量政策和措施来控制首尔人口的过快增长，但都没有收到预期效果，首尔人口呈现爆炸性地增长。韩国政府认为这种增长会带来社会和政治的不稳定，因此开始实施首尔的新城开发计划。韩国颁布首尔的新城政策，6年间共建成5座新城（盆唐、一山、坪村、中洞和山本），50平方公里的土地上容纳了126万人，超出了规划预期人口10万人。

②发展历程和特征。根据到首尔市中心的距离和进行规划建设的年份对新城进行划分，韩国新城的发展大致共经历了四个阶段，基本上是每十年一个阶段。第一阶段是新城规划建设时期，主要以解决首尔的工业化导致城市人口过度集中引起的居住问题为目标，如蔚山、浦港等。第二阶段是新城建设时期，以发展区域增长中心型新城为主要目标，如龟尾、丽川、东海和新济州。第三阶段是卫星城规划建设时期，韩国制定第二次国土综合开发计划后，其战略重点放在了建构国土的多核构造、抑制首尔和釜山两大城市的蔓延上，建设了大量居住型卫星城。到90年代中期，韩国作为中等发达国家，经济进入比较稳定的发展，城市的投资建设也渐渐活跃起来，同时也出现了类似发达国家的大城市问题。为了疏解首都的政治、行政等公共权力，解决人口压力，从源头上切断区域不均衡发展的机制，迁都的呼声越来越强。

新城的功能具有自足性特征，可吸引中心城人口。韩国大多数新城的建设过程中，同步进行产业集聚区的建设与开发、招商引资的工作，同时也注重服务业氛围的营造。例如首尔都市圈的5座新城，即盆唐、一山、坪村、中洞和山本，都是以首尔市中心25~30公里以内，建设具有商业功能、休闲功能、便利的出行、舒适的居住功能于一体的新城。由于本地物价便宜，生态环境好，以及智能化的管理方式，吸引了大量人口迁入。居民的就业地包括本地和首尔，职住平衡关系较好。

表4　　　　　　　　　　世宗新城6大功能

6大功能圈（生活圈）	行政中心复合型城市建设特别服务设施	民间投资设施
中央行政（第1生活圈）	16个中央行政机关 (9府2处1室2委员会)	—
文化国际交流（第2生活圈）	5座博物馆/美术馆，1座表演场，1座图书馆	国际会议楼，贸易展览馆，机场航站楼（与宾馆、购物中心连接）等

6大功能圈（生活圈）	行政中心复核型城市建设特别服务设施	民间投资设施
城市行政（第3生活圈）	法院，监察厅，税务所，邮局；市政楼，教育厅，消防局，保健所，农业技术中心，农水产品批发市场，执照考场	—
大学研究（第4生活圈）	—	综合大学2~3个（除研究生院），16个国策研究所和民间研究所
医疗福利（第5生活圈）	—	综合医院，大学附属医院等
高新知识基础（第6生活圈）	—	高新知识基础企业等

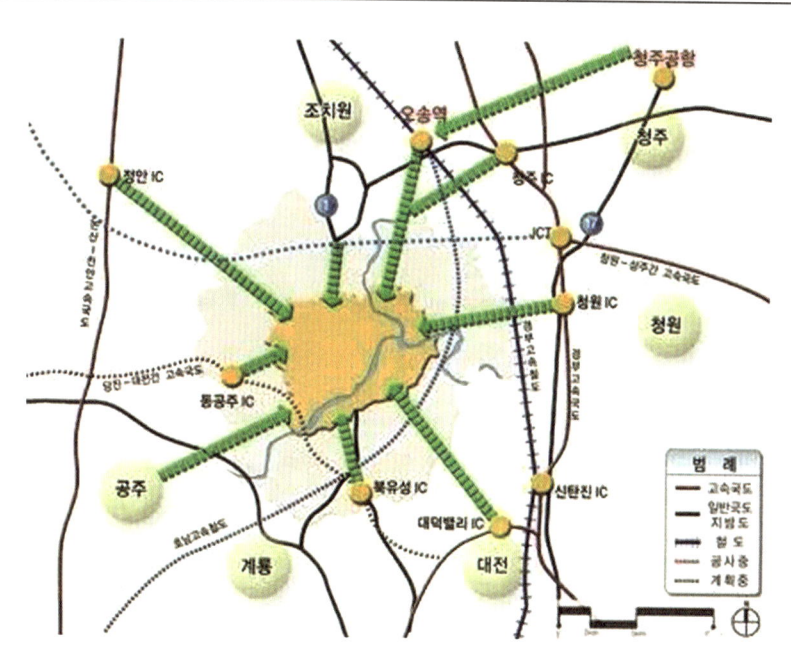

图4 都市圈内城市2小时内可以抵达世宗市

积极推动土地征收与供给计划的立法和政策，推动一级市场开发。韩国自国家成立之后，陆续制定了关于土地开发和保护的各项法律。为支持经济的快速发展和后续的新城发展计划，形成了比较完善的法律体系。包括《住宅建设促进法》《地方工业开发法》《城市规划法》《农地扩大开发促进法》等等。为了抑制投机和房产泡沫，韩国还制定了一些调控措施，比如《关于宅地所有上限的法律》《关于开发利益回收的法律》和《土地超过得利税法》《关于房地产实际权利者名义登记的法律》。完善的法律体系作保障，使得韩国的新城开发并不是投机者在推动，而是许多刚需人口在推动，所以房地产价格相对合理。

融资方式多元化，多方机构与政府合作经营模式。初期的新城建设，中央政府提供部分资金支持，例如针对低收入人群的土地与住房建设，政府不仅提供关于基础设施建设的支持资金，还有相应的减免税收等支持措施。除了少部分的中央支持以外，韩国土地住宅公社通过市场行为，以多元化的市场化融资手段，解决资金的难题。措施包括：一级开发过程中通过预售来集资；韩国土地住宅公社通过成立土地银行，对土地进行储备、开发、供应和发行土地债券等形式筹集资金；二级开发属地和住宅的预售筹集资金等。

新城规划设计理念先进，注重空间环境的营造。韩国新城都比较注重人性空间与生态环境的构建，使新城城市的便利与自然风光并存。一山新城以空间广阔闻名，城区中为公园和开放式空间所留的土地占了很大比例，城镇被湖泊、稻田、绿地、山丘所环绕。世宗新城精心设计开敞空间，重视环境细节，在步行、交通、文化、住宅等方面都有上佳设计，被誉为"女性友好型城市"。

引入高科技，打造智能化绿色节能城市。韩国经济进入持续发展阶段后，重视科技应用，尤其是在新城规划和建设中更是强调低碳理念和智能技术的实践和运用。世宗市引进低能低碳技术，构建网络，打造智能绿色城市，成为未来智慧城市空间。松岛新城是世界上第一个完全采用 U 概念的城市，建设了基于电子信息平台，打造了较为完整的服务系统，社区、公司和政府机构等实现全方位信息共享智能化只是这个城市的手段，清洁和节能才是它的目的。智能的建筑方式、雨水收集系统和污水处理系统等，使居民的新鲜淡水用量可以减少为日常量的十分之一。

（2）松岛新城

①城市规划。松岛新城（New Songdo City）建设在韩国首都首尔以西 35 英里的仁川港附近黄海中的 1,500 英亩人造陆地上。于 2015 年建成的松岛新城，具有战略意义，是世界通往东北亚的大门。"松岛新城"作为一个自由经济区拥有 8 万套房间、

5000万平方英尺的办公楼和1000万平方英尺的零售空间。

松岛新城拥有世界各地引进特色建筑——包括纽约的"中央公园"（Central Park）和威尼斯的运河，使用英语为通用语言，并在门口悬挂营业标志（Open for business）。打造一个人工岛屿，其大小与伦敦的"汉普斯德特希思公园"（Hampstead Heath）类似。在岛上安排现代化的学校、医院、公寓、办公楼和高级文化设施。

该城市的目标是完全杜绝现代都市生活产生的各种问题。比如说，亚洲的许多商业都市都受到环境损坏、劳动力受教育程度低和缺少公共空间等问题的困扰。"松岛新城"建设成为在各个方面都满足世界级城市要求的城市，它有清洁的空气，并且提供优越的生活质量。

松岛新城40%的面积用于绿地建设，其中100英亩为中央公园。该城市的主要停车场建设在水下，以减少热气和废气对城市的影响。一个先进的公共交通系统——包括联系首尔的地下火车和城市的海水运河上的"水上电动出租车"，使松岛新城成为世界上最清洁的城市之一。

图5　"松岛新城"在建设中

新松岛城作为自由贸易和国际商务中心，其涉及人口达到世界人口的1/3。仁川港口的自由经济区已发展成为东北亚物流中心。新的基础设施与税收优惠，以及对于人力资源和教育限制的减少将吸引内向性投资。

松岛新城的社区、医院、公司和政府机构实现全方位信息共享；数字技术深入住户房屋、街道和办公大楼，将城市的不同部分连为一体。实现一卡通用，居民凭借一张智能卡能够完成付款、查询医疗记录和开门等一系列事物,使居民生活便利。

②绿色城市规划。规划坚持可持续发展方面的先进技术和理念,满足人们工作和生活等各方面需求,从而成为首个 LEED – ND(绿色认证)城市。规划具有以人为本的特点,将各方面的需求都考虑到位,例如可以通过行走或地铁、公交车等公共交通到达新城内任何地点,充分的人行道和自行车道使居民出行更加绿色安全,提倡尽量减少私车的使用。同时有发达的交通将新城与仁川市中心连接,新城至仁川机场只需要 15 分钟的车程。规划设计将 95% 的停车场设计为地下式,公共土地占到整个新城的40%,包括了大面积的绿地和其他环保项目。水资源的利用是新城规划中的重点之一,城中所有建筑物的屋顶都设计有雨水收集系统;通过过滤系统,整个城市从海水运河中提取淡水;使用回收水系统,都可有效减少淡水使用量。通过全球合作,使用先进的技术,将太阳能所产生的电能回送到城市智能电网中;城中的韩国最高楼东北亚贸易大厦,使用的先进电梯系统可以降低能耗 50%。

(3) 世宗新城

①建设背景。世宗市位于忠清南道的东北部,面积 465 平方公里,现有常住人口 12 万。由 1 个邑、6 个面、106 个洞里构成。针对世宗市,韩国政府颁布了"行政中心复合城市建设的特别法"。随后确定行政都市名称"世宗特别自治市"。2012 年世宗特别自治市行政区域正式划定,由 1 个邑、9 个面、14 个洞编制组成。

韩国政府计划投资 22.5 万亿韩元(约 1285 亿人民币),2030 年将世宗市建成人口 50 万的行政中心复合城市。根据"行政中心复合城市建设项目",从 2011 年开始中央行政机关分阶段迁至世宗。2010 年 12 月《世宗特别自治市设立相关特别法》颁布,在 2011 年 7 月 1 日由中央直辖的自治团体——世宗特别自治市已开始运作[①]。

②新城规划。复合型行政中心城市的开发规划以城市成长的三个阶段为基础,每阶段制定开发空间范围,开发核心城市功能和配套居住区。第一阶段从城市政策层面,集中投资于中央和地方行政、政府资助研究功能,建立公共交通主干道等城市发展的基础设施。第二阶段为城市成长阶段,投资于大学和研究、医疗福利、高新产业等自足的城市功能,并完备基础设施。第三阶段为城市成熟阶段,进一步完善基础设施的

---

① 崔海玉:"韩国新行政中心世宗市规划与建设",《南方建筑》,2013 年第 4 期。

建设。考虑到世宗市的城市发展阶段（短期城市雏形阶段：2011~2015 年，中期城市成长阶段：2016~2020 年，长期城市成熟阶段：2012~2030 年），中长期的发展方案的时间范围定为 2011~2030 年。发展方案将世宗市的管辖地区（465.23 平方公里）作为第一层次空间范围，将与世宗市相邻的 5 个市和郡（大田市、清州市、清原郡、天安市、公州市共计 2890 平方公里）作为第二层次空间范围。

世宗市计划利用智能城市空间来设计未来城市形象，发掘及培育能反映行政和文化等要素的建设内容，尤其需要打造世宗市自身的文化形象，并找出能体现作为行政及科学功能中心的城市定位的地标化方案。其次，要打造能够吸引国际优秀研究人才的城市环境。建设具有国际水平的人才聚居园地，打造优秀的国际化教育环境，为外籍人士提供医疗支援服务，建立良好人居环境。

图 6

③新城特点。

其一，通过法律政策保障开发建设和土地利用。根据《世宗市建设特别法》，制定政府支持原则及分类促进计划、建立主管机关来提高计划的可实施性，并考虑包括中央政府在内的世宗市有关部门机关和地方政府的政策和计划的协调，建立与周边城市共生发展的方案，制定系列计划，起到引导城市发展的作用。

其二，以人为本的交通体系，特别关注交通弱势群体。新城倡导交通安宁（Traffic Calming）体系，这是为了减少车辆速度和交通量，使步行者及骑车人安全、便利的利用道路，保护不受噪音、大气污染侵害的生活环境。该体系为了给使用住宅区生活道路的人提供安全、舒适的生活空间，通过控制通行调节交通流量，管制停车设施等方法来改善环境。

其三，建立和完善特别自治市综合管理体制。为确保规划实施的专业性和多样性，将研究团队分为三个部门（城市与区域规划部门、城市产业经济部门、城市行政财政部门），并在国务总理室中的世宗市支援团内组织了研究工作组来检查业务内容，通过与相关机关建立协调计划，提高了中长期发展方案的完成度。以行政中心复合型城市建设基本规划为基础，结合最新的发展条件变化，为世宗市的早期建设以及快速的发展建立中长期发展方案，对现状与条件分析、相关计划检讨、相关机关意见提取等进行综合研究，建立计划目标。设定世宗市的未来发展目标，对产业经济、地域计划、行政财政等等相关计划进行综合检查，提出具体的促进目标，并建立推进进程、机关任务分配、目标管理等实施行动计划。

其四，理念创新，通过环境设计提高城市安全感。在世宗市使用环境设计的基准来营造安全的城市。以环境设计为例，首先确保一般人视线可达、照明充分、解放死角、强化地区活力，并对独立住宅、商业用地、道路、停车场、公园等实施细部照明、景观、监管要素检查以及标准设置。

在细节方面，第一，要求独立住宅的灌木种植不能遮挡一、二层窗户的范围，避免形成可窝藏犯罪的场所或死角地带，确保间隔，在适当的地方布局照明。第二，对商业、业务用地建筑的一层临街地区使用50%以上的透明材料，保证视线，限制立板式以及筒板式广告，禁止在玻璃上张贴广告。第三，对于公共住宅，在住宅区入口设置保安处、挡车杆，社区围墙利用可视性材料或采用有缝的墙。第四，对于公园及绿地，为了避免形成窝藏场所及死角地带，需确保种植间隔，同时为保证领域性使用通透的栅栏及灌木。第五，对道路，将人行道及自行车道布局于有充分交通通行量的地方，为了避免形成窝藏场所尽量采用直线设计。

其五，营建女性友好型城市。世宗市女性友好型城市的制度特征在于改善女性在城市生活中的步行、交通、文化、住宅等方面环境，追求"女性宜居的幸福城市建设"。基本发展方向是空间政策与社会政策的融合，将空间、产业、劳动、交通、基础设施的政策进行综合，建立为女性提供安全的城市环境、便捷的居住区、以及对其工作和家庭的支持政策。①

表5　　　　　　　　　　　女性友好型城市要素内容

类别	要素
性别管理	促进委员会的女性参与程度；女性顾问委员会；提升女性幸福感的城市设计及管理方针；女性的满足度测定及反馈
福利设施	女性家庭功能强化的福利中心；包含保有设施等的基本计划设施；确保充分的空间
居住区	允许多代同居的弹性的内部构造；考虑女性家务劳动的底线；厨房朝向；娱乐设施；入口处设置婴儿车、自行车停放处；安全的停车场和入口；考虑了少女游戏形式的社区游乐场
文化与地区团体	社区内的社会交往空间；地域文化活动设施；与原居民的交流与融合项目
道路与交通体制	安全又便利的公共交通网络；方便婴儿车推行的公共交通；步行者、自行车专用道路
人力资源、劳动	移居的女性主妇专职训练；支援当地女性居民的增加消费；扩充女性终身教育设施

三、小结

　　日本通过一系列产业转型计划复苏经济并实现可持续发展，从各个产业内部结构、整体产业结构的升级与改造，将部分产业向亚洲其他地区转移的方式，解决面临的结构性危机等问题。以筑波科学城及多摩新城两个代表性新城新区为例，详细介绍日本技术立国、注重知识传播、平衡居住工作环境等特点。

　　韩国通过产业转型升级，大力发展新兴产业，引进和开发高新技术，在政府的大力支持下，实现了新城新区的快速发展。以首尔新城、松岛新城、世宗新城三个代表性新城新区为例，详细介绍了韩国以发展高新技术、信息产业等为主要发展方向的新

---

① 胡文娜："国际新城新区建设实践（二十六）：韩国新城——案例：世宗特别自治市（2）"，《城市规划通讯》，2016年第2期。

城新区建设模式。

  总而言之，亚洲新城新区的发展均以推进产业转型为主要方式，无论是日本通过产业结构调整实现可持续发展，还是韩国推动高新技术与信息产业的综合发展，都是新城新区能够快速健康发展的必要因素和推动力量。

李芬，经济学博士，副研究员。主要从事生态城市规划、生态补偿、环境政策管理分析；彭锐，自然地理学硕士，工程师，主要从事地理信息及其在城市规划中的应用研究；张晗，地理信息科学学士。

美国新城新区发展案例

李 芬 彭 锐 张 晗

广亩城市倡导将城市空间向乡村扩散,是美国真正快速郊区化及新城发展的开端。由于工业发展曾一度面临资源严重枯竭、污染严重、人地关系紧张的状况,后通过环境整治、产业结构调整,促进产业升级、大力发展高新技术产业、知识储备等方法改造环境,缓解人地关系。在此过程中,边缘城市等概念应运而生,有序的新城建设,给市民带来舒适的人居环境、提供了多种就业机会,改善了工作环境等,相比功能单一的郊区化蔓延,城市发展本身有了长足的进步,是美国真正意义上的新城建设。

一、背景

在英国田园城市理论影响下,美国也逐步尝试城郊花园居住区的建设,新城镇建设的作用在罗斯福新政时期是解决种地收入家庭的住房问题(又称"呼图格威尔计划"),美国新泽西州的雷德朋镇(Radburn Town)是这一时期新建设的典型范例。赖特提出的广亩城市概念,倡导将城市空间向乡村扩散,成为美国真正快速郊区化及新城发展的开端。

美国的新城新区制造业兴旺发达，但同时也带来了严重的大气污染问题。到了20世纪70、80年代，随着制造业在经济中所占比例的急剧下降，工厂大量倒闭，失业率迅速增高，由于遗弃的工厂设备锈迹斑斑，被人们称为"锈带"老区。到了90年代中期后，"锈带"老区的经济突然迅速重新崛起，在美国经济调整时期取得了显著成绩。2000年"锈带老区"所在的3个州，伊利诺伊州、俄亥俄州和宾夕法尼亚州，皆跨入美国州出口额前10名的行列。如今，"锈带"老区的经济发展、百姓生活水平和环境保护等诸多方面均与美国其他地区相差不多[①]。

二、发展阶段

表1　　　　　　　　　　美国新城新区发展阶段

发展阶段	区位发展	空间结构	人地关系
初期阶段	匹兹堡，煤炭资源丰富，利用五大湖廉价水运运入苏必利尔湖附近的铁矿，发展成为美国的"钢都"	城市与工业发展的空间很大	环境良好，人地关系基本协调
成长阶段	资源开发，经济发展	产业由匹兹堡等个别中心扩展，"五大湖"沿岸工业带逐渐成熟；形成"芝匹带"等城市群	资源面临枯竭；发展空间受制约；环境污染严重；人地关系比较紧张
转型阶段	钢铁工业等主导产业衰退；工厂倒闭，工人失业，大量人口迁向南方"阳光地带"成为"冰雪带"、"锈蚀带"	产业外迁、人口外迁	人地关系进一步恶化
再生阶段	整治环境；产业结构调整，促进产业升级；大力发展高新技术产业，成为"知识城"	复杂	空气清新，环境优美，人地关系由紧张走向协调

---

① 张庭伟："当代美国规划研究与芝加哥经济转型"，《国外城市规划》，2016年第21期。

三、主要做法

1. 培植自身优势产业，推动合理的工业布局

培植自身优势产业，推动合理的工业布局是"锈带"老区工业复兴成功的重要思路。"锈带"老区汽车工业的大发展是该思路成果的范例。以底特律为例，上百年来享有汽车城的美誉，底特律的汽车制造是该地区的优势产业。但是，从20世纪中期到70年代初，由于美国的汽车工业开始在不少州分散发展，以底特律为核心的中北部地区的汽车生产在全美所占比重逐年下降。随着汽车工业的集中和重组发展，通过集中生产、技术改造、分工细化、提高生产率、产品升级和不断推出新产品等措施，美国的汽车工业开始向底特律地区集中。底特律不但维持了其在汽车制造业中的地位，还成为美国的汽车工业中心。美国三大汽车制造商也通过收购、兼并集中生产，使全国汽车装配基本集中在底特律地区，汽车零部件开发与生产基本上也集中在邻近地区。这不仅使美国工业布局更加合理，还带动了中北部地区更大范围内经济的快速发展。

2. 致力开拓出口市场，构建出口型经济格局

致力开拓出口市场，构建出口型经济格局是"锈带"老区经济转型有效的关键。近年来，对外出口对美国经济的推动作用越来越大。"锈带"老区复兴过程中，出口增长也起到了关键的作用。根据美国商务部的统计数据，2000年"锈带"老区所在州的出口额全部跃居全美前10。"锈带"老区对外出口最重要的特点是提前打入发展中国家市场，尤其是亚洲市场。

3. 大力发展服务性行业，顺应经济产业发展需要

大力发展服务性行业，顺应经济产业发展需要是"锈带"产业布局合理的重大举措。"锈带"地区衰落的主要原因在于近几十年来美国经济格局发生的变化，制造业在

经济中所占的比例急剧下降，而服务业所占比重则迅速扩大。这一趋势也促使"锈带"老区实施经济结构性转型。在美国制造业生产率日益提高、用工人数急剧减少的情况下，"锈带"老区大力发展金融、通讯、旅游、医疗等服务业，推动经济增长和促进就业，取得了显著的成效。

4. 以多元化思路，运用高新技术改造手段，调整产业结构，寻求新的经济增长点

以多元化思路，运用高新技术改造手段，调整产业结构，寻求新的经济增长点是"锈带"老区复兴的重要措施。在制造业占有重大比例的"锈带"老区，这一思路也同样重要。伊利诺伊州过去是主要的重工业州之一，拥有例如芝加哥等著名工业城市。经过调整，制造业的多样化成为该州经济的重要特点。在2000年该州制造业1020亿美元的产值中，食品加工业首次高居首位，产值高达140多亿美元。同时，作为信息技术产业标志的电脑和电子产品的产值也高达87亿美元。同时，在"锈带"老区复兴的过程中，政府在财政支持和基础设施建设方面发挥的积极作用也是不可忽视的。"锈带"老区州、地方各级政府在增收节支、平衡财政方面作出了巨大努力，同时大力增加了教育、就业培训方面的投入。据统计，90年代后期，美国中北部几个州的财政开支、债务水平均低于美国其他州，而用于教育、公共福利、公路建设的投入则高于其他地区，大大促进了"锈带"老区经济成功转型与复兴。

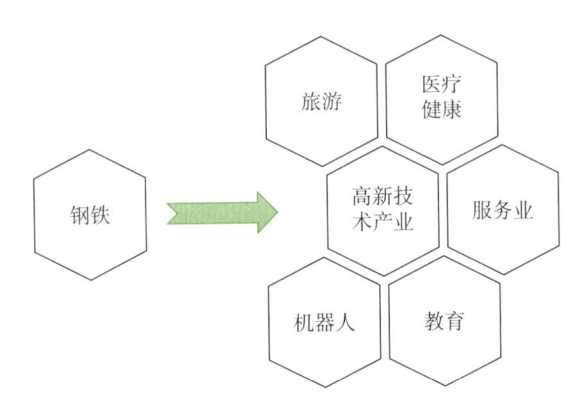

图1 匹兹堡工业转型

四、边缘新城

美国《新城开发法》批准建立第一批郊区型新型城市，共 63 个。平均人口规模在 2 万人至 10 万人左右，面积 40～100 平方公里之间。新城按照区位布局分为：独立型、半独立型和附属型三种。"边缘新城"，成为美国真正意义上的新城。

新城的功能可简单概括为（MOIRGPR）：商城（Mall）、办公设施（Office Complex）、工业园区（Industrial Park）、休闲娱乐设施（Recreational Facilities）、绿化用地（Gree Cover）；停车场（Parking Lot）、居住社区（Residential Community）。

到 20 世纪末期，在全美 45 个老的都市地区（Metroplitan Area）共认定 120 个边缘城市，78 个"准边缘城市"，及 5 个正在规划中的边缘城市。几乎每个大中城市周围都有至少一个边缘新城。边缘新城遍及全美，因此具有一定的普遍意义。有序的新城建设，给市民带来舒适的人居环境、提供了多种就业机会，改善了工作环境等，相比功能单一的郊区化蔓延，城市发展本身有了长足的进步。

五、新城新区规划建设

1. 尔湾产业城：平衡城市发展与居住环境，以高科技为主导

尔湾位于加利福尼亚州以南五十公里处，属于橘郡管辖范围。作为美国最大的规划城市社区之一，尔湾占地 88 平方公里，现有人口 17.5 万。虽然尔湾从建市到目前只有短短的 30 多年历史，但是它已经成为加州重要的经济城市。尔湾南面濒临太平洋，拥有著名的 Laguna 海滨、Long Beach 海滨，阳光充沛（"加州的阳光"闻名世界），气候温和，由于是新开发的社区，有较好的规划设计，近几年来逐渐成为加州的高档住宅区之一。拥有美国最安全，规划最完善，便于开展商业活动的最佳社区，在过去的 30 年里，尔湾市吸引了大量居民和商业机构。尔湾地区从单中心裂变为多中心

的过程，经历了加州大学尔湾分校迁入和高科技产业落户的过程，逐步具备了典型的城市功能，发展成为令人瞩目的 21 世纪美国大都市边缘中小城市的典范[1]。

（1）发展背景

尔湾是一个建设初期即经过规划的城市。拥有尔湾及其附近大片土地的"尔湾公司"有力地推动了该新城的建设及发展。尔湾公司应加州大学的请求，捐出 1000 英亩土地作为加州大学校区，州政府也捐出额外的 500 英亩土地作为校区。同时策划，在环绕大学的社区建立一个容纳 5 万人口的城市。根据他们绘制的计划书，该新城需拥有工业区、商业区、住宅区、休闲区及绿地等。社区居民投票通过扩大新城区域范围，即"尔湾市"，以便控制该市未来发展，保护税收。

（2）城市规划

①规划目标：通过城市化，终结城市的无序蔓延。②规划理念：尔湾农场的规划者和在尔湾市的合作者采用了"精明增长"的原则。开发保留了大规模的开放空间和保护区。同时这里也是水资源循环使用的先行者[2]。③规划历程。第一阶段：萌动期。该阶段内尔湾公司决定开发其管辖土地，物业税率的提高和加州大学对在这里建设新校区的强烈意向使得对尔湾地区的开发得以加速进行。第二阶段：60 年代规划方案。规划新社区的方案为"大学社区"，由加利福尼亚大学使用，占地 10000 英亩，容纳 100000 居民。加州大学的校园很快因其在农场南部大师级的规划成为瞩目的焦点。这一规划沿海岸覆盖 30000 英亩土地。规划的特点：在第一个十年，对于最新的郊区设计创新而言，尔湾农场就如同一个巨大的容器，不断提供创意。早期的规划图纸展示了对于不同村落规划的仔细考虑，以及关于城市和区域不同尺度的研究。第三阶段：70 年代规划方案。在 60000 英亩土地上建设容纳 50 万人的社区。然而，其规划仅包括土地使用和交通系统部分，包括细化的道路层级，同时，街景设计和行动走廊间横越的可能性研究。尔湾市和其他市政当局保持了整个规划，但减小了开发强度。公共部门在农场规划中扮演了越来越重要的角色。尔湾地区的规划过程中存在以下特点：运用园林开发为地块和地区尺度赋予特征；以及露天场地的保护。第四阶段：80 年代规划期。1977 年，尔湾公司的变更导致开发规模缩小，并且分化出了规划和城市设计功

---

[1] 顾静："尔湾市的规划及发展特征带来的启示"，《建筑与文化》，2015 年第 6 期。
[2] 张莉："尔湾：解读美国后大都市时代城市发展"，《国际城市规划》，2012 年第 3 期。

能。尔湾区的规划偏向古典和地中海建筑风格，以及大规模植被。不同于过去专注于加利福尼亚现代化的风格，在新的设计中，住宅和工作场所比以前混合得更为紧密。在80年代晚期，环境保护激进主义对开发者起到了巨大的影响，使该地区保存了农场中超过一半的开放空间，基本完成终结城市蔓延的目标。现在，大约44000英亩的农场土地作为自然栖息地保护，6000英亩土地用于公园和开放空间。尽管该地区的开发得到来自开发者和设计专家有力的支持，尔湾地区40年的高密度开发，仍然证明全面改变城市的自然蔓延是一件极为复杂和困难的工程。但尔湾的现代化，精心修剪的植物，相应成彰的自然栖息地和正在发展的混合功能区，都验证了这一重要的城市边缘区设计实验的成功[1]。④尔湾城市发展原则。城市发展的原则，主要包括以下四个方面：保持和加强尔湾的物质环境以防止社区衰退；通过平衡公共安全服务和预防犯罪战略的投入保证一个安全的社区；长期保持有吸引力的商业和销售税以鼓励经济繁荣；在服务社会的过程中，确保政府机制的灵活，以市场为基础和消费者导向，以提高政府效率。

（3）成功要素

①城市发展和环境、居住舒适度等各个方面保持良好的平衡关系。2003年，在人口超过10万人以上的城市里，美国人口调查局评定尔湾市的人口增长速度名列第六。此后几年，尔湾的人口以每年5%的速度持续增长。

土地面积和人口的增加最终促使城市的物质条件需求增加。每年都需要根据设施的使用需要进行修复和提高。同5年前相比，尔湾的街道总长度增长了29%，公园总面积增长了36%，街道绿化总面积增长43%。在过去几年里，城市增加了2203英亩的开放空间，并将在今后的3年里，进一步增加1227英亩。展望将来的5年，在三个关键领域的增长将继续保持。人口计划增长16%，接近20万居民；公园和公共空间面积则计划增长56%；道路绿化和街道总长度计划增长18%。

在增长的同时，尔湾市也将面临老化的基础结构设施修复工作。虽然该新城刚刚成立34年，但基础设施（如街道表面）都因磨损而需要替换或修复。这些使用寿命因素都必须同新增加的设施一起被考虑在内。这种大规模的改变对城市的发展提出了巨

---

[1] 张高攀："国际新城新区建设实践（十二）：美国新城——案例介绍：加利福尼亚州尔湾新城（6）"，《城市规划通讯》，2015年第12期。

大的挑战，尔湾既需要保护居民现有的生活和商业质量，还需要保持金融能力，使之能够在将来继续提供服务，两者之间需要保持良好平衡。

②以高科技为主导，多元化的产业结构抗风险性大。尔湾现有公司 17000 家，以高科技为主导，多元化的产业结构。在 90 年代末，高科技产业泡沫破灭时，硅谷受到了极大的冲击，而尔湾这样的产业结构在遇到市场风险的时候则相对稳定，没有受到太大影响。

目前，总部设在尔湾的公司包括全球知名汽车品牌公司 8 所，顶尖生物科学公司 1 所，此外著名机械公司、食品零售等大型公司也将总部设立在尔湾。同时还有其他的知名企业分公司设在尔湾，包括汽车行业、生物医药、食品零售等。

③便捷的交通。尔湾具有极为便利的交通环境，距离尔湾很近的约翰韦恩机场，是地区性的商业机场，提供通向 22 个美国城市的直达航班。此外，很多本地公司的私人飞机和公司喷气机也都以此为基地，同时，尔湾附近的高速公路也极为通达便利。

④市场化的运作机制。尔湾是在市场主导下规划形成的新兴城市。没有政府指令，没有行政干预，一切由市场来检验，人们遵守法律，维护市场规则。尔湾完全靠优美的自然环境、便捷的交通、安全的居住氛围、良性竞争的商业机制不断吸引着来自各方面的淘金者。市场化的运作使整个城市的规划建设一直朝着市场接受的方向发展，朝着利益最大化、可持续发展的方向发展。市场化的运作机制使尔湾更加生机勃勃。

2. 洛杉矶新城：多元经济创造就业岗位，绿色技术企业繁荣发展

（1）洛杉矶概况①

洛杉矶（Los Angeles），位于美国加利福尼亚州西南部，是加州第一大城市（人口及土地面积），洛杉矶陆地面积为 1214.9 平方公里，市区拥有约 390 万人口（2014 年），是美国人口第二大城市，仅次于纽约；洛杉矶是全世界的工商业、国际贸易、科教、文化、娱乐和体育中心之一。拥有美国西部最大的海港，也是美国石油化工、海洋、航天工业和电子业的最大基地之一。

---

① The Department of City Planning and Community Redevelopment Agency of the City of Los Angeles, *LOS ANGELES' INDUSTRIAL LAND: SUSTAINING A DYNAMIC CITY ECONOMY*, Attachment B, December, 2007.

洛杉矶多元、活跃的经济创造了许多工业新经济体就业岗位。先进的技术和全球经济变化使得"烟囱"工业转变为轻工业、服装业、生物医药、物流及创新型产业。除此之外，洛杉矶鼓励创业，工业区为创业者及小公司发展扩大，全面发展创造条件。为了直接促进岗位数量的增加，工业区对洛杉矶经济与住宅社区的建设是极其重要的，包括公共设施、回收再利用、建筑、场地维护及汽车维修等。

由于城市中工业地段的稀缺（持续低于2%），洛杉矶工业区的竞争是相当激烈的。由于非工业持续侵占工业地带，如住宅区、学校、空地及娱乐场所，岗位数量多的地区正在逐渐减少。目前，洛杉矶工业地带26%的地区已经转为非工业，只剩余全市6%的地区能够提供工业生产。在洛杉矶郊区、洛杉矶西部以及好莱坞地区，住宅开发商将工业区转化为高档住房，创造投资市场，使土地价格不断上涨，对土地利用决策的不确定性持续上升，洛杉矶的工业发展困难，企业投资风险加大。

（2）政策措施

当工业企业及岗位从城市中消失，不仅会使经济价值转向其他城市，还会使洛杉矶地区居民的工作机会减少，收入降低。为了保护洛杉矶地区的岗位数量，经济发展市长办公室在2003年成立了工业发展委员会，为市长及参议员提供政策建议，以帮助城市达到以下目标：①鼓励洛杉矶地区工业经济活动；②保持并充分利用城市工业区土地；③增加当地居民工作岗位的数量；④增加城市工业活动的收益。

公共团体负责实施城市土地利用政策，洛杉矶城市规划局（DCP）及社区重建局（CRA/LA）负责确保有足够土地用于供给现有企业，加强城市促进经济的能力。

（3）洛杉矶工业区特点

在洛杉矶地区，有四种主要分区：住宅区、商业区、工业区及公共设施。每种分区都细化出更具体的区划以确保土地使用的强度与混合程度，保护敏感地区的使用，例如防止住宅及学校附近有噪音及交通，允许商业区与工业企业之间没有界限，以防止减少商业运作。

①工业区及工业部门——轻、重工业，电影制作业（洛杉矶极为重要的经济来源）。以上分类大致对应工业区划，将区域按照强度分类，从重型（M3，M2）至轻型（MA，MR，CM）。重工业及产生大量噪音、气味及其他环境影响的企业均与其他包括轻工业在内的影响小的企业分开。

②工业区的进化。随着工业区的完善进化，洛杉矶地区已经成为美国最大的制造业区域。工业企业是洛杉矶地区创业型经济多样性中极为重要的组成部分。在很多情况下，这些工业区都是在核心工业的基础上建立起来，进而有支持性服务及相关企业相继出现。

③洛杉矶郊区的重要性。洛杉矶地区发达的铁路与高速公路将其与南加州地区及美国其他地区联系起来。作为交通网络的交汇地，洛杉矶郊区吸引了众多企业，如物流、物料管理、批发与进出口贸易、食品集散与时装。

④新兴产业。洛杉矶相对于其他地区对于新兴产业有独特的优势：该城市对于建设绿色经济有多项措施（例如：洁净空气行动计划，实施32号众议院法案，绿色建筑计划）。在三所领先的研究型大学（加州大学洛杉矶分校、南加州大学、加州理工大学）以及大量引领潮流的市场带领下，洛杉矶具有使绿色技术企业繁荣发展的资本与市场。

六、小结

美国在英国田园城市的影响下，开始走上新城快速发展的道路。其发展道路由以工业为主的"钢都"开始，逐渐形成"五大湖"工业带，后工业逐渐衰退，发展重点转移至高新科技、环境整治。通过培植自身优势产业，推动合理的工业布局；致力开拓出口市场，构建出口型经济格局；大力发展服务性行业，顺应经济产业发展需要；以多元化思路，运用高新技术改造手段，调整产业结构，寻求新的经济增长点的方式促进新城新区的合理发展。

李芬，经济学博士，副研究员。主要从事生态城市规划、生态补偿、环境政策管理分析；彭锐，自然地理学硕士，工程师。主要从事地理信息及其在城市规划中的应用研究；张晗，地理信息科学专业。

德国生态新城区的可持续发展规划与特征

刘涟涟　高　莹　陆　伟

　　德国生态新城区遵循着环境、经济和社会的可持续发展原则，经过20多年的建设，在城市与交通规划、绿色建筑和生态环境建设等方面均已成为世界城市可持续发展的典型范本。本报告以汉堡港口新城、慕尼黑里姆会展新城、弗赖堡的沃邦住区和丽瑟菲尔德新区为例，首先对上述新城区的开发源起和发展历程进行了概述，并归纳了它们的可持续发展目标与开发特征，再进一步对各新城区的土地利用与空间形态、绿色开放空间、绿色交通和生态环保技术4个方面进行了深入分析，最后对德国生态新区的可持续规划经验的总结，以期为我国推进生态新城的开发建设有所借鉴。

一、德国生态新城区的缘起、类型与发展历程

1. 德国生态新区开发的源起

　　1960年代以后，随着德国经济快速回升，第一产业和第二产业中重工业地位开始

---

*　本研究获国家自然科学基金（51608089）资助。

下降,第二产业中新兴制造业和第三产业比重上升,这对德国的传统工业城市发展产生了直接影响。如鲁尔区是德国煤炭和钢铁的重工业基地,他们的工业空间发展逐渐停滞;再是,由于造船业的衰退、新的集装箱式物流冲击和其他运输方式(陆运、空运等)的成本降低,对港口城市(如鲁尔—莱茵地区的杜伊斯堡、杜塞尔多夫、法兰克福以及德国最大的港口城市汉堡)的发展带来了大规模冲击。相比之下,德国南部如巴腾符腾堡州和巴伐利亚州,集中了大部分明显增长中的第二、第三产业,具有更大的人口吸引力和较低的失业率,这就是人们所说的"北南差别"[1]。因而,德国的生态新区开发主要出现在上述地区。

德国老工业港口的经济结构转型成为港口生态新城建设的契机。为了摆脱港口逐渐衰败的地位,并应对城市化发展和城市经济结构调整,德国老工业港口区利用其原有的城市核心区位优势,其职能向第三产业转型,原来的老工业港区转变为集商业、办公、休闲和居住等多功能为一体的新城市中心。1990年代以后,德国多个工业城市的老港区进入了滨水区复兴的全面更新开发时期。典型代表如,汉堡港口新城(Hafencity),莱茵—鲁尔地区的杜伊斯堡内港(Innenhafen)、杜塞尔多夫的媒体港(Medienhafen),以及法兰克福的西港(Westhafen)等。

1990年,随着东西德的统一和欧洲的裁军行动[2],德国迎来了新一轮的城市更新,这在原西德的慕尼黑和斯图加特等地表现最为突出。首先,原驻扎在德国南部城镇的法国军队开始撤离,这些军事废弃区成为生态新城区开发的契机。如位于巴腾符腾堡州的弗赖堡市(Freiburg im Breisgau)的沃邦新区(Vauban Quarter)和图宾根的法国区(Französisches Viertel – Tübingen)。再是,在全球经济化和欧洲城市竞争下,汉诺威、慕尼黑和斯图加特(莱茵—内卡地区)等大都市区,其良好的经济发展、就业形势和文化吸引力,亟需建立新区以满足其新的经济发展和人口增长的需求。例如,为了迎接2000年汉诺威世界博览会,在紧邻世博园区的汉诺威东南郊开发了Kronsberg生态住区。依托慕尼黑新会展中心,在慕尼黑旧机场废弃地上新建了里姆会展新城(Messestadt Riem)。位于斯图加特大都市区的弗赖堡和图宾根都是人口不足20万的典

---

[1] (德)格·艾伯斯:"联邦德国城市规划的现实问题",《世界建筑》,1986年第6期。
[2] 1990年11月19日,由北约组织和华约组织的22国首脑于在巴黎签署了《欧洲常规武装力量条约》。1992年11月9日生效,无限期有效。

型大学城,但是在科研、文化和经济上具有独特的吸引力,丽瑟菲尔德新区(Rieselfeld)开发主要是以满足弗赖堡新增人口的居住需求。

2. 德国生态新城区的类型

1990年代以后,鉴于开发背景,德国新城区开发主要分为两种类型:一类是源于城市经济和社会结构的转型,老工业及基础设施废弃荒地的再利用[1]。依据其场地特征可进一步分为:①更新的老工业港口区,如汉堡港口新城和杜塞尔多夫的媒体港等;②更新的老基础设施(机场、铁路等)废弃场地,如慕尼黑的里姆会展新城和海德堡的火车新城(Heldburg-Bahnstadt)等;③更新的旧军营废弃地,如弗赖堡的沃邦城区和图宾根的法国区等;另一类是基于居住需求,在城市郊区扩建的新城区。例如弗赖堡的丽瑟菲尔德新区和汉诺威的Kronsberg生态住区。

鉴于新城区的不同区位及职能特征,又可分为两类:①位于市中心的老工业港口区,基于港口经济结构转型而开发的新城区,往往集商业、办公、休闲和居住等多功能为一体(如汉堡的港口新城、杜塞尔多夫的媒体港等);②位于城市郊区,以扩充经济和居住空间为目的新城区。如普遍以居住功能为主的新区(如弗赖堡的沃邦和丽瑟菲尔德住区),或是以发展经济为主的混合城区(如慕尼黑里姆会展新城)。

在欧洲城市可持续发展政策引领下,上述新城区成为了德国探索欧洲城市特征与可持续发展的先行者(地理位置见图1,基本信息见表1)。基于前述,本研究中的案例均是在1990年代兴建,现已建成或已初具规模的典型生态新城区开发项目。从以上类型中,这里各选取一个具有代表性的生态新区:即汉堡港口新城,慕尼黑的里姆会展新城,以及弗莱堡的沃邦住区和丽瑟菲尔德新区,作为重点案例,进行深入讨论。

---

[1] Stadtbaugeschichte[EB/OL].[2017-02-16]. https://de.wikipedia.org/wiki/Stadtbaugeschichte#St. C3. A4dtebau_ seit_ den_ 1990ern

图 1　德国部分生态新区所在城市的分布图

资料来源：基于维基百科地图绘制。

表 1　德国部分生态新城区的基本信息

新区名称	所在城市（人口）	建设年代	规划功能	新区规模	基地背景
港口新城	汉堡（178万）	1997~2030	办公、居住、文化、教育、休闲旅游及零售服务业	157公顷（127陆地面积），6000套住宅，居民预计12000人，45000个员工。	老工业港口
媒体港	杜塞尔多夫（61.2万）	1989~至今	办公、居住、商业、娱乐文化、公园	89公顷，8500就业岗位	老工业港口

续表

新区名称	所在城市（人口）	建设年代	规划功能	新区规模	基地背景
西港	法兰克福（73.2万）	1993~2013	居住、写字楼、商店和餐馆等	12公顷，1600居民，3500个就业岗位	老工业港口
杜伊斯堡内港	杜伊斯堡（49.1万）	1990~2013	工作、居住、文化与休闲	89公顷，4000个新就业岗位	
里姆会展新城	慕尼黑（145万）	1995~2009	展览、办公、商业中心、学校、居住及公园	560公顷，1.3万人工作，6100套住宅，供1.6万人居住，	废弃旧机场
火车新城	海德堡（15.6万）	2001~至今	居住、研究与休闲	116公顷，5000居民，供1.2万人工作	废弃火车货运站
法国区	图宾根（8万）	1996~2008	以居住为主，混合邻里商业、办公	10公顷，2400居民，700余工作岗位。	废弃军事区
沃邦城区	弗赖堡（22.6万）	1995~2009		40公顷，居民5600人（2013），600个就业岗位。	
丽瑟菲尔德新区		1994~2010		70公顷，预计11000人，住房3700套，现入住9800居民（2013）	郊区
Kronsberg住区	汉诺威（53.2万）	1997~至今		140公顷，预计6000多套住宅，15000居民；3000多套住宅，7150余居民（2013）	

资料来源：作者依据相关材料整理。

3. 案例：生态新区的发展历程

（1）汉堡港口新城

汉堡位于德国北部，临易北河，是德国仅次于柏林的第二大城市和欧洲著名的港口城市。汉堡港口新城位于大汉堡区的几何中心区位，距离易北河在北海的出海口110公里，是世界天然大港口之一。汉堡港在第二次世界大战之前承担着大部分德国出口贸易和港口贸易。二战后，迅速因地理位置优势在重建和汉堡工业的快速发展中恢复了对外发展和贸易。1960年代后期，重工业产业的下降和其他物流方式的兴起，工业港口经济开始衰落，汉堡港面临着职能转型和更新。1987年推出了"易北河北岸的开发导则",围绕着一个在港口边缘区将工作、居住、购物等多种功能混合并相互联系的城市规划概念①。1997 年,汉堡市政府通过了建设港口新城的决议,成立了港口和区域开发有限公司。1999 年,港口新城总体规划竞赛。2000 年,确定总体规划。2010 年,对东部新城的总体规划进行了修订,新建住宅量显著增加。2014 年,港口新城大学建成。截至 2015 年,已有 500 家公司,上万职工在此工作。预期到 2025 年,在约 157 ha 的规划区域（127ha 陆地面积）内将建起一个生气勃勃的具有水上特色的崭新城区,建有超过 7000 套住宅,居民人数可达到 14000 人,将有约 700 个企业,提供约 45000 个工作岗位②。

（2）慕尼黑里姆会展新城

会展新城伴随着慕尼黑里姆会展中心而建设,位于慕尼黑东郊,这里曾是已废弃的慕尼黑里姆机场③,距市中心 7km,是德国规模最大的可持续城市发展项目之一。项目始于 1995 年,经过 20 年的建设,已形成集约化的居住、工作和自然相互交织为一体的新城区,预计居住 1.6 万人,6100 套住房,提供 1.3 万个就业岗位。会展新城整个项目占地 560 公顷,除了新的慕尼黑会展中心,新城还提供幼儿园、学校、购物中心、商业设施,和接近 200 公顷的大型景观公园,并为不同收入人群提供多样化居住区。

新城会展新城的规划前期,首先进行了一系列的专项课题研究。这些研究包括。新城的规划建设包括 3 部分内容：城市规划设计、建筑与开放空间设计,市民的可持续生活规划④。会展新城规划分为四个阶段实施：第一阶段是 2300 套公寓,和已在此工作和生活的 6000 人。第二和三阶段是东部在 2010 完成。第 4 阶段是在 2012 年完成⑤。

（3）弗赖堡的沃邦住区和丽瑟菲尔德新区

德国弗赖堡市是欧洲著名的大学城,并因其突出的绿色经济和生态环境,成为著

---

① Schubert, Dirk. "汉堡港岸地区的转型过程",《国际城市规划》. 2006 年第 1 期。
② Daten & Fakten zur HafenCity Hamburg [EB/OL] [2017-03-12]. http://www.hafencity.com/de/ueberblick/daten-fakten-zur-hafencity-hamburg.html
③ 慕尼黑里姆机场（Flughafen Riem）在 1939 年落成,是当时德国南部最重要的飞机场。由于距离城市中心过近,该机场于 1992 年搬至城市北部的 Erding。
④ 卢求："德国可持续城市开发建设的理念与实践——慕尼黑里姆会展新城",《世界建筑》,2012 年第 9 期。
⑤ Bauabschnitte [EB/OL] [2017-01-8]. http://www.messestadt-riem.info/

名的绿色城市（Green city）。1970 年代以来，一直是德国推动城市环保运动的先驱。1980 年代末至 1990 年代初，由于人们对住房需求增大，沃邦住区和丽瑟菲尔德新区应运而生。两个新城区被作为弗赖堡的城市最佳实践案例在 2010 上海世博会中展出，产生了巨大影响。

沃邦住区位于弗莱堡市的西南角，距离市中心约 3 km。原址是法军废弃军事区，在 1992 年 8 月撤出。政府出资购买，约 34 公顷土地用于土地开发，4 公顷土地交由学校服务机构和自建住房组织机构接管。1994 年 12 月成立"沃邦论坛"开始筹建新区，规划用地约 41 公顷，通过城市设计竞赛选取了斯图加特的 Kohlhoff & Kohlhoff 办公室的方案。在 1997 年 1998 年开始拆除大部分军事营房，建设第一个住区。截至 2013 年入住了约 5500 居民[1]，到 2030 年将有 6000~7000 居民入住[2]。沃邦生态住区在规划、开放空间设计、房屋组合、交通、能源使用和效率等方面，成为开创 21 世纪世界生态住区的领先者[3]。

丽瑟菲尔德新区是德国巴登－符腾堡州最大的新区发展项目之一。新区占地约 70 公顷，位于弗赖堡的西郊，处于前弗莱堡西南污水处理场的东部，作为住宅开发用地前，经过了详细而广泛的地质勘测和去污处理[4]。新区距市中心约 4.4 km，搭乘轻轨，到火车站和老城中心仅需 12~15 分钟。1992 年通过城市设计竞赛获得设计方案。计划建设住房 4200 套，共约 12000 人居住。建设工期分为四个地段进行。小区第一期建设始于 1994 年，此后在 1996、1998 和 2001 分别投入 2、3、4 期的建设。在 2004 年入住 6000 多居民，2011 年底共有 9469 居民居住在这里[5]。自 2012 年以来，丽瑟菲尔德的 4 个阶段建设完成后，拥有经济适用房、工作场所、孩子设施与机构、学校、商店、餐馆、就近的诊所等多样化功能。这里对年轻家庭具有巨大的吸引力，约有 3000 名儿童

---

[1] Geschichte［R/OL］［2017-01-8］.http：//www.freiburg.de/pb/，Lde/208760.html
[2] Lernen von Vauban［EB/OL］［2017-01-10］http：//www.pt.rwth-aachen.de/files/dokumente/pt_materialien/pt_materialien_32.pdf
[3] Wohngebiet Vauban Freiburg im Breisgau［EB/OL］［2017-01-10］.http：//www.landschaftsarchitektur-heute.com/projekte/details/2105
[4] The new district of Freiburg-Rieselfeld［R/OL］［2017-01-6］.http：// www.rieselfeld.freiburg.de
[5] Rieselfeld-ein riesiges Feld, das sich Zug um Zug bewährt［EB/OL］［2017-02-10］.http：//www.freiburg.de/pb/，Lde/208620.html

和青少年，从小学到高中等儿童机构与学校，约 1000 人在此工作①。

二、德国生态新区的可持续规划原则与开发特征

1. 可持续规划原则与目标

德国生态新区的可持续规划原则核心体现在社会、经济和环境的可持续性②，即社会和谐，经济兼容性和生态承载力（soziale Ausgewogenheit, ökonomische Verträglichkeit, ökologische Tragfähigkeit）。首先，是通过混合的居住结构，全面的社会基础设施建立和公众参与促进社会的稳定；其次，依靠良好的区位条件，通过多样化的功能与业务组合促进了可持续的工作岗位；最后，通过可持续的城市、交通与环境保护政策与措施，绿色空间创造，以及新能源与节能技术，促进新区整体的生态环境承载能力。

可持续规划的目标体现在"紧凑、城市和绿色"。紧凑，节省空间和适当的建筑密度；城市，即多元化的混合功能和短距离出行；绿色，即住宅附近的绿色环境和游戏场，以及与开放空间的结合③。

2. 可持续发展规划内容

在本研究中的案例，这些生态新区规划普遍遵循了上述可持续发展原则，并为实现可持续发展目标而确立了更为明确的规划内容。根据案例生态新区的发展状况，结合德国绿色城市指标（Green City Index）和 Stefan Rau 提出了全方位生态效率④，概括了德国生态新区的可持续规划内容（表 2）。在规划层面，通过混合高密度的土地利

---

① Rieselfeld – ein riesiges Feld für anspruchsvolle Menschen [EB/OL] [2017-02-10]. http://www.freiburg.de/pb/, Lde/208560.html
② 30 Years of Planning Continuity in FreiburgGermany [EB/OL] [2017-02-10]. http://www.worldhabitatawards.org/winners – and – finalists/project – details.cfm? lang =00&theProjectID = 9E884441 – 15C5 – F4C0 – 9987741664F777CC
③ Das Projekt – Planung und Realisierung. [EB/OL] [2017-02-10]. www.messestadt – riem.info
④ Stefan Rau, Ecological Efficiency – the primary target for planning? [R] 2011 城市发展与规划大会主题研究报告。

用，绿色交通以及绿色开放空间规划，实现节约土地、绿色出行、噪音防治和微气候的改善；在建筑设计上，通过被动房建设和绿色建筑，实现建筑高效节能；在基础设施建设上，通过再生能源使用、废弃物分类和雨水废水的回收利用，实现节能、节水；更为重要的是，上述的生态规划政策、措施与技术的实施，与新区居民的积极支持、参与和推动是分不开的，他们对可持续生活模式的追求，促成了生态新区的可持续发展。

表2　　　　　　　　　　　　生态新区的可持续规划内容与措施

规划内容	具体措施	生态作用
高效土地利用	废弃土地改造利用，回用原土，原有建筑保护利用，较高的建筑密度	土地资源保护
环保交通	轨道交通可达（地铁、轻轨和电车），非机动交通网络，30km/h时速限制，共享汽车，无车社区，集中停车	空气质量和噪音防治
绿化景观	绿色开放空间，树木种植，道路绿化，屋顶和垂直绿化，较少硬质铺地	水资源保护，微气候改善
绿色建筑	被动房屋，零耗能住宅，太阳能房屋	节约能源
能源利用	低能源消耗建筑施工，集中供暖，可持续能源（如沼气、太阳能）利用	节约能源
水资源利用	减少自来水消耗量，雨水净化、收集与利用，废水的回收与利用	节约用水
废弃物处理	废弃物管理系统（废弃材料回收和废品处理），生活垃圾分类	节约能源
可持续生活模式与市民参与	可持续的日常生活准则，参与社区公共生活，保护生态环境，环保意识	可持续理念的实践

资料来源：作者依据相关材料整理。

3. 德国生态新区的可持续开发特征

（1）政府主控、组织与协调各方的开发管理模式

大型城市开发项目仅凭良好的规划和对建筑工程严苛的美学要求是远远不够的，需要在方案设计和项目实施两方面达到有机的协调配合。同时，由于新城区的项目投资巨大，任务复杂，从整体上必须严格控制。德国案例生态新区的开发不是由外来投资的开发商来独立实施，而是由隶属于市政府的开发机构或项目组负责开发管理，组

织协调来自房地产商、市民和地区居民协会等各方的要求与建议。由政府管控的开发机构，一方面负责项目中不属于政府职能的任务，通过明确的分工和有效的监督，确保项目的实施效率和质量；另一方面从政府的角度，保障了整个项目的可控性。

以汉堡港口新城为例，由隶属于汉堡政府的汉堡港口新城有限公司（HafenCity Hamburg GmbH）进行开发管理，开展公众监督、合作和分工。该公司负责"城市和港口政府专用基金"。政府投资中的绝大部分来自于出售地产所得的收入，这笔投资特别用于道路、桥梁、广场、公园、码头堤岸和林荫道等专项建设。此外，汉堡港口新城有限公司还进行场地清理和准备工程，规划和建造公共场所以及基础设施，招揽地产开发商和用户并与其签订合同，以及公关工作和联络沟通[1]。同样，丽瑟菲尔德新区的开发是由隶属于市政府的项目组负责，其运行独立于日常的行政管理序列之外。丽瑟菲尔德项目组与来自斯图加特巴符州州立银行下属的一个市政地产发展公司开展合作，项目组由弗莱堡市和该公司共同任命的管理团队组成。项目组对整个项目起着主控的作用，其核心成员来自于城市规划部门和房地产及住房部门的专家团队[2]。

（2）公众参与和公民自发组织

20 世纪 60 年代，德国城市大规模建筑活动对市民的生活产生了影响，导致市民意见频发。1960 年代中期，第一批市民自发组织成立，到 1975 年联邦德国有约 4000 个经常活动的市民行动组织，参与到各类城市建设工程中。1977 年《联邦建筑法》补充提出必须在"居民的提前参与活动"中，向居民告知一个地区新规划的意图。在官方规划中，市民以不同的形式参与到各类建设工程过程中[3]。进入 1990 年代，德国启动《21 世纪议程》，提高了公众对可持续发展认识。通过许多地方市民团体、教育机构和慈善组织的参与，引导了许多城市的地方环境行动规划及其实施计划的制定。因而，德国高度的环境意识无疑可以归结于这种过程中参与者的积极性[4]。

在上述背景下，德国生态新城区的建设过程中，从环境友好政策的推动与实施、新城区的规划到住房的建设，通过"论坛"等社区组织的积极参与居民的共同承担，

---

[1] Hafenxity 汉堡港口新城主题城区项目 [EB/OL] [2015-6-20]. http：//www.hafencity.com
[2] 弗莱堡新城区—丽瑟菲尔德：一项可持续城区发展的经典案例 [EB/OL] [2017-01-20 http：//www.freiburg.de
[3] Dietmar Reinborn, Staedtebau im 19. und 20. Jahrhundert [M]. stuttgart：W. Kohlhammer GmbH. 1996：272
[4] （德）克劳兹·R·昆斯曼著，刘佳燕译："德国城市：未来将会不同"，《国际城市规划》，2007 年第 3 期。

推动了新城区的可持续发展。汉堡港口新城在第一期建设阶段实施了"早期的居民参与",汉堡港口新城有限公司还通过支持居民的首创精神、与居民建立沟通(通过直接联系或通过例如定期组织信息和讨论活动),增强居民的城区归属感。2009 年成立了港口新城网络协会,致力于共同针对所有居民和工商业者遇到的日常问题寻求解决方案。慕尼黑会展新城的规划过程包括,公众和使用者的参与,竞赛,咨询小组。在弗赖堡市,市民和政府部门的所有意见将在市议会中得到汇总和讨论,最后形成具有法律效力的发展规划。弗莱堡的沃邦和丽瑟菲尔德两个生态示范城区的成功与居民的积极推动密不可分。沃邦住区在 1994 年成立了"沃邦论坛",到 2005 年由"沃邦社区协会"接管市民活动和社区工作。沃邦居民有着共同的生态意识与理念,认同使用可再生能源,热衷于社会参与,为小区内的可持续发展与创建良好的邻里和社区关系打下了基础[1]。丽瑟菲尔德项目组从最初的规划阶段就一直鼓励公众参与,以此激发居民对他们所居住环境的关注度。

(3) 社会城市促进开发住房类型与居民背景的多样化组成

自 1999 年以来,针对城市内部差异性日益加剧的现象,联邦政府正式启动了"社会整合的城市"(Die Soziale Stadt)发展计划,以稳定并增强城市中经济和社会弱势群体的地位。在居住环境、基础设施和生活质量的城市投资中,确保邻里间的公平性和家庭友好,并提高居住人口的参与与融合机会。旨在促进充满活力的社区,加强社会凝聚力[2]。这是城市复兴政策的一种创新方法,通过集中资源(在就业、经济、生态、社会事务、青少年、文化和城市发展等领域的政策),鼓励所有机构和利益相关群体开展合作,并动员邻里中的居民共同参与。

生态新区通过提供不同类型、价位和不同供给方式的住宅形式,以满足不同年龄、不同社会背景和经济条件的人士和家庭的居住需求,从而构建并促进新城区内社会各阶层居民的融合。例如,在汉堡港口新城,住宅形式极具多样性(从政府资助的住宅到豪宅),小户型混合住宅中包含不同价位的租用住宅和私有住宅,以满足诸如儿童家

---

[1] Quartier Vauban [R/OL] [2017-01-8]. http://www.freiburg.de/pb/site/Freiburg/get/params_E-1120229117/647942/Infotafeln_Vauban_ch.pdf

[2] Soziale Stadt. [EB/OL] [2017-01-10]. http://www.staedtebaufoerderung.info/StBauF/DE/Programm/SozialeStadt/soziale_stadt_node.html

庭、音乐家、设计师、老年人或残障人士等各类人群的特殊需求。提供中等价位住宅的房屋建筑互助协会和联营建筑企业往往为邻里关系的形成起到重要的推动作用①。在慕尼黑里姆会展新城，住宅区呈现出混合的多样性居住模式，包括：家庭与单身、老人与年轻人、承租人、合作社和所有者，以及各阶层收入的群体②。丽瑟菲尔德新区在规划之初，就充分考虑到女性、家庭、残疾人和老年人的利益。需要指出的是，这些新城区对有儿童的家庭更具吸引力。在港口新城，养育有年龄低于 18 岁孩子的家庭占所有家庭中的 15.5%（2012 年底数据）③。沃邦住区和丽瑟菲尔德新区在弗莱堡是儿童最多的住区，居民平均年龄 28.7 岁，36.3% 的居民在 18 岁以下（2012 年数据）④；丽瑟菲尔德 1/3 的居民在 18 岁以下⑤。

三、德国生态新区的可持续规划

1. 土地利用与空间形态

（1）集约土地开发与规划

从用地开发来看，多数案例新城的开发都是在原有设施基地的基础上进行的开发，没有随意的扩张。例如，汉堡港口新城的建设是在原先的内港港区进行改造，并没有向汉堡城区周边的农业用地扩展。慕尼黑的里姆会展新城也是利用了原有的旧机场基地，并对部分机场设施进行了更新改建；弗莱堡的沃邦住区是对原军营用地的更新改造，保留了部分旧营房，改造为居民住宅。

---

① Themen Quartiere Projekte ［EB/OL］［2016-3-20］. http://www.hafencity.com/upload/files/artikel/HafenCityProjekte_Maerz_2017_deutsch.pdf

② Messestadt Riem-Whonen［EB/OL］［2017-01-8］. http://www.messestadt-riem.info/img/Wohnen_8S_komplett.pdf

③ Ein Stadtteil für die ganze Familie［EB/OL］［2017-03-15］. ttp://www.hafencity.com/de/leben/ein-stadtteil-fuer-die-ganze-familie.html

④ Soziale Infrastruktur［R/OL］［2017-01-8］. http://www.freiburg.de/pb/, Lde/208756.html

⑤ Rieselfeld-ein riesiges Feld, das die Menschen begeistert［EB/OL］［2017-01-20］http://www.freiburg.de/pb/, Lde/208624.html

高效的土地规划可节约土地，降低交通出行量。由案例新区的各用地比例来看（表3），居住和商业建筑、交通和绿化公共空间的是主要的用地功能。建筑规划呈现较高密度，例如汉堡港口新城的各个城区的密度可达3.7~6.1的容积率。各类用地比重因各新区的职能差异而差别较大。其中，在港口新城的规划建筑面积的使用中，以办公（42%）和居住（32%）为主；里姆会展新城的居住、商业和会展用地比例较为均匀；沃邦住区以居住功能为主，故而其居住用地比重最大（40%）。交通用地上，在商业为主的港口新区，其交通比例（23%）比其他案例新区都多，但仍远小于汉堡内城的交通比例（40%）；会展新城的交通比例较小（5%），主要是由于有大面积的公园和会展用地，因而其交通用地主要集中在住区和商业区范围。绿化及公共用地上，两个规模大的新区所占比例都较大。在汉堡港口新区，私属与公共的开放空间共占到45%；在里姆会展新城，因有约220公顷的公园，其绿地比例达到49%。

表3　案例生态新区的用地规划

新城名称	用地比例					
港口新城①	建筑（32%）	交通（23%）	公共区域（25%）	私属空地（可自由进入）（13%）	私属空地（不可自由进入）（7%）	
会展新城②	居住与混合使用（18%）	交通（5%）	商业（12%）	会展（13%）	绿化（49%）	其他（3%）
沃邦住区③	居住（40%）	交通（30%）	商业（11%）	社区公共用地（4%）	绿化（15%）	

来源：作者依据相关材料整理。

（2）混合的土地利用

由土地规划图来看（图2-图5），案例4个生态新区均呈现混合的土地利用模式。较大规模的新城区往往由多个功能混合的区块组成。例如，港口新城试图建造由不同

---

① 数据来源：Daten & Fakten zur HafenCity Hamburg［EB/OL］［2017-03-12］http://www.hafencity.com/de/ueberblick/daten-fakten-zur-hafencity-hamburg.html

② 数据来源：Messestadt Riem - Oekologische Bausteine Teil I Stadtplanung.［R/OL］［2017-01-20］www.messestadt-riem.info

③ 沃邦住区的土地规划：居住建筑16.4ha，交通12.4ha，混合商业4.5ha，社区公共用地1.7ha，公共绿地6ha。数据来源：Vauban Städtebau, http://www.freiburg.de/pb/site/Freiburg/get/documents_E1662756526/freiburg/daten/bauen/vauban/Vauban_Staedtebau.pdf 和 Quartier Vauban. http://www.freiburg.de/pb/site/Freiburg/get/params_E1635429812/647912/Infotafeln_Vauban_de.pdf

水平和垂直功能的小块用地组成的混合使用区，这个混合区有一定住宅份额①。汉堡新城共分为 5 个功能区：科研和教学区（易北河门区），公园区，创意和文化区（奥伯哈芬港区），居住、娱乐和休闲区（巴肯港区），商业和居住（易北河大桥区）（图 2），各个区块内部也保证多样化的功能混合。例如，在以居住和休闲为主的巴肯港区，考虑到儿童和老人居住的需求，除了规划有大量的住房、休闲、公共绿化和工作岗位，还设置了小学、日托托儿所，及各类教育中心和老人服务机构，以促进城区内的社会融合。

图 2　汉堡港口新城的土地规划（来源：港口新城官网）

慕尼黑里姆会展新城作为独立新区，被划分为以下几个功能区（图 3）：东西向的中轴是通行地铁的威利 - 勃兰特大道（Willy - Brandt - Allee），其北部是慕尼黑贸易展览中心，西部是现代的科技园区，东部是工业园区，南部是居住区、里姆公园（Riem-

---

① Schubert，Dirk."汉堡港岸地区的转型过程"，《国际城市规划》，2006 第 1 期。

er Park)①。在整体上保持了工作、居住、商业服务与绿色休闲空间的功能混合。相比之下，弗赖堡和图宾根的新城区都是以居住为主的小规模新区（图4-图5），呈现出居住、小型办公、商业和绿色开放空间的混合模式。

图3 慕尼黑会展新城的土地规划

资料来源：根据里姆会展新城官网提供的图改绘。

此外，无论是在市区或郊区，新城区的商业规划始终遵循中心市场理论，即在住宅区附近设立商品供应网点，而不主张在城郊兴建超级市场②。例如，在里姆会展新城、沃邦住区和丽瑟菲尔德新区的中央轴线上，规划了可提供零售商业及各类服务的商业和住宅综合单元，这使得中轴线显示出明显的城市特征。

---

① Der neue Stadtteil auf dem früheren Flughafengelände [EB/OL] [2017-01-8]. https：//www.muenchen.de/rathaus/Stadtverwaltung/Referat-fuer-Stadtplanung-und-Bauordnung/Projekte/Messestadt-Riem.html
② Freiburg Wirtschaft Touristik und Messe GmbH & Co. KG, Green city freiburg [R/OL] [2017-01-20], www.freiburg.de/greencity

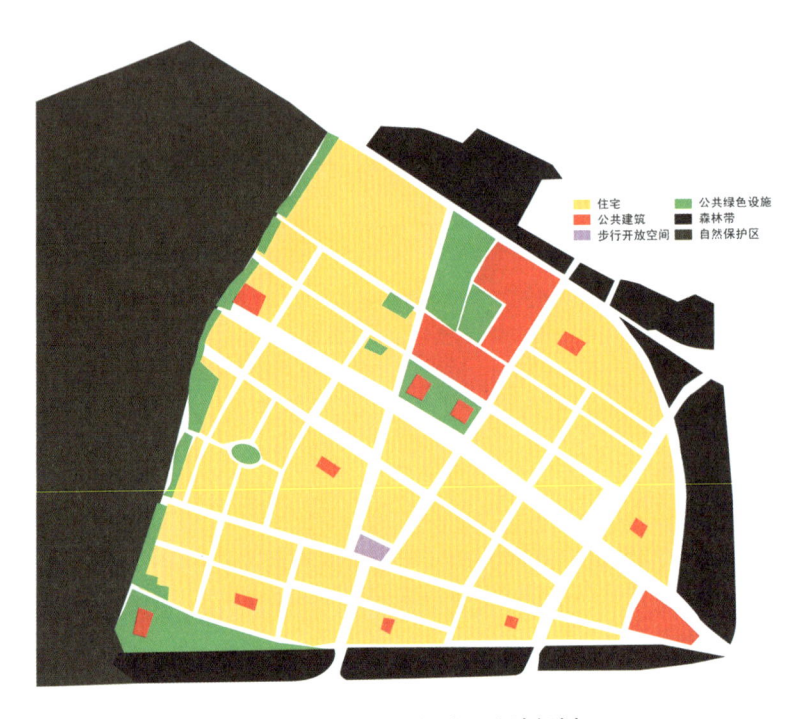

图4　弗莱堡的沃邦城区土地规划

资料来源：根据openstreet map提供的总图绘制。

图5　弗莱堡丽瑟菲尔德新区土地规划

资料来源：作者绘制。

（3）空间形态

在空间形态上，1990年代的德国新城区规划，其最大变化是由20世纪60、70年代的"结构松散的绿地上的城市"向具有"密集、城市性"的围合式建筑群的紧凑模式转变。即注重体现典型的欧洲城市特征，具有一定的城市特性，高密度，组团的包裹式结构和细致的混合用途，并将街道作为社会空间。2000年以后，新城区的住宅设计体现了自投产模式，包裹结构的基础是相应的所有权模式，适宜多种类型人群的混合，可用于促进社会阶层较低的人自置居所。4个案例新城住区的住宅均采用以3~5层为主，建筑沿街布局，且具有传统的欧洲半开放式的内院式格局的形态特征（图6）。这种布局形态的好处：一是减少外部机动交通带来的噪音和尾气污染；二是为内部创造更多适宜人们活动的空间，有助于邻里之间互通往来。在道路网络形态上，4个案例新区普遍采用方格网布局，密集的道路网络，缩短了居民的出行距离。街廓尺度均在100m–200m左右，这种尺度有利于便利的非机动交通路线。

图6　案例新城区的建筑空间形态

资料来源：作者绘制。

2. 绿色开放空间规划

在缩减机动车交通面积的同时，努力为城市争取更多的公共空间与绿地成为德国城市更新的另一个目标。20 世纪 70 年代后期兴起的"公共空间的再发现"，为城市中心，也为住区街道与开放空间的塑造提供了动力，并推动了新城区的城市空间的创造。新城区的规划理念也由早期在"绿色草地上"建立的行列式布局、以高层建筑为主的松散式结构，逐步发展为"生活在绿色环境（Leben im Grünen）"，具有高密度和城市性的围合式建筑群的紧凑结构。城市与景观规划最重要的任务是把"城市和谐地融入自然循环过程中去"，这个任务是现实的，只有这样才能保持城市生活的质量[①]。将绿地与开放空间整合成为德国生态新区规划的一大特征。在生态新城的开放空间和景观规划中，一方面是增加公共绿地，另一方面是鼓励传统街坊中私人庭院的绿化。公共绿地与私人庭院绿地既是主要的空间设计要素，也是生态规划的重要组成。

在公共绿色开放空间的布局与景观规划上，案例新城区根据各自的地理优势与特点，将景观规划与环境生态保护相结合，创造了宜人的居住环境。生态新区的绿色开放空间大致根据规模和地点可划分为以下几个类型：大型公园，中心绿地，组团院落绿地，宅间绿地。绿色开放空间规划，不仅是为人们提供休闲与游戏的场所，还用于环境与生态的保护。从生态角度看，一方面可实现小区范围的微气候改善，降低能源和资源的消耗；另一方面，可与雨水回收再利用系统进行整合规划。在规模较大的新城区一般规划有公园，如汉堡港口新城和里姆会展新城。

汉堡港口新城已经建成为遍布广场、公园和林荫道的新城区。一方面，在公共区域规划有公园、广场、林荫道和步行街。例如，在公园区规划有占地约 4 公顷的 Lohsepark 公园，是港口新城内最大的整体绿化地带公园，形成一条两头连接水域的长长的绿带，从城区北部的 Ericus 水渠延伸到城区南部的巴肯港区。另一方面，在私属用地也通过围合空间或建筑之间的空地规划了绿色景观空间。其中，私属用地，如所有建筑物东西两侧均为绿化地带，作为休闲与环境调节的空间（图 7）。慕尼黑会展新城提供了"居住在绿色"（Wohnen im Grünen）的环境，新城住区南部建成了超过 200

[①] Dietmar Reinborn, Staedtebau im 19. und 20. Jahrhundert [M]. stuttgart: W. Kohlhammer GmbH. 1996: 252-265

公顷的里姆公园，及 5 条向北延伸至住区内部的绿化带；住区内道路至少种植一排行道树，改善日照和风的影响，调节住区的微气候环境①（图 8）。弗莱堡的沃邦城区，在居民参与下规划了 5 片绿化带，借助南侧的溪流，由公共绿地、院落内休闲空间、儿童游戏场和私人房前屋后的花园构成了生态绿化景观系统（图 9）。这里的无车居民还集资购买原用于停车的备用土地转为绿色休闲空间。军营原有的树木被基本保留下来，通过树木种植、绿化带、屋顶绿化以及周边的自然保护区和山林，整体提升了居民的生活品质②。丽瑟菲尔德新区，通过实施分散绿化规划将街区内的公共庭院和一些将社区分隔开来的高质量绿地连接起来。在西部是其所在州最大的自然保护区，占地 250 公顷，作为居民休闲出行的绿色空间延伸。这片保护区将一直得到系统而全面的保养和维护，从而确保其良好的状态并能长久得以保持。住区街坊间普遍设计了更亲人尺度的内庭院。新城区儿童游戏空间的设计理念，是游戏场和儿童游乐园与自然环境相结合（图 10）③。在四个案例生态新区，儿童游戏空间一般都是和公共绿地、组团绿地和宅间绿地相结合。

图 7 高度绿化的港口环境，港口新城

---

① Ökologische Bausteine Teil I Stadtplanung［R/OL］［2017 – 01 – 10］. www. messestadt – riem. info
② Quartier Vauban：Nachhaltiges Wohnen für 5. 300 Menschen［EB/OL］ ［2017 – 01 – 8］. http：//www. freiburg. de/pb/，Lde/208736. html
③ Landeshauptstadt München，Messestadt Riem – Wohnen［R/OL］［2017 – 01 – 10］. www. messestadt – riem. info

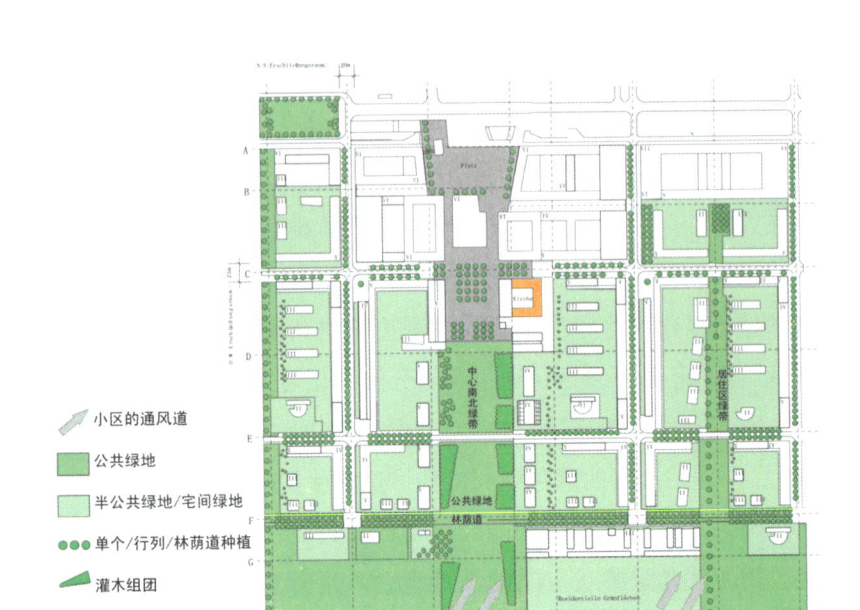

图 8 里姆会展新城住区的绿色空间规划

资料来源：里姆会展新城官网。

图 9 沃邦住区的绿色空间规划

资料来源：弗莱堡市官网。

图 10　与自然结合的儿童游戏空间，沃邦住区

资料来源：弗莱堡市官网。

四、德国生态新区的绿色交通规划

1960 年代以来，由于德国城市交通快速机动化造成城市交通堵塞和空气与噪声污染，带来了严重的社会、经济和环境等严重的问题。伴随着英国交通专家科林．布坎南针对城区道路与交通发展及对居民影响的研究报告《城镇交通》（Traffic in Towns）（1963），以及德国《德国当前的交通问题》（die Verkehrsproblems in Deutschland）（1965）两本重要的城市交通规划著作相继问世，对此后的德国城市交通规划政策导向产生了巨大影响。德国对城市交通规划的认识开始发生转变，由过去保证机动车交通畅通无阻，转变为限制机动车交通，促进轨道交通为主导的公共交通和非机动交通发展。自 1960 年代末开始，德国城市启动了一系列有利于环保的交通政策与措施，以达到减少私人汽车使用的目的，减少其带来的停车和环境问题。例如，通过快速轨道交通的投入，增强公交的吸引力；在居住区通过实施大规模的交通稳静化和 30 公里区措施以强制降低车速；促进步行和自行车交通，以缩减过宽的机动车道路。经过 70 年代和 80 年代，德国城市无一例外地都构建了以轨道交通为主导的绿色交通系统。到了 1990 年代，在所有生态新区的可持续规划建设中，同样贯彻了以"轨道交通为核心的公共交通 + 步行 + 自行车"的绿色交通系统，及多种控制机动车的环保交通措施。

1. 道路规划与交通结构

案例新城区的道路规划与交通结构遵循以低碳交通为主导的理念。在路网结构方面，普遍采用了适宜非机动交通的密集方格网道路结构，道路间距一般控制在 100 - 200m 左右。在道路断面设计上，则根据不同区位的功能需求，遵循多种交通方式（非机动交通、轨道交通和机动车交通）平等共享的基本原则。在道路等级设计上，主要是按照道路承担功能和机动车的限速而进行区分。以弗赖堡沃邦住区为例，道路等级依次分为：50 公里限速，30 公里限速区，行人优先的稳静化道路（或儿童游戏街道）和步行街等。与外部城市主干道联系的是 50 公里限速路，穿越新区的道路以 30km 限速路为主，住宅内部多为交通稳静化道路和步行区。案例新城基本遵从了上述的道路分级原则，使得其内部公共交通线路、非机动交通网络和机动车通行线路相互交织，平等共存。从交通结构来看，新城区的交通系统规划均体现以步行、自行车和公共交通为优先。以下将做分项分析。

2. 公共交通系统

德国生态新城区的人口及功能沿着向外放射的交通轴线蔓延[1]，以轨道轴线为发展脉络。1965 年，德国城市交通报告中指出[2]，"简单的为机动汽车创造越来越多的空间是徒劳的；相反，必须大力促进公共交通。主要目的就是促使通勤者放弃私人汽车，改乘公共交通。应根据城市的不同需求，依据其城市和经济结构，而选择不同的交通方式。超过 30 万人口的城市和超过 50 万人口的城市应该保持有轨电车。拥有多于 50 万人口的城市，应该考虑建造轻轨系统，之后逐渐转变成高速轨道系统。有轨电车应该有自己的线路，和其他的交通方式分开。"随后的几十年间，德国城市公共交通规划完全遵循了这一原则。慕尼黑和汉堡的城市规模超过百万，其轨道交通以地铁为主。像杜塞尔多夫、汉诺威一类中型城市，其城市人口在 50 万～100 万之间，其公交系统以轻轨为主。弗莱堡市总人口不足 30 万，以有轨电车为公交系统核心。基于所在城市

---

[1] 董黎明："联邦德国城市发展趋势"，《城市规划》，1989 年第 2 期。
[2] Hollatz, Josef W. Die kommunalen Verkehrsprobleme in der Bundesrepublik Deutschland [M]. Essen：Classen, 1965：103

的主导轨道交通方式，其生态新城区同样是以相应的轨道交通系统作为城区规划的发展主轴，也是与市中心区联系的首要方式。

汉堡港口新城构建了以地铁（U-bahn）为核心，公共汽车（Bus）和城郊快轨（S-Bahn）为辅的公交系统（图11）。地铁4号线（U4）贯穿新城，与汉堡老城联系，内设有3个站点，分别设置在新城的三个主要码头区。地铁4号线开通后，为为该地区港口新城大学的2000名学生，约2800个公寓和20000个工作岗位提供服务，预计每天将有35000人使用该条线路[①]。另有与市中心和火车总站联系的1号和3号线U3/U1）通过换乘公共汽车到达新城内部。其中，地铁2号线在毗邻新城西部顶端设有一站，1号线离新城最近的站点距新城公交车站仅200m左右。另有一条郊区铁路线（S-Bahn）未来与地铁U4相联接，构成重要换乘枢纽，与汉堡东部区及火车总站直接相连。新城内部共有4条（602，6，111，256）公交汽车网络，且可实现公交汽车和地铁的便捷换乘。一方面，公共汽车承担部分联系老城与新城的客运任务，从市中心出发，其线路经过仓库区，联系新城各个城区；另一方面，它也是新城内部的主要交通工具，站点沿主干道设置，站点服务半径在200m-250m（见图2）。

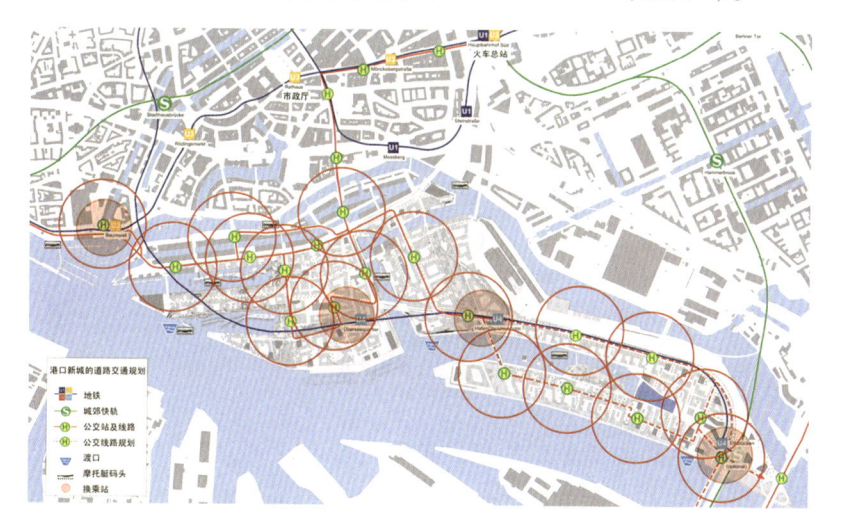

图11 汉堡港口新城公交站的可达性

资料来源：作者根据港口新城官网提供的交通图绘制。

---

① Die neue U-Bahn Linie U4［EB/OL］［2017-06-20］. http://www.hafencity.com/de/konzepte/die-neue-u-bahn-linie-u4.html

里姆会展新城的对外公共交通系统也是以地铁为核心，城郊铁路为辅；住区内部以公共汽车为主的模式（图12）。地铁线路（U2）作为中轴线贯穿新城区。中轴线东西两端分别设置了会展城西（Messestadt West）和会展城东（Messestadt Ost）2个地铁站，地铁从会展新城西站（Messestadt West）到慕尼黑市中心需20分钟[①]。新城内部有5条公共汽车线路（139，183，186，189，190和N74），联系往不同方向。这些公交线路在地铁站可实现近便换乘。公共汽车站点约200m服务半径和地铁500m服务半径可满足住区居民的近便出行。此外，地铁线U2向西，与1条核心公交线在城郊快轨站汇合，可转乘三条城郊快轨（S4、6、8）前往市中心和其他地区。另有一条公交线路向北与另一条城郊快轨（S2）汇合。

图12 慕尼黑里姆会展新城公交站的可达性

资料来源：作者根据openstreet map提供的交通图绘制

弗赖堡的沃邦住区和丽瑟菲尔德新区的对外公共交通都是以有轨电车为主，并均以有轨电车线路作为核心主轴贯穿东西（图13、图14）。根据城区尺度，内部共设有3站，站点间距约300~400m左右，其服务半径覆盖面广，对于居民具有良好的可达性。此外，丽瑟菲尔德新区由于面积相对较大，另设有2条公共汽车线路作为公交补充。

---

① Messestadt_Riem［EB/OL］［2017-01-8］. https：//de.wikipedia.org/wiki/Messestadt_Riem

德国生态新城区的可持续发展规划与特征 | 369

图 13　沃邦住区的公交站和住区停车场的可达性

资料来源：弗赖堡市官网。

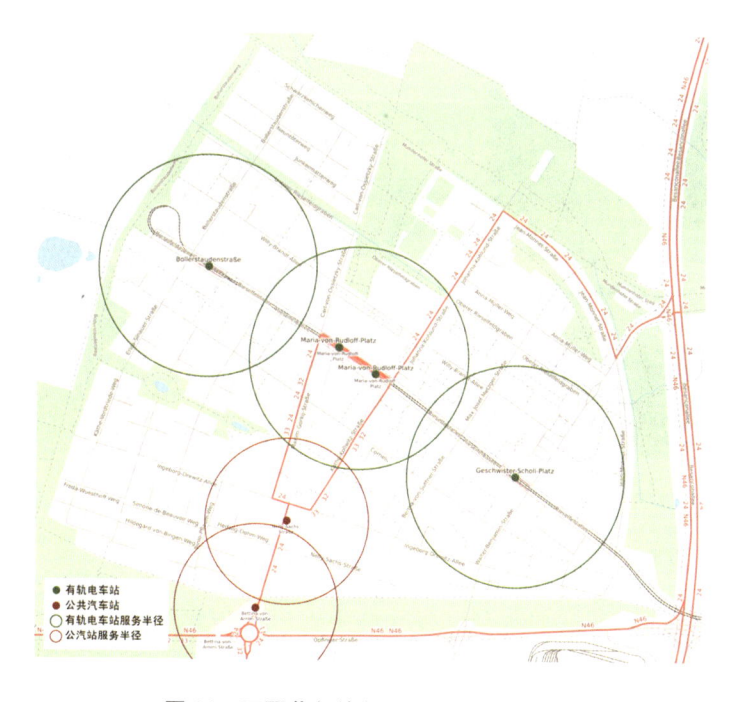

图 14　丽瑟菲尔德新区公交站的可达性

资料来源：根据 openstreet map 提供的交通图绘制。

3. 非机动交通规划

在案例新城区的密集的道路网络中，人行道、自行车道及专用道，自行车和行人共享或以行人优先的步行化街道，及纯步行区进一步构建了更为密集而连续的非机动交通网络。在道路基础设施规划中，非机动交通道路是道路空间的必要组成。步行交通网络包括：主要道路中的人行道，住区内部行人优先的稳静化区和，宅间与公园内部的纯步行区。自行车交通模式与网络规划是与步行交通交织在一起。自行车道路通常分为：①自行车专用道，一般设置在主要干路（图15）；②步行和自行车平等的共享区。③步行优先的非机动交通共享区，两类共享区通常设置在住区内部或是公园休闲区。④与机动车混行的道路，一般是在住区的30km区和交通稳静化道路，没有独立的自行车道。以行人为优先，自行车均可以骑行或以步行速度推行。⑤纯粹的步行区，一般允许自行车以步行速度通过。此外，自行车转乘公交系统（图16）和由德国铁路公司推出的自行车租赁系统（Fahrradleihsystem der DB AG）作为个人出行系统的重要组成，特别是在较大规模的港口新城和里姆会展新城发挥着重要作用。

图15 主干道边的自行车专用道，里姆会展新城

资料来源：谷歌街景。

各新城区通过非机动交通规划，对降低私人机动车使用均取得了非常好的效果。例如，汉堡港口新城拥有比汉堡其他城区更多的步行和自行车道路（图17），在新城人们不必驾驶汽车。新城的步行系统由3个主要类型：人行道网络；步行桥及其联系的步行平台；滨水步行长廊。其中70%步行道路与机动车交通完全分离。城区内自行车

图 16　里姆会展新城地铁站边的自行车转乘公交停车点

资料来源：谷歌街景

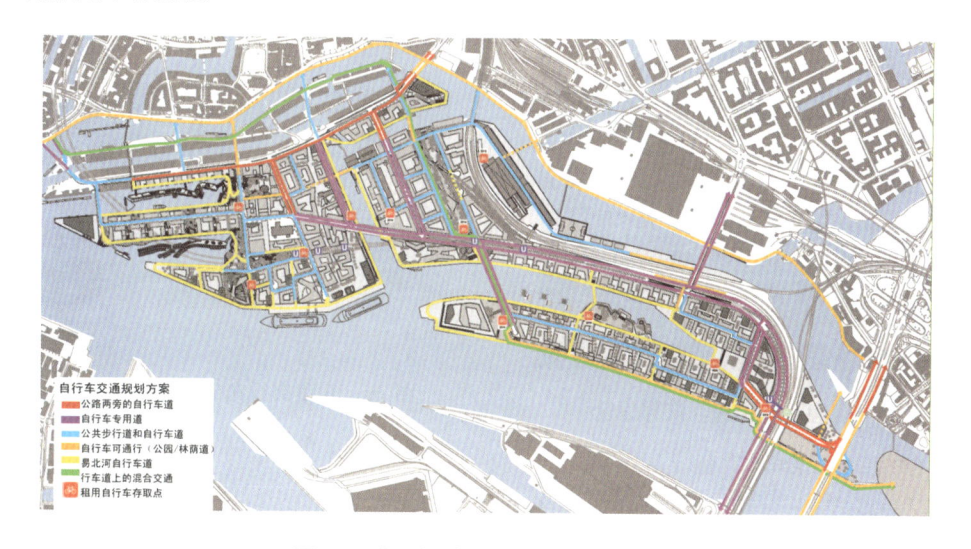

图 17　港口新城的自行车交通规划图

资料来源：http://www.hafencity.com

网络密集，几乎 80% 的道路均可通行自行车。鉴于其旅游需求，专门规划了自行车港口旅行线路。现在道路上有超过约 10000 辆的自行车穿行于港城①。在细节设计上，针对港区内的高差变化，普遍采用坡道设计，公共空间的地面采用易于行人与自行车通

---

① Ob zu Fuß oder mit dem Rad [EB/OL] [2017-03-2]. http://www.hafencity.com/de/konzepte/ob-zu-fuss-oder-mit-dem-rad.html

行的防滑路面，使得人们可以在新城内顺畅的无障碍非机动出行（图18）。

同样，在里姆会展新城住区、沃邦和丽瑟菲尔德新区中，非机动交通网络密布整个城区，成为联系住区内外部空间的重要组成。在里姆会展新城的里姆公园，自行车休闲道路网成为一大特色，并与住区内部相联系。在沃邦住区，内部道路以行人优先的30公里区、禁止路边停车的儿童游戏街道和完全的步行街为主，满足了儿童的户外自由活动（图19）。住区还为儿童规划了小自行车的停车空间（图20）。

图18 汉堡港口新城 Dalmannkai 海滨长廊

资料来源：http://www.hafencity.com

图19 儿童游戏街道，沃邦住区

资料来源：弗莱堡城市官网。

图20 儿童自行车停车场，沃邦住区

资料来源：弗莱堡城市官网。

4. 私人机动交通的控制规划

城市规划与交通对世界70%的二氧化碳排放量负责。依靠合理的城市与交通规划手段能够对减少碳排放产生关键的影响[①]。在私人机动车交通规划方面，对机动车通行路线、车速和停车规划均采取了有利于低碳交通的控制与管理措施。在机动车通行方面，避免机动车快速穿越城区是有环保交通规划的基本原则。对外的住区主干路一般设置在住区外围，避免过境车辆通行；住区内部道路规划要保证机动车交通呈现"通而不畅"

---

① 理查德·罗杰斯："紧凑城市"，《世界建筑》，2009第11期。

的规划特点，即宅间可达的道路以尽端路为主，限制和减少机动车的穿越。在机动车速度控制上，限速控制呈现由外至内依次递减的等级规划。在停车控制与管理上，大型的新城区一般会规划大规模的地下停车空间，并提供泊车引导系统，减少汽车的寻路交通；在住区规划时，通常将集中停车场或停车楼设置在住区外围，靠近住区商业活动区周边，一方面使得人们搭乘私人汽车和公交车的出行距离一样，促进公共交通的使用，另一方面，减少住区内的汽车通行和停车空间，有利于增加绿色空间。分散的路边停车位设置在主干道或是住区街块外围，保障街块内部的步行绿色空间。此外，为了空气质量的保护，自2010年开始，德国大多数城市在核心城区内设置了环保区，限制污染级别高的车辆进入市区。本研究的案例新区所在城市也均执行了这一新规定。

生态新区的交通规划遵循着减少机动车交通的目标。以沃邦住区为例，道路结构依据对机动车交通的不同限制级别，而形成了一个层次清晰的道路功能结构。从住区由外向内依次设置50km、30 km限速街道、儿童游戏街道（10－20km/h）及完全禁止机动车的步行区（图21）。住区中轴的主干路为以通行公交车为主的30km区。住区停车楼设置在住区的外围，大多数居民由住区到公交车站的距离要小于到停车楼的距离，促使居民更多的使用公共交通（见图13）。仅允许在住区北部的30km街区道边停车。沃邦住区配备了"汽车共享"（Car－Sharing）的车辆，并预留了停车位。1998年，沃邦论坛成立"无私车住区协会"，是德国无车社区（Autofreies Wohnen）的典型代表，有400多户居民加入该协会。到2012年沃邦住区只有16.5%的居民拥有一辆汽车，千人汽车的拥有率为172辆（2013数据）[1]，远低于弗赖堡的495辆[2]。

在里姆会展新城的道路网规划中，主干路一般双向4车道，科技园区及住区内部次干道一般为双向2车道。其北部的1条高速公路（94号公路）绕开会展新城，与新城主轴干路和另一条与其平行的北部城区干路连通。作为主轴的主干路将新城分为南北两区，南部住区内部道路多数以30km限速道路为主（图22），并将住区纵向划分为多个街块，街块内部为步行化的开放绿色空间。在停车方面，将集中的停车场和停车楼均设置新城北部边缘，并在地铁新城东站的北部设置了汽车转乘公交的大型停车场。在居住区设计了1800个车位的地下停车场，入口设置在住区沿中轴道路一侧。1999

---

[1] Quartier Vauban［EB/OL］［2017－03－8］. http：//www.freiburg.de/pb/，Lde/208732.html
[2] Verkehrskonzept［EB/OL］［2017－03－8］. http：//www.freiburg.de/pb/，Lde/208744.html

年，里姆会展新城实施了无车社区。

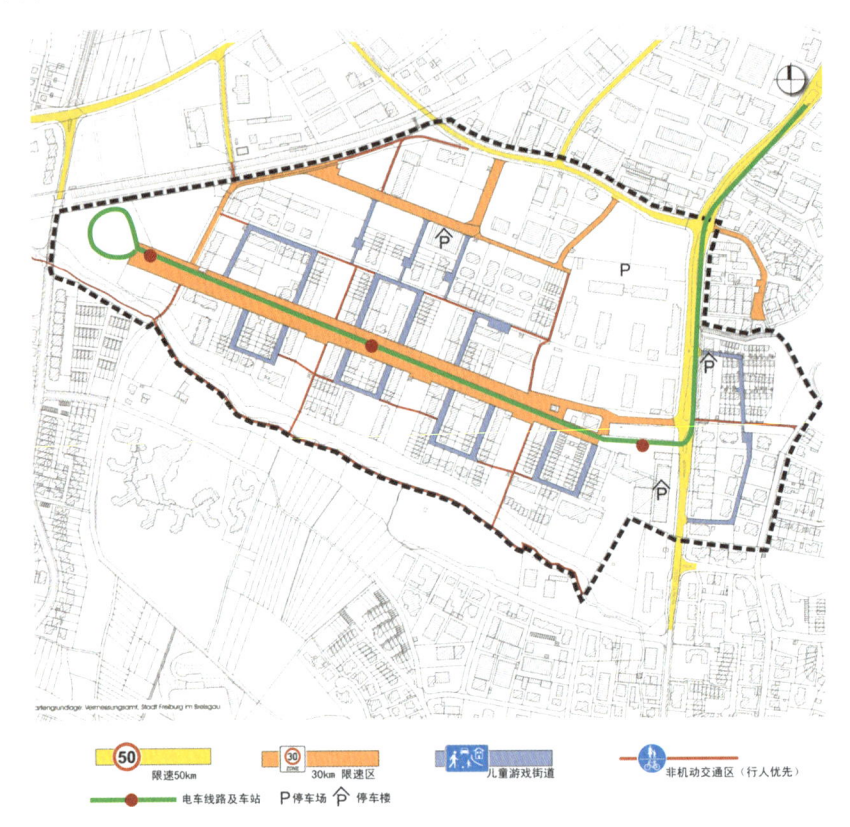

图 21　沃邦住区的道路规划

资料来源：弗莱堡城市官网。

图 22　进入住区的 30km 限速区，里姆会展新城

资料来源：谷歌街景。

在汉堡港口新城，只有海景城区（Überseequartier）允许驾车进入，为了避免泊车位难找和乱停车现象，地下规划建造地下停车场，约有共 3400 个停车位，这些车位于 2012 年底与汉堡市中央控制停车引导系统正式接通，未来将提供约 26000 个地下停车位[①]。港口新城已被列入汉堡市内的电动汽车示范区，在巴肯港示范区，有 30% 的停车场针对电动汽车配备充电设施，在城区整个范围内实行的汽车共享方案中提高电动汽车所占的比例，并靠近住所和工作场所设置取用汽车地点。结合便捷的公共交通网络，港口新城的私人机动车所占比例将降低到约 20%～25%（汉堡平均水平 47%）。

5. 小结

综上，四个案例新区采用了综合的环保交通规划与管理手段，以促进绿色交通，限制私人机动车交通。一方面，是依靠城市规划手段，对道路网络、公共和非机动交通系统，及对私人汽车交通进行整体规划与组织，从客观上控制与限制私人汽车的使用；另一方面，依靠公众的积极参与与共同承担，通过汽车共享和无车社区等组织机构，促使人们在主观上更积极的控制和减少对私人汽车的使用。

表 4　低碳环保交通规划与管理手段

城区名称	汉堡港口新城	慕尼黑里姆会展新城	弗莱堡-沃邦住区	弗莱堡-丽瑟菲尔德区
道路断面	以低碳交通为主导，多种交通方式并存			
公共交通	1 条地铁贯穿，2 条地铁邻近城郊铁路，4 条公共汽车	1 条地铁，7 条公共汽车（1 条夜线）	1 条有轨电车，2 条公共汽车	1 条有轨电车，1 条公共汽车
非机动交通	70% 步行道路与机动车交通完全分离，自行车网络	步行街区，自行车网络	步行街区，自行车网络	步行街区，自行车网络
动态私人机动车	电动汽车示范区	环保区限制，30km 限速区	环保区限制，环城主干路，30km 限速区，儿童游戏街区	
静态私人汽车管理	地下停车场，中央控制停车引导系统，电动汽车配置	住区外部集中停车，地下停车场	主干路边有限停车，住区外围集中停车	
公众参与		无车社区	无车社区，共享汽车	

资料来源：作者依据相关材料整理。

---

① Innovative Lösungen für den Individualverkehr［EB/OL］［2017-3-2］. http://www.hafencity.com/de/konzepte/innovative-loesungen-fuer-den-individualverkehr.html

五、基础设施的生态规划与技术

德国生态新区的可持续发展,除了体现在有利于环保的城市、交通与绿色开放空间的规划政策与措施上,还体现在基础设施建设上的生态环保技术与手段。生态新区根据各自所在的城市的节能减排的目标,从能源、水资源、噪音与废弃物处理等多方面(表4),实现了新城区环境的可持续性。

"城市必须为减少二氧化碳排放,减轻空气负担而努力"[①]。在 CO_2 减排方面,案例新区所在的城市均设定了明确的目标。例如,汉堡港口新城在中长期实现了汉堡市防止气候变化的目标,其生态目标计划在2020年实现 CO_2 排放量较1990年降低40%,通过创新型供电和供热降低甚至50%的排放。弗赖堡市在1996年签订了《阿尔堡宪章》,并订立气候保护规划,至2010年,CO_2 减排25%。1990年代中期,弗赖堡丽瑟菲尔德新区成为研究课题"有害物质最小化的城区规划"的试点项目。事实证明,通过采用较高的建筑密度、节能建筑方式、电热联供的近供暖方式、各项节电措施以及改善公共交通,相对传统城区可减少将近50%的二氧化碳排放量。案例生态城区在上述几方面都有所建树。

表5　　　　　　　　　德国生态新区的环保技术手段

城区名称		港口新城	里姆会展新城	沃邦住区	丽瑟菲尔德新区
城市 CO_2 减排		2020年实现 CO_2 排放量较1990年降低40%			2030年减排40%
节能	供暖	集中供暖,电热联供的近供暖方式结合地热和太阳能等	地热、可持续能源(沼气,太阳能等)	电热联供的集中供暖	
	规划	利于自然采光与通风的建筑间距、朝向与布局			
	绿色建筑	低耗能标准,太阳能和被动式房屋,屋顶与墙面绿化,紧凑的建筑形式,无污染材料			

---

① Gerhard Curdes 著,秦洛峰、蔡永洁、魏薇译:《城市结构与城市造型设计》(第二版),中国建筑工业出版社2007年版。

续表

城区名称	港口新城	里姆会展新城	沃邦住区	丽瑟菲尔德新区
水资源	绿化系统与水资源整合规划，如雨水收集自然渗透设施，如下凹绿地，减少硬质铺地等；雨水净化再利用，用于灌溉园林、厕所和洗衣、			
空气质量与噪音	环保交通管理，建筑物围护布局、窗户设计			
废弃物处理	垃圾分类，回收与处理	垃圾分类，回收与发电	垃圾分类，回收与处理	
其他	利用水面，减少热岛效应；防洪保护			

资料来源：作者依据相关材料整理。

在节约能源方面，首先是从整体规划上，普遍实施集中供暖，如采用电热联供的近供暖方式。在港口新城西部，所有建筑物均与采用热电联产技术的集中供热网连接。燃料电池技术、太阳能和地热设施，实现了低排放的高效的混合型供热。里姆会展新城的集中供暖，90%来自地热，其他来自于天然气[①]。弗莱堡的沃邦住区与丽瑟菲尔德新区均通过电热联产电站给小区供暖。在单体建筑上，也普遍采用了节能设计。里姆会展新城的建筑，通过简单和紧凑的建筑形态，优化围护结构以减少热量损失[②]。特别是作为弗赖堡的示范小区，沃邦住区的所有建筑都采用了弗赖堡的低耗能标准，节能措施，包括太阳能产能和被动式房屋[③]。如太阳船及太阳能小区中的正能源屋产出能源要远比耗能多很多（图23）[④]。丽瑟菲尔德区内所有房屋均采用节能技术营建。很多房屋都装有太阳能光电和光热设施。

在水资源利用方面，雨水回收与再利用是最主要的方式。例如，里姆会展新城采用下凹绿地的生态方式存储雨水，可用于卫生及洗衣用水，园林灌溉，以及补充地下水（图24）。弗莱堡的沃邦住区创新地提出了高效的整体化雨水管理。将绿化空间与水资源结合，在公共和私人区域，规划了分散的雨水管理；结合中央洼地沟系统，通过

[①] Vom Flugfeld zum neuen Stadtteil – eine Zwischenbilanz［EB/OL］［2017 – 01 – 8］. www.messestadt – riem.info

[②] Messestadt Riem Bauherrenpreis fü Wohn – und Gewerbebauten［EB/OL］［2017 – 01 – 8］. www.messestadt – riem.info

[③] Energie［EB/OL］［2017 – 03 – 8］. http：//www.freiburg.de/pb/site/Freiburg/get/params_ E613574534/648640/Energie_ Planaktualisierung.pdf

[④] 沃邦小区［EB/OL］［2017 – 01 – 8］. www.freiburg.de/vauban

图23 太阳能小区，弗莱堡沃邦住区

资料来源：弗莱堡城市官网。

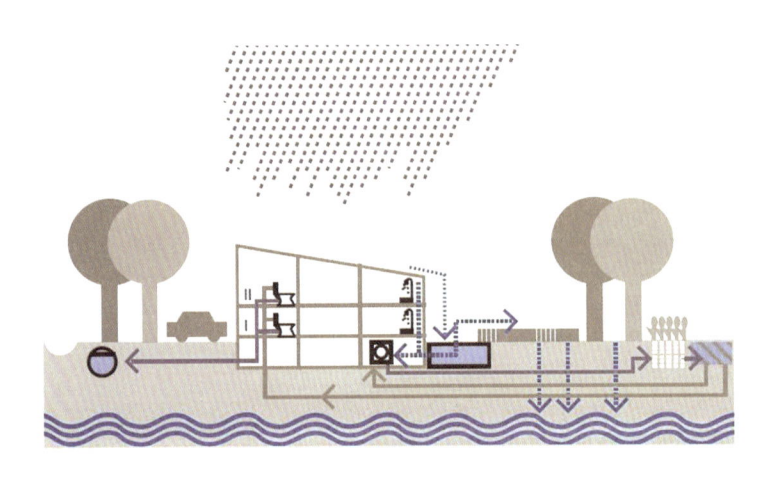

图24 雨水回收利用于洗衣、卫生、园林及补充地下水示意图，里姆会展新城

屋顶绿化、透水路面砖、绿地、树木、雨水收集等措施减少地表径流[①]；将具有景观功能的渗透沟取代了传统的暴雨管道，通过透水材料作为景观用料（图25）；地边缘极少采用砖石花坛，转而以透水细沙促进雨水渗透，以补充地下水。这些类似做法在其他的生态新区普遍实施。

图25　房前屋后绿化景观、开放的雨水沟和渗透沟，弗莱堡沃邦住区

资料来源：弗莱堡城市官网。

在空气质量与噪音防治方面，一是，通过前述提到的环保交通管理措施，通过减少机动车使用率和驾驶速度减少空气污染和降低噪音；再是，通过建筑的组合排列，减少噪音。例如，港口新城通过建筑物的排列、居住区方位和窗拱可降低噪音污染。为了避免主干路产生的噪音污染，通过在外围设置高层商业大楼，对内侧的居住建筑起到保护作用，保证了住宅区的低噪环境。还利用独特的大片水域，通过开放式的建筑结构，有效降低城区在夏天的热岛效应，减少对空调的需求。丽瑟菲尔德新区为有效地隔绝了来自邻近主干道的汽车尾气污染和噪音，在城区周边保留了森林带，并在一期规划中，将建筑呈弧形排列，对内部形成一道屏障（图26）。

在废弃物处理方面，垃圾分类、回收与处理是最基本的内容。垃圾分类在德国早已普及，垃圾的回收与处理被作为基本的常识，注重从幼儿时期开始认识教育。里姆会展新城的住区在垃圾发电最小化的目标下，将垃圾回收集中在建筑物内，以隔离气味和噪音等骚扰。

---

① Vauban（Freiburg im Breisgau）[EB/OL]［2017-01-8］https：//de.wikipedia.org/wiki/Vauban_（Freiburg_im_Breisgau）

图26 通过森林带与弧形建筑设计，抵抗来自高速路的空气与噪声污染，丽瑟菲尔德新区

六、结语与启示

德国生态新城发端于上世纪经济快速增长、环境污染加剧而开始经济结构调整、城市工业转型的背景下，历经20多年的探索与实践，生态新城的规划与建设在改变经济社会发展的模式、改变城市居民工作和生活的方式的同时，也得到发展与完善。案例生态新区虽因其不同的职能要求，开发背景和地理环境，而各呈现出不同的风貌，但是在可持续的开发与规划策略上具有明显的共性。

首先，德国生态新区的建设是与其所在城市的可持续发展分不开。汉堡市是2010年欧洲绿色之都获选城市；慕尼黑具有德国最好的经济、社会和生态环境，持续在2015年和2016年的世界宜居城市中排名第4[1]。弗赖堡的可持续发展始自1970年代，是环境保护运动的发祥地和德国绿党的诞生地。这些城市的生态规划与建设是生态新区得以成功的有力支撑。

---

[1] Trends in global quality of living. [EB/OL] [2017-03-8]. https://www.imercer.com/content/mobility/quality-of-living-city-rankings.html?_ga=1.103299584.1490895714.1488815466

其次，生态新区的开发都是由政府主导开发管理，规划过程公众及自发组织全程参与，多样化建筑形式组合满足各类人群与各阶层居民的相互融合。政府与各阶层居民、公众的共同参与和推动是生态新区得以建成的基本保障。

再次，生态城区的规划建设，实现了在土地规划、空间形态，绿色开发空间、绿色交通及生态环保技术的多方面相互结合与推动。其可持续规划特征主要体现在以下几方面：①土地规划以城区的内部扩张为主，通过棕地的再利用和高密度的建筑规划，实现用地的集约化；②住宅、工作、休闲和购物的综合混合使用，实现居民的短距离出行，降低机动交通出行量；③绿色空间规划，提升了居住品质，改善了空气质量；④公共交通的良好可达性，完善的步行和自行车交通基础设施，减少了居民对机动车的使用；⑤环保能源的利用，将生态技术与城市规划和建筑设计，实现多方面和多角度的结合实施，实现了节能、节水和减排。

生态新城的开发规划与建设是一个复杂的系统工程，德国生态新区展现了城市发展与规划创新、技术、社会进步的紧密联系。产业技术的变化引发的城市经济结构变化，导致城市用地职能的转变；大规模交通运输方式的创新带来了轴线式的城区扩张模式，以及沿主要交通空间布置建筑和混合功能的空间组织模式；田园城市和流动空间的设想，带来了绿色生活和绿色的"手指系统"规划；新时代个人自我实现的潮流，推动了公众与自发组织的责任感与参与热情。

如今我们回顾和总结德国生态新城的发展历程与可持续规划经验之际，恰逢德国制造业向工业4.0转型的背景。中德双方合作也拓展到工业4.0领域，而且中德两国科研机构与企业组成的工业4.0联盟落户到青岛，在之前中德合作的青岛中德生态园开始兴建。因此，概括前述有关德国生态新城发展的系列成果，借鉴德国生态新城的经验，这将为我国推进工业4.0，以及我国的生态城建设极具启示价值。

刘涟涟，工学博士，副教授，大连理工大学建筑与艺术学院；高莹，讲师，大连理工大学建筑与艺术学院；陆伟，教授，大连理工大学建筑与艺术学院。

英国城市再生的几种模式

曹 康 郑 莉

　　城市再生与城市重建、城市振兴、城市更新、城市再开发、城市复兴等概念相关联，其实践主要经历了三个发展时期。英国是城市再生性实践的倡导地与先锋地，进行了很多有创新、有影响的再生活动，将原有的旧城区变为"新区"。主要模式有以营销开发为导向的、以工业遗产再利用为导向的和以文化政策为导向的再生。

　　在英国城市发展的不同时期，城市再生因社会、经济文化背景的不同和地区、环境方面的差异，采取了不同导向的城市再生策略。在1970年代末至1990年代的保守党撒切尔政府执政的新自由主义时期，为了提振不景气的经济，城市再生更多受市场化力量驱动，是以营利为主的营销式开发。1990年代末以来，由于经济形势大有好转，且奉行"第三条道路"[①]的布莱尔工党政府上台，城市再生当中的社会、文化因素被放在了首要位置加以考虑。与此同时，随着对城市历史文化遗产（包括近现代的工

---

* 本研究为浙江省哲学社会科学规划"之江青年课题"（13ZJQN018YB）；2015年浙江省高等教育教学改革研究项目（jg2015002）资助；浙江大学建工学院2015年重点教材、专业核心课程、教改项目。

① 该政策的主要观点是在自由主义（市场资本主义）和传统的民主社会主义的不可调和的矛盾之间找到一种共识、一条调和的道路，在保留过去20年间私人成分巨大自由度的同时，实施环境、社会安定包容、教育与保健的全民化等方面的积极政策，因此十分重视建立共识和相互之间的协调配合。

业遗产）的重新认识以及保护再利用的方法的革新，出现了以文化为导向的遗产再利用式的开发。

一、以营销开发为导向的城市再生

1980年代以来，受新自由主义和新右翼的影响，西方国家削减了对地方的国家拨款和投资，放手给市场，这样一来便在城市层面上激发了实用性的、但常常是不顾后果的企业家主义（entrepreneurialism）。尽管各国的表现形式与表现力度有所不同，国家与政府行为的企业化是1980年代西方世界的普遍趋势，为了吸引投资而渐趋激烈的城市间的竞争又进一步强化了这一趋势。为了提升自己在国内、洲内和国际上的竞争力，西方城市开始通过城市营销（urban marketing）或城市经营手段，将主要的城市开发计划作为招牌广为宣传，积极争取国内和国际投资。

为了应对内城的经济衰退，改变城区的衰败面貌，撒切尔政府通过政府财政的投入，尽可能地"撬动"私人资金投入到需要改造的地区，即英国的城市营销模式。1979年英国保守党的第一次预算当中引入了企业区（Enterise Zones）这个概念，该区域内不受常规规划控制的约束，且入驻的企业可免10年期的地方税（不动产税）并享受其他财政优惠。1980~1981年间，英国在包括内城地区、城市周边地区、废弃工业区、已规划工业区在内的多个区域共设立了11个企业区。1987年以后撒切尔夫人在她第三任任期内把政策重心放在了城市开发公司（Urban Development Cooperations，UDCs）上。UDCs是公共开发公司，由财政部负担经费，行使土地开发（包括强制购买）的权利，英国政府可以修整废弃土地，对其进行回收利用，从而为开发提供用地条件（尤其是交通设施用地），并提升地方环境质量。中央政府在13片内城地区成立了UDCs（图1），UDCs在行动时可不受地方政府政策的限制。

位于伦敦城东部的伦敦港区曾经是伦敦最贫困的地区之一，其再生是撒切尔主义最强盛时期的产物，是撒切尔时期英国最大、最成功的城市营销案例（图2），成功地运用了"撬动"的方法。政府于1981年设立了伦敦港区开发公司（London Docklands Development Corporation，LDDC），公司通过3.85亿英镑的投入撬动了30亿英镑的投资。

图1 英国内城纲要

图片来源，Hall, 2002b, Fig. 6.13。

公司供应土地、修建道路，鼓励私人投资进行大规模开发，使毗邻伦敦城的老港区变成高档住宅区和商务区，吸引了新一代社会阶层来到伦敦东区，成功使得这一地区中产阶级化。伦敦的道格斯岛（Isle of Dogs）被开发成为极为成功的企业区，港区的金丝雀码头（Canary Wharf）被建设成为新的商贸中心，拥有全英乃至全欧洲最高的摩天写字楼。它的建成成功使伦敦市中心向泰晤士河上游偏移好几英里，并帮助伦敦继续维持世界金融中心的地位。为了迎接新纪元的到来，LDDC还在格林尼治地区北部建起了千禧穹顶（The Millennium Dome）。采取同样运作方式的滨水地带开发在英国还有不少，伯明翰、利物浦、索尔福德、曼彻斯特、卡地夫、赫尔、爱丁堡的利思等，但规模都没有这么大。

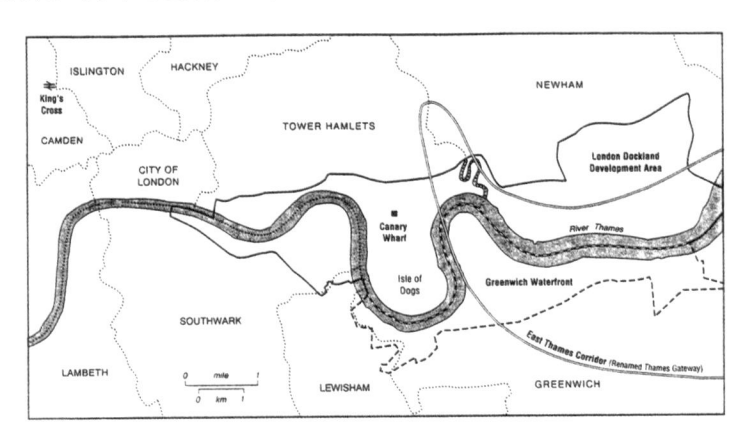

图2 伦敦港区振兴计划

图片来源，Newman and Thornley, 1996, Fig. 6.2。

以城市营销和空间物质为导向的城市再生主要是通过加大城市建设用地供给和加快土地买卖来解决地区经济的供给侧问题[1]。这样的再生过程往往只关注用地本身，试图通过大量的新建工程和资金投入来带动地区土地价值的提升，从而吸引更多的商业活动以增强城市活力，但忽视了城市再生的社会层面，如解决地区教育、就业、基础设施建设、社会矛盾等问题，从而也无法从根本上保证城市经济水平的提高，因为这些亟待解决的社会问题往往是经济提升的前置条件。比如，伦敦码头区开发公司的开发行为被批判为"没有在物质开发和社会提升之间取得较好的平衡，几乎没有关注当地居民的住房和社会设施需求"[2]，其结果是原住民的利益受到严重伤害，而城市再生所创造的好处几乎被开发商、当地政府和新住民瓜分。按照英格兰审计署在1989年发布的报告，英格兰在1980年代通过物质空间更新的手段来拯救衰退城市区域的速度远远赶不上城市衰退本身的速度[3]。这是物质导向城市再生模式的失败，但也是城市再生本身面临的一个困境。这主要因为地区中很多社会问题，如社区就业、教育、社会排斥等实际上是属于区域和国家层面的问题，这些问题必须在整个宏观区域内统筹解决，而不能单纯依靠地区更新和社区复兴。

二、以工业遗产再利用为导向的综合性城市振兴

1998年工党领袖布莱尔上台，委任罗杰斯为城市复兴的总体设计师，他在量化目标上重点回应了如何在未来25年内增加400万套住房、但又不占用未开发的绿地这一问题。罗杰斯指出，（撒切尔时期）那种新自由主义的纯粹以利润为出发点的开发模式并不适合伦敦。他提出，沿着泰晤士河有大片废弃的码头与工业用地，从东面的伍利奇（Woolwich）一直延伸至西面的布伦特福德（Brentford），它们可用于满足城市未来巨大的住房用地需求，而对这些"棕地"（brownfield）进行再生式利用，还可让泰晤

---

[1] P. Healey, Urban regeneration and the development industry, Regional Studies, 1991 25 (2): 97–110.

[2] R. Imrie, and H. Thomas, H, The limits of property–led regeneration. Environment and Planning C: Government and Policy, 1993 11 (1): 87–102.

[3] Audit Commission for Local Authorities in England, Urban regeneration and economic development: the local government dimension. HMSO, 1989.

士河有机会再生为伦敦生活的焦点（图3）。罗杰斯认为，正如希思罗机场曾经对伦敦向西发展产生过重大影响，这一开发案的实施会将伦敦未来的发展方向引至东边，新形成的东部中心是一个自给自足的集合型城市副中心，将以高速公共交通线与主城伦敦城相连。为此需要邀请世界级建筑师和规划师来为这一地区的再生制定战略性的总体规划和专门的规划研究，以在满足整体上可持续、美观等目标的同时，亦不牺牲开发的灵活性[①]。这样的总体规划需要三方的配合：政府引导、建筑师设计（被切分的小的基地）、市民介入。可持续性目标的一个方面是让居住者重新回到市中心，这需要政策支持以改善市中心的空气质量、提升街道安全性、实施更好的教育与交通政策等。而交通方面需要进行协调伦敦所有交通系统的战略，包括私人和公共交通、水上和陆地交通、快速和慢行交通等等。整个交通系统和每一组成部分的规划应从生态和社会角度出发，而非像以前那样从盈利角度来评价。本报告援引了欧洲其他城市对公共空间的重视，认为交通系统的设计应考虑将快速干道从公共领域中清除出去，这种市中心步行化的做法不仅能够重新振兴市中心尤其是公共空间的活力，同时也能降低交通事故率和犯罪率。

图3 理查德·罗杰斯所设想的经过城市再生过的伦敦泰晤士河岸区域

图片来源：http://images.adsttc.com/media/images/53c7/7c0c/c07a/80c6/4a00/0128/large_jpg/RichardRogers-London-As-It-Could-Be.jpg?1405582341

---

① ［英］理查德·罗杰斯，菲利普·古姆齐德：《小小地球上的城市》，中国建筑工业出版社2004年版。

三、以文化政策为导向的城市复兴

自 1980 年代以来，欧美国家都意识到城市文化保护的重要性，它不仅是城市确保自身特色的途径，也是振兴城市经济的有力措施，城市文化政策（urban cultural policy）以及文化规划（culture planning）于是应运而生，它全面关注城市的艺术性，鼓励城市中艺术与文化方面的活动，期望提高城市的艺术与文化内涵。文化成为一种新的资源要素，原本只是推进国家/地区艺术文化发展的文化政策变成政府借以推动经济复兴的政策工具，并有文化部门以外的其他部门（议会政府、规划部门等）的介入和参与。城市文化中的传统要素是城市文化的重要组成部分，包括传统的建筑风格艺术、传统的社区生活、地方特色手工艺、民俗民风等[1]。"由于许多实践活动是从恢复城市文化和传统地区的活性（包括修缮传统文化建筑、提高这些地区的经济活力）开始的，因此城市设计及文化策略又与城市的历史传统、社会经济条件联系起来，而文化的涵义也从艺术活动扩大到包含城市日常生活的方方面面，因为正是它们构成了广义的城市文化。文化规划的做法包括以文化产业取代原有（衰败的第二）产业以实现城市产业转型，通过文化设施建设改善城市生活环境，引入文化事件吸引休闲和旅游消费，建造文化地标形成品牌效应，进而扩大城市影响力等"[2]。

伦敦将城市文化与公共艺术联系起来，注重开展国家事件、节庆日、城市奇景和大型纪念活动，于 2000 年进行了为期一年的千禧庆典活动。它不仅向世界展示了伦敦作为文化之都的实力，也将泰晤士河重新引入伦敦人的生活：在罗杰斯的泰晤士河再生计划中，南岸再开发（southbank redevelopment）是庆典活动核心区域之一。从威斯敏斯特桥到塔桥的这一段河岸地带现存大量历史建筑和文化机构，在提振文化活力的总指导思想下，又兴建了新的文化建筑，如新莎士比亚中心、新美术馆、新水族馆以及欧洲最大的文化中心。其中最成功的案例是泰特现代美术馆（图 4）。该美术馆由瑞士建筑师赫尔佐格和德·穆隆设计，坐落于以前的河南岸岸边区发电站中。如今美术

---

[1] 于立、张康生："以文化为导向的英国城市复兴策略"，《国际城市规划》，2007 年第 4 期。
[2] 顾大治、陈刚："文化规划主导下的西方城市旧工业区的复兴"，《城市问题》，2012 年第 7 期。

馆已成为伦敦的新地标、新的城市体验所在地，是"时尚英伦"缩影的南岸文化区的关键所在。

另外一个典型案例是港口城市利物浦。二战以后，由于英国发生了重大的制造业区位转移，从滨水地区（滨海、滨河）转向高速公路周边地区，曾经是英国最大的国际性港口城市的利物浦也经历了经济衰落和人口外溢。1970年代的经济危机使情况雪上加霜，利物浦默西河畔（Merseyside）作为码头区在这一大的衰败和失业潮中变成城市最破败的地区之一。因而1980年代初英国进行城市开发公司试点时，除上文提到的伦敦滨水区外，另外一个试点即默西河畔。撒切尔政府于1987年颁布的《实用类别规则》由于放宽了规划许可限制，工业建筑遗产可以改造再利用为多类产业用途的建筑，大为方便了其再利用①。利物浦的选择是将其改建为文化建筑。在默西河畔开发公司（Merseyside Development Cooperation）城市再生实践阶段，河畔地区兴建了甲壳虫乐队故事博物馆和泰特美术馆的利物浦分馆。公司完成历史使命于1998年解散以后，河畔再生项目的规模进一步扩大，在完善现有文化功能的基础上还引入了新的休闲娱乐功能，使其成为文化休闲综合地区。由于城市再生的成功，利物浦于2004年以其"航海商贸"历史街区成功申请到联合国教科文组织的世界文化遗产，2008年又被评选为当年的"欧洲文化之都"。

图 4　泰晤士河上眺望泰特美术馆

资料来源：http://img.over-blog-kiwi.com

虽然基于文化的城市再生在欧洲某些城市如伦敦、利物浦取得了一定成功，但该方式仍然存在缺陷。正如哈维（Harvey）所言，"这种借助文化创作的城市品牌化（city branding）行为是一种人工痕迹很重的改造，甚至可将其视为给城市戴上了面

---

① 董一平、候斌超，"英国工业建筑遗产保护与城市再生的语境转换——以阿尔伯特船坞地区为例"，《城市建筑》，2012年第8期。

具。"① 这样的城市再生手段是浮于表面的，并不能从本质上解决城市经济、社会、环境问题的统筹解决，而只是以一种障眼法的形式转移了社会的注意力。此外，以文化为导向的城市再生多偏重于培植一种具有典型特色的城市文化，以此作为吸引眼球的卖点。然而这很有可能会破坏城市原来多样的、丰富的文化内涵，让城市失去原本的文化身份（cultural identities）②。如1990年代发生在英国格拉斯哥的城市再生就受到批评和诟病，人们开始意识到当初的政府行动破坏了格拉斯哥原有的文化基底和内涵，使得城市文化变得越来越单调。究其原因，主要是格拉斯哥政府在制定城市再生的策略时更多的是考虑文化可以带来的经济效益，如吸引游客、吸引媒体之类，而不是真正从城市综合发展、社区全面复兴的角度来利用文化③。显然，这样的文化事件是不可持续的，这样的城市再生模式也是有缺陷的。

以工业遗产再利用为导向的城市再生虽从本质上来说是对废弃城市空间的合理回收利用，但同文化导向的城市再生一样，这种模式也通常过于强调地方风格的创建。其采取的手段常表现为将工业遗产改造为商业建筑、文化建筑、办公建筑等，以实现吸引游客和文艺爱好者的目的。由于其主要意图仍为经济振兴，因此同其他再生模式一样，易于忽视本土居民对市政基础设施、住房、就业、教育等诉求。

综上所述，不管哪种城市再生模式都存在一定的缺陷和问题。当然，这也将我们引入对城市再生自身设定的思考。政策制定者的初衷是希望借助城市再生来实现经济、社会、物质空间、环境的综合提升，但以英国为代表的西欧国家的种种经验表明，要实现三者的和谐统一相当困难。因此从1960年代至今，几乎在每一个阶段，经济提升总是西方城市再生的首要目的。目前，随着可持续发展要求越来越高，西方政府已经意识到需要一个更加整体的、全面的、综合的方法来引领新时期的城市再生，这或许是我们在今后城市政策制定时需要积极探索的内容。

---

① Harvey, D. (1989). The urban experience (p.173). Baltimore, MD: Johns Hopkins University Press.
② Evans, G. (2003). Hard - branding the cultural city - from Prado to Prada. International journal of urban and regional research, 27 (2), 417 - 440.
③ García, B. (2004). Cultural policy and urban regeneration in western european cities: lessons from experience, prospects for the future. Local Economy, 19 (4), 312 - 326.

曹康，副教授，硕士生导师，主要研究方向为哲学思潮影响下的规划理论及其演变、全球城市规划史、创新传播下的规划思想与规划实践。迄今已发表国内外期刊论文40余篇；出版专著1部，译著2部。获省部级科研成果奖3项（排名第一），国家级优秀教学论文奖1项。主持国家自科基金2项，省部级基金5项，厅局级项目1项。入选浙江省首批"之江青年"社科学者，入选151人才工程第三层次培养人员。担任国际期刊Planning theory（SSCI）编委。郑莉，空间规划与区域政策研究方向，2013年获欧盟Erasmus Mundus全额奖学金，至荷兰奈梅亨大学和英国卡迪夫大学留学获硕士学位。2015年参与德国空间研究与研究院（ARL）与中国土地勘测院关于德国空间规划体系的合作研究项目，2015年参与撰写"Companion: Practices and Strategic Planning"一书。

城市工业区的复兴计划经验借鉴：
以荷兰、比利时为例

孟璠磊

荷兰和比利时是西欧两个工业发达国家，在过去的二十年时间里，致力于城市工业区的更新与振兴发展，并积累了诸多有价值的经验，本文将就荷兰阿姆斯特丹 NDSM 区以及比利时安特卫普的 Het Eilandje 区的相关经验进行解读，以期对我国城市传统工业区的更新和复兴能有所启示和借鉴。

一、荷兰阿姆斯特丹 - NDSM 区复兴

20 世纪 70 年代以来，荷兰首都阿姆斯特丹曾先后开展了一系列推进城市复兴的措施，工业区的再利用作为其中一项重要内容而被给予了极高的关注度，也由此促成了一系列具有独特性的项目出现。IJ 河北岸的荷兰造船厂（NDSM）倒闭后废弃多年，随着荷兰实施城市复兴计划而被选定为"艺术家孵化器"试验点，经过多年改造现已经具备广泛影响力并开始产生溢出价值，成为阿姆斯特丹一处独具特色的艺术家聚集区（图1）。

图1　NDSM 艺术区实景（自摄）

1. NDSM 历史回顾

(1) 阿姆斯特丹北区（Amsterdam‐Noord）

荷兰首都阿姆斯特丹是西欧重要的港口，横穿阿姆斯特丹的 IJ 河是连接北海与荷兰内陆城市乌特勒支的重要海运航道。1900 年，为了更好地推动北海地区与荷兰的海运贸易，IJ 河北岸开始进行修建大规模的重工业设施，主要包括造船和石油化工，这些工业设施为荷兰现代化提供了重要物质支撑，并逐渐发展成为一个相对独立的工业区。由于其工业生产的突出地位，在二战期间曾遭到纳粹德国的占领，并引来盟军的轰炸。但轰炸并没有击中工业设施，因而使早期的工业建筑物和设施设备得以保留。战后工业区得以快速发展壮大，北区（Amsterdam‐Noord）成为阿姆斯特丹乃至荷兰最重要的工业基地。

(2) NDSM 区（Nederlandsche Dok‐en Scheepvaart Maatschappij）

NDSM 全称为荷兰码头及造船公司（Nederlandsche Dok‐en Scheepbouw Maatschappij），其历史最早可以追溯到 1894 年的荷兰造船厂（NSM）。造船厂最早在阿姆斯特丹东港（Oostenburg）成立，随着海运的兴盛而使规模不断扩大，但土地面积的制约使造船厂无法在东岸继续扩张，船厂决定在 1915 年迁至 IJ 河北侧（图 2）。1946 年，造船公司与码头公司（NDM）合并，成了荷兰码头及造船公司（NDSM），是当时全欧洲规模最大、现代化程度最高的造船厂和物流中心之一[①]（图 3）。进入 70 年代后，随着全球产业的快速发展和转型，铁路、航空运输的竞争对海运冲击很大，而鹿特丹又具备更加占优的河道运输条件，使阿姆斯特丹的海运行业逐渐萎缩。1984 年，NDSM 关门停产，逐渐沦落为一片无人管理的废弃地，甚至一度成为阿姆斯特丹的毒品和卖淫的交易地，曾经的工业辉煌一落千丈，成为阿姆斯特丹城市空间的一处疾患。

---

① C. P. P. van Romburgh, E. K. Spits. Nederlandsche Dok en Scheepsbouw Maatschappij. Rotterdam：ILCO, 1996, p. 60.

图 2　NDSM 区位（改绘自 Google 地图）　　图 3　NDSM 造船厂历史照片（《Amsterdam：hetzelfde maar anders：in 134 luchtfotoś》）

2. NDSM 的转型与组织架构

（1）转型

80 年代末是阿姆斯特丹进行第二次城市更新的高潮时期①，城市中那些被认为是落后区域被推倒重建，大批隐居于此的年轻艺术家被迫迁出。NDSM 区大量的闲置工业厂房空间成为了艺术家们青睐的对象，因为这里属于无人管辖的区域，艺术家几乎可以不用付出场地成本就占据这里，随着艺术家们的不断聚集，他们开始自发性地组织一些与文化艺术相关的活动，以吸引大众的关注。1993 年，首届名为"横跨 IJ 河（Over het IJ）"的戏剧节在 NDSM 举办，并且从此每年举办一次。1994 年，国际知名戏剧团（Dogtroep）在这里进行了首场演出，戏剧团所使用的现代灯光技术和旧船厂厚重的工业厂房和设备相互映衬，给外界留下了深刻的印象。

虽然艺术活动开展的风生水起，但政府部门对北区规划另有打算。1999 年，北区政府制定了"IJ 河曼哈顿计划（Manhattan aan het IJ）"，旨在振兴港口的工业废弃地，但这项计划要求拆除 IJ 河两岸的旧工业建筑和设施设备，以用来建造新的商务高层建筑。这一计划遭到了艺术家群体的联合抵制，为了有效地反映艺术家群体诉求，他们

---

① 程晓曦："荷兰城市改造与复兴的三个阶段与多种策略"，《国际城市规划》，2011 第 4 期。

成了"北区新动力联合会（Stichting Kinetisch Noord，后文简称 SKN 联合会），向政府提交了一个完善可行的方案。新方案在保留工业厂房和现有环境的前提下，对场地进行适应性改造，为年轻艺术家提供 studio 空间，满足艺术家的创作需求。通过不断吸引艺术家们的聚集，最终将 NDSM 打造成阿姆斯特丹的艺术之城[1]"这一想法得到了北区政府的认可，并在 2002 年开始执行。

（2）NDSM 布局

NDSM 占地面积约 86000 平方米，其中场地东段还较为完整的保留着造船厂厂房和设施设备，而其他区域则零星保留着码头和一些构筑物等。新的总体规划的发展目标是多功能混合下的集约化共同发展，以此促进地区复兴。规划方案依据场地的建筑特质和交通条件将 NDSM 分为三个区段：分为北翼、西翼和东翼。三个区域的规划指向不同的主题功能，其中东翼是艺术家聚集区，是 NDSM 艺术区核心同时也是首先开发的区域，主要涵盖艺术创作、影剧制作、新媒体交互以及建筑设计等创意行业，场地主体建筑主要有占地规模最大的厂房建筑"艺术大厅（原船坞车间）"、"展览大厅（焊接车间）"、象征着造船厂历史辉煌的"X 坡台、Y 坡台以及天车（造船下水轨道及坡台）"等，厂房内部空间主要是艺术家的工作区，室外场地则预留给大型活动的集会场所。西翼和北翼则被列为远期发展区域，被规划为商住混合区以及小型企业创意办公区，意在通过艺术区发展起来后形成的影响力来提高西翼和北翼的土地价值，进而形成一个整体的活力区域（图 4）。

2008 年，荷兰 Cie 建筑师事务所对 NDSM 区进行总体规划，并特别对西翼和北翼地段的未来发展进行了定位研究。地段根据场地现有交通条件规划为网格状肌理，主要以多小型商业、居住建筑为主体，其中包括居住建筑 305000 平方米，商业建筑 149000 平方米，办公建筑 108000 平方米，停车用地 6770 平方米。为了不断增加该地区人气，还计划将其中一部分居住建筑用于临时性的学生宿舍，为年轻人的聚集提供环境，最终未来将逐渐形成集艺术、创意办公、居住和文化休闲生活于一体的综合社区（图 5）。

---

[1] Joel Weickgenant. The Noord District's Hip Rebirth [N]. The Wall Street Journal 2011 -6, 8 -10

图 4　NDSM 区总体布局（Gemeente Amsterdam：Investeringsbesluit NDSM – werf）

图 5　NDSM 远期规划方案示意（http：//www.ndsm.cie.nl）

（3）组织架构

NDSM 区的规划和建设由 SKN 联合会来负责，SKN 组织包括四大核心部门：建造部、运营部、室外场地管理部以及艺术项目部。运营部门负责日常管理，共有七个协调小组参与，包括艺术协调小组、商务管理小组、策划管理小组、建造协调小组、运营协调小组、办公室协调小组、建筑小组等，每个小组由专人负责[①]（图 6）。

---

① Rob Vooren，Con Vleugel，Ted Zwietering. Urban catalyst at Amsterdam Noord. Amsterdam Noord. 2004，p.10

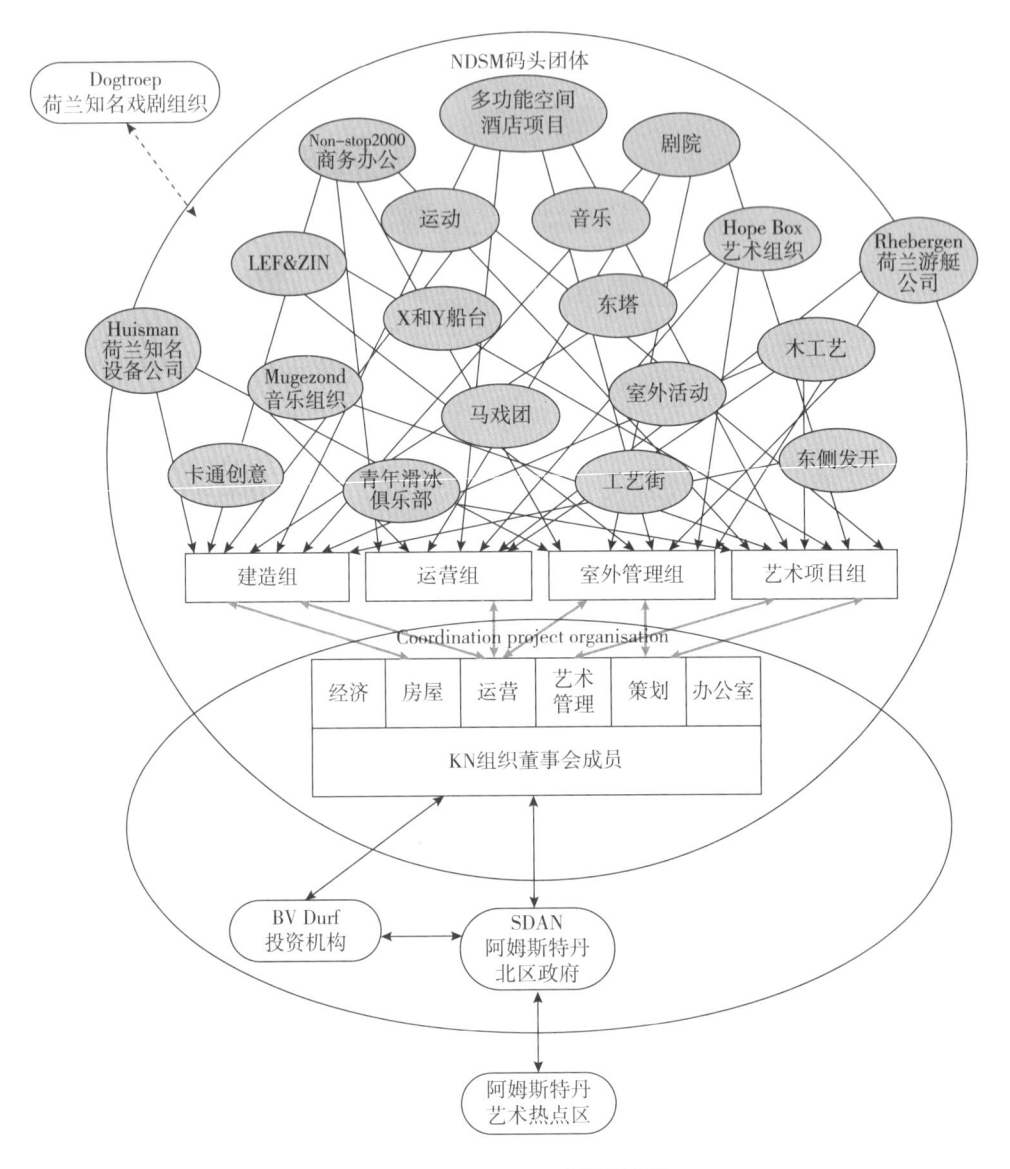

图 6　Kinetisch Noord 组织架构

3. NDSM 经验启示

（1）"艺术家孵化器（Breedingspot）"创意理念

在阿姆斯特丹进行城市转型的过程中，曾先后试点了一系列的艺术区，这些艺术区大多利用废弃房屋改造而来,并以较低的租金提供给艺术家使用。掌握这些资源的是 CAWA 组织(Commissie Atelier en Woon Amsterdam)[①],因此,艺术家如果希望租借艺术区的用地,就需要通过 CAWA 的评估。CAWA 在筛选申请者时主要考虑两点:一是申请者是否专注于艺术创作而非功利因素,二是优先挑选那些尚未成名、目前还没有过多影响力的年轻艺术家群体,因为他们还有很大的成长空间,还可以创造更多的可能性。这一筛选机制为年轻艺术家提供了施展才华的场所,并促进了相互之间的启发和影响,容易产生良性循环。

作为艺术家的孵化器,NDSM 起到了类似于"路由器"的作用,通过为不同类型的艺术家提供物质"接口"(即 studio 式的工作生活空间和必要的基础设施),使艺术家们可以在此共享资源,并通过策划一系列大型的活动,如音乐节、电影节、艺术节、跳蚤市场等(图7、图8),向外界传递"信号"(即艺术家的作品),进而产生更加广泛的影响。

图7 NDSM 艺术大厅实景(自摄)   图8 艺术大厅内改造实景(自摄)

(2)低成本运营与完善的配套

较低的资金投入是促进废弃工业用地复兴的重要前提。NDSM 艺术区采用了多种投资并行的方式,投资方除了政府和商业性机构外,还需要艺术家进行一定数量投资[②],这在一定程度上激励了艺术家进行更加积极的创作。此外,由于 NDSM 区属于废弃工业用地,现有工业厂房质量尚可,因此改造中对旧厂房的外部基本不作刻意整治,更

---

① Bureau Broedplaatsen. Programme Amsterdam Metropolitan Area2012 – 2016. Gemeente Amsterdam. 2012,p. 24
② http://www.ndsmloods.nl/sknnieuwsbrief/

多的投资集中在艺术家工作室的建造、基础设施（水、电、网络等）配套以及活动策划和宣传上，这使得建设成本大幅度降低，目前 NDSM 租金基本仅为阿姆斯特丹中心区的 1/3 左右。

良好的交通可达性是促进废弃工业用地复兴的必要条件。虽然 NDSM 经历了不同时期的兴衰，但往来于此的摆渡船从未停歇，它们是 NDSM 历史变化的重要见证，并一直持续至今。摆渡船平均每半小时一次，单程需 15 分钟。此外，还可驾车（阿姆斯特丹环城 A10 快速路）或搭乘公共汽车等其他方式抵达。艺术区同时还引入了一定数量的餐厅、咖啡厅和足够规模的停车场设施，它们为艺术区的顺利运转提供了重要支撑。

（3）空间组织的灵活性与多样性

NDSM 艺术区中最大规模的单体厂房是原船坞车间，占地面积达到 20000 平方米，目前容纳了二百余家艺术工作室，由 Beta 事务所改造成完成，是艺术家密集度最高的区域。改造后的车间基本保持了原有外观，仅对内部空间进行重新划分，原有工业设施设备如天车、轨道、起重机等大多给予保留，并利用他们成为装饰性构件，或与艺术展览相结合。艺术家的工作室集中在大厅中央，而车间的四边则预留了可供展览或表演的大跨度空间，在艺术大厅中，拥有 90 平方米到 350 平方米大小不等的工作室格局，艺术家可以根据自身的需求而选择适合自己的场地，对自己的工作室进行建造。

目前，艺术大厅集中了超过 240 名不同类型的艺术家和创业者，包括平面设计师、建筑师、漫画家、音乐创作者等，他们对空间的需求有很大差异，SKN 联合会在协调改造过程中充分能发挥了艺术家的主观能动性，每个艺术家根据自身需求自主完成工作室的设计和建造，形成"房中房"的空间格局（图9）。这些看似无序的差异化个体拼凑在一起，彼此咬合、相互关联，既提高了空间的利用效率，也充分反映了不同艺术家的个性，成为艺术家的"个性标签"，总体上营造了"和而不同"的空间格局（图10）。

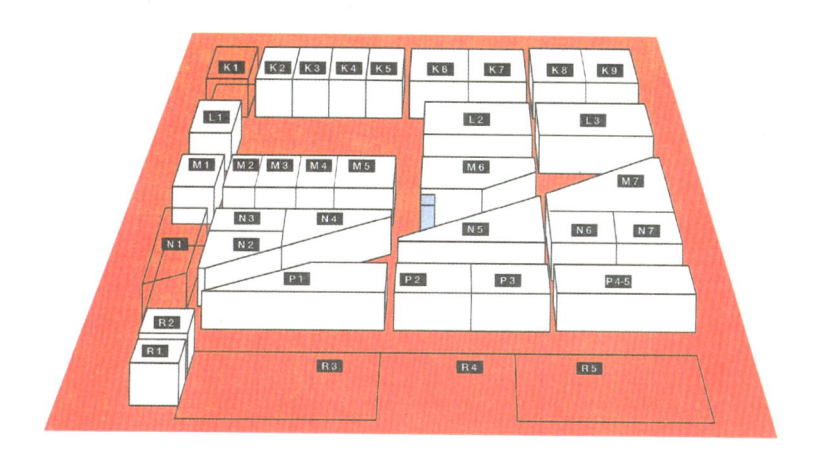

图9 艺术家大厅平面空间格局示意（http://beta-office.com/project）

图10 艺术大厅内"和而不同"实景（自摄）

(4) NDSM 的影响与价值溢出

多次举办大型的艺术活动使 NDSM 区的艺术气氛的不断升温，而影响力也开始拓展到全荷兰和周边国家，吸引了包括英国、德国、意大利在内等其他国家的年轻艺术工作者前来聚集。艺术活力激活了 NDSM 区的土地价值，开始不断溢出新的"产品"：2007 年 NDSM 西区的一处混凝土货运平台被 OTH 建筑事务所改造成 Kraanspoor 办公楼，这是进驻 NDSM 区的第一家高端商务办公楼，办公楼采用双层玻璃幕墙作为维护结构，"悬浮"在长达 200 余米的混凝土框架上，产生了强烈的新旧对比；2014 年，由鹿特丹 Group A 建筑事务所设计完成的希尔顿五星级酒店投入使用，酒店利用 NDSM 艺术区的一组六联排仓库改造而来，方案将其中一组仓库竖向抬高到 30 米的高空，使其成为可以俯瞰阿姆斯特丹港口的海景房（图 11、图 12）。

图 11　希尔顿五星级酒店改造后实景（自摄）　图 12　NDSM 改造完成后实景（http//www.ndsm.nl）

NDSM 艺术区是荷兰通过艺术手段来激活衰败工业区的典型案例，是城市复兴实践中的一次有益尝试。NDSM 区为艺术家提供了一个为年轻艺术家们"抱团取暖"的环境和场地，它既为艺术家提供了工作和居住的基本空间，也通过艺术家的影响力而带动了场地和周边地区的复兴，实现了双赢。在对待旧工业建筑的态度上，NDSM 艺术区主张将有限的资金投入到最基本最必要的配套设施上，而不是去翻新和修饰那些陈旧的建筑外观，这样就最大程度地为艺术家的创作提供了便利，也正因为如此，艺术区才得以维持较高的艺术家进驻密度。而需要指出的是，传统工业区的复兴方式是多样化的，转型目标的确定，除了与工业遗产的实体条件有关外，还与宏观政策、发展机遇、地方经济和文化传统等有关。本案中，NDSM 的复兴适逢阿姆斯特丹全面推进城市更新运动,提出并推广了"艺术家孵化器"的理念,这为盘活该区域提供了重要的契机,而同时,CAWA 组织和 SKN 联合会在整合废旧空间资源、聚集艺术家群体等方面也有一定的话语权,多方的结合共同促进了 NDSM 的复兴。

二、比利时安特卫普港口 Het Eilandje 复兴

安特卫普(Antwerp)是比利时西北部的重要城市,也是欧洲第二大港口工业城市(图13)。城区位于凯尔特河(Scheldt)东岸转折点,处于弯曲河道冲积所形成的平原地区,16世纪中后期,随着比利时西部重镇布鲁日(Bruges)逐渐衰落,隶属于布拉班特公国的安特卫普逐渐发展起来,国际贸易纷纷转移至安特卫普[①]。安特卫普曾被法国历史学家费尔南德·布罗代尔(Fernand Braudel)评价为欧洲的经济中心和最富有的城市,大量贵族和富商在这一时期来此地居住和经商。

图13 安特卫普 Het Eilandje 实景(自摄)

1. 历史回顾

(1)安特卫普与港口发展

安特卫普港(Antwerp port)位于老城与斯凯尔特河交汇的高地处,是一个具有天

---

① Stad Antwerpen. Urban development in Antwerp. Beligum:Antwerp. 2013,p. 30

然停泊优势的港口（图14），目前港口的占地面积达到13057公顷，港口岸线长150公里，运输铁轨总长达1113公里，是欧洲第一大港。与阿姆斯特丹、鹿特丹等其他港口城市所不同的是，安特卫普的港口发展具有外向性，即外来的原料、外来食品，加工后再转运至外地市场①，因此，经济命脉基本掌控在居住于此的外国商人手里，本地商人话语权较低，同时也缺乏根植于本地的支柱

图14 安特卫普区位示意图（自绘）

产业，城市经济发展模式较为单一。在经历了短暂的繁荣后，安特卫普经济发展逐渐衰落，海运优势被鹿特丹取代。

（2）胰岛（Het Eilandje）区

胰岛区（Het Eilandje）位于老城区与新港区的交汇点，是安特卫普最早的人工码头区域，19世纪法国统治时期，该码头区被拿破仑指定为海军基地，并修建了威廉码头（Willem Dock）和波拿马码头（Bonaparte Dock），后随着法国大革命的爆发，该地区由荷兰威廉一世国王掌控，曾一度发展成为欧洲最大的人工码头区（图15）。进入20世纪中期后，历史最悠久的码头却由于无法容纳大型船只的停泊而被弃用。

1989年，安特卫普组织了以"河上之城（City on the river）"为主题的城市设计竞赛，意在通过对安特卫普进行新一轮更新规划，实现老城区和码头区的复兴②，竞赛邀请到包括库哈斯、伊东丰雄等世界知名建筑师参加。最终，历史建筑保护区—胰岛区的更新规划由法国著名建筑师曼努埃拉·德索拉·莫拉勒斯（Manuel de Sola – Morales，1939~2012）负责，安特卫普南部新区规划由库哈斯和伊东丰雄等负责。在曼努埃拉的方案中，将胰岛区视为旧城区与新港区的"纽带"，保留了胰岛区的肌理和建筑遗产，并将废弃码头改造成开放广场来实现地区复兴，与此同时，辅以一定规模的居住、商业、办公等建筑（图16），最终形成一条通向旧城中心区和北区港新的"历

---

① 王蓓："16世纪安特卫普衰落的内在经济因素探析"，《世界历史》，1999年第1期。
② Stadt Antwerpen. Het Eilandje Stadsvernieuwing op weg naar een bruisende stadswijk aan het water［R］. Belgium：Antwerpen，2011

史文化轴线"。

图 15　胰岛区历史照片
（安特卫普档案馆网站）

图 16　安特卫普港口区改造后成为
市民开放场地（自摄）

2. 胰岛区工业遗产保护、展示与再利用

（1）胰岛区建筑遗产保护与总体规划

作为历史悠久的古城，安特卫普城区拥有数量众多的建筑遗产，其中包括 1 处世界文化遗产（普朗坦·莫雷图斯印刷厂）和 26 处历史建筑保护区[①]，胰岛区由于是最早人工码头所在地而成为历史建筑保护区之一。胰岛区内共有 136 处历史建筑或构筑物被列入安特卫普市"不可以移动建筑遗产名录（Lijst van onroerend erfgoed in Antwerpen）"，其中有 5 处建筑和 3 处人工码头被列为"重点保护类建筑遗产纪念物[②]（Beschermd Onroerend Erfgoed Monumenten）"，包括建成于 1861 年当时规模最大的单体建筑圣·菲利克斯仓库（1976 年列入，1994 年增补），二战期间向美国输送移民的红星线船运公司建筑群（2001 年列入，2007 年增补）、建成于 1895 年的蒙德维的亚仓库（2001 年列入）、安特卫普消防局（2000 年列入）、拿破仑修筑的威廉和波拿马那码头（1996 年列入）以及凡宾丁码头（1996 年列入）。

2002 年，时任安特卫普市总建筑师瑞恩·丹尼尔斯（Rene Daniels）负责实施胰岛区的更新计划（图 17）。方案分为两个阶段实施，第一阶段主要包括老码头区（Oude

---

① http：//www.erfgoedcelantwerpen.be

② https：//geo.onroerenderfgoed.be

图17 胰岛区更新规划总图
(《Masterplan Eilandje fase 1 en 2》)

Dokken)、蒙特维德蒂区（Montevideo area）、卡迪克斯区（Cadix area），见图25红色区域范围所示，这一阶段主要是实现历史建筑的修缮与再利用，同时增建溪流博物馆（MAS），完成老码头（working dock）向博物馆码头（museum dock）的转变，塑造胰岛文化轴线区[①]，第二阶段实施范围主要包括墨西哥岛（Mexico island）、肯彭岛（Kempeneiland）以及船坞区（Dry dock island），这一阶段实施主要完成住宅、商业和办公楼以及学校的建设，使胰岛区成为了一个完善的、有着极高活力的文化生活区。

为了提高方案实施的可控性，安特卫普还进一步补充了专项规划：包括"水环境控制计划（Water planning）"、"绿化环境规划（Green planning）"、以及"外部空间视觉质量提升计划（The visual quality plan for the outside space）"。这些专项计划对影响地区形象的要素进行了分析和规划，包括交通、绿化、轮廓线控制、路灯控制、梯田、广告、街区小品和艺术等，这也为远期发展以及项目评估提供了一个可操作的框架和法律基础。

（2）胰岛区港口遗产展示与再利用

目前码头区已基本完成第一阶段的更新和建设，其中三个重要标志性事件是2006年安特卫普档案馆的开放、2011年溪流博物馆（MAS）建成开放、2013年红星线海运博物馆（RSL）改造完成并开放。

①城市档案馆（Archive Antwerp）。城市档案馆前身是1861年在威廉港南岸建成的古典风格仓库，是当时安特卫普港最大规模的建筑单体，仓库共六层，每层高约六米，建筑面积约22405平方米，用于储放烟草、咖啡豆、粮食等。改造由比利时建筑师罗伯莱赫特（Robbrecht en Daem Architecten）完成，方案使用了玻璃屋顶替换原有屋面，在仓库内部形成一条"阳光街道"，顶层则增建了自习室和图书室，建筑内部修缮了原

---

① Smits, F. and Lorquet, A. Eilandje: Acase of waterfront Pioneering [J]. Portus plus, 2011 (1): 1-12

有的木梁和铁柱结构，用作办公和档案管理。

②溪流博物馆（Museum of Antwerp Stream）。溪流博物馆由荷兰建筑师努特林·里戴克（Neutelings and Riedijk architects）于2000年取得设计权，2011年建成开放。博物馆造型犹如叠落的旧式码头仓库，交通空间和展览空间则布置于建筑四周，参观者通过"环绕"的方式抵达建筑顶部观景平台（图18、19）。人们可以在不断登顶的过程中，透过六米通高的玻璃幕墙俯瞰整个港口。这一思路有别于传统博物馆的室内展示，而是将室外的环境纳入参观者的观景范畴，从而将港口遗产的真实现状呈现在人们面前。

图18 溪流博物馆（自摄）

图19 顶层观景台（自摄）

③红星线海运博物馆（Red Star Line Museum）。1871年美国宾夕法尼亚船舶公司为拓展欧洲的业务，选定安特卫普作为子公司腹地，成立了红星线海运公司，除向美国出口欧洲的产品外，还运送欧洲移民。在两次世界大战期间，安特卫普港成为了欧洲向美国和加拿大移民的唯一出口，1932年，著名科学家爱因斯坦就是搭乘红星线从安特卫普移民至美国。红星线博物馆由美国布莱德建筑师事务所（Beyer Blinder Belle Architects）负责，方案改造了一组建于20世纪初的红星线船运公司海关办公室，并加建了一个由金属和玻璃构成的观景塔（图20）。方案充分利用了现有建筑布局，老建

图20 红星线海运博物馆（自摄）

筑外观保持不变，仅对内部进行了重新设计，同时扩建地下一层，用于博物馆储藏和后勤服务等，地上一层和二层内部空间则再现了移民从启程到登船出发的全过程。博物馆的展示以船运公司发展历史为主线，将博览空间与移民程序巧妙结合，配合声音等多媒体，使体验者如临其境。

3. 胰岛（Het Eilandje）区经验启示

在2013年以"遗产保护"为主题的港口评选中，安特卫普击败了包括意大利威尼斯港、英国多佛港、挪威奥斯陆港在内的其他十四个港口，获得年度"最佳欧洲港口奖（ESPO 2013）"，这是对安特卫普工业遗产保护和地区复兴实践中的肯定，也反映出本案一些值得借鉴的启示。

（1）清晰明确的城市设计定位

更新方案清晰地定位了胰岛区在城市发展中的角色定位：即普旧城区与新港区的"中转站"，意在对胰岛区历史建筑进行保护，同时适当引入地标性新建筑，来搭建旧城与新区的桥梁。一方面通过对保护类建筑纪念物进行功能置换，使其由旧的生产性空间转变为新的大众文化空间，实现语境的转换；另一方面则通过置入新建筑，以当代建筑手段强化了地区历史肌理，由此形成新的"文化轴线"。这条轴线既是历史与现代的碰撞区，也是工业遗产与城市发展的交集地。胰岛区利用博物馆和档案馆等面向公众开放的文化建筑，来引导整个地区的文化复兴一方面使历史建筑得到保护、废弃码头用地和得到重新利用，另一方面也充分发挥了博物馆和档案馆等文化类建筑在保护工业遗产、传播工业文化中的独特优势，是一次双赢的尝试。

（2）独特的规划和建设设计理念

在第一阶段已经完成的两座博物馆中，其建筑层面反映出不同的设计思路：红星线海运博物馆（RSL）保留了原有建筑外观及其结构特征，通过对其内部空间的再利用，实现原有建筑的物质环境更新，博物馆如同盛装工业遗产物的一个容器，遗产物则作为静态、永恒的物品被精心布置于博物馆内部，形成"内置式"博览空间，参观者在被规划好的路径中和场景中重新体验一个世纪前的生产和生活状态；而溪流博物馆（MAS）则通过向遗产地段（遗产物所在地）置入一座新建筑，类似于在环境中放置一块磁铁，将遗产物"凝聚"成具有关联性的"磁场"，这种思路则将遗产物（或遗址地）看作是动态的、变化的展品，形成"外场式"博览空间，从而使参观者通过特定的观景空间对室外遗产地和遗产物全貌获得一个清晰、真实和全面的了解。

三、结语

本报告对荷兰阿姆斯特丹 NDSM 区和安特卫普 Het Eilandje 区的复兴两则案例进行了回顾和梳理，前者以艺术家聚集区为更新动力，后者则以文化广场为复兴目标，为我们展现出不同视角的城市老工业区复兴的经验，希望这些启示能为我国的城市发展提供有益经验，因地制宜、扬长避短，最终实现可持续发展。城市的发展与进步，并不一定要体现在新建城区的形式层面，更重要是的城市历史与精神内核的继承与振兴。

> 孟璠磊，男，清华大学博士，2015~2016 年公派至荷兰代尔夫特理工大学建筑学院访学交流，现任教于北京建筑大学建筑与城市规划学院，研究方向为城市更新与复兴、工业建筑遗产保护与再利用等。

民生导向的老工业区改造规划与实践
——中外案例的借鉴与启示

谢鹏飞

本报告以老工业区改造中如何保障和改善民生为视角，阐述了民生的重要性、民生思想的发展历程，以及民生与改造的相互促进关系；结合中外案例，分析论述就业安置、安居保障以及环境治理三大民生领域的主要改造措施和改造策略，并得出有益的借鉴与启示。

一、引言

民生是衡量城镇化质量的关键指标，也是世界城市发展进程中各国追求的重要目标。以城市改造规划与实践推动民生改善，一直是近现代城市规划的重大课题。从欧文倡导并实践的"新协和村"，到霍华德理想中的"田园城市"和"社会城市"；从芒福德提出的城市"社区"，到《马丘比丘宪章》倡导的公众参与；从世行、亚行倡议的"包容性增长"，到联合国"人居三"会议通过的《新城市议程》，民生始终是贯穿其中的关键词。在当代中国，保障和改善民生已成为各级政府工作的出发点和最终归宿。2014 年发布的《国家新型城镇化规划（2014－2020 年）》，作为指导全国城镇化健康发展的全局性、战略性规划，明确提出"以人为本，公平共享"的基本原则，要求在户籍制度、土地、教育、医疗、住房和生态环境等方面推进相关工作，促进民生发展。2015年末召开的中央城市工作会议，指出"以人民为中心"的城市发展思想，要求坚持"人民城市为人民"的理念。2016年颁布的《"十三五"规划纲要》以保障和改善民生为首要目标和核心任务，在人民群众普遍关心的就业、社会保障、公共服务、农业人口市民化、住房保障、教育、医疗以及绿色发展等方面，提出了具体目标和发展策略，作为今后5年各级政府施政的纲领性文件。城市发展以民生为目标，体现了对城市发展客观规律的恪守和尊重。正如西方先贤亚里士多德所言："人们为了生活而聚于城市，人们为了更美好的生活而居于城市"，城市应该满足人们对美好生活的向往。

与新城新区相比，老工业区的改造具有相当的复杂性，改造的成效同时也极大地影响着民生的发展。传统工业区往往占地规模大，吸纳就业人口多，涉及利益群体广泛，在地区经济份额中所占比重大。但同时，传统工业区可能直接或间接给城市带来环境污染，交通拥堵，"城中村"泛滥，内城衰退等诸多"城市病"。因时代发展和转型需要，中国许多城市的老工业区都面临改造。这种改造是传统工业区内产业、技术、社会、环境和管理领域的全方位转变，是一项复杂的系统工程。而民生则是贯穿于其中的一条主线。"转型发展，民生为要"，民生可以成为审视老工业区改造的重要视角与切入点。本文以老工业区改造规划与实践中如何保障和改善民生为研究对象，结合中外实践案例进行分析，得出借鉴和启示。

二、老工业区改造是改善民生的契机

1. 老工业区面临的主要问题

老工业区一般是指城市中发展历史比较悠久，大多建立在丰富的煤、铁、石油等资源基础上，以煤炭、钢铁、机械、化工、纺织等传统工业为主，以大型工业企业为核心，逐渐发展起来的工业区域和工业基地[①]。这些传统工业区和工业基地一般是在第一次及第二次技术革命之后形成和发展起来的。从全球范围看，典型的传统工业区主要位于欧洲中西部（主要包括英国、法国、德国），美国东北部，日本太平洋沿岸及中国的东北部地区（图1）。

图1　世界传统工业区

来源：《传统工业区与新工业区》授课课件新人教版必修2，经作者加工。

传统工业区由于其有利的资源、区位及市场条件，曾经有过繁荣时期。但随着时代的变迁，多数老工业区已经或正在经历不同程度的衰退。其面临的主要问题是：其一，原有生产技术条件滞后于全球技术进步。二战后，以信息技术为核心的第三次科技革命，以及近年来以互联网、智能化、工业一体化为代表的第四次科技革命，极大地推动了人类社会的发展和科技进步，工业制造业领域的技术革新日新月异。在这样的背景下，企业传统的技术水平和生产方式已无法适应社会发展。其二，经济形势和市场需求发生变化，产品滞销。在经济全球化影响下，世界产业结构发生变化，市场对工业产品和资源的需求也发生变化。如钢铁产业，正面临全球性的产能过剩。其三，产业结构单一，抗经济风险能力弱。传统工业区往往以煤炭或钢铁等一种单一的产业为全区经济的基础，当这种支柱产业面临困境，全区的经济发展也会陷入困境。其四，

---

① http://www.docin.com/p-426134968.html

长期以来粗放的发展模式造成严重的环境污染。受技术条件、经营理念、监管机制等因素影响，工业企业的"三废"长期达不到排放标准，造成对区域内土地、水质和大气的污染。其五，基础设施老化，公共设施不足。区内的基础设施和市政公用设施往往与老企业同步建设，因久用损耗而出现老化。同时由于工业区发展，原有公共设施配置不足。以上种种问题造成老工业区发展缺乏内生的动力，需要对其进行整体的改造。

2. 改造与民生互为促进

老工业区改造能促进民生事业的发展，是改善民生的重要契机。同时，民生的改善也有利于进一步推进老工业区的改造，使各项工作进展更为顺利。如前所述，老旧工业区面临技术落后、产品滞销、产业结构单一、环境污染及设施老化等一系列问题，对其进行改造是必然趋势。但对于如何进行改造规划，如何推进改造项目的实施，可以有不同的思考角度和侧重点，民生理应成为其中的焦点。"改造事事关民生"，技术升级和产业转型关乎职工就业，环境污染的治理关系民众健康，设施的完善关联着群众生活的质量和便利。成功的改造能促进民生的改善。同时应该看到，民众是老工业区改造重要的参与主体，他们对改造中涉及的人员安置、征地拆迁、住房改造、设施配建和环境治理的满意程度，会直接影响整个改造的进度。真正有利于改善民生的项目，一定能获得民众的支持，从而顺利推进。改造和民生是相辅相成、互为促进的关系，以改造兴民生则改造成，以民生促改造则民生安。

三、老工业区改造中的民生工程及其改造措施

老工业区改造中涉及的民生问题林林总总，囿于篇幅所限，只能撷取其中相对最为重要的几大民生工程展开论述，其中包括就业安置、安居保障以及环境治理。就业、居住和环境这三大主题，无论在国内还是国际上的老工业区改造中，都具有普遍的重要意义。

1. 就业安置

就业是民生之本，安国之策。就业保障是民众维持生存和发展的基本保障，涉及

每个有劳动能力的个人以及千家万户的切身利益，关乎社会的和谐和稳定。几乎所有国家在老工业区转型改造的过程中，都伴随着大量的人员失业[①]。如何尽可能地保障就业，促进再就业，如何尽可能做好分流人员的安置，已成为各国政府优先考虑的目标。

表1　　　　　　　　　　　老工业区改造中就业安置的主要措施

老工业区所在地	改造开始时间	就业安置主要措施[②③④⑤⑥⑦⑧⑨]
欧洲国家：典型地区如英格兰中部、西部；法国洛林；德国鲁尔区	20世纪50~60年代	1. 产业转型升级，发展替代产业、高科技产业；主动转移优势产业和人员到区域中更有竞争力的地区，鼓励和促进劳动力在区域间合理流动 2. 改变单一的产业结构，促进第三产业发展，经济多元化发展 3. 政府拨出专项资金/基金支持就业安置工作 4. 以财政手段（税收、补贴等）大力扶植和发展中小企业，吸引外地企业投资以扩大就业；鼓励职工创业 5. 制定法律法规，对企业雇佣失业工人进行补贴，允许满足条件的职工提前退休，并享受退休工资 6. 设立劳动和经济促进机构 7. 政府与民间机构合作，对职工进行免费转岗培训，为再就业创造条件
美国：典型地区如东北部老工业基地	20世纪50~60年代	1. 传统产业的技术改造，发展高科技产业，创造新的就业机会 2. 产业结构多样化，大力发展第三产业拉动经济吸纳就业，如商业、金融业、文化产业、娱乐业、会展业、旅游业 3. 政府拨款及提供低息贷款支持；制定《地区开发法》，提供专项资金 4. 扶持中小型科技企业的发展，给予减税优惠，鼓励私人资本参与老区开发，对创造就业机会的企业给予财税优惠 5. 政府和社会合作，通过各种渠道提供就业信息

---

① ④　张启元："从国外老工业区的转型看辽宁老工业基地的振兴"，《理论界》2004年第4期。
②　杨振凯："日本九州老工业基地改造政策分析"，《现代日本经济》，2006年第6期。
③　李辉、刘春艳："日本与欧盟资源型城市转型中的就业对策比较"，《现代日本经济》，2006年第2期。
⑤　王珏："国外老工业基地改造对我国中部老工业基地振兴的启示"，《郑州经济管理干部学院学报》，2007年第4期。
⑥　杨雪："法国东北老工业区振兴中的就业政策-对我国老工业基地振兴的启示"，《人口学刊》，2004年第5期。
⑦　韩宇："美国中西部城市的衰落及其对策——兼议中国'东北现象'"，《东北师大学报（哲学社会科学版）》，1997年第5期。
⑧　朱华晟："匹兹堡地区的产业重构"，《城市问题》，2001年第5期。
⑨　杨雪："英国北部及西北部传统工业区改造中的就业政策及启示"，《人口学刊》，2006年第2期。

续表

老工业区所在地	改造开始时间	就业安置主要措施
日本：典型地区如北九州地区	20 世纪 70~80 年代	1. 扶持新兴替代产业，吸引社会投资开发工业园，促进中小企业发展，创造新的就业机会 2. 政府主导建立"产、学、住"三位一体的"技术城"，发展高新技术产业，创造新的经济增长点，扩大就业 3. 制定法律法规，如《临时措施法》和《年金基本法》等，保障失业人员再就业平稳过渡 4. 对离岗人员发放退休金和离职金；设立补助金制度，如职业转换补助金、产业雇佣安定补助金、职业训练补助金等 5. 针对失业人员的职业教育与再就业培训

表 1 列举了老牌欧洲工业强国——英法德，以及美国和日本在就业安置方面所采取的具体措施。这些措施的综合效果是成功的，改造过程中以多种途径解决了就业问题，职工得到了妥善安置，老工业区也实现了成功转型和复兴。其经验概括起来有以下几点：其一，制定法律法规保障职工基本权益。将失业人员得到经济补贴、享受退休保障及免费培训的权利，以法律的形式确定下来，并严格执行实施。其二，政府资金支持，确保改造平稳过渡。保障就业安置是政府的重要责任，通过政府拨款、提供低息贷款等方式，确保就业安置顺利推进。其三，通过传统产业内部的技术改造，实现产业转型升级，吸纳部分就业人口。其四，大力发展高新技术产业和服务业，促进产业结构多元化，创造新的就业岗位。其五，鼓励投资和创业，大力扶植中小企业发展，扩大就业渠道。其六，对离岗人员提供退休金/离职金，并设立各类补助金，保障其维持基本生活。其七，对职工进行免费职业教育和培训，搭建就业扶植平台。

2. 安居保障

"民以居为安，民生居为先"，安居才能安心，方能乐业。居住条件和人居环境在很大程度上影响着居民的生活质量。在传统工业区中，一方面由于职工住房建成年代早，条件简陋，且往往年久失修，设施老化严重；另一方面，由于与住房相配套的基础设施和公共服务设施配建不足，给职工生活造成很大不便。老工业区中的住房往往以集中成片的棚户区或贫民窟的形式存在的。在西方发达国家，二战以后的老工业城市和资源型城市曾经存在过大量贫民窟[1]。在中国的许多老工业基地，棚户区现象普遍存在。对棚户区和贫民窟进行改造，是改善民生，实现安居保障的重要途径。

表 2　老工业区改造中安居保障的主要措施

老工业区所在地	改造开始时间	安居保障主要措施[2][3][4][5][6][7][8][9][10][11]
英国：典型地区如英格兰中部、西部老工业区	20世纪50~60年代	1. 政府颁布《改善居住法案》《住房法》等相关法规，提出建造低成本住房，为贫困人口提供保障，逐步清除贫民窟 2. 由国家和各级政府出资修建公共住房，以低价提供给居民租住；给房屋所有者、土地所有者、开发商发放津贴，帮助他们弥补安置成本 3. 出台《伦敦郡规划法》《大伦敦规划》，疏散中心城区人口和产业，将贫民窟中居民转移到非中心区安置，对原有土地进行开发再利用；结合城市总体规划对贫民窟进行改造 4. 政府主导，多方利益群体参与贫民窟改造
美国：典型地区如东北部老工业基地	20世纪50~60年代	1. 制定《住房法》《国民住宅法》《住房与城市发展法》等相关法律法规 2. 成立地方公务局负责旧城改造，地方公务局由地方政府、联邦城市更新行政机关及私人房地产开发公司共同组成 3. 将清除贫民窟后得到的土地在市场出售，并要求重建用地必须有一半以上的土地面积用于居住用地；实施公共住房计划，为居民提供有政府补助的高层公寓或其他保障性住房

---

[1] 郑文升、丁四保、王晓芳、李铁滨："中国东北地区资源型城市棚户区改造与反贫困研究"，《地理科学》2008年第2期。

[2] 裴婷婷：《城市棚户区改造实践研究 – 以包头东河区北梁棚户区改造为例》，硕士学位论文，内蒙古大学．2014年。

[3] 职甜美：《我国城市化进程中的城市贫困问题研究 – 防范贫民窟现象》，硕士学位论文．云南财经大学．2015年。

[4] 孔俊婷、孔江伟："英国贫民窟的空间改造模式研究"，《建筑与文化》，2015年第10期。

[5] 董丽晶："国外城市贫民窟改造及其对我国的启示"，《特区经济》，2010年第11期。

[6] 廖卉芳：《武汉市棚户区改造困境及对策研究》，硕士学位论文，华中科技大学，2013年。

[7] 许广义、张逸昕："国外老工业基地改造的对策及对我国的启示"，《商业研究》，2005年第12期。

[8] 栾福茂："国外振兴老工业基地的经验"，《经济理论与经济管理》，2002年第3期。

[9] 陈飞、倪鹏飞："棚户区改造与城市内部空间再造"，《首都经济贸易大学学报》，2014年第5期。

[10] 杨洁、任绍斌："棚户区改造模式可持续性探究"，《中国城市规划年会》，2015年。

[11] 陈萍、李博惠："辽宁棚户区改造的成功探索与实践"，《沈阳干部学刊》，2012年第4期。

续表

老工业区所在地	改造开始时间	安居保障主要措施
美国：典型地区如东北部老工业基地	20世纪50~60年代	4. 联合民间多方力量，借助社会文化手段，共同参与社区改造 5. 实施"模范城市计划"，在经济和社会发展方面给予贫民窟更多关注，兼顾物质性改造和社会经济的发展；将贫民窟治理纳入整个城市的复兴规划，以及社区发展规划 6. 政府拨款用于改造交通、供水及污水处理等基础设施，及学校、医疗等公用设施；设立"社区发展基金"和"都市发展基金"，为改造提供资金支持；同时，吸引社会投资参与改造
日本：典型地区如北九州地区	20世纪70~80年代	1. 制定相关法律法规，保障公营房的开发、建设和合理分配 2. 政府拨出特别预算，用于帮助老工业区改造基础设施，改善投资环境；维持学校、医院、道路及其他地方性公共服务设施 3. 设立"日本特别整治地区"，组建产煤区振兴事业团专门负责该地区复兴；设立"日本住宅公团"，旨在为有住房困难的居民提供住宅 4. 通过住宅金融支援机构，多渠道筹集资金，用于公营房建设 5. 地方政府部门筹资建造公营住房，并对其进行经营管理，提供给老工业区低收入者使用 6. 将老工业区的住房改造计划纳入城市整体发展规划
中国：典型地区如东北老工业基地	20世纪80~90年代	1. 多渠道筹措改造资金，如财政补助、银行贷款、企业支持、群众自筹、市场开发等 2. 政府出台相关政策，将征收补偿、对参与改造开发企业各项税费减免等，以法律形式予以保障；严格执行拆迁保证金、听证会以及公示等制度；坚持"先安置后拆迁"的改造原则 3. 采取"拆一还一"的补偿方式，拆迁多少面积，安置多少面积。超出拆迁面积部分只需补建筑成本价；科学规划安置点，坚持原地安置与异地安置相结合，整体大分散，局部小集中，个别混搭，将贫困集中区拆散到不同的安置点 4. 基础设施建设和住房建设同步进行，完善棚改新区功能配套 5. 棚户区改造的同时，改善商业环境，推动民企发展，发展社区经济，扩大居民就业 6. 政府主导，企业、居民、非政府组织等参与改造

图 2　中国辽宁省阜新市孙家湾棚户区（改造前）　图 3　中国辽宁省阜新市孙家湾棚户区（改造后）

来源：http://news.xinhuanet.com/foto/gzpk/2011-09/03/c_121960585.htm。

来源：http://news.xinhuanet.com/foto/gzpk/2011-09/03/c_121960585.htm。

老工业区的安居保障工程选择以英国、美国、日本和中国为先进代表，这些国家的国情、经济发展水平和改造时所处的发展阶段不同，但其改造措施有许多相似之处。其一，以法律法规、规章制度和相关政策保障棚户区/贫民窟改造。改造触及多方利益，对地区经济社会发展影响深远，政府必须出台法律法规和政策文件进行规范协调。其二，政府主导，企业、民众、非营利组织/非政府组织（NPO/NGO）等多方主体共同参与。改造需投入巨大资源，利益相关者牵涉众多，政府往往在其中起着主导作用，同时应该激励和动员企业、民众等利益相关者和NPO/NGO积极参与。包括规划及政策制定、融资、项目实施和管理等改造全过程。其三，住房、设施、经济和社会的全方位改造。成功的安居工程应同时包含物质实体改造和经济社会改造，唯其如此，改造的效果才能长久和可持续。物质实体改造包括住房建设，及与之相配套的基础设施和公共服务设施建设；经济社会改造指改善地区营商环境，拉动投资和消费，促进社区经济发展，健全社会保障，扩大就业等。其四，将改造规划纳入城市规划体系，进行通盘考量。有利于在市域范围内平衡改造与安置点的空间区位，使改造更为科学合理和人性化。

3. 环境治理

"良好的生态环境是最公平的公共产品，是最普惠的民生福祉"。环境质量直接影响着公众健康和居民生活。老工业区往往是煤炭、钢铁、机械、化工等重工业企业的集聚区，这些企业长期以来在生产中排放的"三废"（废气、废水、废渣），如果不加处理，会对当地的空气、水和土壤造成严重污染，进而危害职工的生存健康，威胁居民生命财产安全。生存和健康是居民最根本的民生权利，如果这个权利得不到保障，那么其他民生权利如发展机会、个人价值实现等，就成了无源之水、无本之木。因此，环境治理应该成为民生之重，特别对于像中国这样城镇化需要稳速提质，经济结构面临转型升级的发展中国家。过去那种高耗能、高污染、高排放的发展模式，对老工业区已造成不同程度的污染，环境治理的任务紧迫而繁重。

表3　　　　老工业区改造中环境治理的主要措施

老工业区所在地	改造开始时间	环境治理主要措施①②③④⑤⑥⑦⑧
德国：典型地区如鲁尔区	20世纪50~60年代	1. 联邦政府和州政府出台法律法规，如《土壤保护法》、《水保护法》、《森林保护法》、《矿山保护法》、《环境保护法》等，规定企业对其造成的污染必须进行综合治理，而且终身负责 2. 政府设立土地基金，用于传统产业退出后土地污染的修复和治理，治理后再出让给新企业，成为新的工业用地、绿地或居住区 3. 当地政府专门设立环境保护机构，对工业区内环保工作进行监管 3. 在区域总体规划中，制定营造"绿色空间"的计划，进行大规模植树造林；保护绿地、湿地等生态廊道 4. 建立完整的矿区资料信息库，对污染现状进行数字化管理 5. 严格限制工业"三废"排放，使其达到排放标准；运用生态修复技术，对工业区内河流水系及土壤进行综合治理，在区内建立空气质量监测系统 6. 积极发展服务业，控制和减少污染源，如利用废弃厂房和矿井等发展工业遗产旅游

① 薛宇航：《中国棕地治理法律制度研究》，硕士学位论文，重庆大学2013年。
② 王娜："老工业基地绿色转型路径研究"，《绿色科技》，2015年第12期。
③ 乔青山："德国在矿区环境保护与综合治理方面采取的有效措施"，《煤炭加工与综合利用》，2013年第5期。
④ 李秀云："德国鲁尔区工业废弃地生态治理经验及在唐山市中心区的应用"，《中国城市林业》，2012年第2期。
⑤ 玉智华："株洲清水塘传统老工业区'绿色转型'规划路径研究"，硕士学位论文，华南理工大学.2014年。
⑥ 杨振凯："日本九州老工业基地改造政策分析"，《现代日本经济》，2006年第6期。
⑦ 童传轩："循环经济视域下老工业城市改造问题研究——以福建省三明市为例"，硕士学位论文，华侨大学2012年。
⑧ 刘建芳："美国大都市特定区域'棕色地带'的治理及启示"，《南通大学学报（社会科学版）》，2015年第4期。

续表

老工业区所在地	改造开始时间	环境治理主要措施
美国：典型地区如东北部老工业基地	20世纪50~60年代	1. 政府颁布《土壤保护法》、《环境应对、赔偿和责任综合法》、《棕地经济振兴计划》、《纳税人减免法案》、《小企业责任减免和棕地复兴法》等法律法规 2. 政府提供资金和贷款，用于老工业区环境治理 3. 联邦政府与州政府及地方政府密切配合，对老工业区的三废排放及污染治理进行监管；同时发动广大民众、民间团体和媒体，行使共同监管的权力 4. 多方参与机制：鼓励企业、民间组织和个人与政府一起参与治理，以补助金方式鼓励非营利机构和社会团体参与环境治理，以税收优惠政策激励私人资本参与投资环境治理改造 5. 通过示范工程带动，传播先进技术与经验 6. 政府对污染治理工作人员及老工业区居民进行培训
日本：典型地区如北九州地区	20世纪70~80年代	1. 制定《公害对策基本法》、《大气污染防治法》、《水质污染防治法》、《北九州公害防治条例》、《生态工业园条例》等一系列中央和地方性环保法律法规 2. 建立生态工业园，大力培育和引进环保产业，发展循环经济 3. 环境修复与老工业区整体改造相结合，如在工矿区原址建设市民公园和娱乐设施，达到环境治理和改善人居的双重效果 4. 多方参与机制：政府制定法律及政策引导，并实施监督；企业积极配合；民众和非政府组织积极参与并实施监督 5. 政府制定促进老工业区发展的长期规划，并保证其实施的连续性 6. 加强对国民的环保教育和培训，培养环保意识，促进行为模式和生活方式改变 7. 在环境保护领域广泛参与国际合作，推动技术与经验的交流

环境治理领域以德国、美国和日本为典型范例，这些国家在工业化和城镇化过程中，都经历了从污染到治理的发展路径，积累了丰富的经验。一，严格的立法与执法保障。生态环境资源是具有强外部性的公共产品，必须通过强有力的法律法规体系保障公共利益不受侵害，明确企业污染治理责任，防止"公地悲剧"的发生。二，政府主导，多方参与。中央政府和地方政府协调配合，出台相关政策，筹措资金，行使规划、管理和监督职责；企业配合落实减排及达标排放责任，吸引社会资本参与环境治理；民众和非营利组织/非政府组织（NPO/NGO）协助政府进行评估和监督。三，构建

图4　日本北九州老工业区环境改造前后

资料来源：日本北九州生态工业园简介PPT。

综合环境治理体系。包括企业污染控制、生态环境修复、自然生态保护、绿化工程等，多管齐下，协同推进。四，注重教育与培训。对企业进行污染控制与治理的技术培训，对民众进行环保科普类教育。五，国际国内技术交流与示范推广。加强水环境治理、土壤修复及大气污染防治领域的技术交流与合作；鼓励通过典型示范工程，推广先进的实用技术。六，环境治理与老工业区改造相结合。将治理与产业升级、就业安置、住房改造、设施建设等相结合，互为促进，共同推进。

四、借鉴与启示

以上从就业安置、安居保障和环境治理三方面，总结了英、德、法、美、日等西方发达国家以及中国的成功经验。从这些经验涉及的主要内容来看，包括法制和管理的加强，技术的转型升级与交流，技能与知识的教育和培训，多元融资平台的构建，多方参与机制的建立，以及单个项目与整体改造的整合。其涵盖领域包括管理、技术、理念、行为模式、融资、合作与交流等。这些经验覆盖面广，无法一一列举。根据中国目前国情下可推行的原则，经进一步梳理和提炼，得出以下有益的借鉴与启示。

①颁布法律法规与相关政策，规范改造中的责权利关系。凡是成功的老工业区改造，都有相对较为完善的法规与政策为之保驾护航。发达国家如此，发展中国家亦如是。从案例中我们看到，各国政府为了实现促进就业、保障居住和改善环境的目标，都会配套出台相关法律法规和政策文件，并以国家的行政强制力推行实施，保障其落到实处。例如老牌工业国德国，为改善老工业区的环境质量，制定了分别针对土壤、水、空气，以及森林、矿山的专项法律，并配合《环境保护法》等综合性法律，形成相对完备的法律体系。同时我们注意到，随着改造实践的深入，政府会不断调整和完善相关法规和政策，以取得最佳实施效果。例如工业化最早的国家英国，为了改善工人阶级的住房条件，从19世纪中叶到20世纪中叶的一百年间，先后颁布了十多次住房相关法律，其中许多是在原法律基础上的修改和调整。

我们应从以下几方面入手，构建相对完善的法规与政策体系。一，中央和地方各级政府应出台相关法律和政策，支持老工业区改造。应该提升政府出台的政策文件的法律层级，以保障其权威性，提高其受重视程度。发达国家的经验一般是以法律为主，政策为辅。二，严格公正执法。法律的生命力在于实施，法治的核心在于公正，执法问题虽是老生常谈，但确是问题的关键。应动员全社会的力量，行使监督的职责。三，适时修改和调整法规与政策。根据实施效果及民意反馈，对政策文件进行及时修正。

②以政府投资为主，拓宽投融资渠道。老工业区改造是一项系统而长期的工作，其成败影响成千上万家庭的民生福祉。政府在改造中必须起主导作用，这种主导体现在政府以政策文件对改造进行规范和管理，也体现在政府作为改造投资主体的责任。在许多西方发达国家，市场经济及法制已相当成熟和规范，但这些国家仍然倚重于依靠政府主导来进行改造，政府是改造的投资主体。如美国和日本，中央政府和地方各级政府提供大部分资金、低息贷款或基金支持，小部分则利用民间资本。之所以强调政府的主导和投资主体地位，是由于：一方面，老工业区为国家经济社会发展做出了卓越贡献，其兴衰直接关系地方甚至国家大计，政府对改造有义不容辞的责任；另一方面，由于中国目前的市场经济与法制环境尚待完善，必须在政府主导下推进此类民生工程建设。市场化的基础是法制，是科学的立法、严格的执法、公正的司法和全民

的守法。西方国家之所以能推行高度市场化，是因为有系统完备的法律体系为保障。中国目前的条件尚不成熟，如果过度强调市场的作用，其效果可能与改造的初衷相悖。除政府投资外，应鼓励利用民间资本参与改造，使融资渠道多元化。如美国老工业区住房改造除政府拨款外，还利用金融信贷企业、私人资本家及各基金会的贷款。值得一提的是，中国在一些老工业基地棚户区改造中，采用政府主导，多渠道融资的模式，取得了很大成效。

在融资方面，我们得到的启示是：第一，中央和地方政府以多种方式筹措改造所需的主体资金，如财政拨款，各国营金融机构贷款，专项基金，国债和地方债券、彩票，地方土地出让收益等。第二，适度利用民间资本参与改造，并对其加强引导和管理。这些民资包括各民营商业银行、信贷机构、民营企业及私人企业家的贷款。第三，争取国际资金支持。如各国际金融机构（如世行、亚行、亚投行等），大型基金会的贷款或赠款。

③统筹就业、居住与环境改造，协调经济社会规划、住房发展规划与环境保护规划。就业、居住和环境，是民生的"三驾马车"，三者互为补充，互相促进。只有促使三者共同进步，共同成就，才能夯实老工业区改造的基础，筑稳民生事业的根基。改造中若缺少任何一方，那么从长远来看，必然会造成一系列问题。比如：棚户区改造和环境治理都搞好了，但就业安置滞后甚至缺位，职工无业可就，丢了饭碗，失了生存的经济来源，那么再好的居住和环境条件，都会成为虚无缥缈的空中楼阁。再如：如果就业和居住都搞好了，但环境污染没有得到控制和治理，民众时刻面临着健康的威胁，这种改造同样华而不实，缺乏根基。再者，如果就业和环境治理都搞好了，但居民还是挤在低矮破旧，条件简陋的棚户区中，这种改造也显然只是质非文是，非民众想要。可见，改造中必须统筹三者，共同推进。前章案例中，西方发达国家在老工业区改造中，采取统筹就业、居住和环境的做法，取得了明显成效。在中国的一些老工业基地中，也开始越来越多地考虑三者的统筹和协调发展。

就此我们得到以下启示：一，在改造的顶层设计阶段，就应该考虑如何将就业安置、安居保障和环境治理更紧密地结合起来，并在相应规划中得到体现。就业安置属经济社会规划，安居保障属住房发展规划，环境治理属环境保护规划。除这三个专项规划外，应编制《老工业区改造规划》，作为此三专项规划的上位规划，综合协调和指导就业、居住和环境改造的关系和建设时序，这也体现了老工业区改造是物质实体改造和经济社会改造的结合。二，成立专门的机构，协调和统筹安排改造相关事宜。老工业区改造涉及不同政府部门的职权，单从就业、居住和环境这三大民生工程来看，其监管职责就可能分布在发改、人社、住建、环保等不同职能部门，所以必须有专门的组织机构负责协调各方关系。

④创建各利益相关方与非营利组织/非政府组织（NPO/NGO）共同参与的交流合作平台。老工业区改造要想真正"解群众之所困"，必须真正做到"想群众之所想"，了解工业区内群众的实际意愿和需求。民众是改造最直接的利益主体，应该允许他们以不同方式，参与到改造的规划与实践中来。此外，各级政府、区内工业企业、开发企业、投资企业，以及民营资本投资人等，也都是利益相关者，他们也会以不同方式参与改造。如此众多的利益群体，其期望和目标不尽相同，利益诉求也很难完全一致。在这种情况下，如何协调各方关系，寻找利益平衡点，搭建由多方共同参与，相互交流合作的平台，就显得尤为迫切和重要。为做好这项工作，应该充分发挥非营利组织/非政府组织的作用。非营利组织/非政府组织（NPO/NGO）不以营利为目的，在改造中无利益关系，具有为公众服务、维护公众利益的核心价值观，是协调社会关系的"润滑剂"。西方国家都十分重视发挥 NPO/NGO 的作用，案例中提到的国家，无论美国、日本，还是德国、英国，NPO/NGO 组织都非常活跃，协助政府在不同领域开展工作，构建多方利益群体参与的交流合作平台，最大限度地保障公众利益。

就此我们得出以下启示：一，使非营利组织/非政府组织（NPO/NGO）参与改造规划，包括规划的编制、管理和实施。二，使 NPO/NGO 组织能够行使监督职权，切实保障规划实施和公众利益。三，鼓励和协助 NPO/NGO 组织在社区合法开展工作，征询改造民意诉求。四，NPO/NGO 组织协助社区开展相关培训和教育，提高民众相应能力。如针对失业人员的再就业培训，针对环保技术人员的环境改造培训，以及针对普通民众的环保科普培训等。

> 谢鹏飞，博士，副研究员，主要工作与研究方向为低碳城市/包容性城市规划与发展。现任 C40 城市气候领导联盟（C40 Cities Climate Leadership Group）东亚区副总监。

弗莱堡市的可持续地方发展与营销

贝尔特·达勒曼　陈　炼

　　本报告介绍了弗莱堡市经济旅游会展促进署（Freiburg Wirtschaft Touristik und Messe GmbH & Co. KG /FWTM）的战略白皮书。其宗旨是将促进署的工作透明化，并在对弗莱堡经济条件进行分析的基础上确定未来工作的纲领、目标和措施。弗莱堡市经济旅游会展促进署的战略白皮书聚焦于地方发展的经济重要方面，因此，其他同样重要的课题以及发展领域将不在此进行论述或者仅简要带过。

一、劳动力市场与就业

1. 劳动力市场

　　在过去的二十年中，弗莱堡地区就业人员数量持续增长。1987年的雇员、自由职业者和半职的家属工数量总共不到111000人，2010年就已经达到了创纪录的151500人。多年以来，弗莱堡的就业岗位数量始终居于整个巴登符腾堡州大城市的领先地位。享受社保的从业人员（SVB）数量在此期间增加了23%，这意味着每年平均净增1000个工作岗位。

在全德国范围内的比较中，弗莱堡也有着卓越表现。继明斯特之后，弗莱堡是全德国 2000 年至 2009 年创造就业岗位最多的城市。

和就业数量的增加相对的是就业市场比例的改变。和其他城市一样，这里可以看出就业岗位质量上的变化。可以确定的是：①女性就业者的比例持续增加，从 1987 年的 46.3% 增加到今天的 52.2%；②由此而产生的非全职工作岗位增幅超出了平均水平，从 2000 年以来这一比例从 19.9% 到 25.7% 增加了将近 6%；③尽管非全职工作的范畴中妇女比例有所下降，如今依然超过了 3/4。

从教育水平角度观察就业发展，可以明确得出以下结果：①弗莱堡拥有高级专业人才的比例为 15.9%，远超过联邦德国平均水平 7.8%；②未经职业培训的从业人员获得就业机会的可能性越来越小，尤其是在全职岗位；③拥有高校文凭的就业人员数量增加，同时也体现在妇女比例的增加上。2000 年拥有高校学历的从业者 63.6% 是男性，2009 年就降至 56.7%。

随着经济复苏，弗莱堡培训市场的情况也在不断改善。企业提供更多的培训职位，越来越多的年轻人也对双元制培训感兴趣，培训学年结束后大多数学生都可以上岗就业。2010 年 9 月培训学年结束时，弗莱堡劳动局登记在案的职业培训岗位共有 3489 个，增幅为 4.4%。报名申请的人数增加了 11.8%，共有 3276 人。由此可以得出百分百的录取率。

2010 年 8 月，弗莱堡市区失业率达到了历史最低点 5.6%。弗莱堡劳动局的辖区也包括布莱斯高－上黑森林地区和埃门丁根，该范围内以 4.8% 失业率几乎达到了完全就业的水平，同时也是整个巴登符腾堡州青年人失业率最低的地方（3%）。由此也显而易见，弗莱堡的发展相比整个联邦州的趋势要更为稳定。由于 2009 年德国经济危机，在过去若干年中巴登符腾堡州的失业率从 2008 年的 4.2% 增加至 2010 年 3 月的 5.4%。

2. 人口发展

德国和欧洲的很多地区将在未来持续受到专业人才后备力量匮乏和人口老龄化的影响：世界范围内其他区域由于儿童数量的增加而不断增长，而德国和欧洲则要面对人口平均年龄的明显老龄化以及人口总数的减少。

弗莱堡拥有着人口增长的巨大潜力。过去二十年间，弗莱堡的人口增加了 22%。

如今，弗莱堡早已不是退休养老的世外桃源，恰恰相反：弗莱堡的居民平均年龄为40.8 岁，是巴登符腾堡州最"年轻"的大城市。20% 的家庭户主年龄低于 30 岁，弗莱堡在全德范围内也属于居民数量继续增长以及平均年龄相比保持年轻的城市。在大学和研究机构周边地区，这一趋势可以得以保持。因此目标应当是弗莱堡到 2030 年之后依然保持人口持续增长，这和联邦德国乃至很多欧洲国家的趋势是相反的。

但是，在弗莱堡也可以感受到人口发展的普遍趋势。即使相比全德范围，这里的人口平均年龄较低，也依然处于老龄化的趋势中。弗莱堡人口平均年龄将在 2025 年达到将近 45 岁（2008 年平均年龄 40.8 岁）。观察学生数量，涉及人数最多的普通中学学生数量在 2015 年将比 2006 年的水平降低 15%。文理中学的学生数量从 2010 年就开始下降。与此相关的便是专业人才后备力量的紧缺。结果是企业和机构必须在寻找就业者的过程中克服重重困难。尤其是工程师和 IT 专门人才现在就很紧缺。弗莱堡地区的企业经常找不到合适的劳动力来填补空缺的岗位。

3. 家庭与工作的协调

弗莱堡的未来经济及其吸引力取决于年轻家庭的职业前景。家庭与工作的协调已经成为选择落户地点的重要原则之一。理由是：由于人口变化和专业人才匮乏，必须更加充分利用就业人员潜力，缩短因家庭原因的停工期也成为必要。社会的价值观也发生了明显变化。相比单纯的收入和事业发展，人们越来越重视家庭和工作的协调。许多弗莱堡的雇主们已经认识到他们可以从有利家庭的措施中获益，未来这方面可能性还有很大空间。

2009 年弗莱堡市经济旅游会展促进署对现状、潜能以及需求进行分析，确定了有利于家庭的措施的现状，探测发展潜能并了解了必要的框架条件以及对支持的需求。评估抽查对象涵盖了 119 家企业及其 37170 名员工。这里显示，有利于家庭的工作时间制是弗莱堡地区的雇主们最广泛使用的机制。几乎三分之二的企业采取了至少一项父母产假期间的个人发展措施。目前最缺乏的是家庭服务/照管供应方面的措施。企业对雇员在工作时间之外照顾家属的具体安排还很少见。随着社会老龄化，这方面会成为越来越多的从业人员都要面对的挑战。

4. 购买力

弗莱堡的居民购买力略低于全德平均水平，远远落后于巴登符腾堡州的水平。根据 2009 年 12 月消费研究联合会（Gesellschaft für Konsumforschung /GfK）的统计，弗莱堡居民人均消费 17725 欧元。德国平均水平为人均 18904 欧，巴登符腾巴州人均为 20227 欧。

购买力较低的原因是工资水平相对较低，这是由于服务业就业比重较高、房价和租金高于平均水平所造成的；还有一个重要原因是作为德国著名的大学城，年轻家庭和在校大学生占比例较大，他们往往还处于学习或培训阶段。由于市内房价较高，许多年轻家庭住在周边地区，每天往返上班。然而对城市和市县区购买力的计算是错误的，许多超过联邦德国平均收入水平的个体虽然都是在弗莱堡经营或就业，却应该算是弗莱堡周边的布莱斯高－上黑森林地区，那里的购买力指数是联邦德国平均水平的 105%。

5. 居住、文化、气候和生活方式

一个地方的吸引力在保持当地企业活力以及招商引资的竞争中扮演着越来越重要的角色。生活和工作环境、生活质量以及教育和文化项目都是招揽高技能人才的重要因素，因此也成为企业和机构选址时的考虑范畴。因此，经济促进的任务是对地方的框架条件进行营销宣传和改善。"认识弗莱堡，就会爱上这座城市"，这句话可不仅是瓦尔特·彦斯（Walter Jens，德国联邦交通、建设和城市发展部"社会城市"项目评估委员会成员）的名言。尽管如此，始终都要将对外宣传、保持以及不断提升弗莱堡的吸引力作为长久的任务。

住房对地方吸引力至关重要。弗莱堡属于德国高房价的城市。因此，具有吸引力的周边邻近地区在住房供应方面也扮演着决定性的角色。弗莱堡享受社保的就业人员中，有 55.4% 是居住在周边地区、每天往返的"候鸟族"。

弗莱堡是拥有丰富文化和休闲项目的大城市。传统和现代文化项目的结合以及极具休闲价值的高品质生活成为这个城市形象的重要组成部分。弗莱堡在音乐、戏剧、音乐剧和舞蹈、歌舞杂耍以及视觉艺术等方面的节目全年不断。此外，在整个上莱茵

河地区也有很多文化亮点。

弗莱堡将文化与自然联系到一起：城市和周边地区可以提供一切休闲活动。德国其他城市很少有这么多体育和休闲活动场地。上黑森林地区、凯泽施图尔山（Kaiserstuhl，意为皇帝之椅，上莱茵河地区著名的酿酒区）、马尔克格莱夫勒兰（Markgräfler Land，意为伯爵领地，也是上莱茵河地区著名的酿酒区）以及附近的阿尔卑斯山都是户外活动的好地方。同样受欢迎的还有法国阿尔萨斯地区（Elsass），那里很好地结合了休闲活动和美食享受，也是郊游的好去处。

二、经济结构

1. 行业

弗莱堡的就业结构显示了过去几十年中从工业社会向服务和知识型社会的完美转变。超过80%即绝大多数的就业人员都在服务行业。从1950年起，尤其是在"其他服务行业"的从业人员数量大幅增加。1950年该行业就业人员比重还只有37%，2008年就达到了61.5%。知识导向型的服务占大多数。凭借15.9%高技能专业人才这一超过平均水平的数字，弗莱堡当之无愧是知识的领地。

制造业、农业和林业的从业人员数量减少。1950年，制造业从业人员以37%的水平还超过了整体就业岗位的1/3；如今这一比例仅为16%。尽管如此，制造业、手工业和销售行业对保持经济结构的稳定和未来活力依然至关重要。1961年农业和林业的就业人员为3.6%，如今只有0.1%。1950年以来，贸易和交通领域几乎保持稳定发展，1950年25.5%的就业人员比重到2009年降为22.6%。

创收最高的经济领域是健康医疗产业、手工业、贸易、环境经济、科学、旅游业以及微系统技术（参见第四章）。所有这些行业在弗莱堡都有悠久历史。微系统技术的前身是制表业的精密机械学。

弗莱堡的经济主体是中小型企业。90%的就业人员都在少于50人规模的企业工作。此外，弗莱堡的经济结构中也以公法财政形式的雇主占多数。弗莱堡共有28457

名从业人员，在巴登符腾堡州首府斯图加特（Stuttgart 57935 人）和卡尔斯鲁厄（Karlsruhe 30006 人）之后居于第三位，其中事业单位从业人员比例低于巴登符腾堡州县市水平。最大的雇主是大学附属医院、综合大学、弗莱堡市政府以及弗劳恩霍夫太阳能和能源系统研究所（ISE）。优势在于：相比巴登符腾堡州其他城市，弗莱堡市受经济波动的影响较小。同时，这种情况也反映在弗莱堡民众的经济亲和力较低，区域范围内风险投资家在这里的投入也较少。

手工业可能是最多样化的经济领域，其中小型企业组成了弗莱堡经济的核心。在近 2100 家手工企业有大约 12000 名员工，还有超过 1000 名培训生在这里接受专业技能培训。因此，弗莱堡整个就业群体将近 8% 都在手工业。2009 年弗莱堡手工业的销售额大约为 9.2 亿欧元。其中最具代表性的行业是健康医疗产业（613 家企业），接下来是金属/电子（516 家企业）、建筑（452 家企业）、木业（236 家企业）、纺织（123 家企业）、食品（77 家企业）以及其他行业（95 家企业）。

手工业承担着城镇国计民生不可或缺的核心人物：除了保障居民的物资和服务供给外，还有维持公共机构的正常运转，并为保证经济和税收实力作出贡献。建筑的节能改造方面蕴含着巨大潜力。

由于公法财政形式的机构占比重较高，弗莱堡的营业税收要低于巴登符腾堡州的平均水平。过去这些年里，营业税收几乎保持持续增长，受经济波动的影响较小。

2. 零售业

中心城市弗莱堡作为购物天堂，贸易中心地位指数高达 153.2%，对周边地区以及整个南巴登地区都很重要。大约 15% 的就业人员都在商业领域。根据弗莱堡市经济－旅游－会展促进署所发布的研究报告"弗莱堡 2008 至 2009 年度一日旅游分析"，购物体验是弗莱堡吸引大量来自国外的一日游客人的主要原因，尤其是来自邻国瑞士和法国。

整个弗莱堡市过去二十年的零售业营业额增加了 47%，而整个德国只有 26%。整个弗莱堡市实现的零售业销售额（不包括食品）为 16.3 亿欧元。市中心的营业额占 46%，约 7.4 亿欧元。老城区的零售企业数量在过去二十年中从 504 家增加到 517 家，增幅为 13 家（即 2.5%）。零售业的面积也从 110.000m² 增加到 127.600m²，增幅为

17.600m² （16%）。

为了阻止商业物业向城市周边绿地迁移，保持市中心作为商贸中心的吸引力，以及保障城市各区日常物资供应，弗莱堡1992年作为全德国第一个城市率先推行了"市场和中心方案"，德国各地继而纷纷效仿。该方案对于哪些土地可以优先供大面积的零售业使用做出了约束性的预先规定。

弗莱堡市中心集合了百货商场、购物中心和大小专卖店，还有丰富的服务业、餐饮和文化项目，共同打造了这里的吸引力。仅有3%的商铺空置率几乎可以忽略不计。1A和1B区（城市最中心地段）对所有行业都是供不应求的黄金地段。

贸易为城市的发展注入新鲜血液：因此有必要为开发多方面的供应形式而提供足够的土地，比如通过进一步开发欧洲区俾斯麦大街/弗里德里希环道（Bismarckallee/Friedrichring），提升火车站区域的商业价值，尤其是改善这里和市内的轨道连接。菩提树下区购物商场的开放将吸引更多客流。通过和哈布斯堡大街（Habsburgerstraβe）相连接，重新布局胜利纪念碑（Siegesdenkmal），可以实现北部凯撒-约瑟夫大街/弗里德里希环道（Kaiser-Joseph-Straβe/Friedrichring）地段的升值。进一步开发"皇宫山尖（Schlossbergnase）"地段，就有可能重新规划交通车流的状况。长期来看，新的洛特艾克环道（Rotteckring）沿线还是有很大潜力可以发掘。

像弗莱堡老城这样的市中心拥有诸多城市建筑的亮点，交通距离短，还有丰富的文化、餐饮和零售业，这些元素共同产生了巨大的吸引力。这是人们会面、交流以及公共生活的重要场所。市中心的大型活动非常多，比如狂欢节游行、集市、Hocks、节庆活动、文化和政治性活动以及国事访问或其他代表性大事件等。正是这些被国内外媒体广泛报道的大事件，是地方营销中不可小视的形象因素，特别是本地零售业会从中长期获益。

3. 土地

弗莱堡整个占地面积大约15300公顷，其中仅有1000公顷用于工业、商业或混合用地，也就是说，弗莱堡9.7%的土地面积是用于制造业和服务业的创收，其余90%都是住宅、休闲用地和自然土地。

在商业用地的分配和再利用方面，弗莱堡经济房地产署（fwi）为弗莱堡市及区域提供支持。该机构是弗莱堡经济旅游会展促进署和弗莱堡储蓄银行共同所有的公司，这种形式以及任务的存在在德国范围内是独一无二的。弗莱堡经济房地产署提供市场分析、介绍商业地产、修缮废旧受污染建筑、为获取扶持资金提供支持、开发使用方案并进行土地评估。它的股东结构以及项目都是以政府和社会资本合作形式（PPP）存在的。该署的任务是在土地所有者、地方、雇主、行政管理部门和机构之间展开以寻求解决方案为导向的对话，并执行可行性解决方案。

成功需要空间：数量的增长需要保证充足可用的商业用地，也要通过公示新的商业土地。新商业用地的公示往往会受到所谓"土地使用"的阻碍。通常这些土地长时间没有用于商业用途，而是作为农业用地以及处于未开发的原始状态。重要的是其可用性，以便能在短期内满足搬迁或新落户的需求。

对经济促进而言，高质量的居住空间是企业落户或搬迁时重要的决定因素。目前投资者对多层住宅楼的需求非常大。弗莱堡市现在如果有适合的建筑项目的话，就有机会吸引较大的机构性购买者。在古特洛特玛腾（Gutleutmatten）的开发就是一个示范性的例子。

由于从制造业社会向服务型、知识型社会过渡的经济结构转变，弗莱堡对单纯工商业用地的需求有所下降。过去若干年中，服务领域对土地的需求大多数在混合型建筑地皮上得到满足。尤其是在弗莱堡，教育机构的用地需求目前非常大，比如弗莱堡大学、弗劳恩霍夫研究所、安格尔教育机构（Angell）或在麦茨豪斯尔大街（Merzhauser Straβe）所谓法勒地块（Faller–Grundstück）上新建的学校基金会等。

弗莱堡市的工商业地区豪赫多夫、北区和海德区（Hochdorf, Nord, Haid）仅还有少数几公顷面积可供开发。很久以来，经济促进部门都将更大的用地需求转移到了跨地区的布莱斯高工业园（Breisgau）和弗莱堡经济区周边县镇。结果就是很多企业搬迁到这些区域。如果弗莱堡不应只在周边地区扩张，那么除了现在有效的土地使用规划外，将来还应在弗莱堡辖区内满足制造业、手工业和物流的用地需求。

私人业主渐渐成为工业用地最大的供应方。由于缺乏自有土地，经济促进部门要依赖于和私有土地业主的合作。豪迪亚（Rhodia）拥有工业用地53公顷，其中23公顷为未建空地。这里的问题是，豪迪亚只将土地作为世袭佃权来出让。奥厄里斯（aurelis）在货运火车站区域开发了40公顷的工业用地。还有更多的土地是由豪赫多夫区

（Hochdorf）的巴登威客（Badenwerk）以及海德区（Haid）的豪恩巴赫公司（Hornbach）所提供的。这些土地因价格太高而少有问津。

城市和周边地区的价格落差日益加大。弗莱堡市内的工业用地价格在130欧至220欧之间。周边县镇的工业用地价格为40欧至70欧，还包含了公共基础设施连接费用。周边县镇还可以给予部分落户企业所谓"乡村地区发展项目资金"（ELR/Entwicklungsprogramm Ländlicher Raum – Mitteln）的补贴。伴随弗莱堡城区的紧缺趋势，这里的工商业不动产价格也不会降低。这对中小企业为主的经济结构而言，是一定程度上经济上难以解决的一个基础设施问题。弗莱堡市的价格是按照专家委员会给出的标准值而定的。

节约土地是经济促进的义务。在对工商业用地的使用中，经济促进部门要对投资企业和机构施加影响，尽可能地充分利用建筑法允许的所有可能来进行密集建设，如有可能的话，甚至通过叠加可兼容的用途来实现这一点。在前不久，这些工业区成为了建筑设计的"风向标"。弗莱堡新工业区的建筑设计品质被视为极富吸引力。

除了开发新的工商业用地外，振兴棕地对经济也尤为重要。弗莱堡经济房地产署最重要的振兴项目中就有对圣·加布雷尔军营区（Kasernenareals St. Gabriel）的置换，将这块地皮购入、整修、并按照弗莱堡市中心仓库以及其他企业的使用方案进行开发。同样还有北区的污水处理厂通过整修后被出售给多家中型制造企业。弗莱堡经济房地产署在周边县镇营销工业区，埃尔茨上区（Über der Elz）"：这片所谓的苎麻区有14公顷工业棕地，被置换为居住和服务区域，并作为花园城市艾门丁根（Emmendingen）来利用。同样还有特宁根（Teningen）的4公顷军营通过整修和开发，决定用于零售业、制造业和手工业来进行营销。

4. 基础设施

发达的基础设施以及高效的交通运输网对区域经济发展有着战略性意义。弗莱堡从前忽视了其处于边界的地理位置，如今却从这个欧盟中心的地理位置上获益良多。因此这些旧的边界一部分又出现在交通运输网中，而且也呈现出开发潜力。

通过"巴塞尔-米卢斯-弗莱堡"欧洲机场，弗莱堡得以和国内、国际的航线相连接。凭借每年大约430亿欧元的客运收入和超过15万吨的航空货运量，欧洲机场成为区域经济发展的枢纽。航线连接了大约三十个不同国家的62座机场，通常每天每条航线至少有一次直航非中转航班。每天共有20个班次飞往巴黎、伦敦和柏林。落户于欧洲机场的瑞航子公司十字航空（Crossair）和母公司2001年的合并而产生的空缺，期间也已由市场领先航空公司Easyjet、法航和汉莎填补。从弗莱堡到机场的交通仅由一家私营大巴公司来保证。

附近同样可以便捷到达的区域机场还有巴登空港和斯特拉斯堡机场。弗莱堡的停机坪以及布莱斯高工业园的特种停机坪都可供小型私人飞机的商务飞行使用。从弗莱堡乘坐火车或开车，两个小时内都可以到达斯图加特、法兰克福和苏黎世的洲际机场。

凭借其地理位置，弗莱堡和上莱茵地区都属于欧盟的交通中心区域。连接北海港口鹿特丹和地中海港口热那亚的南北铁路中轴线是欧洲最重要的交通轴线之一，弗莱堡正位于这条线上，ICE高速列车在此停靠。2018~2019年度新的阿尔卑斯纵贯线通车后，客运和货运数量将明显增加。因此，根据现有扩张规划在南北和东西方向的大力扩张必须加以快速推进。尤其是已经规划的莱茵河谷铁路铺设第三条和第四条轨道的扩建项目，以及法铁TVG莱茵-罗纳经过米卢斯到达弗莱堡主火车站的线路畅通，对承担未来的交通流量和保障弗莱堡地方经济继续发展都是非常有必要的；同时也要考虑到环境的承受能力并注重保护自然景观，以保持环境的吸引力这一重要地方因素。

弗莱堡的货运火车站和集装箱装载站为越来越多转移到所谓"滚动的乡村公路"上的交通提供了支持。随着集装箱运输的增加，满载货物的集装箱或整辆货车可以通过较宽的铁轨运输，然后再转接到公路货运上。未来必须将铁路通过第三和第四条轨道延伸到高速公路附近的地方，这样卡车交通就不会开到城里去。弗莱堡市经济-旅游-会展促进署认为目前受运营商青睐的西门子大街并不适合，因此将不予考虑。

公共近途交通客运（OEPNV）是一个铁路和公交协调一体的发达交通网络，这其中也有区域交通协会和环保卡的功劳；由此实现了弗莱堡所有城区和周边地区的便捷连接。通过扩建布莱斯高城轨，过去这些年弗莱堡和"皇帝椅（Kaiserstuhl）"以及艾茨塔尔（Elztal）方向周边县镇之间的交通得到了显著改善。将来还必须将跨区域的城轨交通系统向上莱茵河区域推进。城轨线路的连接对弗莱堡会展的进一步积极发展有着决定性作用。

区域范围内众多货运和批发公司说明了弗莱堡市重要的交通位置。通过巴塞尔——

卡尔斯鲁厄——法兰克福的 A5 高速公路，保证了弗莱堡和南北方向的国内、国际高速公路网的连接。目前 B31 公路上每天车流量超过 4 万，从市中心附近穿过城区，给市中心沿线的出行和居民造成了很大交通压力。为了缓解过境交通流量，减轻市中心的交通压力，当务之急要将沿德艾萨姆河（Dreisam）的城市隧道延长并开设四车道。

莱茵河港口布莱萨赫将经济区域弗莱堡和水运以及内河船运连接起来。过去若干年中，这里每年的货物吞吐量高达 70 万至百万吨。随着货运和交通收入的增加以及出于生态的考虑，将来内河船运的重要性还会不断增加。

用于知识和信息快速交流的高速宽带网络是经济增长的前提条件。对经济和社会而言，它和铁路、公路或者燃气、水、电和电话的分配网络同样重要。因此，充足的信息承载量也成为当今最重要的基础设施任务之一。

弗莱堡市的宽带供应良好：联邦德国政府的宽带云图显示，97% 的弗莱堡家庭和企业享有超过 1.000 kbit/秒的宽带速度。但是与此同时对带宽的需求也在急速增加。弗莱堡当地的乡村地区的宽带低于平均水平。2009 年弗莱堡市经济旅游会展促进署和巴登 IT 公司（badenIT）对 DSL 需求的问卷调查显示：在工业区豪赫多夫（Hochdorf）和一些图尼贝克（Tuniberg）地区的村镇如瓦尔特豪芬（Walterhofen）的网络带宽不足。同时问卷调查的结果还显示，在不久的将来企业和家庭就将需要 6000 至 16000kbit/秒的带宽。

三、教育、科学和技术

1. 教育、研究和可续

在通往知识型社会的道路上，教育、科学和研究都是创新和地方竞争获胜的基础。因此，要将弗莱堡作为融丰富传统和先进知识为一体的地方推向全世界。为了同时促进和加速科研成果向市场产品的转换，要加强区域经济界和知识界的联系，比如在产业集群战略框架下。

弗莱堡拥有多样化的教育资源，数量众多的学校、学院和进修机构，四所国立、三所私立高等院校，还有德国九大精英大学之一的阿尔伯特——路德维希综合大学（Albert－Ludwigs－Universität）。在区域范围内，奥芬堡（Offenburg）和福特网艮（Furtwangen）的技术导向型高等专科学校、还有位于威灵根——施为宁根和略阿赫的巴登符腾堡州双元制高等学校基地都很好地丰富了弗莱堡的教育产品。教育是一项重要的地方因素，为弗莱堡带来众多游客和住宿消费，增加了居民数量；还吸引了高素质专业人才，他们通过在弗莱堡学习、进修而认识了这座城市，喜欢上了这里并留了下来。

大学或研究机构创立企业或扩大企业规模是当地创新的一项重要动力。弗莱堡大学、奥芬堡和福特网艮的高等学校以及弗莱堡的天主教和新教高等学校共同成立的区域创业协会"上莱茵地区校园技术（CTO）"，不仅在巴登符腾堡州，而且在全德国境内也是非常有代表性的、最积极、最成功的范例。到2009年为止，CTO共成立了超过100家企业，实现新的就业岗位约500个。弗莱堡技术中心（TZF）和生物技术园（BioTechPark）为年轻企业家们分别提供大约1250m2（TZF）和4000m2（BioTech-Park）的面积，以最佳的条件帮助创业者启动。除了获补贴的办公地点和实验地点的低成本优势外，年轻企业家们聚集在一起，还可以从彼此的交流和合作机会中获益。

2. 产业集群和优势领域

以技术和行业为导向的集群和优势领域可以打造独有的鲜明特色，有助于在国内外树立形象。机构和聪明人才的集中及其知识和信息的交流，是技术和经济发展的动力。这有助于加强区域及区域内企业/机构的创新力。集群政策作为一种尝试，旨在找出区域内的行业集中点并将其串联起来。

这样就可以形成企业和地方的竞争优势。经济促进通过产业集群战略来支持地方发展，主要为以下产业领域：健康医疗、微观系统工程、环保和太阳能经济、IT和媒体、大型活动和会展业以及旅游业。

重点一方面在于，在产业集群和优势领域内部加强合作，加强整个价值创造链上的生产商和服务商、研究机构、高校、商协会之间的联系。另一方面要将在INTER-REG项目框架下继续发展三国经济区作为政策的一部分来理解，将整个上莱茵河区域打造为"上莱茵河畔国际大区"，由此开辟一条通往真正的国际性试点项目的道路

("生态谷/BioValley"、"上莱茵河谷旅游业/Tourism Upper Rhine Valley"或者可能是"绿谷/Green Valley")

促进并加强经济和科学切合点的创新及技术转让，并以成果为导向将创新转换为适销产品，这同样也占据重要位置。

3. 健康医疗经济/生命科学

健康是社会和经济发展的重要因素。从所有重要的影响因素来看都可以预期健康医疗经济在未来若干年继续保持积极发展。不管是人口的发展－至2025年65岁以上人口比重增幅将达30%，还是人们日益强烈的健康意识这一软因素，都决定健康医疗经济在未来价值创造中的比重将不断增加。

健康医疗经济所涉及的领域跨度非常广，对很多行业都有影响：制药、医疗技术、制造行业的生物技术、批发和零售业（验光/眼镜、药房等）、教育和研究机构，以及尤其是住院和门诊服务的健康医疗经济核心领域，即医院、预防和复健机构、医生门诊，还有服务领域的养老院和护理院。除此以外还包括和医疗健康市场间接相关联的领域，比如食品、运动和休闲经济，以及健康旅游（健身、疗养、美容和整形等）或者生态建筑和居住。

按照受强制保险的就业人员数量，2008年巴登符腾堡州有12%（450500人）在医疗健康产业工作。弗莱堡的医疗健康产业就业人员比重为20.4%（20400人），这一数字明显高于全州水平，也高于南上莱茵地区的14.2%（50700人）。弗莱堡大学附属医院有员工8000名，是区域范围内医疗健康经济的突出重点。除此以外还有沿黑森林地区的众多知名专业医院和康复机构。区域范围内共有超过40家急诊和康复医院。弗莱堡的不同机构为医疗健康职业不断增长的市场提供专门的培训和进修项目。在这方面，还有弗莱堡大学生命科学领域的高端研究和教学，近年来一直坚持目标明确的发展。弗莱堡大学技术学院拥有欧洲最大的微系统技术大学研究所（IMTEK），越来越专注于生命科学这一目标市场。在医疗技术方面，上莱茵河区域拥有绝佳的潜力，弗莱堡是除慕尼黑之外基础最为扎实的区域。

随着弗莱堡BioRegio新加盟了运营中的INTERREG IV项目（2008~2012），由此生物技术、制药和医疗技术（BioMed）、纳米技术和系统生物学等领域都相互联系起来，传统集群"生态谷"迈入了崭新的层次。1997年至2001年，在INTERREG项目框架下就已经建立起一个传统的网络平台，接下来的2002年至2007年，又得以拓展为集群结构。

2010年10月，由弗莱堡经济-旅游-会展促进署主持制定的"健康&经济-优势领域"方案在巴登符腾堡州产业集群竞赛的第二轮中赢得了经济部专家评委会的一致认可。由此获得欧洲区域发展基金（EFRE）的20万欧元补贴，用于创建一个高效的区域医疗健康经济产业集群。旅游业和健康医疗经济是弗莱堡区域富有传统而又面向未来的领域，新的集群战略将特别设立在这两个领域的交叉点上。

4. 环保和太阳能经济/绿色城市

环保经济在全球范围内都成为一个重要的主导和增长型行业。由于其跨度广泛的突出特性，全球环保产品、技术和服务的市场中活跃着各种各样的中小型以及大型企业、独立经营及自由职业者；从农林业到制造业，再到服务行业，都有着很好的市场机会和前景。

弗莱堡区域在环保和太阳能经济领域拥有特色鲜明、极具创新力的增长型集群。共有大约12000名就业人员，占整个就业人口的3%。环保经济每年创造价值可达6.5亿欧元，区域范围内有2000多家企业参与其中，占整个区域国民生产总值的大约4%。

通过单个企业、特别的优势领域以及在发展还有对环保经济和技术创新的投入方面起到的先锋角色，弗莱堡环保和太阳能经济形成了鲜明的特色。尤其是在研发、知识转让和环境教育方面，该领域的发展处于领先地位，并形成了结构鲜明的增长型产业集群。弗莱堡的独树一帜来自于区域特有的地方因素：政策和市民热情、自然和气候以及知识和创造力，即所谓的"弗莱堡集合"。弗莱堡作为太阳能区域和绿色城市在全球享有良好声誉，政治上的意识、居民的热情还有付诸实际的行动达成了一致，将这个城市带向通往可持续发展的道路；这也强调了产业集群和业内人士的真实性和可信度。

弗莱堡市经济旅游会展促进署制定的"环保和太阳能经济区域弗莱堡——绿色城市"方案在全巴登符腾堡州范围内的第一次集群竞赛中就获得了认可。2008年12月，弗莱堡产业集群战略从36个项目草案中脱颖而出被评为最佳方案，并于2009年9月获得欧洲区域发展基金（EFRE）的 30 万欧元用于接下来三年的集群发展。

5. 微系统技术

从上世纪 80 年代开始起步，微系统技术已经发展为增长最快的技术领域。通过微型组件和电子、光学、力学、化学和信息学方面的系统解决方案的结合，微系统技术可以提供低成本、节约资源的方案，也可以针对几乎所有工业和生活领域中的传统问题提供全新的解决方案。微系统技术是很多应用领域的技术推动力，首先是汽车行业、生命科学、医疗技术、机械制造、传感技术、环保和能源技术以及物流和安全应用。

微系统技术是一项具有全球范围增长潜力的技术。尤其是对德国西南部而言：弗莱堡地区藏龙卧虎，既有世界市场领先者，也有很多中小型企业，还有 30 多个教授席位和拥有 600 多名工作人员的研究机构，是微系统技术领域顶尖研究者在欧洲最密集的地方。

应用微系统技术论坛协会（FAM）的宗旨是促进微系统技术领域从科学界向经济界的知识及技术转让，弗莱堡市经济旅游会展促进署为该协会的活动提供支持。这是区域范围内研究型企业和世界独一无二的弗莱堡大学微系统技术研究所（IMTEK）之间的连接链条。

德国西南部总共 340 位来自高校、研究机构和企业的人员共同组成 29 个合作项目，旨在发展创新型微系统。他们获得德国联邦教育与研究部高达 4000 万欧元的资助。弗莱堡为此投入了其知识精英。由弗莱堡市经济旅游会展促进署提供工作支持的巴登符腾堡州集群"西南 microTEC"位于弗莱堡，自 2010 年起成为德国联邦教育与研究部顶尖集群竞赛第二轮的五个获胜者之一。伴随这一荣誉，巴登符腾堡州和弗莱堡走向了通往微系统技术领域世界顶尖的道路。

6. IT 和媒体经济/创意经济

媒体和 IT 行业是巴登符腾堡州和上莱茵河南部区域的重要经济分支，所占经济比重也很突出：拥有 41000 名从业人员和 5150 家企业、年销售额达 47 亿欧元的 IT 和媒体经济是非常有分量的经济要素。该区域将印刷和出版业的传统优势和快速发展的经济领域如新媒体、信息化通讯技术以及软件开发等联系到一起。

为了加强弗莱堡区域的媒体基地效应，2002年末弗莱堡市经济旅游和会展促进署和巴登符腾堡州媒体及电影集团（MFG）合作成立了弗莱堡区域外景办事处。自成立以来，办事处协助了几十部影院和电视影片在弗莱堡区域的拍摄，其中有在弗莱堡拍摄的电视影片"让我快乐（Mach mich glücklich）"和"分享的快乐（Das geteilte Glück）"（2011年上映）。除此以外还有在格罗塔尔（Glottertal）拍摄的德国电视一台连续剧"屋檐下的动物（Tiere bis unters Dach）"，是继"黑森林医院（Schwarzwaldklinik）之后又一部在该区域拍摄的连续剧。

成立于1994年的上莱茵河软件论坛（Software – Forum Oberrhein/ SFO）是由弗莱堡市经济旅游会展促进署、上莱茵河南部地区工商联合会以及巴登地区工业企业经济联合会（WVIB）共同发起的，并从2003年起和阿尔萨斯地区工商大会展开了跨境合作。上莱茵河软件论坛是信息技术供应商和使用者的信息交流平台。

在弗莱堡市经济旅游会展促进署的发起和弗莱堡市的推动下，1996年成立了弗莱堡媒体论坛（mff），作为上莱茵河南部地区媒体和IT行业的交流平台。凭借IT安全、网络营销、业内人士/服务商、知识转让/绿色学习和软件等方面的专业人群，弗莱堡媒体论坛为经济、科学和社会之间跨行业的技术利用与合作提供服务。为了将来能将创意经济的潜力更好地投入弗莱堡的经济实力，需要发展适合创意行业特点的战略和措施。

四、城市营销

1. 私人和商务旅行的目的地——弗莱堡

作为经济及地方要素，旅游业在弗莱堡历来扮演着重要的角色。在以中小型企业为主体的弗莱堡经济中，旅游业无论从价值创造、收入和就业效果各方面来讲都是重要支柱。旅游业为弗莱堡的城市经济生活带来诸多动力。不仅是酒店住宿和餐饮业，还有零售业、手工业、交通以及大量其他服务分支行业也从中获益。因此，促进旅游业是弗莱堡经济促进不可缺少的重要任务之一。

根据旅游和体育市场研究公司 Trendscope 对弗莱堡旅游业 2008～2009 年的分析，营业性质的游客住宿、在亲朋家里留宿的私人住宿量以及一日游旅客数量每年共计超过 1200 万人次。住宿和一日游旅客一共带来大约 5.68 亿欧元的纯销售额，一级和二级销售的总价值创造额高达约 2.95 亿欧元。在从业人员总收入以及城市家庭财产中，旅游经济产生的份额占大约 6%。

2. 发展客户

回顾过去二十年以来弗莱堡的旅游住宿量始终保持增势。2007 年是一个特殊的里程碑：弗莱堡首次创下了旅游住宿过百万的纪录，年终统计数字为 113 万人；2010 年又达到了 129 万人的新高。

处于"增长行情"的还有住宿供应。这期间仅 66 家酒店住宿就有接近 5000 个床位。如果算上旅游交通的其他经营企业（宿营地、青年旅社、膳宿、度假屋），共可容纳 8258 人过夜。比斯尔大街（Bissierstr.）的房车宿营地毗邻市中心，地段很好。弗莱堡在住宿方面的设施很完善，符合其作为具有良好增长潜力的旅游和会展城市的特点。为了保障这一优势，必须在不同程度上提高住宿的数量和质量。

过去这些年中弗莱堡的国外游客住宿比例持续增加，仅在 2009 年经济危机时减少了 1%。即使这一退步也明显要低于其他德国旅游地点的程度。过去这些年平均起来，国外游客住宿增加了将近 1/3。外国游客平均逗留时间为 1.8 天，相比德国本土游客平均逗留时间 1.9 天，几乎没有差别。

2010 年，住宿的外国游客中来自瑞士的最多（56335 人），接下来是意大利（40155 人）、荷兰（39188 人）、法国（36358 人）和西班牙（27998 人）。

3. 旅游市场运作

城市旅游业的增长首先来自于国外游客，因此要将旅游营销的重点放在国外。外国市场的运作有两个战略性细分市场：一级市场的住宿量始终保持较高水平，主要是瑞士、荷兰、意大利、法国、美国、西班牙和英国；二级市场的住宿量虽然还不算多，但可以预测中期的增长率，主要是指日本、中国、印度、俄罗斯和阿拉伯海湾国家。弗莱堡通过在中国世博会上的展示所获得的优势应加以利用。

所谓探亲访友旅游也是旅游住宿中不可低估的一块市场，每年都会产生商业酒店和私家住宿的过夜量。尤其是在本地生活的大学生和培训人员为整个住宿消费做出了巨大的贡献。前面提到的弗莱堡 2008~2009 年度旅游业分析中显示，33% 是在私人方面即亲朋处过夜的。

根据德国旅游中心和德国国家旅游局的一份基础研究报告，商务出行占整个住宿量的 1/3 还要多。这意味着酒店住宿的 1/3 都来自于会议活动。国内差旅住宿中比例最高的是会议和大型活动，占 42%。第二位是客户拜访，占 31%，参加展会占 14%。因此营销重点应放在加强和促进商务旅行，即通过参加会议、展会、奖励旅游或进修项目以及专业拜访而产生的住宿。弗莱堡的研究和科学机构以及这里众多进修机构都为城市带来全年不断的访客。

凭借雄心勃勃的环保政策、可持续的城市发展以及对利用和加强可再生能源的认知，弗莱堡在全球范围内赢得了良好的声誉。"绿色城市"的大量创新理念和解决方案是令人信服的可持续能源管理方式。因此，弗莱堡也迎来了越来越多的专业访客：来自全世界的专业代表团来此了解可持续城市发展、交通规划、现有建筑修缮以及所有关于可再生能源课题的信息。多年来由日本大型旅行组织机构在日本市场上投放的弗莱堡"环保研讨会"项目就获得了很大反响。这一趋势如今也在中国继续延续，这也归功于绿色城市弗莱堡在 2010 年上海世博会上的展示使中国人认识了弗莱堡堪称典范的环保政策。弗莱堡作为绿色城市以及富有吸引力的旅游目的地，在旧金山和孟买举办的国际太阳能展会得到了绝佳的展示机会。

未来的健康医疗旅游将拥有很大潜力。建立新的区域集群"健康 & 经济—优势区域"可以进一步推动经济和科学的密切结合，尤其是大学附属医院和区域健康医疗机构之间。尤其是预防保健将带来新的客流。

上莱茵河区域的游客住宿量将近 1600 万人次，这一区域除了巴登（Baden）和南普法尔茨（Südpfalz）外也包括埃尔萨斯（Elsass）和瑞士北部，从游客数量上堪比旅游胜地南蒂罗尔（Südtirol）或托斯卡纳。尽管有着同样的历史和文化印记以及独一无二的旅游吸引力，上莱茵河区域的旅游潜能在过去并未得到充分地利用。因此，弗莱堡经济旅游会展促进署倡议和组织下，将在 INTERREG 三期项目"上莱茵河三国区域旅游（TourismeRegio TriRhena）"框架下的合作（已于 2007 年结束）重新展开并进一步拓展。新的 INTERREG 四期项目"上莱茵河谷旅游（TourismUpper Rhine Valley）"预期将迄今为止上莱茵河南部地区的"莱茵三国区"拓展到上莱茵河整个区域以及包括南普法尔茨在内的部分区域，并统一作为"上莱茵河地区"进行营销。应当保留这一成功的独有商标并进行主题整合。

合作与对话是当今旅游业工作成功的重要标志。在世界旅游市场上单枪匹马几乎不可能取得成功。为了凸显自己的旅游产品，不可避免地要采取合作。弗莱堡市经济旅游会展促进署发起并推动和其他城镇、企业以及旅游服务商的这种合作，并与联邦级和德国国家旅游局（GZT）携手共同开拓海外市场，在联邦州层面上则和巴登符腾堡州旅游营销署（TMBW）一起在海内外进行旅游宣传活动。

包括弗莱堡在内的巴登符腾堡州九个县级市（不属县即行政大区的管辖－译者注）共同组成了"城市圈"。弗莱堡市经济旅游会展促进署和黑森林旅游有限责任公司（STG）共同参加国内外的展会并为弗莱堡市进行营销活动。同时促进署也在区域范围内推行成功的战略伙伴关系：2008 年起，弗莱堡市和宝施维尔、德艾萨姆塔、格罗特它、豪尔本和索登等镇以及两个河谷地区一起，作为"黑森林地区弗莱堡"共同出现在面向终端消费者的展会以及印刷和网络媒体上。该工作团体的领导和协调工作由弗莱堡市经济－旅游－会展促进署承担。

4. 大型活动和文化旅游

大型活动在当今体验型的社会中扮演着十分突出的角色，并在过去这些年里占据了城市旅游业的重要地位。具有轰动效应的大型体育或文化活动不仅吸引了大量游客，对城市、旅游营销而言重要的是这些事件所带来的广告效应。

过去这些年里，大量体育盛事、节庆和文化活动给酒店和餐饮业带来增长。这里要考虑的是诸如在会展中心和红房子体育馆举办大型音乐会这样的活动，弗莱堡这方面的潜力是有限的。在大型活动方面的重点在于"地方特色"：首先是在城市的户外、街道和广场举办大型活动。

体育方面的大型赛事有 2000 年环法自行车赛、2004 年德国自行车锦标赛、2005 年场地自行车赛世界杯和 2009 年花样滑冰世锦赛。弗莱堡马拉松赛跑自 2004 年以来一直是弗莱堡一项固定的体育盛事，吸引了大批外地参赛选手，他们往往和随同人员一起前来并在本地住宿。2011年的"千年盛事–教皇来访"成为弗莱堡轰动一时的大事件，并为这里增添了又一亮点。

在节庆和文化方面，弗莱堡每年都有葡萄酒节、电影节和大棚音乐节。整个圣诞节期间，弗莱堡圣诞集市平均每年迎来超过50万名游客，其中很多来自国外，这给弗莱堡的酒店住宿带来很大客流。一年一度的"Mundologia"摄影–探险–旅行节吸引了超过万名游客涌向弗莱堡。

从文化活动到建筑艺术，文化的各个方面都是吸引私人城市旅行的最重要因素。尤其是对国外游客而言，文化这一主题特别重要。博物馆、展览、戏剧、音乐会和节庆–弗莱堡的文化和休闲项目在过去若干年中无论从数量还是质量上都得到了积极发展，这在住宿统计数据和游客评价上也得到了反映。仅在弗莱堡市经济–旅游–会展促进署所管理的活动场馆–弗莱堡音乐厅、会展中心和古代商贸会馆，每年就有超过700场次的活动。

奥古斯汀博物馆的重新开放给弗莱堡带来新的文化亮点，也获得了国内外广泛关注。弗莱堡城市剧院是声名远播的三体建筑，很受游客和本地居民的欢迎。弗莱堡音乐厅也是很多游客必到的一站。因此，文化不仅推动旅游业，游客也推动了文化的发展。

5. 新建和扩建酒店

建造音乐厅带来的直接结果就是要扩充城市的酒店纳客容量，这可以提升弗莱堡作为旅游地的吸引力和竞争力。从上世纪90年代起，通过新建和扩建酒店，弗莱堡酒店行业的接待能力提升了50%，增加床位1500个。

在沃邦和弗里德里希大街（主火车站）这两个城区规划了新的酒店。接下来的另一个战略是在2006年3月在大学附属医院旁边开放的弗莱堡城市酒店——一家四星级酒店。位于Attika–Geschoss的Erich–Lexer医院是全欧洲第一家和大学附属医院建立联系的私立美容整形外科医院，这为弗莱堡在国际健康医疗产业中奠定了地位。

6. 会展业

弗莱堡是具有国际地位的区域会展所在地。弗莱堡会展共有17个自办展以及众多客展和活动。按照 21000 m2 的展厅面积（建筑面积）居于全德国第 22 位。自从十年前搬迁至新展馆后，销售额从 300 万欧元增至 1880 万欧元，翻了六番还要多。迁馆第一年的目标是在十年内销售额翻番，如今早已远远超过了当初这一预期。

从中获益的不仅是直接参与会展的机构如展会集团、展会搭建和物流服务商等，酒店、餐饮、出租运营以及零售业也包括在内。

弗莱堡会展创造过历年营业额的最高峰——近 1880 万欧元。这一良好的业绩发展很大程度上要归功于两大主要国际展会"国际太阳能展/Intersolar"和"国际刷子展/Interbrush"以及过去若干年中新开发的展会。2008 年国际太阳能展由于容量原因迁至慕尼黑，2010 年展览面积就增加到弗莱堡展馆面积的 6 倍还多。弗莱堡会展在环保方面又开发了"建筑—能源—技术"和"太阳能会议"等新的活动。通过有针对性地建立和扩建"特别兴趣"方面的其他展会，比如食品展"Plaza Culinaria"、"国际文化交流会/InternationaleKulturbörse"、房地产展会"IMMO"或者婴幼儿用品展"Baby & Kind"等，得以有效抑制复合型综合展会的下降趋势，开发新的市场潜力。

要保持对环保和太阳能经济、健康医疗经济以及休闲和旅游业等弗莱堡优势领域的聚焦，在此前提下继续发展弗莱堡的会展业。展会是集中展现区域范围内企业和机构的平台。"国际太阳能展/Intersolar"、"建筑—能源—技术展/Gebäude. Energie. Technik"、"人才交流会/Marktplatz Arbeit"和其他教育、招聘类展会，"健康生活展/Fit for Life"或"休闲度假展/Ferienmesse"以及自行车展"Bike Aktiv"分别满足了不同人群的需求，符合弗莱堡和整个区域的特点，也展现了重要的当地及经济要素。为了实现像在北美和印度的国际太阳能展以及 2010 年上海世博会所呈现出的国际吸引力，弗莱堡市经济旅游会展促进署于 2008 年成立了子公司"弗莱堡国际管理和营销署/FMMI"进行国际管理工作。

五、前景展望

弗莱堡是富有特色的知识和科学之地，区域范围内大部分是中小型企业。从手工业等传统行业到服务业，再到生命科学、环保及太阳能、微系统工程以及 IT 和媒体等创新型领域。其中有很多成功的跨国企业和世界市场领军者，即所谓的"隐形冠军"。弗莱堡的优势领域在于高科技、教育和创新。当地高校和研究机构为弗莱堡带来创新潜力以及对学生、雇员、居民和企业的巨大吸引力。

弗莱堡市经济旅游会展促进署作为弗莱堡市政府的城市经营和城市营销机构，将弗莱堡和上莱茵河区域作为经济所在地、旅游目的地以及富有吸引力的生活空间来进行宣传营销。促进署对内和市政管理部门紧密合作，通过加强基础设施、推行有利经济的框架条件以吸引未来的潜在投资者、专业人才和后备力量。作为地方机构、科学研究所和企业之间的桥梁，促进署是城市发展的发动机。应当通过加强产学研的合作例如集群和网络平台、推动本地教育以及"弗莱堡模式"的国际化营销，保证区域增长和富裕在国际化地方竞争中的长期竞争力。通过成功运营会展、音乐厅、古代商贸会馆和弗里德里希堡以及对展会、文化及其他大型活动的组织，促进署为地方吸引力做出了重要贡献。

可持续性是行动的指南和标准，也是过去这些年城市成功发展的原因。经济的量化增长不能也不应只以生活环境的物质性改善为目标，而要以所有弗莱堡人民的整体幸福安康为方向，并要长期保障这一点。

贝尔特·达勒曼，博士，欧洲环境基金会理事长，德国弗莱堡市经济旅游会展促进署署长；陈炼，德国弗莱堡市经济旅游会展促进署和德国拉尔市中国事务部主任，曾任2010年上海世博会德国弗莱堡展馆馆长，弗莱堡市是世博会最佳城市实践区参展城市中唯一从整体角度来介绍其绿色可持续发展理念的案例。